U1070215

欢迎订阅

上海师范大学学报期刊杂志社 2016 年征订单

上海师范大学学报期刊杂志社编辑出版《上海师范大学学报（哲学社会科学版）》、《上海师范大学学报（自然科学版）》、《现代基础教育研究》刊物，现征订如下：《上海师范大学学报（哲学社会科学版）》为双月刊，每期定价：20 元，全年 120 元，邮发代号：4-281。《上海师范大学学报（自然科学版）》为双月刊，每期定价：16 元，全年 96 元，邮发代号：4-655，通过邮局向国内外公开发行。《现代基础教育研究》一年 4 卷，每卷定价：30 元，全年 120 元。2016 年凡通过我社订阅者一律 8 折优惠，并以挂号方式寄出。

回执单

期刊名称	刊 期	单价	年定价	优惠价	订阅份数	订阅金额
《上海师范大学学报（哲学社会科学版）》	双月刊	20.00	120.00	96.00		
《上海师范大学学报（自然科学版）》	双月刊	16.00	96.00	76.80		
《现代基础教育研究》	季 刊	30.00	120.00	96.00		

订阅人信息	邮编		联系人		联系电话	
	地址				传真	
	单位名称				E-mail	

发票信息	□需要开具发票　　发票抬头：____________________ 发票寄送地址：______________________邮编________收件人________
付款方式	1. 银行汇款： 户名：上海师范大学 开户银行：农行上海市徐汇支行桂林路营业所 账号：033872-08017004511 2. 邮局汇款： 邮编：200234 收款人：上海师范大学学报期刊杂志社 汇款地址：上海市桂林路 100 号 （请在汇款用途注明：学报订购杂志）

如有疑问请拨打 021-64322304 电话咨询。

上海师范大学学报期刊杂志社

2015 年 12 月

现代基础教育研究

RESEARCH OF MODERN BASIC EDUCATION

VOL.20. DECEMBER 2015

第二十卷

主　　编：何云峰

副 主 编：惠　中　郑百伟

学术指导委员会

顾　问：

张民生 / 张民选

主　任：

朱自强

副主任：

刘晓敏

委　员：

于　漪 / 尹后庆 / 王　沛

王正平 / 丛玉豪 / 卢家楣

朱自强 / 刘晓敏 / 李　进

陈永明 / 何云峰 / 陆建非

张民生 / 张民选 / 郑百伟

顾泠沅 / 唐盛昌 / 夏惠贤

惠　中 / 谢利民

理 事 长：

朱自强

常务理事长：

何云峰

副 理 事 长：

唐盛昌 / 施　斌

理　事：

冯志刚 / 严一平 / 徐　红

盛雅萍 / 郭　雄 / 徐永初

高　屹 / 厉笑影 / 王小平

王民政 / 姚晓红 / 余安敏

李文萱 / 王洪伟 / 陈忠新

王亦群 / 张爱春 / 蔡　文

肖　铭 / 张建中 / 洪雨露

毛坚琼 / 盛　裴 / 李　川

陈　瑾 / 孟水莲 / 吕华琼

吴瑞莲 / 王　晶 / 胡　蓉

现代基础教育研究

2015年12月25日出版

第 20 卷，2015 年 12 月

执行编辑:陆海呖,孙 珏,王中男

Research of Modern Basic Education

Vol.20 December 2015

CONTENTS

(Main Articles)

《现代基础教育研究》
第 20 卷，2015 年 12 月　(Research of Modern Basic Education)　Vol.20，Dec. 2015

引导儿童在学习过程中养习惯，激兴趣，育情感，得方法

小学生在学科学习活动中到底应该学什么？哪些东西是需要着力培养的？现在很多家长认为知识掌握和班级排名很重要，因而要求孩子每次考试都必须争前。家长的这种“分分必争”的心态给孩子增加了沉重的心理压力，让他们觉得学习越来越不快乐，甚至看到课本就害怕。其实，家长除了关心孩子知识掌握之外，更应该关注孩子在学习过程中经历了什么，有哪些体验等。在小学阶段的学科学习活动中，怎样让孩子拥有丰富的学习经历、正确的学习动机和良好的学习心态是非常重要的事。因此，家长应当积极配合学校，引导孩子在借助课程资源进行学习的过程中，逐步养成良好的学科学习习惯，激发孩子学习的兴趣，培育孩子对学科的情感。因为，没有良好的学习习惯，孩子很难得到持久的发展。即便他现在认识了很多字，参加了很多课外知识培训班，但他未必将来学习的水平就高。因此家长需要了解小学生，尤其是低年级的小学生，哪些学习习惯应当着力培养；需要了解自己的孩子是主动学习，还是被动学习，对学习有没有产生兴趣。

在小学阶段，我们要着力培养孩子以下的学习素养：

第一，学习智能。学习智能决定着学习的效果。学习智能包括认知能力和语言能力。认知能力是指注意力、记忆力和逻辑能力；语言能力是指语言的理解和表达能力。

第二，身心健康。健康的身体和心理对于学习尤为重要。它包括身体技能和社会性情绪两方面。社会性情绪是指人际交往意识、规则意识、自我控制和自我情绪管理。

第三，学习品质。如何在最短的时间内适应学校学习和生活，即学习适应性，包括学习兴趣、学习过程中的自我调控及学习方法的探索。

因此，小学阶段的学习，不仅仅要让孩子们学习知识，更应该让孩子们学习如何养成良好的习惯，培育学习的兴趣和健康的情感，发现学习的方法。习惯、兴趣、情感、方法都是非常重要的学习内容，需要丰富的学习经历才能获得，要在各门学科的学习过程中慢慢培养，也是家长在家庭教育中特别要关注的。

龙应台先生曾感叹道：“孩子在小的时候，父母对他们来说是万能的，是完全可以依靠的。这就是父母对孩子教育的黄金时期。等孩子已到了青少年时期，父母的‘有效期限’就快到了……‘过期’的父母再怎么努力，也比不过 10 年前来得有效了。”有效期，是父母对孩子教育的黄金时期，尤其是小学一二年级阶段，父母的教育理念，将直接影响到孩子的学习过程和结果。所以，学校和家庭要共同努力，改变目前重知识、轻能力；重操练、轻兴趣；重结果、轻经历的现状。为孩子创造安心、安神、安宁的学习环境，促进孩子健康的、全面的发展是家庭教育和学校教育的共同职责。

上海市语文特级教师，上海师范大学兼职教授　高永娟

2015 年 12 月 25 日

我国基础教育学生能力培养目标问题的重新审视

周仕德

(岭南师范学院 教育科学学院，广东 湛江 524048)

摘　要： 建构学生何种能力，是任何一个国家的基础教育必须关注的问题，是全面提升学生素质的要求，也是一个国家未来公民进入社会形成核心素养的基础。教育意义上的能力概念是一个综合体，在综合体的层面上会聚焦其特定的某些关键性要求特征。梳理我国基础教育的指导文本与课程标准，其对建构学生何种能力目标缺乏一致的认识和严谨的标准要素指引。国际视野下的基础教育变革聚焦学生的关键能力取向，这无疑对我国未来学生能力培养目标的理论探讨和实践教学具有重要的价值意义。

关键词： 基础教育；学生能力目标；国际；关键能力；存在问题

一、问题缘起

2013 年开始，我国政府启动"我国基础教育和高等教育阶段学生核心素养总体框架研究"重大项目。该项目力图通过开展深入的基础理论研究和国际比较研究，在充分调研的基础上，结合我国实际，对学生核心素养的概念和内容进行深入研究，制定我国基础教育阶段和高等教育阶段学生核心素养的总体结构框架，并依据总体框架研制不同教育阶段学生核心素养的结构模型，进一步形成可操作、可测量、可评价的指标体系。明显看到，我国开始注重"如何在教育过程中着力培养学生的核心素养"问题，而这个改革将对"我国的基础教育培养什么样的人"产生重大影响。

本研究将转换视野，不直接对核心素养的概念、途径、功能等方面进行阐释，而从能力视角来反思我国基础教育在对待此类重大问题上的历史镜像。"每一代人对于如何设计他这一代人的教育，都有一种新的愿望。"[1](P23)面对全球化的时代，教育的目的是什么？面对未来的挑战与不可知的变迁，我们的公民应该具备什么样的核心素养？迎向全球化的挑战，哪些关键的能力是未来公民所应具备的？长期以来，国家教育政策文本的表述紊乱，学界关于"对基础教育究竟培养学生何种能力问题"观点各异，能力的基本理论认识也缺乏学术史的梳理，基础教育课程标准中对学生应具备的关键能力缺乏比较一致的认识指引，因而该问题很有必要引起我们的关注。

基金项目： 本文系 2013 年教育部首批本科院校"小学教育专业综合改革试点"项目(ZG0410)；2013 年度中央财政支持地方高校发展专项资金项目"协同创新教师职业技能训练实践基地"(财教[338]号)的成果之一。

作者简介： 周仕德，陕西西乡人，岭南师范学院教育科学学院副教授、博士，主要从事课程与教学论、教师教育、比较教育研究。

二、国际视野下基础教育学生能力取向

“重视能力”在国际上已引起重视且越来越聚焦于培养学生的关键能力。1996 年联合国教科文组织(UNESCO)在《学习:财富蕴藏其中》(Learning: The Treasure Within)报告书中提出“四大学习支柱”:学习认知(Learning to know);学习做事(Learning to do);学习与他人相处(Learning to live together);学习自我实现(Learning to be)。2003 年增加了学习改变(Learning to change)。知识社会的学习尤重培养能力的学习,这种能力发展导向的学习已广受 UNESCO、OECD 及欧盟等国际组织重视。至此,以培养“关键能力”为主轴的教育在各国掀起风潮,且已逐渐呈现在课程或政策指导文件中。虽用词不一,如有 Cross—curricularability(英国)、Key Skills(芬兰)、Basic Skills(加拿大)、Core Skills (苏格兰)、Key Competencies(欧盟)、Key Competency (纽西兰)等,但无法掩饰能力培养已受到各国重视,且越来越多国家的学校领导者都意识到,没有 21 世纪的能力,学生只能获得过去可以成功的条件,而非明天可以成功的世界。所以,不仅企业界,甚至教育界本身,也越来越重视关键能力的培养。

欧盟((European Union)将“关键能力”定义为:一个人要在知识社会中自我实现、社会融入以及就业时所需的能力。其定位乃是:在基础教育与训练阶段结束之前,年轻人应该要发展出这些能力,以使他们能过着成年生活,并且能够进一步发展、维持与更新这些能力,养成终身学习的习惯。2005 年欧盟《终身学习关键能力:欧洲参考架构》(Key Competences for Lifelong Learning:A European Reference Framework)正式提出八大关键能力①[2](P10~18):母语沟通能力;外语沟通能力;数学算数能力和科学与技术能力;数位能力;学习如何学习;人际、跨文化以及社会能力和公民能力;企业与创新精神;文化表现。旨在通过关键能力的界定与培育,培育欧洲人民成为终身学习者。特别指出的是欧盟的“关键能力”架构适用于整个教育与训练体系,故未再区别不同教育年段的基本能力或进阶能力。关键能力的培养成为欧盟各国面对 21 世纪社会经济发展与提升国家竞争力最有力的依靠,它着眼于全球化的知识经济,因应个人自我实现、社会融入与就业时所需的能力而提出,其发展与修订皆根据具体的实证资料。其关键能力展现的是欧盟各国共有的价值观,包括知识即是力量、积极主动的公民参与、充分就业与冒险创新的能力,以及终身学习等。

美国提出了培育 21 世纪人才核心能力之架构的“21 世纪技能”的三大关键能力,包括[3]:生活与职业能力(Life and Career Skills),学习与创新能力(Learning and Innovation Skills),信息、媒体与科技能力(Information, Media and Technology Skills)。其三大关键能力的具体内容主要分为核心课程(英文、阅读与语言艺术、世界语言、艺术、数学、经济、历史、政府与公民)、21 世纪议题(全球化思维、财务、经济、商业与企业素养、公民素养、健康素养)、学习与创新的技能(创造力与创新技能、批判思考与问题解决技能、沟通与合作能力)、信息媒体与科技的能力(信息能力、信息、通讯与技术能力)、生活与职业技能(弹性力与适应力、进取心与自我决定、社会与跨文化能力、生产力与绩效能力、领导与责任能力),以及建立 21 世纪教育支持系统(21 世纪标准与评量、21 世纪课程与教学、21 世纪专业发展、21 世纪学习环境)。“21 世纪技能”整合了 21 世纪社会与人的发展的需求,代表着美国当今教育改革的最新思路与发展走向。2010 年 6 月 2 日,美国全国州长协会(National Governors Association, NGA)和各州教育长官委员会(Council of Chief State School Officers, 简称 CCSSO)所设立的全国统一的“美国共同核心州课程标准”定稿并公布,其目的在于统一美国 K12 年级课程标准,以确保学生作好“升学和就业的准备”,从而提升美国在国际上的竞争力,以使培养“21 世纪技能”目标真正落实在课程改革实践之中。

澳大利亚在 2012 年 5 月重新整合修订《澳大利亚课程纲要》,并提出七项“关键能力”:读写能力(Literacy)、算术能力(Numeracy)、信息和通讯技术能力(Information and Communication Technology)、批判和创造性思维能力(Critical and Creative Thinking)、个人和社会能力(Personal and Social Capability)、道德品质行为能力(Ethical Behaviour)、跨文化理解能力(Intercultural Understanding)。[4]其具体内容纳入到澳大利亚课程统筹规划设计之中,而其规定的"关键能力"对于所有的学生、所有的学习领域都是必须遵循的,称之"为工作、为教育、为生活的关键能力",所强调的并不是某个学科或某一职业领域所具有的知识和技能,而是学生终身发展所需要的能力,是学生在终身学习和工作中所必须拥有的解决问题的方法和能力以及在社会中交往的能力。澳大利亚通过官方制定并颁布详细的学习课程领域来完成这一重任,规划为英文、数学、科学、人文与社会科学(历史、地理、经济学和商业、公民与公民意识)、艺术、健康和体育、语言、技术(设计和技术、数字技术)八个学习领域和三个跨课程重点领域(原住民历史和文化、亚洲及澳洲与亚洲的交往、可持续),要求在八个学习领域和三个跨课程重点学习领域里面全面贯彻和渗透七大"关键能力"。2012 年 12 月 13 日正式颁布并实施英语、历史、数学和科学四个学习领域的课程。

纵观欧盟、美国、澳大利亚学生关键能力的建构,可以看到:美国不是单独一套制度,而是各州存在差异;欧盟是单独一套系统,但因时、因地制宜;澳大利亚则是单独一套政策,并且是倾全国之力在规划执行。其共同的焦点在于,以往只强调知识导向的教育方针,已经难以适应变化多端的社会冲击,必须培养可以适应未来生活需求的基本能力,以促进国家的发展和进步。

三、能力概念及其教育意蕴指向

何谓能力?国内典型教材及有关著作中对能力所下的定义,说明各书在用词上虽有不同,但归纳起来大致上都把它理解成:为完成活动提供条件的心理特征,或者是顺利完成活动并影响活动效率的心理特征。早在 1987 年,黄庚生[5]提出能力应该理解成,为顺利完成活动提供可能性的并影响活动效率的个别的个性心理特征。学者吴红耕、皮连生[6]主张区分两个能力概念:一个作为发展结果的能力,另一个作为教学结果的能力。从国际来看,能力概念的变迁趋势是有迹可循的,其在发展初期以行为主义为宗,例如美国在 20 世纪 70 年代发展的课程纲要中将能力分解成一系列的行为。20 世纪 80 年代的能力概念逐渐被认知论所取代,如当时的法国在实验心理学影响下,从个体的内在生物机制来定义之,能力在此观点下等同于智力。此时有些美国学者也开始从认知的角度,将能力定义为个体在情境中对本身知识、技能、态度的运用,在认知观点下的能力概念变成"智识(Intellegence)的总和",智识(或智力)变成了能力的代名词。从语言教学的观点建议教学应发展沟通的能力,亦即强调能力的功能性,将语言的内在潜力通过应用表现出来。由此可看出情境在能力概念的研究中已逐渐受到重视。从 80 年代后期开始,另一股与认知论并行的潮流是职场工作分析,这个观点对于职业教育的影响尤其重要。以职场工作为研究对象的劳动学,从工具主义的资格或认证观点走向相对主义的能力观点,后者意指个人的能力并非静止不变,而是随着情境而改变。这个观点比较强调实作与后设认知,而非知识本身或对知识的精熟。自 20 世纪 70 年代美国采用行为主义取向的课程后,能力本位便成为课程设计的主流,将能力分析成行为清单的研究取向也自此蔚为风潮。尽管"培养能力"这个教育目标自古至今未曾改变,但能力的内涵却已随时代迁移而呈现差异。经济环境的快速变化以及全球化带来了竞争市场,同时使得工作环境更为复杂,单纯完成交付任务的基本知识和技能已不敷工作场域所需,而是更需要社会的、情意的、合作的、创造的等特质,强调人类资源经营观点以及具有自主特征的专业化也逐渐受到教育和企业的重视。在此背景下,能力一词的定义逐渐发生了转变。

观察国内外学界对能力概念的认识,我们不难发现,能力概念不外乎两类:理论型和操作型,其应该体现出来的特征在于:重视表现的结果,强调实践的意义,以及知识、技能与情意因素的综合表现。概言之,能力是需求取向的,必须符合社会发展和个人的需要、工作或挑战,是和专业的职位、社会角色、个人计划紧密相关的;是可以从学习中获得的,经过教学的、社会的或动机的刺激,在一定境遇条件下,能力是可教的、可学的;是涉及认知和非认知因素,情感、态度、价值观和技能等多方位的整合化。因此,教育意义上的能力概念是一个综合体,在综合体的层面上会聚焦其特定的某些关键性要求,这样的能力特征才能在教育范畴内得到最大张力。

四、我国基础教育建构学生能力存在的问题

1. 从我国基础教育改革颁布的指导文件来看，对于“基础教育要培养的学生能力到底是什么”，颁布的教育改革文本都缺乏明确和一致的目标；有关构建学生能力的一些叙述性要求，存在随意呈现和重复累赘等问题

据笔者查阅，最早直接论及能力问题的是1993年颁布的《中国教育改革和发展纲要》，其提及了“重视培养学生分析问题和解决问题的能力”和“（美育）对于培养学生健康的审美观念和审美能力”的要求。1999年颁布的《中共中央国务院关于深化教育改革全面推进素质教育的决定》提出“实施素质教育，就是全面贯彻党的教育方针，以提高国民素质为根本宗旨，以培养学生的创新精神和实践能力为重点”、“增强青少年适应社会生活的能力”、“重视培养学生收集处理信息的能力、获取新知识的能力、分析和解决问题的能力、语言文字表达能力以及团结协作和社会活动的能力”、“培养学生欣赏美和创造美的能力”的要求。2001年颁布的《国务院关于基础教育改革与发展的决定》提出“重视培养学生的创新精神和实践能力”、“培养学生收集、处理和利用信息的能力”、“培养学生提出问题、研究问题、解决问题的能力”、“提高学生语言文字应用能力”的要求。2001年颁布的《基础教育课程改革纲要（试行）》则提出“培养学生搜集和处理信息的能力、获取新知识的能力、分析和解决问题的能力以及交流与合作的能力”、“（义务教育课程标准）着眼于培养学生终身学习的愿望和能力。（普通高中课程标准）为培养学生的生存能力、实践能力和创造能力打下良好的基础”。2010年颁布的《国家中长期教育改革和发展规划纲要（2010－2020年）》指出，要加快解决经济社会发展对高质量多样化人才需要与教育培养能力不足的矛盾，坚持能力为重，提出“着力提高学生服务国家服务人民的社会责任感、勇于探索的创新精神和善于解决问题的实践能力”、“着力提高学生的学习能力、实践能力、创新能力”、“（高中阶段教育）注重培养学生自主学习、自强自立和适应社会的能力”的要求。国家基础教育改革纲要性文本应该是指引基础教育变革和体现社会发展需要的蓝本，遗憾的是，1993—2010年的5个权威性的文本所涉及的能力要求缺乏统整性，摇摆性很大。理论上而言，基础教育改革文本所规约的具体能力要求应该具有相对的聚焦性，而实际上教育改革文本要求的能力目标却缺乏一致性（见表1）。

表1　我国涉及基础教育的5个指导性文本对学生能力具体要求一览表

名称/时间	建构的具体能力要求
《中国教育改革和发展纲要》(1993年)	重视培养学生分析问题和解决问题的能力； （美育）对于培养学生健康的审美观念和审美能力。
《中共中央国务院关于深化教育改革全面推进素质教育的决定》(1999年)	以培养学生的创新精神和实践能力为重点； 培养学生坚韧不拔的意志、艰苦奋斗的精神，增强青少年适应社会生活能力； 重视培养学生收集处理信息的能力； 获取新知识的能力； 分析和解决问题的能力； 语言文字表达能力以及团结协作和社会活动的能力； 培养学生欣赏美和创造美的能力； 中小学要鼓励学生积极参加形式多样的课外实践活动，培养动手能力； 培养学生实际操作能力。

(续表)

名称/时间	建构的具体能力要求
《国务院关于基础教育改革与发展的决定》(2001 年)	重视培养学生的创新精神和实践能力； 具有初步的创新精神、实践能力、科学和人文素养以及环境意识； 培养学生收集、处理和利用信息的能力； 开展研究性学习，培养学生提出问题、研究问题、解决问题的能力； 提高学生语言文字应用能力。
《基础教育课程改革纲要(试行)》(2001 年)	具有初步的创新精神、实践能力、科学和人文素养以及环境意识； 培养搜集和处理信息的能力、获取新知识的能力、分析和解决问题的能力及交流合作的能力； 发展综合运用知识的能力； 培养学生利用信息技术的意识和能力。了解必要的通用技术和职业分工，形成初步的技术能力； (义务教育课程标准)着眼于培养学生终身学习的愿望和能力； (普通高中课程标准)为培养学生的生存能力、实践能力和创造能力打下良好的基础； (教学过程)培养学生掌握和运用知识的态度和能力。
《国家中长期教育改革和发展规划纲要(2010—2020)》(2010 年)	着力提高学生善于解决问题的实践能力； 着力提高学生的学习能力、实践能力、创新能力； (高中教育)注重培养学生自主学习、自强自立和适应社会的能力。

2. 从 20 世纪以来我国颁布的学科课程纲要、教学大纲和课程标准官方文本来看，其规定的能力要求，在“学前教育—义务教育—高中教育”或“低年级段—中年级段—高年级段”的不同学段范畴内尚无一个逻辑比较严谨和令人信服的能力维度和体系框架。对于课程实施中的能力目标及如何进行能力培养缺乏明确的指向

为了更好地说明这种现象，笔者以我国官方颁布的基础教育历史学科文本[7](P5)为例作微观实证剖析。1923 年，在教学目的中第一次出现“研究人类生活状况之变迁，以培养学生适应环境、制御天然的能力”话语；1929 年提出“观察判断的能力”；1932 年提出“培养其观察判断之能力”；1956 年提出“培养学生运用马克思列宁主义观点来理解历史的能力”；1978—1986 年提出“运用历史唯物主义基本观点观察问题和分析问题的能力”。1988 年、1992 年提出“认识和表述历史的能力；培养学生初步运用历史唯物主义的基本观点观察问题、分析问题的能力”。1990 年回到“运用历史唯物主义基本观点观察问题和分析问题的能力”。1996 年提出“培养学生阅读、理解、分析历史资料的能力和阐述历史问题的能力”；2000 年改为“培养学生的历史思维能力；增强学生自主学习的能力；参与社会实践活动的能力”；2000 年增加新内容为“注意培养学生的创造性学习能力；增强学生自主学习和探究的能力；培养学生解读、判断和运用历史资料的能力；发展学生的历史思维能力；提高分析问题和解决问题的能力”；2001 年义务教育(实验稿)提出的能力要求为“获取并处理历史信息的能力，陈述历史问题的表达能力。形成丰富的历史想象力和知识迁移能力，初步形成在独立思考的基础上得出结论的能力”；2011 年修订为“提高历史的阅读能力和观察能力，处理历史信息的能力，逐步提高对历史的理解能力，提高表达与交流的能力”；2004 年《高中(实验稿)》提及“实践能力；获取历史信息的能力；培养历史思维和解决问题的能力”。如此诸多的能力要求，对于“到底要什么能力”，我们缺失理论指引和标准规范。为了更好地说明这一问题，笔者将以中国和澳大利亚最新的历史学科作为示例(见表 2)。

表 2　最新中、澳历史学科课程标准文本中能力要求比较表

学段		中国历史课程标准	澳大利亚历史课程标准(2012)
义务教育（2001 年版本）	5 点	处理历史信息的能力； 陈述历史问题的表达能力； 形成丰富的历史想像力和知识迁移能力； 得出结论的能力、学生历史思维能力； 发现历史问题和解决历史问题的能力。	读写能力； 算术能力； 信息与通讯技术能力； 批判和创造性思考能力； 个人和社会能力。 跨文化理解能力； 道德品行能力。
义务教育（2011 年版本）	6 点	阅读能力； 观察能力； 处理历史信息的能力； 历史的理解能力； 表达与交流的能力； 实践和创新能力。	
高中教育（2004 年版本）	4 点	探究历史问题的能力； 实践能力； 获取历史信息的能力； 历史思维和解决问题的能力。	

五、思考

“所谓的普通教育，也就是学会使用科学知识和表达思想的工具，只有在它培养了人们从事职业的能力时才能获得其充分的意义，也才能获得最强大的动力。……如果教育在培养和提高能力这个意义上越是普遍化，那么它的实际成效也就将越大。”[8](P58)欧盟教育改革过程中厘定了：母语沟通能力；外语沟通能力；数学算数能力和科学与技术能力；数位能力；学习如何学习；人际、跨文化以及社会能力和公民能力；企业与创新精神；文化表现八大关键能力。美国提出了：生活与职业能力；学习与创新能力；信息、媒体与科技能力三大关键能力。澳大利亚着重培养读写能力、算术能力、信息与通讯技术能力、批判和创造性思考能力、个人和社会能力、跨文化理解能力、符合道德规范的品行能力七大关键能力。通过基础教育建构学生什么样的能力，上述国家教育政策和课程纲要文本表述非常清晰和明白，以至于对不同学科课程标准中是如何体现和具体实施这些能力都作了明确的规定要求。

梳理我国 1993—2010 年的基础教育国家五大政府性文本内容，清末以来至 2011 年颁布的各个学科《义务教育课程标准》和 2004 年各个学科的《高中课程标准》中，始终都没有一个相对统一的能力标准体系，表述多样、重复啰嗦。各个学科标准中的能力目标与教育政策和课程纲要的能力目标三者之间表述各异，没有站在未来社会发展需要、教育目标追求、学科教育本身、本土课程建设作统整性的规划设计，对于建构学生能力未见前瞻性与积极性的呈现。“真正的教育过程，不是集中在随意确定为教育内容的知识体系上，而是集中在人的需要、他的愿望、他与由客观物体和人构成的世界之间所保持的活的联系上。……任何教育的内容，不管它的重要性和价值有多大，倘若它是外向的，倘若它并不适用于受教育者的能力和反映，那么，从教育上讲，都是毫无意义的。”[8](P129)这或许是当前我国基础教育学生能力培养目标需要思考和谨慎处理的地方，而这无疑对我国核心素养标准体系构建有重要的促进作用，也会在真正意义上对我国今后基础教育学生能力培养目标的理论研究和实践导向有重要的价值。

注释：

①其实早在 2002 年，继欧盟会议提出了八大关键能力之后，为了解各国当时在义务教育阶段对于关键能力之理解与处理方式，曾经进行

一次大规模的调查活动，称为“关键能力调查”(参与国家有奥地利、比利时、塞浦路斯、捷克共和国、德国、希腊、西班牙、芬兰、法国、匈牙利、冰岛、爱尔兰、意大利、拉脱维亚、立陶宛、卢森堡、马耳他、荷兰、挪威、波兰、葡萄牙、罗马尼亚、斯洛文尼亚、瑞典和英国)。其目的在于调查：该国认为哪些关键能力具有何种重要程度、有关关键能力的课程改革范围如何、学校中课外活动与跨学科课程目标如何被支持等问题。

参考文献：

[1] [美]布鲁纳.教育过程[M].邵瑞珍，译.北京：文化教育出版社，1982.

[2] Commission of the European Communities (2005). Proposal for a Recommendation of the European Parliament and of the Council, COM (2005) 548 final, recommendation of the European parliament and of the council of 18 December 2006, on key competence for lifelong learning[R].Brussels: Commission of the European Communities.

[3] Partnership for 21st Century Skills (2009). 21st Century skills, education and competitiveness: A resource and policy guide[M]. Tuscon, AZ.

[4] 课程教材研究所.20 世纪中国中小学课程标准·教学大纲汇编(历史卷)[Z].北京：人民教育出版社，2001.

[5] 黄庚生.关于能力概念的几点看法[J].上海师范大学学报，1987(2).

[6] 皮连生.心理学中的能力、知识和技能概念的演变及其教学含义[J].课程·教材·教法，2011，(11).

[7] Australian Curriculum, Assessment and Reporting Authority 2012.The Shape of the Australian Curriculum[R].2012.

[8] 保尔·朗格朗.终身教育引论[M].周南照，陈树清，译.北京：中国对外翻译出版公司，1985.

Review and Analysis of the Basic Education Students' Ability Cultivate Goal of Our Country

ZHOU Shide

(Education Science College, LingNan Normal College, Zhanjiang Guangdong 524048)

Abstract: Construct students what kind of ability is any country's basic education concerned, is the need of improve students' quality, is also a nation form the core accomplishment of citizens into the society in the future based. Ability is a complex concept, focusing on the level of complex its specific requirement for some key features.Court issued text with the guidance of the basic education curriculum standard in our country, the lack of consistent knowledge to construct students what ability target and rigorous standard elements guide.Under the view of its international vision of basic education reform focus students key ability orientation, there is no doubt that the future of our country to the goal of cultivating the students' ability theory and the practice teaching has important value.

Key words: basic education, students' ability goal, the international, key ability, existing problem

20 世纪 90 年代以来国外高中阶段“普职沟通”研究的十个视阈

刘茂祥[1,2]

（1. 上海师范大学 教育学院，上海 200234；2. 上海市上海中学，上海 200231）

摘　要： 20 世纪 90 年代以来国外高中阶段的“普职沟通”研究，不是热门话题，往往散见于诸多同类研究文献中，专题研究还不是很丰富，但提供了高中阶段“普职沟通”的诸多研究视角，主要显现在政策分析、内涵剖析、理论根基、价值探究、困境难题、办学模式、课程建设、生涯规划、保障措施、评价反思等十大视阈。

关键词： 国外；高中阶段；普职沟通

20 世纪 90 年代以来国外高中阶段的“普职沟通”研究，可以从两个视角来梳理。一是以“高中普职沟通”、“高中普职融通”等为主题，在中国知网（CNKI）等数据库中检索有关国内学者对国外高中阶段普职沟通的研究；二是以“integrating academic and vocational education”、“general and technical education”、“vocational education in the high school”、“career and technical education”等为主题，在 EBSCO 教育学全文数据库（Education Source ）中寻找高中阶段（主要关键词有“high school”，“senior high school”，“upper secondary school”）有关普职沟通的研究文献。整合两方面的研究文献，总体看国外对高中阶段“普职沟通（含普职融合、普职融通）研究不是热门话题，往往散见于诸多同类研究文献中，专题研究还不是很丰富，但提供了高中阶段“普职沟通”的诸多研究视角。现从以下 10 个方面对 20 世纪 90 年代以来国外高中阶段“普职沟通”研究进行述评，以期待为素质教育背景下的普职沟通改革提供参考与借鉴。

一、普职沟通的政策分析

国外高中阶段的普职沟通，不同的国家、地区尽管由于各自的教育体制不同，采取了不同的政策指引，但普遍重视高中阶段的普职沟通。当前许多国家认同“面向所有人的技术与职业教育，应该把技术与职业教育计划设计成一个综合性的、全员性的系统，以便能够涵盖所有学习者的需要；而且它们必须是所有人易于获得的”。[1](P427～432) 2000 年至 2008 年，欧盟国家高中阶段学生参与职业教育的总人数增加，同时普职兼修人数也增加的国家有比利时、瑞典、葡萄牙、西班牙、芬兰等。欧洲议会与欧盟理事会

基金来源： 全国教育科学“十二五”规划教育部重点课题“示范性普通高中与职业高中沟通机制研究——基于高阶技术技能型人才早期培育视角”（批准号：DJA140248，主持人：刘茂祥）中期研究成果之一

作者简介： 刘茂祥，湖南邵阳人，上海师范大学教育学院博士研究生，上海市上海中学高级教师，主要从事职业教育研究。

在 2006 年明确了职业教育与培训,要关注 8 个关键能力,这 8 个关键能力也是普通高中所强调的:用母语交流;学会学习;用外语交流;社会和公民能力;数学、科学与技术能力;主动意识与创业精神;数字能力(Digital Competences);文化意识与表达。[2](P105)

国际职业技术教育正逐步向终身教育靠拢,面对不同层次、不同阶段教育对象的需求,注重高中阶段的职业基础教育。联合国教科文组织在《修订的关于技术与职业教育的建议(2001)》中提出:"初步了解技术和职业生活应是普通教育不可或缺的组成部分。"[3](P75) 美国作为典型的教育单轨制国家,高中阶段的普职沟通在学校教育中体现了"统整""融通"的思想,注重满足不同类型学生的发展需求,主要显现在综合高中这一政策形态中。在美国综合高中思想的影响下,英国、瑞典、挪威、日本、德国、前苏联、意大利、法国和瑞士等国相继创办了综合高中,反映了普职融通性、分流后延性、适应发展性、课程兼顾性、自主选择性、模式多样性、多向发展性。[4](P5~7)

不同国家高中阶段的普职沟通政策,是该国文化传统、社会观念、经济结构、政治体制等综合作用的结果。譬如美国从 1998 年开始在高中阶段实施了"生涯和技术教育"(Career and Technical Education,简称"CTE"计划),该计划进一步推动了美国高中普职融合的脚步。[5](P147) 德国普通中学、实科中学的学生完成 5～6 年的中等教育学习后进行分流,双元制职业教育就是其特色,同时提供开放的继续教育系统,满足他们继续发展所需要的普通文化教育,并拓宽学生的选择机会。[6](P12~13) 英国高中教育,主要通过"拼盘式课程"模式兼修普通与职业教育课程。[7](P70) 瑞典延长了高中职业教育的年限(从 1991 年开始 2 年制职业高中,统一延长到 3 年),强化了职业教育中的普通教育。[8](P519~535) 日本则实行了"一学区一综合"高中制度,大力推进"集合型"高中建设。[9](P35)

二、普职沟通的内涵剖析

20 世纪 90 年代以来,国外职业教育与学术教育各自为政的状况受到了诸多批评,许多学者认为应发展一种自由性和职业性兼而有之的教育形态,促进普职沟通。普通教育只有在它培养了人们从事职业的能力才能获得其充分的意义,强调高中阶段职业教育和普通教育在结构以及课程体系等方面有一定的相通性。[10](P78~80) 也就是说,国外对高中阶段的普职沟通理解,不仅强调学术性与职业性兼而有之,而且注重两者在结构、课程等方面的融通性。2013 年美国重新修订《帕金斯法案》,强调普职融通的两方面含义:其一是中等教育阶段、高等教育阶段以及针对特定行业领域用工需求的知识学习和技能培养不可泾渭分明,而需融会贯通;其二是课程体系的设置须将知识层面的基础知识、专业知识、行业技能知识的提取与运用技能、行业岗位所需的实际操作技能、适用于不同行业领域的职业生涯技能融会贯通。[11](P73)

国外高中阶段的普职沟通内涵关键在于谋求普职等值和融合。主要有三个观点:一是提高职业教育的质量与地位,学术型高中教育成为改革的参照物,而不是改革的主要对象;二是学术型教育作出主动改革,在招生条件、课程设置和教学方式等方面淡化与职业教育之间的界限;三是高中阶段的学术教育和职业教育必须同步作出改革。[12](P22) 综合化是当前国外普通高中与职业高中发展的一大趋势,有力地促进了高中阶段教育的普职沟通。[7](P70) 有关普通教育与职业教育的沟通、融合,国外论述中有"一体化(Unification)"、"一体化系统(Unified System)"、"学术与职业沟通(Bridging the Academic/Vocation Divided)"、"灵活沟通(Flexibility)"、"统整(Integrate 或 Integration)等多个词汇表达,体现了高中阶段普职沟通研究的延续性与发展性。[13](P7)

高中阶段的普职沟通内涵,更多地关注其多样的、纵横交叉的能量激活。这主要包括:学生基于能力的训练经历(the Experience of Competency－based Training);有工作体验的学生能够获得更加全面发展基础上的个性提升与情感体验;[14] 普职沟通促进学生更好地理解科学技术、丰富认知知识与学习目标融通;[15](P157~173)高中生“从学校到工作”的转换体验(School-to-Work Transitions),获得一定的职业技能,对学生长远发展有着重要影响;[16](P103~119)将职业技术教育作为以能力为基础的普通高中生教育的重要激活源,促进学生知识、技能与态度的整合。[17](P205~227)

三、普职沟通的理论根基

国外高中阶段的普职沟通理论根基,主要来自于实用主义教育哲学与生计教育、新自由主义与新职业主义、终身教育与全民教育等多个方面。以杜威为代表的实用主义教育哲学,一直以来为国外高中阶段的普职沟通提供哲学思想支持,后来永恒主义等思想流派也强调面向所有人的技术学习。美国教育总署署长西德尼·P.马兰提出的“生计教育”,掀起了生计教育运动,影响了欧美诸国,强调在高中阶段推进职业教育与普通教育融为一体,这也是美国高中实行单轨制教育的一个重要驱动力,强调在高中教育中渗透职业群思想。[18](P6)

国外的新自由主义与新职业主义是影响20世纪90年代以来高中阶段普职沟通的重要思潮。新自由主义(New Liberalism)强调个人自由与社会利益的统一,以及国家的积极干预。为社会个人发展与社会发展的协调统一,许多国家注重通过职业教育来培养经济、社会发展所需要的技术技能型人才,注重高中的综合化以及在高中设置综合学科,推进了高中阶段的普职沟通。[19](P11~12)新职业主义(New Vocationalism)最初产生于英国,后逐渐波及美国、德国、日本和法国等工业化国家,强调职业教育对整个社会发展的重要影响,促进职业教育与普通教育的融合,也包括中等教育的普职沟通、融合,注重学校教育与学生未来职业生活的相关程度,追求学校教育的实践价值与务实性。[20](P167~171)

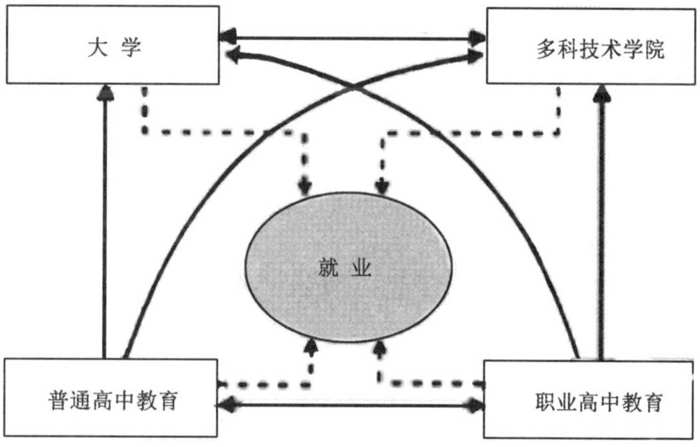

图1 芬兰高中教育与就业和高等教育关系图

终身教育与全民教育理论是促进高中阶段普职沟通的不可或缺的理论基础。联合国教科文组织在《学会生存》中指出要通过终身教育使人学会生活,职业教育在本质上就是一种终身性教育,职业教育与培训为全民提供终身学习的机会,因此许多国家与地区视职业教育体系与普通教育体系完全等值,并建立普职转换通道,如澳大利亚的国家资格框架(AQF)。[21](P26~27)20世纪90年代以来,联合国教科文组织在“全民教育”的基础上提出了面向所有人的职业技术教育理念,为儿童提供有助于就业与工作、高质量生活和不断发展的机会。美国、德国、日本、荷兰、瑞典、新加坡等国先后实施了面向基础教育的职业技术教育计划。芬兰也构建了普职一体的教育体系,横向上普通高中和职业高中可相互转换,纵向上,普通高中与多科技术学院、职业高中与普通高等教育也可联通。[22](P91)

四、普职沟通的价值探究

"价值问题或目的问题始终是技术哲学的核心问题",[23](P102)同时也是研究高中阶段普职沟通的核心问题。国外对高中阶段的普职沟通价值探究,主要体现在对经济发展与社会发展、教育发展以及个人可持续发展等方面。首先,看高中阶段普职沟通对经济与社会的发展的价值。进入21世纪以来,许多国家都面临技能危机浪潮,对各国经济、社会发展产生了巨大冲击。如美国技能人才队伍渐趋弱化,美国制造业协会发布了首份"技能鸿沟"报告,进一步推进美国高中阶段普职融通型改革。[11](P70)法国等国也面临着信息时代、知识型经济时代背景下高素质劳动者与技能型人才的严重不足,强调职业高中、技术高中的高一年级进行普通文化知识补偿教育,高二、高三增加专业选择的机会。[24](P80~82)

第二,强调高中阶段普职沟通对教育自身发展的多样化价值。英国在处理高中阶段普通教育和职业教育的关系上,既不愿放弃学术教育的传统标准和地位,过于专门化的职业课程受冷落,同时也为了适应经济需要试图提高职业教育的地位,从而促进普通教育与职业教育的结合;[10](P77~79)把高中阶段的普职沟通作为处理精英教育与大众教育、教育公平与教育效率、普通教育与职业教育之间矛盾的调节手段。[20](P41)美国进入21世纪的高中阶段普职沟通更加注重灵活性,当普职之间建立畅通的联系之后,学生不仅可以根据自己的意愿选择课程,而且高等教育系统的灵活性也会极大增加。[25](P54)巴基斯坦普职教育的一体化,认为在中学阶段实施职业教育有助于减轻高等教育的压力,明确自身的发展方向。[26](P56)

第三,探讨高中阶段普职沟通对个人可持续发展的价值。澳大利亚为解决高中毕业生缺乏职业准备的问题,把职业指导课程引入到普通高中,加强高中职业教育培训。[27](P218)美国职业技术教育指导者协会认为在普通教育中进行职业教育,能够提供传统学术教育目标能够得到实现的学习环境。[25](P51~54)高中阶段的普职沟通,还有利于未来高素质工程师的培养,未来工程师不只是简单地掌握科学与技术原理,还需要更广泛的技能(如科学与数学技能、工程设计、创新技能、商务技能、社会技能),要在一个大系统中探求有效的工程教育。[28](P21~189)在高中阶段推进生涯与技术教育,成为高中生可持续发展的重要教育形态。[29](P372)

五、普职沟通的困境难题

国外高中阶段普职沟通的困境难题,体现在观念、路径、方式等多个方面。

先说观念上的困境难题。譬如,美国高中阶段教育采用普职融合的单轨制,超过90%的学校都是综合高中类型,然而职业教育的社会地位依旧并不高,被认为属于弱势阶层、工人阶级家庭与移民家庭子女,往往与阶级、种族、性别等纠缠在一起,且因学校融合有两种教育方式,在人力资源、设施设备上投入不足而影响了职业教育质量,高额的成本往往让普通的综合中学难以承受。[25](P52)法国2011年新高中改革,高二之前是义务教育,高三进行普通取向、技术取向、职业取向分流,但学生厌学情况严重,增加探索性课程与个性化辅导使教师负担加重而引发不满。[30](P46~48)

接着说路径上的困境难题。例如,英国的综合型高中,从普职融合的角度看,总体上表现出钟摆状态,没有在两者之间求得平衡,英国高中职业教育面临着"与学术教育融合"与"保持特色"的两难困境,[20](P161~186)尚存在着普通教育与职业教育的职责含混不清、资格证书重叠的问题,[13](P43)这与英国的两党政治等因素有着很大的关联;英国的综合中学并没有真正实现同时实施普通教育、职业教育的目的,在英国的学制系统中,随着学生的年龄越大,所接受的综合性教育就越少。[31](P90)美国在高中阶段实施的生涯与技术教育(CTE)计划,推进了普职沟通与融合,但在教育教学上要求把学习活动安排在学校教室之外的各种工作场所，能否做到存在着诸多问题；如何去评估高中职业技术教育的效能，还缺乏一个综合的内在一致的体系。[32](P384)

再说方式上的困境难题。日本许多综合学科高中与其他高中在学校名称上冠以“综合”二字，但在选择课程优势上并非显现，有些课程数量和种类甚至少于其他高中；[19](P66)普通高中的职业生涯教育，尚存在职业生涯教育课程时间安排和内容设置不合理，较多考虑升学而忽视就职的需求；教师的职业生涯教育负担过重；对“问题学生”的支援力度不够。[33](P27)德国职业教育有不低于普通教育的地位，但随着社会转型以及企业结构的变化对人才的普通教育水平要求更高，专于职业的教育模式限制了学生今后职业选择的范围与流动的可能，且企业提供的培训岗位有限，德国高中阶段普职教育则需要更多融合。[6](P13～14)美国、日本、英国、法国、芬兰等国在推进高中阶段的普职沟通教育过程中，都或多或少地存在着因教师毕业于某个专业，很少来自于企业，从而造成教育方式重理论、轻实践的状况。

六、普职沟通的办学模式

国外高中阶段的普职沟通办学模式呈现出日趋多样化的局面。美国高中阶段的普职融合，呈现出了三水平八模式：基于“课程”层面的融合，包括提高普通学科类课程的职业关联性，在职业类课程中整合融入更多的普通学科类课程内容。基于“系部”层面的融合，以系部方式集中一起共同协作，包括职业科教师和普通科教师合作，共同开发和教授职业学科的知识内容；课程“联盟”，同时修职业科和普通学科课程；“学院（校中校）”模式，数学、英语、科学和职业课内容共同在“学院”中学习，其他课程仍回原属中学教学班中进行。基于“学校层面”的融合，一类是职业高中、磁石学校；一类是职业群、职业生涯、职业专修模式。[5](P147～150)澳大利亚的普通高中职业教育与培训有三种方式：学校独立提供模式，学校与校外 RTO 机构合作模式，学校出资购买 RTOS 课程模式。[27](P218)瑞典注重高中共同科目以及专业共同科目的开设，尤其强调“基于工作现场的教育”与“在工作现场学习”。[34](P68)此外，美国的科技高中以及 STEM 教育[35](P6)、韩国科技英才学校[36](P75～78)、日本超级全球化高中[37]等创新举措，通过普职融合推进高层次科技人才早期培育。

国外高中阶段普职沟通的典型办学模式是综合高中的创办与发展。综合高中是目前西方多数国家采用的一种高中教育实施方式。美国的综合高中大约占高中学校数量的 95％，英国的英格兰、威尔士和苏格兰综合高中的规模分别占高中规模的 85％、99％、99％。[38](P9～13)综合高中的办学特点有如下几个方面：一是分班级不分学校（在同一学校）；二是实施宽口径的专业课程；三是建立与高一级教育相衔接的有效机制。挪威的高中学校绝大部分都是综合高中。学生第一年以学习文化基础课为主，专业定向课程从第二年开设。三年制高中职业毕业生也可以报考普通高等院校，但需要在第四年另外学习一年的普通教育课程，以取得报考资格。瑞典高中教育体系结构中，综合高中分为普通班和职业班。日本综合高中最大特点是采用活用制度：根据学分制来编制教育课程，促进校际间的联系，向专门学校输送学生，积极受理和接纳转出、编入的学生。[39](P8～9)

国外高中阶段普职沟通的整体办学模式可分为 5 类：第一，普职融合的单轨制教育渗透体系，以美国为代表。职业教育以课程、项目的方式散布至高中阶段教育中。第二，国家统一资格框架下的普职沟通教育体系，以英国与澳大利亚为代表。第三，普通教育与职业教育双轨发展横向沟通教育体系，以巴西为代表。在普通中等教育系统以外，建立了完整的中等职业技术系统，加强普通教育与职业教育的横向沟通。[40](P47)第四，“双元”制普职沟通教育转换体系，以德国为代表。其将教育企业与学校、理论知识与实践技能紧密结合，来自普通中学、中间学校和文法学校的学生都可进入双元制模式，接受职业教育。第五，义务教育之后的职业教育补偿或分流沟通模式，以芬兰、奥地利为代表。芬兰实行两次分流（初中毕业生分别进入普通高中、职业技术学校，普通高中第二学年结束后一部分学生继续留在普通高中继续学习,另一部分学生转入职业技术学校学习),奥地利所有学生在义务教育的最后一年都要接受职业技术教育培训。[41](P12~17)

七、普职沟通的课程建设

国外高中阶段普职沟通的课程建设可谓是丰富多样。主要有同一所学校(大多为综合高中)的课程分轨设置,通过课程选择实现自然分流,既可以在普职之间进行课程选择,也可以在高中不同时期、以不同方式多次重新作出不同选择;不同类型的高中设置多样的课程,包括丰富的职业类课程,满足学生多元兴趣和多种发展可能;灵活转换的课程安排,学生可以在普职之间多次选择,如法国在新一轮高中教育改革中,一方面加大不同轨道和不同专业共同课程的比例(规定共同课程的比例需达到60%),另一方面为变更发展轨道和专业的学生提供知识补救与新专业的补习。[42](P87~88)在英国,学生能够在普通教育与职业教育课程的主渠道之外选择一条中间道路——"拼盘式课程",兼修普通教育与职业教育课程,进而获得普、职两类教育证书(如"A-Level若干科目证书 + 若干国家职业证书");英国高中的普职教育课程沟通并不限于校内,一些学校还构建起伙伴关系,进行普职教育课程资源共享,分享各自的优势教学资源,为学生提供多样化的课程选择。[7](P71)

国外高中阶段的普职沟通课程,不同的国家、地区立足于自身实际进行合理的开发。如法国高中阶段不管是职业高中还是技术高中,都有很高比例的普通教育内容;普通和技术高中一年级开设共同文化课,然后从二年级分普通教育类与技术教育类。[43](P58)在美国的综合中学职业轨、日本的职业高中和高等专门学校、前苏联的中等专业学校以及德国的专科高中内,普通教育课程的比重均在50%。[44](P36)在国家统一资格证书框架下,英国开发了学习单元,澳大利亚开发了学习包,供高中阶段的学生选学。对于全日制普通高中生来说,英国提供以下几种课程类型选学:第四关键阶段中等教育课程、A水平课程、文凭课程、BTEC等宽泛的职业证书课程、基础学习(Foundation Learning)。[45](P27)韩国自20世纪90年代以来进行普通教育与职业教育"两轨一体化"改革,普通高中实行二元开放型课程体系,鼓励普通高中开设多样的职业训练课程,融合职业教育与学科教育,积极开设职业教育课外活动课程。[49](P54~55)瑞典高中的普通教育与职业教育融为一体,发展趋势是减少学术型专业的学生,增加两年制职业课程的学生,在综合类高中内部分流,在强化普通教育的同时,提供6个领域27个专业供选学,设置特殊职业技术课程(如机械操作)和高级专业课程(如工业电子)。[47]

国外高中阶段普职沟通的课程建设,近年来尤其注重加强特殊类型的课程开发,如到企业学习的实践课程、STEM课程、生涯与技术教育(CTE)课程、从学校到工作(STW)项目等。德国文理中学的毕业生,他们需要先到企业进行半年左右的职业实践作为"预实习",方可进入科学大学学习相关专业;双元制的学生通常需要补习1~2年普通文化课程获取技术高中文凭,才能进入应用科学大学。[21](P27)美国纽约三大科技高中(史岱文森高中、布朗克斯科学高中、布鲁克林科技高中)均强调科学、技术、工程、数学(STEM)课程开设,布鲁克林科技高中的工程专业就有宇航工程、建筑工程、生物医药工程、化学工程、环境工程、机械工程、土木工程、电子工程、软件工程、工业设计等专业课程。[48]CTE课程项目不但为学生今后的发展兴趣指明方向,而且为用人单位找到合适的、经过培训的技术人才提供方便。[49](P58)STW(School-to-Work)项目把职业技术教育与学术教育结合起来,把职业技术教育扩展到所有学生,是一种全民职业技术教育思想,并根据具体情况向学生提供高中毕业证书、全国通用的技能证书。[32](P382)美国等国家还专门开展针对有潜质高中女生进行STEM课程的教育与引导研究,促进女生对数学、工程、技术与科学领域的深入学习与探究。[50](P88~95)

八、普职沟通的生涯规划

生涯规划教育，不仅职业高中十分强调，而且普通高中同样注重，普职在生涯规划上加强沟通成为不可或缺的重要领域。国外高中阶段的职业生涯规划教育，最早从美国开始，后来加拿大、澳大利亚、日本、瑞士等国都推进了高中生的职业生涯规划教育。高中阶段的职业生涯规划，也是先从职业教育领域逐步拓展到普通教育领域，成为普职沟通的重要媒介。美国的《生涯与技术教育法》、《从学校到就业法案》、日本的《学习纲要指导》、澳大利亚的《职业发展纲要》、瑞士的《联邦职业和专业教育及培训法》等，都对职业生涯规划教育起到了保障作用。从教育对象与阶段上看，职业生涯规划教育并不是单纯的职业教育，其教育对象与范畴相当宽泛，是贯穿整个人生的生存教育。美国、日本、澳大利亚、德国、加拿大等国家对从事职业生涯教育的教师资质有严格要求，并强调企业等社会资源的支持。例如，瑞典高中与高等院校、企业、工会、协会、职业介绍所建立了固定联系渠道，这些机构会定期为学生提供职业信息和实习培训机会。[51](P55～56)

国外高中阶段的职业生涯规划教育内容不断走向规范。美国中小学的职业生涯教育使所有学生都有机会接触各种职业，以保证每位学生都能接受到学术技能、社会意识同职业准备相结合的教育。日本的职业生涯教育涵盖了从小学到大学的整个教育阶段，其目标是使学生从小就建立对社会职业的认识，在现实中理解社会结构，懂得作为劳动者的责任和义务，解决“从学校到职业的过渡”这一问题，使每个人拥有自己喜欢并利于社会发展的职业，造就幸福快乐人生。英国普通中学的职业规划教育主要内容为：第一，强调自我意识的发展。第二，提供职业机会和职业体验意识。第三，发展决策技能，给自我职业规划合理定位。同时应该鼓励学生利用职业指导软件和各种职业指导资源等媒介，帮助自己更好地作出职业选择，更好地实现从学校到工作的转变，适应未来的工作，独立走向社会，实现职业理想。德国的职业规划教育内容注重提高学生的职业判断与职业定位能力，促进学生的个性与素养的综合发展。[52](P153)

国外职业生涯规划教育理论支撑比较多，高中阶段的教育方式也日趋多样化。职业生涯教育理论支撑有如帕森斯的特质—因素匹配论、霍兰德职业规划理论、舒伯的生涯发展理论、布雷格斯和迈尔斯的 MBTI 人格类型论、施恩的职业锚理论等。美国全国职业信息协调委员会发布的《国家职业生涯发展指南（NCDC）》中把高中生职业规划的目标和活动分为了三个阶段：第一阶段，自我认识阶段；第二阶段，教育与职业调查，在十一～十二年级教育者开始把学术性课程与职业性课程结合起来，为今后的中学后教育和高等教育作好准备；第三阶段，职业规划操作阶段，学生开始有选择性地进行职业规划咨询，自发地去某些自己感兴趣的工作场所，去尝试职业体验。在美国的高中，许多综合高中校内开设“职业生涯学园”、“职业生涯主修专业/通道”等专门项目；校外主要依托区域 CTE 或中心开展相关教育，形成职业生涯群结构。[53](P98～100)德国的职业规划教育比较严谨、务实。德国的职业规划教育涵盖在劳动技术教育课程中，学生们在劳动中找到自己喜欢的、满意的职业。[54](P4～9)

九、普职沟通的保障措施

国外许多国家与地区为保障高中阶段普职沟通的顺利实施，注重以资格认证体系的建构来加以推进。如英国政府建立起了一套覆盖普通与职业教育的国家教育证书体系，成为高中阶段教育普职沟通的制度保障。1986 年英国首次推行“国家职业证书”（NVQ）；1992 年开始推行“普通国家职业证书”（GNVQ），与“国家职业证书”体系并行；1997 年“国家证书框架”（NQF）的推行将职业与普通教育证书纳入同一体系内，促进了两类证书之间的融通；2011 年 10 月推出了“资格与学分框架”（QCF），取代了先前的“国家证书框架”，成为当前英国普通与职业教育证书体系的基本框架。[7](P72) 澳大利亚自 1995 年起构建起高中、高等职业教育和普通高等教育之间以及职业技术教育和成人教育之间的“立交桥”，[55](P44) 并形成了澳大利亚资格框架(Australian Qualification Framework，简称 AQF)、国家培训框架(National Training Framework，简称 NTE)、国家认证框架(Australian Recognition Framework，简称 ARF)，极大地促进了澳大利亚高中的职业教育与培训(Vocational Education and Training，简称 VET)。

表 1　“资格与学分框架”(QCF)

证书等级	普通教育证书	职业教育证书		证书提供机构	
第 8 级	博士				
第 7 级	硕士	无			
第 6 级				大学	
第 5 级	学士	基础学位	高级国家证书(NHD)		
第 4 级		(Foundation Degree)	高级国家文凭(HNC)		
第 3 级	A-Level(AS/A2)	第三级高阶国家证书	第三级国家证书		
第 2 级	GCSE(A－C 级)	第二级证书		普通教育	职业教育
第 1 级	GCSE(D－G 级)	第一级证书		中学、第六学级	继续教育学院
入门级	第三学段(KS3)	E3 级证书			

国外有关高中阶段普职沟通的保障，形成了有针对性的推进策略和实施意见。德国的《劳动法》和《企业法》中明确规定，每个市民除了接受规定的义务教育之外，还要经过基础职业教育(学生未满 16 周岁)，方可就业；联邦德国早在 1972 年《关于改组中等教育第二阶段中完全中学高级阶段的协定》中专门就评价提出了非常细致且具操作性的建议：在完全中学高级阶段修业过程中取得的成绩是用传统的分数(1～6 分)评定，确定 12/13 学级阶段成绩的分数化为总成绩是借助一个积点体系来实现的；[56](P75) 以工商会与手工业协会为代表的企业界主动与教育界合作，免费为基础教育与职业教育学生提供企业车间内的实践教学，政府专门认定“教育企业”给予支持。[57](P117～119) 美国高中通过“弹性学分制”来促进学生普通教育课程与职业教育课程学习的学分互换，使学生有较为灵活的学分互换。[58](P40) 澳大利亚高中的职业教育培训时间灵活，可根据兴趣与需要参加学校本位的职业教育培训课程学习，也可在企业进行新学徒制培训，还可在假期安排时间延长学习。[59](P57～58) 在瑞典，就读综合高中的学生，可以获得熟练工人、技术员和完成高中教育的工程师三种水平的职业资格。[60](P87)

国外有关高中阶段的普职沟通的实施，还在师资保障、物力支撑下制定了比较细致的要求。许多国家形成了普通教育与职业教育一体化的师资培养机制，教师上岗前需学习规定数量的师范课程并获得教师资格证书；来自各行各业的教师必须具有规定年限的行业工作经验。奥地利政府要求所有师范生在校期间学习两门以上的专业；芬兰政府希望所有教师成为多科教师，能够同时教授两门或两门以上的职业教育课程或普通教育课程；巴基斯坦建立了专门的技术师范学院，负责培养职业教育的师资。[40](P50～52) 许多学者认为，高中阶段的师资成为影响学生职业技能的重要推进力量。[61](P903～920) 在澳大利亚，规模较大的学校和办学条件较好的学校都要配备木工工场、金工工场、装配工场和车工工场，规模较小的学校和办学条件较差的学校仅配备一个综合工场；在芬兰，对于综合学校的校舍、场地和设备标准，政府有统一规定，譬如专用教室的标准，商业课教室面积为 54～60 平方米；技术课教室为 36～260 平方米；家政课教室为 70～140 平方米。2004 年，世界银行发布的《中等教育报告》提出普职融通，要超越并打破传统职教和普教的二分法，通过基于课程的中等教育改革把能力和技能作为优先发展项目。[62](P5)

十、普职沟通的评价反思

国外对高中阶段的普职沟通，往往通过建立评价制度来导引。如英国的高级国家职业资格（NVQ）、普通教育高级水平考试（A－levels）和高级普通国家职业资格（GNVQS）的等值与互换，促进学生在普职之间的横向流动与高中向大学的纵向贯通。[56](P75)石伟平教授在《比较职业技术教育学》一书中，较全面地分析了日本高中阶段普职融通办学状况，包括相关的教育政策、不同教育类型的课程设置、学分制的采用、综合学科的设立等。[62](P10)国外发达国家为谋求职业教育与普通教育的等值，纷纷在自己国家国情的基础上采取了一些措施，如德国明确普通教育与职业教育要相互渗透与延伸，并采取完全中学高中教育与职业学校相结合形式。[63](P9)澳大利亚每个州都为高中十一～十二年级学生开设普通教育课程与职业教育课程，如新南威尔士州的高中两年开设的课程有51门，其中普通教育课程占70％；职业教育与培训课程占16门，并形成了学分制与学年学时制、学分互认制度，其研究显示，是否参加中学职业教育与培训课程对学生毕业后的道路选择有显著影响。[64](P31～33)

国外对不同类型、不同方式高中阶段普职沟通的实践评价，有着不同的做法与理解。英国专门为16～19岁的青年设置了普通国家职业资格，建立普通国家职业资格与高级普通教育证书、国家职业资格之间的转换与相互沟通体制，将普职文凭等值，使得普职之间、学术课程与职业课程之间的过渡与转换成为可能。[38](P12)日本通过设置综合学科以及设置“集合制”高中，在职业高中增加普通基础科目的教学时数来促进普职综合化，并实行弹性学制，取消学年制，采取学分制。[65](P60)美国的托马斯·杰弗逊科技高中的学生在导师制引领下，与工商界、大学或政府机构进行广泛合作，注重学生科技素养培育，每学期允许每位学生在校外开展180小时项目研究，并且所有高年级学生都必须完成一项技术实验课程作为学业总结内容。[9](P30)法国为攻读职高会考的学生提供210学时的“个性化陪护”，其中普通科目是陪护重点；建立职高、普高及技高的转学机制。[66](P95～96)有学者认为，在高中阶段教育加强基于工作、项目的实践进行的评价是促进学生生涯与技术教育的重要组成部分。[67](P105～118)

对20世纪90年代以来国外普职沟通研究的本体评价，可以说较多地关注普及层面(注重普通教育中的职业教育元素渗透、职业基础教育与普通文化知识教育的融通，但立足于高层次的工程型人才、技术技能型人才早期培育方面的普职沟通研究还不是很多；缺乏借助数字化环境推进普职沟通的研究；对高层次的高中普职融合的研究，缺乏对普职沟通多元要素之间在一定思想指引下进行运作机理与内在技能的研究；对不同类型高层次技术技能型人才早期培育缺乏针对性的评价引领与教育指导研究。当然，不同国家、地区因教育背景、政治体制、文化传统等因素，在推进高中阶段的普职沟通举措上带有鲜明的国情性，且在不断的发展过程中。随着经济全球化发展，各国产业结构的调整，数字时代的挑战，许多国家都面临着高层次科技、工程以及技术技能型人才紧缺的状况，因此国外高中阶段的普职沟通，催生了一些整合普职教育内涵、立足于未来高层次科技、工程以及技术技能型人才早期培育的特色学校（如美国的STEM高中、科技高中；英国的“特色”高中；韩国的科技英才学校；日本的“超级高中”与“专门高中”），值得我们借鉴。我国高中在调整、布局新一轮普职沟通，是否需要建立适合我国国情的普通专门高中，从而进一步推进现代职业教育体系的构建与加快我国从大走向强的基础教育现代化的进程，是未来我国高中教育改革需要关注的重要课题。

参考文献：

[1] 赵中建.全球教育发展的研究热点——90年代来自联合国教科文组织的报告[M].北京：教育科学出版社，2003.

[2] 苟顺明.欧盟职业教育政策研究[M].北京：人民出版社，2014.

[3] 联合国教科文组织.世界技术与职业教育纵览——来自联合国教科文组织的报告[M].刘来泉，译.北京：高等教育出版社，2002.

[4] 穆建成. 论综合高中的内涵与特点[J].教育探索,2014,(4).
[5] 赵杰,李守彪. 美国高中教育阶段三水平八模式的普职融合模式介评[J]. 教学与管理,2014,(8).
[6] 朱新卓,陈俊一. 我国中等教育阶段普职关系面临的问题与变革的方向——德国中等教育阶段普职关系对我国的启示[J].教育研究与实验,2013,(4).
[7] 余晖. 英国高中阶段教育普职融通的基本经验与现实挑战[J]. 湖南师范大学教育科学学报,2015,(2).
[8] N.Kilbrink, V.Bjurulf. Transfer of knowledge in technical vocational education: a narrative study in Swedish upper secondary school[J].Int J Technol Des Educ,2013,(23).
[9] 魏斌,蒋平,王正惠.日本普通教育与职业教育关系的历史演进及其启示[J].高等函授学报(哲学社会科学版),2008,(1).
[10] 王雁琳.论英国职业教育和普通教育的关系[J].比较教育研究,2004,(2).
[11] 王辉,等."一贯制、融通型":美国掀起职教办学模式改革[J].职业技术教育,2013,(9).
[12] 孔凡琴.英国学术型高中探析[J].教育理论与实践,2013,(26).
[13] 牛淑雅.英国14—19岁教育中的普职融合研究[D].东北师范大学,2011.
[14] KüKSAL AKYOL A, SALI G. A Study on the Perfectionist Personality Traits and Empathic Tendencies of Working and Non-working Adolescents across Different Variables[J]. Educational Sciences: Theory & Practice.
[15] Spindler M. A Taxonomic Description of the Science Integrating Learning Objectives in Career and Technical Education Programs of Study[J]. Career and Technical Education Research, 2010,(3).
[16] Fletcher E C. Demographics, Tracking, and Expectations in Adolescence as Determinants of Employment Status in Adulthood: A Study of School-to-Work Transitions[J]. Career and Technical Education Research, 2012,(2).
[17] Koopman M, Teune P, Beijaard D. Development of student knowledge in competence-based pre-vocational secondary education [J]. Learning Environments Research, 2011,(3).
[18] 张静.美国高中职业群课程探究[D].东北师范大学,2009.
[19] 宋庆清.日本公立普通高中多样化改革研究——以东京都为例[D].上海师范大学,2014.
[20] 孔凡琴.多维视阈下的英国高中教育办学模式研究[D].东北师范大学,2011.
[21] 关晶.现代职业教育体系的"现代性"辨析[J].中国高教研究,2014,(11).
[22] 沈佳乐.均衡与融合:高中段普通教育和职业教育的发展趋势——芬兰高中教育的经验与启示[J].职业技术教育,2010,(25).
[23] 刘大椿,刘劲杨.科学技术哲学经典研读[M].北京:中国人民大学出版社,2011.
[24] 张岚.补偿教育视野下的法国职业高中教育改革——对法国"面向2010年的新高中"改革的思考[J].职业教育,2011,(11下).
[25] 孙丽丽,赵蒙成.论职业教育与普通教育的融合——美国的历史与经验[J].职教通讯,2012,(34).
[26] 王斌华.巴基斯坦中学普通教育与职业教育的一体化趋势[J].外国教育资料,1996,(2).
[27] 舒焱萍.澳大利亚普通高中职业教育与培训对我国的启示[J].企业导报,2013,(3).
[28] 孔寒冰,叶民.国际视角的工程教育模式创新研究[M].杭州:浙江大学出版社,2014.
[29] Gentry M, Peters S J, Mann R L. Differences Between General and Talented Students Perceptions of Their Career and Technical Education Experiences Compared to Their Traditional High School Experiences[J]. Journal of Advanced Academics, 2007,(3).
[30] 张丹,范国睿.更好定向 更多辅导 更多准备——法国新高中教育改革述评[J].全球教育展望,2011,(11).
[31] 孔凡琴.英国综合高中探析[J].外国教育研究,2013,(12).
[32] 王娟涓.美国高中职业技术教育改革的新进展——生计和技术教育[J].西南民族大学学报·人文社科版,2004,(3).
[33] 韩晓玥.日本普通高中学生职业生涯教育研究[D].辽宁师范大学,2009.
[34] 庞超.瑞典高中职业教育改革新动向[J].中国职业技术教育,2009,(10).
[35] 李茂.美国托马斯·杰斐逊科技高中(二)[N].中国教育报,2012-3-20.
[36] 朴钟鹤.韩国英才学校创新举措探析——以KAISF附属韩国科学英才学校为例[J].比较教育研究,2011,(5).
[37] 裘晓兰.日本打造"超级全球化高中"[J].上海教育,2014,(32).
[38] 刘丽群,彭李.从国际经验看我国综合高中发展的战略转型与制度创新[J].河北师范大学学报(教育科学版),2013,(12).
[39] 张黎明. 我国综合高中发展探究[D]. 广西师范大学,2002.
[40] 王斌华,马小文. 中学普通教育与职业教育一体化的综合研究报告[J].外国教育资料,1996,(5).
[41] 白汉刚.职业教育体系的国际比较[J].中国职业技术教育,2012,(12).
[42] 刘丽群,彭李.国外高中教育普职沟通的关键举措与基本经验[J].湖南师范大学教育科学学报,2014,(9).
[43] 王晓辉.法国"面向2010年的新高中"的解析与思考[J].比较教育研究,2010,(6).
[44] 洪光磊. 普通教育在职业技术教育中的地位[J].教育研究,1994,(9).

[45] 郭宝仙.英国普通高中课程方案及其特点[J].全球教育展望,2012,(2).
[46] 祝成林,等.融于普通教育中的韩国职业教育[J].中小学管理,2013,(10).
[47] 马希文,等.瑞典普通教育和职业教育融为一体[J].上海教育,2013,(29).
[48] 戴峰.纽约三大科技高中的STEM教育[J].上海教育,2012,(11).
[49] 张奂奂,丁邦平.美国高中与大学衔接的双学分课程:形成、发展和展望[J].外国教育研究,2009,(11).
[50] Bystydzienski J M, Eisenhart M, Bruning M. High School Is Not Too Late: Developing Girls' Interest and Engagement in Engineering Careers[J]. The Career Development Quarterly, 2015,(1).
[51] 孙宏艳. 我国职业生涯规划教育应端口前移——基于中美日韩高中生职业生涯规划教育的研究[J],教育科学研究,2013,(8).
[52] 王红云.终身教育视野下中小学职业生涯教育探析[J]. 兰州教育学院学报,2011,(10).
[53] 关晶.美国中等职业教育的现状、特点与改革趋势[J].教育发展研究,2009,(13-14).
[54] 董岩. 高中生职业规划课程教育实践与研究[D].西安交通大学,2011.
[55] 张 明,齐 云. 普职渗透 实现双赢——上海信息技术学校与上海交大附中合作实例[J]. 工业和信息化教育,2013,(1).
[56] 刘丽群,刘家伟.我国高中阶段教育普职融通困难的原因分析[J]. 湖南师范大学教育科学学报,2015,(2).
[57] 傅小芳.搭建普通教育与职业教育沟通的桥梁——德国莱茵兰-法耳茨州的双轨学校给我们的启示[J].中国成人教育,2009,(23).
[58] 曲茜.美国综合高中课程设置及其启示[D].湖南师范大学,2014.
[59] 吴秀杰.澳大利亚高中职业教育最新概况及启示[J].职业与成人教育,2006,(6).
[60] 刘丽群.国外高中教育普职沟通的关键举措与基本经验[J].湖南师范大学教育科学学报,2014,(5).
[61] Salas-Morera L, Cejas-Molina M A, Olivares-Olmedilla J L, et al. Improving engineering skills in high school students: a partnership between university and K-12 teachers[J]. International Journal of Technology and Design Education, 2013,(4).
[62] 周京树. 高中阶段普职融通的实现路径研究[D].南京师范大学,2013.
[63] 董慧蕴. 高中阶段教育与中等职业教育沟通模式的建构[J].课程教育研究,2013(26).
[64] 刘 佳. 澳大利亚中学职业课程教育研究[D].陕西师范大学,2008.
[65] 刘翠航.美国托马斯·杰弗逊科技高中——创新人才培养模式初探[J].基础教育参考,2010,(5).
[66] 李紫燕.法国职业高中的创新改革及启示[J].法国研究,2014,(2).
[67] Bartlett K R, Schleif N L, Bowen M M. The Use of Workforce Assessment as a Component of Career and Technical Education Program Evaluation[J]. Career and Technical Education Research, 2011,(2).

Ten Major Perspectives Concerned with the "Integrating of General Education and Vocational Education" in High School Research in Abroad since 1990s

LIU Maoxiang[1,2]
(1. Education College, Shanghai Normal University, Shanghai 200234; 2. Shanghai High School, Shanghai 200231)

Abstract: "Integrating of general education and vocational education" in the high school stage in abroad is not a hot research field since 1990s. They are scattered in a number of the similar studies, and the monographic study is not sufficient. These studies provide many perspectives for "Integrating of General Education and Vocational Education" in high school, which mainly concern its policy analysis, connotation analysis, theoretical foundation, values research, predicament, running mode of school, curricular construction, career planning, measure of guaranteed, evaluation feedback.

Key words: abroad, high school stage, integrating of general education and vocational education

我国高等教育招生考试制度改革展顾

王中男[1,2]

（1. 上海师范大学 教育学博士后流动站，上海 200234；2. 上海师范大学 知识与价值科学研究所，上海 200234）

摘　要： 2014 年 9 月，国务院印发了《关于深化考试招生制度改革的实施意见》，标志着新一轮考试招生制度改革开始启动。那么，该如何看待这次考试招生制度改革？文章从"历史沿革、现实景观、改革新措、问题思考"四个维度对国家和上海市的考试招生制度改革方案作文献评析，以期能对本次考试招生制度改革的历史与现实、优点与不足有全面的认识和深入的思考。我们可以从目标、内容、实施、评价等维度领会本次考试招生制度改革的新意，然而本次改革的真正亮点却在于"高校招生录取机制的变革"——"高校自主招生在全国统一高考之后进行"、"取消录取批次，实行平行志愿投档"。该变革体现着"追寻自由、力求公正"的深意。然而，"自由"却是"漂浮的权利自由"，"公正"却是"摇摆的公平公正"。鉴于漂浮的自由和摇摆的公正，考试招生制度改革依然任重而道远。

关键词： 考试招生制度改革；权利自由；公平公正；高校招生录取机制；高校自主招生

引言：一石激起千层浪

2014 年 9 月，国务院印发了《国务院关于深化考试招生制度改革的实施意见》，标志着新一轮考试招生制度改革开始启动。作为改革开放以来最大的一次考试招生制度① 改革，这份"千呼万唤始出来"的改革方案自颁布之日起就"一石激起千层浪"，在社会上引起了巨大反响。对此的评议众多，赞赏者有之，批判者亦有之，可谓众说纷纭，莫衷一是。那么，究竟该如何看待这次考试招生制度改革呢？笔者拟借助《国务院关于深化考试招生制度改革的实施意见》[1] 和《上海市深化高等学校考试招生综合改革实施方案》[2] 两份方案，对国家和上海市的考试招生制度改革试作综述和评析，以期能对本次考试招生制度改革的历史与现实、优点与不足有全面的认识和深入的思考。

一、历史沿革

"以史为鉴，可以知兴替。"正是出于为解决问题而不断改革的这份决心，以及为趋于完善而不断汲取改革之经验的这种行为，无论是国家还是地方（以上海市为例），皆进行了数次改革。

1. 国家历次考试招生制度改革

从 1977 年至今，国家层面的考试招生制度改革（主要指高考制度改革）历经了"恢复重建、多元化改革、深化改革、新一轮改革"这四个时期。(1) 恢复和重建时期（1977—1984 年）。1977 年，邓小平主持了高考的恢复工作；当年 10 月 12 日，国务

基金项目： 本文系上海师范大学校重点学科"教育评价学"研究成果之一；系中国博士后科学基金第 58 批面上资助项目"学习评价价值观的转变研究"（资助编号：2015M581639）的研究成果之一。

作者简介： 王中男，江苏徐州人，上海师范大学教育学博士后流动站博士后，上海师范大学知识与价值科学研究所助理研究员、博士，主要从事课程评价文化研究。

院批转了教育部《关于1977年高等学生招生工作的意见》。这标志着考试招生制度从此进入恢复和重建时期。(2)多元化改革时期(1985—1998年)。自1985年起,考试招生制度改革全面展开,国家出台了一系列有关高考的政策方案和措施,主要有:①实行招生多元化;②实行高中会考制度;③实行"3+2"方案;④推进标准化考试;⑤试行保送生和招生并轨改革。这标志着考试招生制度改革进入多元化时期。(3)深化改革时期(1999—2009年)。1999年,教育部在《关于进一步深化普通高等学校招生考试制度改革的意见》的文件中公布了全国高考改革方案,由此揭开了这一时期考试招生制度改革的序幕。相关举措如下:1999年,推行"3+X"科目考试方案;2000年,开始探索一年两次高考;2001年,实行高校"自主招生"试点工作②;2004年,划分全国高中新课程改革首批实验区③,实验区于3年后开始首次"高考自行命题";2008年,开始实行平行志愿录取;2009年,试行单独招生改革试点。④(4)新一轮改革时期(2010—2015年)。2010年,教育部正式颁布《国家中长期教育改革和发展规划纲要(2010—2020年)》,"分类考试、综合评价、多元录取"成为高考改革的3大关键点,新一轮考试招生制度改革正式拉开帷幕。2013年11月,十八届三中全会审议通过《中共中央关于全面深化改革若干重大问题的决定》,高考改革被纳入"深化教育领域综合改革",成为改革的重要内容。至此,高考改革方案的出台备受期待。2014年8月29日,中央政治局召开会议,审议通过了《关于深化考试招生制度改革的实施意见》等4份重要文件。2014年9月3日,国务院《关于深化考试招生制度改革的实施意见》正式发布,标志着新一轮考试招生制度改革正式启动。

2. 上海历次考试招生制度改革

自1977年恢复高考以来,上海市的考试招生制度改革历经了"恢复重建、改革探索、拓展深化、整体建构"这四个时期。(1)恢复和重建时期(1977—1984年)。自1977年邓小平恢复高考制度以来,上海市考试招生制度亦从此进入恢复和重建时期。(2)考试招生制度改革和探索期:以高中会考制度建设为核心(1985—1992)。1985年,上海取得自主招生考试制度改革的试验权;1986年,上海正式出台《上海实行高中会考和改革高校招生考试制度的方案》,逐渐建立起高中毕业会考及会考合格证书制度;1988年,上海"调整和完善高中毕业会考制度,将学生会考成绩与其高考成绩由原来的'硬挂钩'改为'软挂钩'";[3](P6~7) 1991年,上海再次调整了会考制度;1992年,上海高中会考制度被全国10个省份相继效仿和实行。(3)高校招生自主权的探索和拓展期(1993—2000年)。1993年,上海市发布《扩大招收自费生规模、深化招生制度改革的若干意见》,标志着考试招生制度改革的重心转移到上海高校的招生自主权方面。1994年,上海高校考试招生制度改革进一步深化,体现在逐年增加试点高校数,以及改革力度的不断加强。1995年,上海市实行招生计划全面并轨,实行招生计划、录取标准、收费标准相统一;1996年,改革举措拓展至全市所有高校,全面实施招生和收费并轨改革;"1998年,上海市出台了规范高校自主招生改革的试点办法。"[3](P8) (4)考试招生制度改革的整体建构期(2000—2013年)。2000年,上海实行"春季考试,春季招生"制度改革,继续探索与扩大高校招生自主权;同年,上海正式推出了3项改革举措:建立面向"三校生"的升学通道、建立"专升本"制度、开展普通高校招收插班生改革试点;2001年,上海首推"3+X"考试改革,并全面推行"综合能力测试";2003年,自世纪之交的中国高等教育进入"扩招"时期以来,上海高等教育率先进入"普及化"发展阶段,毛入学率达到了50%;2004年,上海发布《关于全面实施教育综合改革 率先基本实现上海教育现代化的若干意见》,建立了上海高校招生考试的多元模式,推行综合评价、多元选择、自主招生的选拔办法,勾勒出上海高校考试招生制度改革的目标与方向;2006年,再次建立起高中学业水平考试制度;2007年,"复旦大学、上海交通大学进行高端的'自主选拔招生改革'试点工作,学校可以自行组织文化考试和面试提前录取新生,虽然录取者还要参加随后举行的统一高考,但高考成绩不再成为学校录取的依据。"[3](P9)

二、现实景观

"以史为鉴,亦可以明得失。"历次考试招生制度改革,可以为本次改革作为参考。审视历次考试招生制度改革的历程,亦可以透析出本次改革的不同寻常之处。那么,本次考试招生制度改革,又有着怎样的不同寻常之处呢?

1. 国家本次考试招生制度改革

《国务院关于深化考试招生制度改革的实施意见》(以下简称《意见》)指出,改革开放 30 余年来,我国考试招生制度作出了历史性贡献,发挥了不可替代的重要作用。然而,"唯分数论"的认识、"一考定终身"的行为、入学机会的不平等、择校热、加分造假、违规招生等现象的存在,使得考试招生制度改革的深化刻不容缓。

《意见》从总体要求、主要任务和措施、加强组织领导三个部分展开叙述。

国家综合实力的竞争,归根结底是人才的竞争。为了给"中华民族伟大复兴的中国梦"提供强有力的人才支撑,深化考试招生制度改革势在必行。本次改革秉持"坚持育人为本,遵循教育规律;着力完善规则,确保公平公正;体现科学高效,提高选拔水平;加强统筹谋划,积极稳妥推进"的基本原则,旨在通过 2014 年启动考试招生制度改革试点以及 2017 年的全面推进,于 2020 年基本建立中国特色现代教育考试招生制度。

本次改革的 5 大任务依次是:改进招生计划分配方式、改革考试形式和内容、改革招生录取机制、改革监督管理机制、启动高考综合改革试点。其一,针对"改进招生计划分配方式"的主要措施有:提高中西部地区和人口大省高考录取率;增加农村学生上重点高校人数;完善中小学招生办法破解择校难题。其二,针对"改革考试形式和内容"的主要措施有:完善高中学业水平考试;规范高中学生综合素质评价;加快推进高职院校分类考试;深化高考考试内容改革。其三,针对"改革招生录取机制"的主要措施有:减少和规范考试加分;完善和规范自主招生;完善高校招生选拔机制;改进录取方式;拓宽社会成员终身学习通道。其四,针对"改革监督管理机制"的主要措施有:加强信息公开;加强制度保障;加大违规查处力度。其五,针对"启动高考综合改革试点"的主要措施有:改革考试科目设置;改革招生录取机制;开展改革试点。

2. 上海本次考试招生制度改革

在肯定我国考试招生制度的重要作用、历史性贡献、社会认可的基础上,《上海市深化高等学校考试招生综合改革实施方案》指出,鉴于上海市现行"考试招生制度在评价标准、选拔方式等方面存在不足,一定程度上导致了唯分数论、一考定终身、学生选择性不够和过度偏科等问题,影响了学生的全面发展和创新实践能力的培养",因此迫切需要进一步深化改革。

在"全面贯彻党的教育方针,践行社会主义核心价值观,坚持立德树人"的导向下,上海市的本次改革以"有利于促进每一个学生的终身发展、有利于科学选拔和培养人才、有利于维护社会公平公正"作为基本出发点,以"坚持素质教育导向;确保公平公正公开;提高人才选拔水平;注重系统综合改革"作为基本原则,旨在通过 2014 年的改革启动、2017 年的整体实施等路径,于 2020 年初步建立"符合教育规律、顺应时代要求、具有上海特点"的高等学校考试招生制度,以及形成"分类考试、综合评价、多元录取、程序透明"的高等学校考试招生模式。简言之,即通过深化改革,构建更加公平公正、科学合理的高等学校考试招生制度。

本次改革的 8 大任务依次是:完善普通高中学业水平考试制度、建立高中学生综合素质评价制度、深化统一高考考试科目改革、改革统一高考招生录取模式、完善和规范高等学校自主招生、继续深化高等学校春季考试招生改革、加快推进高职院校分类考试和招生、减少和规范考试加分。其一,针对"完善普通高中学业水平考试制度"的主要措施有:设置普通高中学业水平考试科目;实行合格性考试与等级性考试;安排普通高中学业水平考试;规划普通高中学业水平考试成绩的呈现方式。其二,针对"建立高中学生综合素质评价制度"的主要措施有:构建高中学生综合素质评价体系;积极稳妥推进高中学生综合素质评价信息的使用。其三,针对"深化统一高考考试科目改革"的主要措施有:调整统一高考科目;深化外语考试改革。其四,针对"改革统一高考招生录取模式"的主要措施有:设置高考成绩的构成;规范普通高中学业水平考试成绩计分;明确高等学校招生录取的科目要求;改进高等学校统一录取模式;改进专科高职统一招生方式。其五,针对"完善和规范高等学校自主招生"的主要措施有:自主招生在统一高考以后进行。"相关高校依据高考成绩和学校自主考核情况,并参考普通高中学业水平考试成绩和高中学生综合素质评价信息,选拔具有学科特长和创新潜质的优秀学生。"其六,针对

"继续深化高等学校春季考试招生改革"的主要措施有："将本市本科院校需要通过面试等方式考核学生能力的部分特色专业招生计划投放到春季考试招生中，设立面试（或技能测试）环节。春季考试招生范围由历届生扩大到高中应届毕业生，依据统一考试成绩、普通高中学业水平考试成绩、面试（或技能测试）情况进行录取。"其七，针对"加快推进高职院校分类考试和招生"的主要措施有：完善"文化素质＋职业技能"招生录取制度；进一步增强专科高职院校分类招生的吸引力；改革应用本科专业招收"三校生"考试模式。其八，针对"减少和规范考试加分"的主要措施有：大幅减少、严格控制高考加分项目；取消体育、艺术等特长生加分项目；合理设置加分项目的加分分值。

三、改革新措

考试招生制度改革的优点可谓有目共睹。从纵向的历史视角来看，能够正视问题从而不断改革，这种改革态度本身就值得称道；从横向的现实视角来看，每一次改革都能够较前一次改革有所推进，这种改革行为本身亦值得赞扬。

具体到本次考试招生制度改革，无论是国家考试招生制度改革还是上海考试招生制度改革，均可谓"亮点频现"。如国家考试招生制度改革"试点文理不分科，外语一年多考；增加使用全国统一命题试卷省份；大幅减少、严格控制考试加分项目；高中学业水平考试覆盖所有科目；综合素质评价作为高考招生录取参考；上海、浙江综合改革试点；自主招生调整到高考后；提高中西部地区和人口大省高考录取率；增加农村学生上重点高校人数；加快推进高职院校分类考试"。[4]当然，上海市的考试招生制度改革也有显著的变化，如"考试科目：从'3＋1'变为'3＋3'；时间安排：从统一考试变为分散考试；学业水平考试：从'游离'高考到纳入高考；录取方式：从一个总分到兼顾单科成绩"。[5]总之，本次考试招生制度改革的新举措展现了其改革新意，我们可以从以下几个维度一探究竟。

1. *方向维度：以人为本、素质教育、公平公正*

（1）追求以人为本

"以人为本"是新课程改革的核心理念，此次考试招生制度改革亦将此作为改革的宏观方向。《国务院关于深化考试招生制度改革的实施意见》在"基本原则"中明确提出"坚持育人为本"，"把促进学生健康成长成才作为改革的出发点和落脚点"，"促进学生全面而有个性的发展"。《上海市深化高等学校考试招生综合改革实施方案》在"指导思想"中也明确提出"促进每一个学生的终身发展"。这表明，此次考试招生制度改革拟通过"促进学生发展"这一根本路径实现"以人为本"。

"以人为本"还体现在录取模式的改变——从"单向选择"走向"双向选择"。《国务院关于深化考试招生制度改革的实施意见》提出，要"改进投档录取模式，推进并完善平行志愿投档方式，增加高校和学生的双向选择机会"。《上海市深化高等学校考试招生综合改革实施方案》提出，要提高人才选拔水平，"增强高等学校与学生相互选择的多样性和匹配度"；"2016年起，合并本科第一、第二招生批次，并按照学生的高考总分和院校志愿，分学校实行平行志愿投档和录取。在此基础上，探索学生多次选择、被多所高等学校录取的可行性，增加高等学校与学生的双向选择机会"。众所周知，改革之前的录取模式主要是高校选择学生，学生甚少有选择高校的权利和机会。本次改革在这一方面作出了重大的调整，从一贯的"单向选择"转向倡导"双向选择"的录取模式，这无疑赋予了学生可能的自由选择的权利和机会，而这正是以人为本的重大体现。

（2）实施素质教育

以人为本，主要指向于以人的素质发展为本位，故实施"素质教育"是落实"以人为本"理念的根本路径，此次考试招生制度改革亦将实施素质教育作为改革的宏观方向。《国务院关于深化考试招生制度改革的实施意见》在"基本原则"中指出要"深入推进素质教育"、"全面实施素质教育"，且将素质细化为"学生思想品德、学业水平、身心健康、兴趣特长、社会实践"等内容。《上海市深化高等学校考试招生综合改革实施方案》与国家层面的考试招生制度改革相呼应，亦提出要"深入实施素质教育"。其实，素质教育自大力倡导和推行以来已经30年了，然而时至今日依然面临着"素质教育轰轰烈烈、应试教育扎扎实实"的尴尬境遇。笔者认为，这其中的一个深层原因在于，弥漫于中华大地的依然是延续了千百年的"考试文化"，盘踞于人们头脑中的学生学习评价价值观依然指向于“以分为本”。鉴于考试文化和以分为本的评价价值观所导致的考生维度的身心危机和自由危机，以及社会维度的单向度化危机，实施真正意义上的素质教育刻不容缓，而改革考试招生制度亦势在必行。

(3)致力公平公正

“公平公正”是此次考试招生制度改革的宏观目标，诸多举措可以彰显此次改革对公平公正的追求。《国务院关于深化考试招生制度改革的实施意见》中的“改进招生计划分配方式”就体现了此理念，如“在东部地区高校安排专门招生名额面向中西部地区招生”，“合理确定分省招生计划，严格控制属地招生比例”，“实施国家农村贫困地区定向招生专项计划，由重点高校面向贫困地区定向招生”，以及“加强信息公开”，实施高校招生的“阳光工程”。《上海市深化高等学校考试招生综合改革实施方案》则将“公平公正”作为改革的指导思想和基本出发点，“把促进公平公正作为改革的基本价值取向”。明确提出要“确保公平、公正、公开”；“实施分类考试、综合评价、多元录取，追求更高水平的公平”。在程序方面，要求“政史地、物化生”6 门考试由全市“统一命题、统一组织考试、统一阅卷”，以实现考试招生的“程序公开、结果公正”。在招生录取方面，则要求高校“深入实施招生阳光工程”，“规范并公开自主招生办法、考核程序和录取结果”，“保证公平公正”。从上述改革措施可以看出，“公平公正”不仅成为指引改革的宏观方向，亦成为指导改革的实施原则。所不同的是，国家和上海市的侧重点不同。国家考试招生制度改革侧重于在相对宏观的招生环节体现公平公正，而上海市考试招生制度改革侧重于在相对微观的考试流程方面追求公平公正，如致力于考试机会上的公平、考试过程中的公正、考试结束后的公开。

2. 目标维度：兼顾创新精神与实践能力

除却“建立考试招生制度、形成考试招生模式”的基本目标之外，改革目标还指向了“创新精神”和“实践能力”，这是继《基础教育课程改革纲要(试行)》提出“培养学生的创新精神和实践能力”之后再次重申的又一举措，我们可从国家和上海的考试招生改革方案中见微知著。如《国务院关于深化考试招生制度改革的实施意见》和《上海市深化高等学校考试招生综合改革实施方案》均在“完善和规范高等学校自主招生”模块提出，自主招生要“选拔具有学科特长和创新潜质的优秀学生”。《上海市深化高等学校考试招生综合改革实施方案》还提出，要“促使一批拔尖创新人才脱颖而出”；在“构建高中学生综合素质评价体系”模块中，提出要“培养创新精神和实践能力”，并将“创新精神与实践能力”作为高中学生综合素质评价的重要维度。这里的实践能力指向也很明确，比如在“深化外语考试改革”模块中提出，要“引导外语教学注重应用能力的培养”。其实，创新精神和实践能力非常重要，其不仅是个体实现主体性的基本前提，亦是社会实现可持续发展的基本动力。然而，在“唯分数至上”的中国传统考试社会，无论社会、学校、家庭，无论教师、学生、家长，人们所热切追逐的是看得见的分数，而非看不见的精神和能力；且在一味追逐分数的路途中，掩埋了创新精神、摒弃了实践能力，使创新精神和实践能力共同成为“分数至上”价值观的牺牲品和殉葬品。消弭创新精神和实践能力的结果令人痛心疾首，“为什么我们的学校总是培养不出杰出的人才”的钱学森之问更是响彻中华大地，成为事关中国教育发展的一道艰深命题。有鉴于此，再次重申创新精神和实践能力，并将此作为此次考试招生制度改革的基本目标之一，不仅必要而且重要。

3. 内容维度：增强考试与学习的关联度，主张文理不分科

本次改革在内容维度上也有着新举措，如强调要增强考试与学习的关联度，主张文理不分科等。如《国务院关于深化考试招生制度改革的实施意见》在“改革考试科目设置”模块中，提出要“增强高考与高中学习的关联度”，“不分文理科”。《上海市深化高等学校考试招生综合改革实施方案》在“调整统一高考科目”模块中明确提出“不分文理”；在命题方面，提出要“严格按照普通高中课程标准命题”，“成立教育考试命题专业机构”，“推进考试命题改革”。这两个考试招生制度改革方案还分别在“深化高考考试内容改革”模块和“加强考试内容设计和评分管理”模块中，倡导试题命题内容的设计要“增强基础性、综合性，着重考查学生独立思考和运用所学知识分析问题、解决问题的能力”。其实，考试与学习的关联度本是无需提及的问题，无奈传统高考内容追逐“繁难偏旧”的价值取向割断了其与高中学习的关联度，导致

了“所考非所学、所学非所考”的问题,使得此次考试招生制度改革特别在考试内容维度提出要“增强高考与高中学习的关联度”。至于“不分文理科”,笔者认为这更是一项合理的主张,我们可以从马克思“关于人的全面发展的学说”、人本主义“关于个体的自我实现”、各教育学流派“旨在促进个体的完整成长”的思想,以及社会之于“复合型人才”的呼唤、个体之于“人的主体性”的追寻等方面和维度来论证其合理性。

4. 实施维度:形式与程序的双重新意

此次改革在实施层面亦有着新举措,主要体现在考试的形式和程序等方面。

在形式方面主要体现于“外语一年两考”、“同一科目两次考试”等措施上。《国务院关于深化考试招生制度改革的实施意见》明确规定,“外语科目提供两次考试机会”;可以“创造条件为有需要的学生提供同一科目参加两次考试的机会”。《上海市深化高等学校考试招生综合改革实施方案》亦明确规定“外语考试一年举行两次”;也提出“探索普通高中学业水平考试向不同年级学生开放、提供两次及以上考试机会的可行性”。外语科目提供两次考试机会,意味着考生可以选择最好的一次成绩计入高考总分。该举措的意义在于,既为考生提供了多次考试机会,又相应地缓解了“一考定终身”的心理压力。

在程序方面主要体现于“考后填志愿”、“自主招生考后进行”、“随学随考随清”等措施上。《国务院关于深化考试招生制度改革的实施意见》提出,要推行“高考成绩公布后填报志愿”的方式;并且要创造条件“逐步取消高校招生录取批次”。这是此次改革在程序方面不同以往的显著之处。《上海市深化高等学校考试招生综合改革实施方案》则提出,推行“自主招生安排在统一高考以后进行”;以及“各科目考试分散在高中三年,随教随考随清”,这意味着“一考定终身”成为历史。关于“高校自主招生在高考后进行”所蕴含的“自由”,以及“取消高校招生录取批次,施行平行志愿投档”所体现的“公正”,下文会作简述,在此不作论述。

5. 评价维度:建立综合素质评价制度,作为高校录取的重要参考

此次改革在评价方面的重要举措,主要表现为建立“综合素质评价制度”,且“综合素质评价”成为高校选拔和录取学生的重要参考,此外改革在评价体系、评价结构、评价内容等方面也作出了规定。《国务院关于深化考试招生制度改革的实施意见》提出,“综合素质评价主要反映学生德智体美全面发展情况,是学生毕业和升学的重要参考”;要探索“基于统一高考和高中学业水平考试成绩、参考综合素质评价”的多元录取机制。在评价内容方面,综合素质评价应“注重社会责任感、创新精神和实践能力,主要包括学生思想品德、学业水平、身心健康、兴趣特长、社会实践等内容”。《上海市深化高等学校考试招生综合改革实施方案》亦明确指出,“综合素质评价是学生毕业和升学的重要参考”;并且将评价内容细化为“学生思想品德发展状况、中华优秀传统文化素养、修习课程及其学业成绩、创新精神与实践能力、身心健康信息、兴趣爱好与个人特长”等方面;在评价体系上,《上海市深化高等学校考试招生综合改革实施方案》提出,要逐步“建立多元多维评价体系”,科学评估学生的综合素质;在评价制度上,提出要“建立高中学生综合素质评价制度”,“构建高中学生综合素质评价体系”;在评价结构上,则主张高中学业水平考试“实行合格性考试与等级性考试”,且考试成绩应体现层级,具有梯度。⑤虽然综合素质评价制度在理论上已较为成熟,在政策上亦得到了许可,然而,由于其在实践层面存在着“缺乏区分度、流于形式”的问题,故高校招生人士认为综合素质评价之于高校录取的参考价值不大。其实,综合素质评价制度本身以及将其作为高校招生录取的重要参考维度,具有重要的意义:其一,关注到综合素质,从微观层面而言,有利于促进学生素质的全面发展;从宏观层面而言,有利于素质教育的真正施行和推进。其二,作为高校招生和录取的重要参考,打破了“分数至上”的录取原则,从微观层面而言,既观其分数又不忘参考素质,对于考生而言较为公平;从宏观层面而言,有利于消解“唯分数论”的社会评价价值观,使素质作为参考维度的多元评价成为可能。

6. 制度和机制维度:规范加分、学分转换;平行投档、多元录取

此次改革在制度和机制层面也有着新举措,在制度层面如减少和规范加分制度、学分互认和转换制度、责任追究制度、监督查处制度。《国务院关于深化考试招生制度改革的实施意见》提出

了关于“加分”的制度，要“减少和规范考试加分”；同时致力于建立“多种形式学习成果的认定转换制度”，以探索普通高校、高职院校、成人高校之间的学分互认和转换。《上海市深化高等学校考试招生综合改革实施方案》也明确提出要“减少和规范考试加分”；“建立责任追究制度”，健全“监督查处制度”，以维护考试招生秩序，确保公平公正。其实，高考加分制度的初衷本是好的，然而由于其在实施中的异化从而导致各种徇私舞弊、钱权交易现象的发生，以及由此带来了各种不公平、不公正现象，故对加分制度进行规范是很有必要的。学分互认和转换制度就更有深意了，从学生角度而言，能够因为增加课程选择的多元化，从而增强学习的兴趣；从学校角度而言，能够因为学分的互认和转换这一举措，从而实现优质资源的共享。

在机制层面如平行志愿投档和多元录取机制、考试录取申诉机制、招生问责机制、高考改革试点机制、学校自律机制等。《国务院关于深化考试招生制度改革的实施意见》提出要“改革招生录取机制”，“探索基于统一高考和高中学业水平考试成绩、参考综合素质评价的多元录取机制”；“建立考试录取申诉机制”和“招生问责制”，以求从学生层面来讲对考生负责，从高校层面来讲对录取结果负责。此外，本次改革提出的试点机制亦可圈可点。⑥《上海市深化高等学校考试招生综合改革实施方案》提出，要合并本科招生批次，分学校实行“平行志愿投档和录取”机制；要“引导学校健全自律机制”，以保证考试招生的公正。在这些机制中，平行志愿投档和多元录取机制能够增加高校和考生的双向选择机会，以及打破唯分数论、兼顾考生综合素质，从而距离“公正”更近了一步；考试录取申诉和招生问责机制，能够为考生维护自己的权利进行保障，同时亦能够在一定程度上规范高校招生，增加招生的透明度；考试招生制度改革试点机制，则有助于及时发现新方案在执行过程中会出现的问题，有利于及时修订和完善方案，为全面推进考试招生制度改革助一臂之力。

四、问题思考

上述诸多新举措和亮点给公众带来了冲击，然而从深层次来看，笔者认为此次改革的真正亮点在于“高校招生录取机制的变革”，这主要体现于改革的两项举措：一是“2015 年起推行自主招生安排在全国统一高考后进行”；[1] 二是“创造条件逐步取消高校招生录取批次。改进投档录取模式，推进并完善平行志愿投档方式，增加高校和学生的双向选择机会。2015 年起在有条件的省份开展录取批次改革试点”。[1] 之所以将这两项举措作为改革的真正亮点，是因为其深意在于“追寻自由、力求公正”。自由与公正，本是非常值得称道的改革导向。然而，“自由”却是“漂浮的权利自由”：高校自主招生与统一高考的相互捆绑，使得“高校自主招生”和“考生自由选择”的权利自由难以企及。“公正”却是“摇摆的公平公正”：招生录取批次的难以取消、完全自主招生所可能带来的公正隐忧、平行志愿投档模式本身存在的公正弊端，使得平行志愿投档模式可能会与“公正”擦肩而过。有鉴于此，其最终能否引领改革，并且在多大程度上能改变实践，这是需要我们思考的问题。

考试招生制度改革的车轮已缓缓启动。改革任务所折射出的“直面问题、勇于改革”的决心，值得称道；改革举措中所频频闪现的诸多改革亮点，亦值得赞赏。然而我们还应理性地看到，此次改革除却上文所述的“漂浮的权利自由”、“摇摆的公平公正”等深层次的问题，还存在一些需要探讨的问题，如：其一，改革停留于考试内容与考试形式等表层变革，未触及考试文化这一课程改革的深层桎梏；其二，分散考试使得“一考定终身”成为历史，但随之而来的可能是分布式高考压力的如影随形；其三，此次改革对素质的关注，与平行志愿投档模式所可能带来的“唯分数论”自相矛盾；其四，考试招生制度依然“采取简单的学业考试的办法来选拔人才”，“没有形成必要的评价视野”。[6](P6～11) 有鉴于此，考试招生制度改革之路依然任重道远。在短暂的欢呼鼓舞之后，我们需要做的是持续的实践试点和不断的理性反思。

注释：

①本文论及的考试招生制度，主要指高等学校考试招生制度，即高考制度。

②江苏省的东南大学、南京航空航天大学、南京理工大学等 3 所国家重点高校率先实行了“自主招生”的试点工作。

③教育部将山东、宁夏、广东、海南 4 省区列为全国高中新课程改革的首批实验区。3 年后，高中新课改 4 省区开始了第一次自行命题高考。

④部分省份开始试行国家示范性高职院校开展单独招生改革试点。

⑤如合格性考试成绩以“合格/不合格”呈现，等级性考试划分“A、B、C、D、E”5个等第，分别占15％、30％、30％、20％和5％，在等级性考试成绩计入高考总分时，“由五等细化为A＋、A、B＋、B、B－、C＋、C、C－、D＋、D、E共11级，分别占5％、10％、10％、10％、10％、10％、10％、10％、10％、10％、5％。其中，A＋为满分70分，E计40分。相邻两级之间的分差均为3分。”可谓层级分明，一目了然。

⑥上海市和浙江省是国家本次考试招生制度改革的试点省市，《国务院关于深化考试招生制度改革的实施意见》指出，“2014年上海市、浙江省分别出台高考综合改革试点方案”。

参考文献：

[1] 国务院.国务院关于深化考试招生制度改革的实施意见[EB/OL]. http://www.moe.edu.cn/publicfiles/business/htmlfiles/moe/moe_1778/201409/174543.html.2014－09－03.

[2] 上海市人民政府.上海市深化高等学校考试招生综合改革实施方案[EB/OL]. http://www.shanghai.gov.cn/shanghai/node2314/node2319/node12344/u26ai40261.html.2014－09－18.

[3] 孙崇文.回眸与展望：上海高校招生考试制度改革[J].教育发展研究，2007，(7－8A).

[4] 图解教育.图解高考改革十大亮点[EB/OL].http://edu.qq.com/graph/61.htm.

[5] 董少校.改变用一个分数评价录取学生——解读上海高考综合改革试点方案四大亮点[N].中国教育报，2014－09－20：02.

[6] 丁念金.高校招生评价改革新视野[J].现代基础教育研究，2014，(16).

Retrospect and Prospect of the Reform of China's Higher Education Enrollment Examination System

WANG Zhongnan

(1.Center for Post－Doctoral Studies in Shanghai Normal University, Shanghai 200234;

2. Institute of Knowledge and Value Sciences, Shanghai Normal University, Shanghai 200234)

Abstract: In September 2014, the State Council issued *The Implementation Opinions on Deepening the Reform of the Examination Enrollment System* , it marks a new round of examination and enrollment system reform began to start. So, how should we look at the examination and enrollment system reform? This article Made a literature review to the examination and enrollment system reform program of the national and Shanghai from four dimensions which is "historical evolution, Realistic appearance, New measures for reform, problem thinking", in order to have Comprehensive understanding and in－depth thinking to the history and reality, advantages and disadvantages of this examination enrollment system reform. The article points out that we can understand the reform of the examination enrollment system from the dimensions of goal, content, implementation, evaluation and other.But the real highlight of the reform of examination and enrollment system is the change of college admission mechanism. This is reflected in two initiatives: firstly, the university independent recruitment conducts after the unified national college entrance examination; secondly, college admissions will cancel admission batch, implement parallel application. Both initiatives embody the meaning of "pursuit of freedom and to be fair". However, the "free" is "floating power free" and "justice" is "swing fair and justice". In view of the floating free and swaying justice, the reform of examination and enrollment system is still a long way to go.

Key words: the reform of examination and enrollment system, power freedom, fair and justice, college admission mechanism, university independent recruitment

《现代基础教育研究》
第 20 卷，2015 年 12 月　(Research of Modern Basic Education)　Vol.20，Dec. 2015

试论对数学教学性考试的评价
——基于标准和量表的维度

任升录

（上海市静安区教育学院，上海 200040）

摘　要： 文章对评价数学教学性考试的基本维度进行了阐述，包括对考试内容指向的评价、对考试结果的评价、教师的自省性评价、与学生水平的一致性评价和学生的动态变化情况。梳理出评价数学教学性考试的标准：理念标准；内容标准；形式标准；技术标准。在此基础上结合区域实际编制了 5 份评价数学教学性考试的量表。

关键词： 数学教学性考试；评价；量表

数学教学性考试是以诊断学生的数学学习状况、分析教师的数学教学效果、为改进下一阶段数学教与学的方式而举行的考试，是数学教学的一个必要环节，如课题测验、阶段测验、期中期末考试、专项测验等。教师的教学质量与教学效果集中表现在学生身上，规范的数学教学性考试，可以客观地反映教师的教学效果。直接反映学生的学习信息，对学生而言，通过这样的考试，既能了解自己学习状况，又往往随之而来有较强的激励作用；间接反映教师的教学信息，对教师而言，通过这样的考试既有诊断了解所有学生及各种不同层次、不同思维类型学生的学习进步退步状况等多重作用，又能在此基础上，总结反思自己在教学理念、教学方法、教学手段运用、教学评价的运用等方面的种种得失，分析原因，调整下一步的教学行为，提出提高教学效率的方案（当然这种方案有时是存于心而未显于外的）。

一、评价数学教学性考试的基本维度

评价数学教学性考试，可从以下方面进行：

1. 对考试内容指向的评价

凡考试必须指定内容。不同的考试往往有不同的内容，有的内容有明确的范围（如课题测验、阶段测验、期中期末测验等的知识范围明确），有的则难以清晰界定范围（如专项测验中的以思维能力为测验重点的测验）。但不管哪种考试，其内容指向应当是明确合理和适当的。

对考试内容指向的评价应当包括以下方面：考试内容是否在课程标准范围内；考试内容是否与课程标准的要求基本一致；考试内容是否抓住了课程标准的核心与重点，即内容范围内的基础知识、基本技

基金项目：本文是教育部“十一五”课题《提高中小学生学业效能：‘轻负担高质量’的实证研究》（课题编号：DHA080092，课题成果获上海市教委教科研成果一等奖）的子课题成果，本成果 2014 年获上海市教育学会优秀论文二等奖，其中部分内容和量表在 2011—2015 年使用过程中作了修改。

作者简介：任升录，安徽寿县人，上海市静安区教育学院教研员，中学高级教师，硕士，主要从事中学数学教学研究。

能与基本思想方法是否都得到了充分而又合理的考查;考试内容是否考查了内容本身所重点反映的数学能力的考查;考试内容是否体现了与内容有关的、必要的数学素养的考查,等等。

2. 对考试结果的评价

对于学生考试的结果有不同的评定方式。以分数评定结果,通常以某个适当的数值为参照才能看出,以本班学生的常模为参照,以同年级学生的常模为参照,以更大范围内学生的常模为参照,以满分为标准参照。以等级评定结果,从其所处的等级可大概知道评价结果。

对考试结果的恰当评价与应用是发挥考试效用的基础与目的。对数学教学性考试而言,对考试结果的评价主要表现在如下方面。

一方面,从定量的角度看,学生的平均成绩是多少,分数的分布状况如何,低分率、及格率、优秀率如何;这些数据表明了学生怎样的学习状况;分化现象是否存在?若存在,这种分化现象又说明了什么;如果是以等级制来评分的,那么各等级的分布、百分比又如何,这个分布表明了学生的学习处于怎样的状况。

另一方面,从定性的角度看,学生答卷中,解答的过程有何特点;有一定创新性的解法吗;有哪些具体表现;学生所犯的普遍性错误是什么;这些错误反映出怎样的信息:是心理特征的,还是年龄特征的?是思维类型差异的,还是个性差异的等等。

在了解学生考试现状的基础上,进行必要的分析并给出解释,是数学教学性考试的必要步骤(虽然有些考试,如课题测验,因时间关系并未写出来),如果没有这样的步骤,那么这次考试是不合要求的;如果这样的步骤粗枝大叶,那么这次考试是不足、有遗憾的;如果对这次考试,从各个方面、多种角度进行分析,从中获取整体的和个体的学习、心理信息,那么从对考试结果的解释与应用角度看将是很有价值的。

在对考试结果有了必要的、准确的解释的基础上,对不同层次、不同类型的学生提出激励性的评价,完善教师下一步的教学工作思路,因材施教地指导学生学习,将是十分有益的,这就是对考试结果的应用,既用来帮助教师改进教学,又用来激励、帮助学生改进学习。

3. 教师的自省性评价

改进教学的关键在于教师能从考试中获得有价值的东西,获得有价值的东西不仅表现在对学生成绩、现状、思维发展方面的分析,更在于对自己前一段教学工作进行必要的、深入的分析,这种分析不能停留在表面上,而应是真正自省式的、从教学理念到教学方法等的深刻分析。因此,评价一次数学教学性考试,一个重要的方面就是看教师从这次考试中获得多少和多深对自己教学工作的剖析。

对自己的教学进行自省式分析,可从如下两方面进行评价:一是看教学性考试后,在分析学生学习状况的同时,是否对教学工作有自省式反思的记录。二是看教师对学生中出现的问题是否采取了必要措施,特别是教师的教学行为是否发生了相应的改变或微调。

4. 与学生水平一致的评价

数学教学性考试不仅要与课程标准精神、要求保持一致,也应该与所教班级学生的实际水平保持一致,即这样的考试,在难度、题量、类型等方面都要从本班学生水平出发,如果在难度、题量、题型等方面有过高或过低的表现,则从对于考试的效用、对学生的尊重、对时间的珍惜等角度看都是不值得的。

怎样判断数学教学性考试与学生的实际水平有较好的一致性或不具有好的一致性呢?至少可从如下两方面来看。

如果整卷平均得分、优秀率等很高,甚至分别有如百分卷的95分、70%的优秀率,则说明整卷偏易;整卷平均得分、优秀率等很低,甚至分别只有如百分卷的40分、5%以下的优秀率,则说明整卷偏难。这两种情况只能说明对这次考试所表现的水平层次掌握得较好或不好,并不能暴露学生及教学中的问题。

如果带有一定程度的综合性大题平均得分高，甚至 80%以上的学生全对，则说明这道题偏易；如果带有一定程度的综合性大题平均得分很低，得分率在 0.3 以下，全对的学生在 5%以下，特别是出现一大批空白卷，则说明这道题偏难。这样的过易或过难的大综合题通常来说是不恰当的，从学生做这道题的过程中也难以得到丰富、有价值的信息。其他得分情况可类推分析。

5. 学生的动态变化情况

数学教学性考试另一个主要作用是分析学生学习状况，而对学习状况的分析，如果仅仅停留在、或局限在某一次的考试，虽然能对全体学生在这一状态下的考试表现有个整体性、个别性的了解，但仍难对学生的历史变化状况、发展状况有全面的认识，因此，将学生近几次考试，乃至一段时间以来若干次考试状况联系起来，进行整体和个体从成绩到思维方式的发展进行连续分析是非常有必要的。这样的分析可以看出哪些学生从成绩到思维进步了，进步的幅度有多大；哪些学生从成绩到思维退步了，退步的幅度有多大；这其中有哪些原因，等等，这些都是很有价值的，便于今后的因材施教。

怎样表明教师是否对数学教学性考试作了动态变化情况的分析呢？并且这种分析是否到位呢？可从如下方面来观察：教师是否保留了每次教学性考试的分析；教师是否留有若干次教学性考试的对比分析；当问及全体学生学习状况时，教师是否能对近段时间以来的整体变化情况有比较清晰的描述和分析；当问及任意一个学生的学习状况时，教师是否能对近段时间以来该生的学习变化情况有比较清晰的描述和具体的、甚至能提供数据的、有说服力的分析；教师是否在班上对学生的动态变化情况作较详细的说明与分析；教师是否对班上某些学生的动态变化情况作了个别交谈，分析说明他的情况与提供合理化的建议。

二、评价数学教学性考试的标准

数学教学性考试不是一个学段的终结性评价，而是评价学生在各个阶段甚至某一单元、某一课时数学学习的发展过程，并考查其对于学习目标的达成度，包括对每一节课学习目标达成情况的分析。

1.理念标准

课程标准是评价数学教学性考试的依据，课程标准的评价理念是发展性评价理念，发展性评价理念首先突出了发展性。数学学习评价是为了促进每一位学生作为整体的人的全面的、能动的发展，而不仅仅是为了甄别学生的数学学习水平或智力发展水平。其次，体现了多元化。评价的目标、内容、方式方法等方面呈现出多元化的趋势，价值多元、尊重学生个体之间的差异在评价的认识与实践中正在凸显出来。第三，注重了过程性。评价将贯穿于数学教与学的整个过程，将学生在数学学习活动过程中的全部情况都纳入评价的范围，而不只是评价学生数学学习的结果。既要关注学生数学学习的结果，也要关注其数学学习的过程；既要关注学生数学学习的水平，也要关注他们在数学活动中所表现出来的情感态度的变化。这些理念与《基础教育课程改革纲要(试行)》要“建立促进学生素质全面发展的评价体系”，“建立促进教师不断提高的评价体系”，“建立促进课程不断发展的评价体系”，从而建构素质教育课程评价体系的要求是一致的。

评价应建立多元化的目标，引导数学教学性考试关注学生个性与潜能的发展。既要重视学生知识、技能的掌握和能力的提高，又要重视其情感、态度和价值观的变化；既要重视定量的认识，又要重视定性的分析。数学教学性考试的评价应有利于营造良好的育人环境，有利于数学教与学活动过程的调控，有利于学生和教师的共同成长。

正确理解并在数学教学实践中创造性地实施这些评价理念，是实现课程改革目标的重要保障。

2.内容标准

数学教学性考试的内容应与教学内容和教学实际安排同步,这样有利于课程标准的落实,有利于促进学生的发展,符合国家对数学教学总体上的统一要求。要求的统一性是将对数学教学和数学教学评价的要求标准与培养目标和教学目标的要求统一起来,即按一个客观标准要求。这里不排斥个体或局部的差异,因此,在具体操作时,要把影响评价的外部因素和背景综合起来,灵活合理地处理。例如阶段考试是否抓住了本阶段的主要内容和核心思想方法,考试内容与教学内容是否一致,如果学的是A内容而考的是B内容,则内容效度就低,失去了意义。

因此,数学教学性考试内容要素的选择,需要特别强调对数学基础知识、基本技能、基本思想及基本的活动经验的考查,应符合学生已有经验和心理发展水平,符合本部分内容的结构要素,具有较高的覆盖率。

我国数学教育具有重视基础知识教学、基本技能训练和能力培养的优良传统,因此能够为学生打下较为坚实的数学知识与技能的基础。数学课程在设置和实施方面都在重新审视基础知识、基本技能、基本思想和基本的活动经验的具体涵义与内容。数学基础知识和基本技能的掌握是对学生数学学习的基本要求,也是评价学生数学学习的基本内容。

对学生数学基础知识学习的评价要注重学生对数学本质的理解和思想方法的掌握,而不是把评价重点放在考查学生是否记住了某些概念、公式、定理或法则,应避免片面地强调机械记忆和模仿。评价学生对数学知识的理解,可以关注学生能否独立举出一定数量的用于说明问题的正例和反例;能否用不同的语言表达同一个概念;能否建立不同知识之间的联系并使之结构化、系统化;能否在新情境中恰当、正确地运用知识;能否有效地批判自己或他人的错误等。

因此对于学生基础知识的评价,应该多方面、多维度处理,在定量考查学生掌握知识情况的同时,也要注重定性地考查其对数学概念、法则、公式的理解,使学生能够真正理解数学的本质,从整体上把握数学。

基本技能的学习与运用是学生数学学习的重要内容之一,也是学生数学学习评价的重要组成部分,但把握不好,容易将学生引入单纯技巧化操练的歧途。对学生数学基本技能掌握情况的评价,应关注学生能否理解方法本身,在此基础上关注学生能否针对问题的具体情况合理选择方法并用其有效地解决问题。

相对于结果,过程更能反映每位学生的发展变化,更能体现学生的成长历程。因此,既要重视学生数学学习结果的评价,更要重视其数学学习过程的评价。全面了解学生的数学学习历程,充分发挥评价的反馈调节、反思激励等功能,以促进学生素质的全面发展。

学习过程体现学生的基本活动经验的积累,对学生数学学习过程的评价,特别应关注学生对数学价值认识的提升过程。数学教学性考试是数学教学的组成部分,在评价的全过程中,始终指向对学生(被评价者)的教育价值。过程的教育性强调在数学教学性考试的每一个重要环节,针对每一个可教育的内容,通过设定目标,用目标的到达度去实现。作为某一个整体的教育价值判断,要依据在每一位学生身上所体现出的教育成果,主要看每一位学生的数学素质的提高程度。认识数学的价值在培养学生数学思维、促进学生全面发展中的作用是重要的。

3.形式标准

数学教学性考试的命题要具有可读性且结构合理。应依据课程标准和教材,确定考查的目标,明确试卷内容、题型、时间与题量、难度要求。

长期以来,通过测验或考试对学生数学学习进行评价的标准,往往注重解题的结果,对于解题过程严格按步骤给分。这导致教师在教学中过度强调数学解题方法、步骤的规范和答案的准确。在过于追求规范、同一的过程中,学生逐渐失去了自己的思想、个性,淡漠了创新的欲望,甚至出现了学生“强于答卷、弱于动手；强于考试、弱于创造”的现象。

数学教学性考试需要改变这种教育现象，因为这类考试的目的不是要分出高低，而是为了促进和改进教与学，需要合理改变评价的形式标准，实践评价标准的多元化和有效开放，关注学生对数学的理解与思考，关注学生解决问题方案的不同方面与个性能力特征。

题型结构完全可以不同于中考或者高考，可以灵活选择问答题、判断题，也可以是研究题或者讨论题。

对于学生解答的多样性，也需要进行个性化的分析。例如，解决生活中的问题往往有多种途径、多种思路、多种方案，很多时候我们不能说哪种“好”，哪种“不好”。数学上的问题也常常有这种情况，历史上著名的贝特朗(Bertrand)奇论(在一个半径为 r 的圆 C 内任意做一条弦，试求此弦的长度 l 大于圆内接等边三角形的边长的概率)，就可以因为“任意”的多种不同理解而有三种“正确”答案：$\frac{1}{2}$；$\frac{1}{3}$；$\frac{1}{4}$。因此，对于学生理解的多样性、结论的多样性，只要是合理的，我们都应给予鼓励，使学生开阔思路、扩大视野，并逐步引导他们把握事物的本质，增进对数学的理解。

4.技术标准

数学教学性考试从内容到结果的解释都要遵循科学规律，可实施、可操作、可接受。采取实事求是的科学态度，讲究科学的方法和手段，从客观实际出发，全面考虑制约评价的各种要素，把定量测量与定性估计综合起来，进行科学分析，得到切合实际情况的评价。例如一次考试试题的数量，需要科学估计学生的平均水平，既要保证绝大多数学生在规定的时间内能够完成所有内容，又要避免规定时间还没有到，多数学生已经完成全部能够解答的试题。怎样确定试卷的长度呢？试卷阅读量估计和试卷的长度是数学教学性考试命题需要考虑的重要技术指标。每小题解答时间预测，可与类似的试题来对比，通过学生解答类似题的时间来估计，等等。评分标准的制订也是需要根据内容事先给出，并结合学生的实际解答情况，进行适度的、合理的调整。

总之，考试与教学应统一起来，并使考试在教学中合理地运行，杜绝考试的随意性。没有明确内容和标准的考试宁可不要。学生是数学教学性考试的对象，也是评价主体，而学生在成长发育时期的可塑性很强，因此，考试要服务于学生的发展和变化，要善于发现学生的微小变化，及时作出鼓励性评价。使评价与教学有机地结合起来，便于实施、便于掌握，为广大师生所用。

三、评价数学教学性考试的量表

总结前文的分析，根据便于教师实践操作的可行性要求，我们给出评价数学教学性考试的基本原则和评价量表。

1.评价教学性考试的基本原则

(1)有利于促进课程改革和教学效率的提高；

(2)有利于诊断师生教与学的得失，全面提高学生的学习质量；

(3)有利于学生的全面发展和减轻过重的学业负担，提高学习的针对性和有效性；

(4)有利于激励师生奋发向前，提高教师的教学技艺。

2.评价教学性考试的量表

为方便教师实际使用，避免获得的信息过分分散和零碎，前 4 份量表中的指标，均采用 5 级评分制，每一级别用相应的分值来对应，分别为 10 分、8 分、6 分、4 分、2 分。其中 10 分为最好级别。在评分理由一栏需要写出所赋等级的简明的主要理由。量表 5 是用来记录教学跟进情况的，不赋分。

(1)命题依据和要求评价量表

表1 对命题依据和要求的评价

评价指标	评分(10—2)	评分理由要点
知识点与教学要求的一致性	命题以教学内容为依据的程度	
预设目标与课程标准相关内容的一致性	对重点内容、核心方法关注程度	
命题与学生学习水平一致性程度	对学生出现的问题的关注程度	

试题的范围和要求,由考试性质决定。如果是为教学服务的随堂考试,试题应以当堂授课的内容为主,如果是期末考试,试题的范围以本学期的教学内容为主;如果是升学考试,它的范围自然扩大到学生学过的内容,这不是本文的研究内容。

一次考试如果包含许多计算题和相对来说少得多的"课题学习"问题,那么它与"研究性、探究性"课程目标的一致性就比较差了。想要了解的内容,在试卷中必须有所反映,一般说来,要明确测试群体已学的所有知识中哪些是测验应涉及的。例如,在学完"直线、圆锥曲线"内容后,可以是只涉及该单元知识的测验,也可以是兼顾已学过其他单元内容的测验,但不能没有"直线、圆锥曲线"的内容。试题的取样应具有代表性,样本要能够体现测验的内容范围与要求,有较大的覆盖面,同时也要使各部分内容各占适当的百分比,并注意考查教学内容中的重点部分。

(2)试题及试卷评价量表

表2 对试题及试卷的评价

评价指标	评分(10—2)	评分理由要点
各类题型使用的合理性	题型与考查内容的匹配程度	
试题分布的适合性	内容及难易适合学生答题的程度	
考试时间与题量、试题解答量的一致性	题量与时间的匹配性程度	
试卷结构的合理性	试卷结构及指向的考查目标、考查功能与教学导向和谐性	
评分标准的可靠性	评分标准的合理性、准确性及与试卷要求的一致性程度	

试题是构成试卷的主体内容,它是成绩评定的依据和标准。题量与知识、能力的覆盖面有关,如果要求对知识的覆盖面大,那么题量就应该大;如果要求对知识的覆盖面不宜过大,那么题量也不宜过大。题量也受答题时间的限制,一般情况下,答题时间较长,题量也就较大,反之,答题时间较短,题量自然不会大。因此,答题时间也是构成试卷的要素。题量有时也用试题长度来表述。试卷结构包括考试范围、内容比重、难度指标、试题要求、题型及各类题目分数的分配等,试卷结构合理性指试卷各题目的考查目标不自相矛盾、各题目的教育导向不自相矛盾、各题目围绕一个核心观点展开,试卷指向的考查目标、考查功能与教学导向和谐一致。评分标准不存在理解歧义,评分标准适合其所表示的等级。

(3)考试结果分析评价量表

表3 对考试结果分析的评价

评价指标	评分(10—2)	评分理由要点
对分数解释的针对性	对分数的解释符合学生情况的程度	
基本数据的可靠性	评卷的公平性,原始数据的完整性,记录数据的准确性,剔除数据的合理性	
结合典型试题的分析	分析的合理性程度	
对近期的考试有数据的积累	数据积累的完整性与一致性	

从一次考试中获得多少信息？对原始数据进行统计处理，使原始数据信息中蕴含的特征明朗化，才能从中获取评估依据。收集材料，做好记录，统计每题的得分区间分布从 0 分至满分的比率、众数、中位数，制作各种表格：分数登记表、问题记录表、解法或者错误类型统计表等。

某一试题在某个班级的得分率明显低于其他班，为什么？反馈到教学上找出原因。结果与预期出现偏差的，分析原因。某题原来认为不好，但测试结果较好，为什么？对于大多数学生采用的解答、有创造性的解答、特别的解答以及共性的错误、个性的错误，差异性何在？需要结合典型题进行分析。典型题的分析可以参照下表来完成，也可以用文字描述。

表 4　典型题分析表

有创意的试题解答及其分析
典型错误或错误最多的试题及其错因分析

了解学生答卷情况，同时，更进一步掌握试题的各种解法和了解倾向性的典型错误。在原始素材中，重点收集本题的各种解法、出现的各种错误，无论是完整的答案还是半途而废的解答，都可用来作分析。结合抽样记录和定量统计，采用定量与定性评价。通过对学生答题情况的分析，找到教师教学中哪些是成功的，哪些是不成功的；从试卷中的各类问题，找到教学中产生这些问题的原因。一般说来，考试的重点也是教学的重点。通过对试卷的分析，看教师教学是否抓住重点，对重点内容教学是否得当，还存在哪些问题。对每次考试的记录、材料等注意积累，进行纵向分析，为教学提供切实可靠的依据。

(4)行为跟进评价量表

表 5　对行为跟进的评价(教师自省)

评价指标	评分(10—2)	评分理由要点
根据考试结果的分析调整教学的合理性	教学行为是否发生改变或微调	
根据考试结果调整对学生学习指导的针对性	给学生什么指导？	
根据考试结果巩固教学成果、弥补存在的不足	学生的进步与变化	
历次考试的资料保存与分析	前后考试的对比分析	

分析学生学习情况的变化，在对学生的学习进行评价中，发现自己教学上的优势和不足，及时肯定经验、改进教学策略，全面提高教学质量。要把教学中成功的做法巩固和提高，及时纠正和改进不足之处，抵制不利因素等，这都是在实施数学教学性考试的过程中需要关注的。

(5)教学跟进评价量表

对于不同程度的学生，在共同提高的基础上，还要体现因人而异的差别，根据个人在集体中所处的不同位置，采取不同的对策。可以用表 6 帮助分析：

表 6　教学跟进的评价

对本阶段教学的分析	当前教学行为描述： 指导学生情况：
对后继教学的启示	改进教学行为： 改进指导策略：

相对评价在数学教学性考试中的作用是明显的。教师在执教的过程中，合理利用教学性考试，既可以通过反馈信息，检查自己的教学效果，也可以做到预防各种学习弊端的发生。因此，行为跟进既是调

节教师教学的过程,又是纠正学生学习的过程,这一过程可实现教学相长。

这一整套评价方法分别在上海市育才中学(2011 年 11 月高一年级期中考试分析,尹德好)和华东模范中学(2009 年 3 月,初一年级月考分析,徐鑫)两所学校试用,收到了良好的效果。评价量表在所在区各校期中考试分析中又连续多年运用,对于指导教师检查自己的教学效果,调节教学过程,有针对性地指导学生的学习,实现教学相长,都起到了一定的积极作用。

参考文献:

[1] B.S.布卢姆,等.教育评价[M].上海:华东师范大学出版社,1988.

[2] 《教育大词典》编委会.《教育大词典》第 7 卷[Z].上海:上海教育出版社,1998.

[3] 中央教育科学研究所比较教育研究室.简明国际教育百科全书《课程》[M].北京:教育科学出版社,1991.

[4] 王效玲.教育测量[M].上海:华东师范大学出版社,2001.

[5] 魏超群.数学教育评价[M].南宁:广西教育出版社,1996.

[6] 田万海,等.数学教育测量与评估[M].上海:上海教育出版社,1995.

[7] [美]Sharon F.Rallis,等.动态教师——教育变革的领导者[M].北京:北京师范大学出版社,2006.

[8] Geoffrey. Howson,等.数学课程发展[M].北京:人民教育出版社,1992.

[9] 涂艳国.教育评价[M].北京:高等教育出版社,2007.

[10] 许世红,胡中锋.数学试卷分析方法[M].上海:华东师范大学出版社,2009.

Discuss the Evaluation for Mathematics Teaching Examination

——Based on the Standards and Scales

REN Shenglu

(Shanghai Jing'an Education College, Shanghai 200040)

Abstract: Make a comprehensive exposition of connotation of evaluation for mathematics teaching examination, and establish the basic latitudes of the evaluation for mathematics teaching examination: evaluation for the direction of examination contents; evaluation for examination results; evaluation for teachers' introspection with the consistency of students' level and the dynamic situation of students. To clarify the standards of the evaluation for mathematics teaching examination: standard of the idea, standard of the content, standard of the form, standard of the technique. On this basis combining with the areas, five scales of the evaluation for mathematics teaching examinationhave been compiled.

Key words: mathematics teaching examination, evaluation, scale

普通高中教育经费支出效率研究
——基于我国中部省份的数据

朱茂勇

（南京师范大学 教育科学学院，江苏 南京 210000）

摘　要： 文章基于 DEA 规模报酬可变模型和二次相对效率法，对中部地区普通高中教育经费支出效率进行了动态分析。发现总体上中部地区普通高中教育经费使用效率较高，并且各省份经费使用效率差距不大。通过二次相对效率法发现，山西省和江西省的管理效率得分小于配置效率得分，证明山西省和江西省的普通高中教育经费使用效率还存在着较大提升空间。

关键词： 普通高中教育；DEA 模型；二次相对效率法；经费支出效率

长期以来，学者们把研究重点都集中在义务教育和高等教育经费的使用上，往往忽视了我国普通高中教育经费使用效率这一领域。随着普通高中教育经费收入的不断增加，探讨普通高中教育经费的使用效率问题至关重要。考虑到部分西部地区省份普通高中教育经费领域数据的缺失，故本研究的样本我们只选择了我国中部地区省份。我们利用 DEA 规模报酬可变模型和二次相对效率法对中部地区普通高中教育经费支出效率进行了分析，从而精确计算中部地区普通高中教育经费支出效率大小，以便可以提出针对性更强的解决措施，这对优化我国相对不足的教育资源配置效率、教育财政支出效率都具有重要意义。

一、文献综述

纵观国内外研究文献，学者们采用了各种类型的方法来研究教育效率问题。这其中有利用参数法来研究教育效率的，比如 Barrow 在 1991 年利用前沿生产函数法对英国 20 世纪中期中学学校效率进行了研究。[1] Cooper 和 Cohn 在 1997 年利用前沿生产函数法对南卡罗来纳州中小学学校效率进行了研究。[2]也有学者利用非参数法来计算教育效率的，其中 DEA 方法就是典型的非参数法。DEA 是利用运筹学中线性规划理论估计生产前沿面，然后相对于这个前沿面来计算各种效率。DEA 无需预设函数，无需设计权重，并且可以同时对多投入与多产出的领域进行研究，而教育领域就是典型的多投入与多产出的领域。国内外在这方面的研究有很多：Bessent 以美国加州某城市学区小学为样本，以学生 1976 年的阅读和数学成绩、家庭社会经济背景、生均教育经费等作为投入指标，以 1977 年学生的年阅读和数学测试成绩作为产出指标，从而建立 DEA 模型进行研究。[3] Ludwin 和 Guthrie 同样也是利用 DEA 方法建立模型来研究，他们选择学生的能力、阅读、数学和语言测试成绩这 4 项作为产出指标，选择学生智力水平排名等作为投入指标。[4]

作者简介：朱茂勇，安徽马鞍山人，南京师范大学教育科学学院硕士研究生，主要从事教育管理学、教育经济学研究。

国内有关研究，有梁文艳、杜育红对西部农村小学效率的研究，他们利用 DEA 数据包络分析法对西部农村小学进行了效率研究，同时还建立了 To bit 回归模型，分析了农村小学办学效率的影响因素。[5](P22~34) 胡敏、卢振家在《基于 DEA 模型的教育财政支出效率研究——以广东省为例》一文中，构建了教育财政支出效率的 DEA 分析模型，选择各级教育毛入学率为输出指标，以生均预算内教育事业费支出为输入指标，分析了广东省 2000—2007 年教育财政支出效率，发现广东省教育财政支出效率总体不高。[6](P9~13) 也有学者利用数据包络分析法研究了江苏省学前教育财政投入效率，他们选择了江苏省 51 个县作为样本，研究发现所有样本在学校教育财政投入效率有效方面的占比很低，其中技术效率有效的只有 4%，纯技术效率有效的为 28%。[7](P4~8) 李玲等人对我国农村义务教育经费配置效率进行了研究，他们的研究是基于 DEA 和 Malmquist 指数法，研究我国东中西三个地区以及全国的农村义务教育经费配置效率，研究发现东部地区农村义务教育经费配置效率要低于中西部地区。[8](P3~7) 余游利用数据包络分析不变规模报酬 CCR 模型、可变规模报酬 BCC 模型和非增规模报酬 FG 模型，对云南省 2003—2008 年城乡义务教育经费投入产出进行了研究，发现云南省城乡义务教育支出有较大差异，并且农村义务教育经费支出效率较低。[9](P167~170)

综上所述，针对教育经费使用效率的研究主要集中在基础教育经费使用效率，同时研究某个省份的或者全国的教育经费使用效率也比较多，但是针对我国普通高中教育经费使用效率的研究，尤其是针对某个地区的教育经费使用效率研究还比较少。我国中部地区省份都是人口大省，如何优化教育财政资源的配置和使用日趋重要，因此探讨中部地区普通高中教育经费的使用效率具有重要意义。

二、研究方法、数据来源与指标选取

1. 数据包络分析法

我们选择 DEA 数据包络分析法，DEA 数据包络分析是由著名运筹学家 A.Charnes 和 W.W.Cooper 以及 Rhodes 正式提出来，1978 年他们在权威的欧洲运筹学杂志上刊登了一篇文章《Measuring the Efficiency of Decision Making Units》，由此开拓了运筹学的一个新领域。DEA 主要用来评价相同类型部门中的各个成员间的相对有效性，这也就是被三位作者称为的决策单元，即 DMU（Decision Making Unit）。使用 DEA 进行各决策单元 DMU_j（j=1，2，3，……n）之间相对有效性的评价时，首先要根据实际情况和要求确定指标体系，这个指标分为输入指标和输出指标。

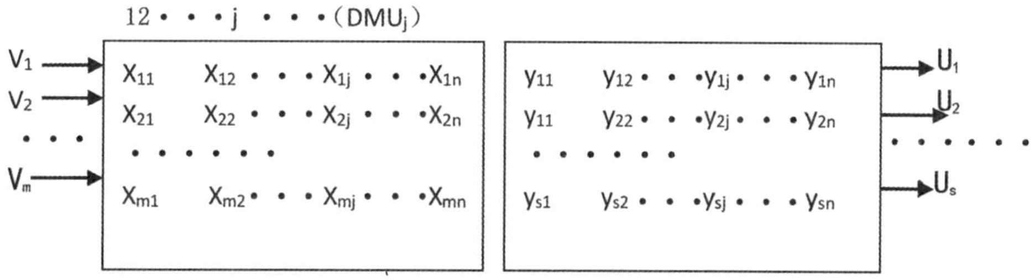

图 1　DEA 指标体系

X_{ij}代表决策单元 j 第 i 项的投入数量，y_{rj}代表决策单元 j 第 r 项产出的数量，V_m表示第 m 决策单元的一种度量权重，U_s代表第 s 决策单元产出的一种度量权重。其中 $X_{ij}>0$，$y_{rj}>0$，i=1，2，……m；j=1，2，……n，r=1，2，……s。DEA 在处理多输入与多输出的有效性方面具有很大优势，即使各指标数据的量纲不同，这也不会影响 DEA 的计算。DEA 经典模型有 CCR 模型和 BCC 模型。CCR 模型是假设规模报酬不变，最终计算出技术效率值，而 BCC 模型是假设规模报酬可变，最后计算出纯技术效率值，而规模效率值=技术效率值/纯技术效率值。另外，在 DEA 模型中的计算还存在投入角度和输出角度，投入角度是指在产出一定的时候，以最小化投入来估计效率，而产出角度是在投入一定时，以最大化产出来估计效率。因为，我们知道普通高中教育经费的来源比较固定，所以应该考虑如何最大化产出，因而本研究中我们选择规模报酬可变下的产出模型。

设有 n 项的决策单元,每个决策单元都有 m 种不同输入和 s 种不同的输出。x_{ij} 表示决策单元 j 第 i 种投入,y_{kj} 表示决策单元 j 第 k 种产出。决策单元 j 的投入和产出向量分别为 $X_j=(x_{1j}x_{2j}\cdots\cdots x_{mj})^T>0$,$Y_j=(y_{1j}y_{2j}\cdots\cdots y_{sj})^T>0$,其中 j=1,2,……n。利用输出角度的可变规模报酬模型评价决策单元的技术有效性时,只是在评价的视角上,当投入为 x_0 时,希望产出由原来 y_0 增大为 zy_0,也即:

$$D_{BCC}^{O}\begin{cases}\text{Max } z\\(x_0,zy_0)\in T_{BCC}\end{cases}$$

可以写成如下线性规划模型:

$$D_{BCC}^{O}\begin{cases}\text{Max } z=z^0\\\sum_{j=1}^{n}x_j\lambda_j\leqslant x_0\\\sum_{j=1}^{n}y_j\lambda_j\geqslant zy_0\\\sum_{j=1}^{n}\lambda_j=1,\lambda_j\geqslant 0,j=1,\cdots\cdots n\end{cases}$$

对每一个决策单元,根据上述 BCC 线性规划模型,都可得出最优解 $\theta\cdot\lambda_j\cdot s^{*-}\cdot s^{*+}$,DMU 效率的有效性判定如下:如果 $\theta=1$,且 $s^{*-}=0$,$s^{*+}=0$ 时,表示第 j 决策单元是 DEA 有效的,但这只是说明该决策单元在这些决策单元中相对有效,并不代表其没有改进的余地。只是相对其他决策单元来说,这个决策单元没有投入冗余造成的资源浪费,也没有产出不足而导致资源分配上的效率损失,只是其相对效率最优,资源配置最好。如果 $\theta=1$,$s^{*-}\neq 0$,或者 $s^{*+}\neq 0$,表示第 j 决策单元为弱 DEA 有效,说明其存在着改进的空间。而当 $\theta<1$ 时,表示第 j 决策单元为非 DEA 有效,表明其资源配置未达到最优。

2. 二次相对效率法

我们用 2010 年纯技术效率得分代表基期效率,用 2011 年纯技术效率得分代表当期效率。然后以 2010 年纯技术效率得分为投入指标,以 2011 年纯技术效率得分为输出指标,采用规模收益可变模型得出的效率值,可以称之为管理效率得分。因为这是从一个动态的角度来测量的,其本质上也就是反映经费使用效率有无改善。

3. 数据来源与指标选取

本研究所选的数据是最新教育统计年鉴和教育经费统计年鉴中的数据,由于这两个统计年鉴最新出版的是 2012 年,所以我们采用截止到 2012 年的年鉴数据。其中各地区普通高中经费收入数据来自于 2011—2012 年《中国教育经费统计年鉴》,其他数据是来自 2010—2011 年《中国教育统计年鉴》以及教育部与国家统计局网站上的数据。我们选取了中部地区普通高中教育经费收入作为投入指标;选取学校数、在校学生数、专任教师数以及普通高中师生比为产出指标。对于师生比产出指标而言,由于在年鉴中我们查到的是生师比数据,但是生师比是一个逆指标,所以我们取其倒数。本研究选取的数据是从 2005—2011 年所组成的面板数据,考虑到文章篇幅与原始数据的繁杂,所以未在文章中列出原始数据。

三、普通高中教育经费支出效率实证分析

使用 DEA 方法进行效率评价所得到的结果,与投入和产出指标的量纲没有关系,尽管原始数据中有大到百万级别的数,也有小到低于 0.1 的数,但我们也不必对其进行无量纲处理。根据表中的原始数据我们借助 DEAP－xp1 软件,运用产出导向型 DEA,计算了中部地区 8 个决策单元 2005－2011 年的效率得分、纯技术效率得分以及规模效率得分。最后利用二次相对效率法对最近两年(2010－2011 年)

的普通高中教育经费的管理效率进行了计算。

1. 规模收益不变假设下的技术效率得分

表 1　2005—2011 年中部地区规模收益不变下的技术效率分值

年份	吉林	黑龙江	安徽	山西	江西	河南	湖北	湖南	均值
2005	0.92	1	0.81	0.90	1	1	0.81	0.71	0.894
2006	1	1	0.80	0.86	1	1	0.81	0.67	0.894
2007	0.93	1	0.87	0.79	1	1	0.80	0.74	0.892
2008	0.92	1	0.91	0.81	1	1	0.86	0.75	0.907
2009	0.98	1	0.84	0.84	1	1	0.85	0.79	0.913
2010	0.98	1	0.88	0.81	1	1	0.82	0.76	0.907
2011	1	1	0.87	0.83	0.96	1	0.99	0.90	0.945
均值	0.963	1	0.855	0.835	0.99	1	0.85	0.76	

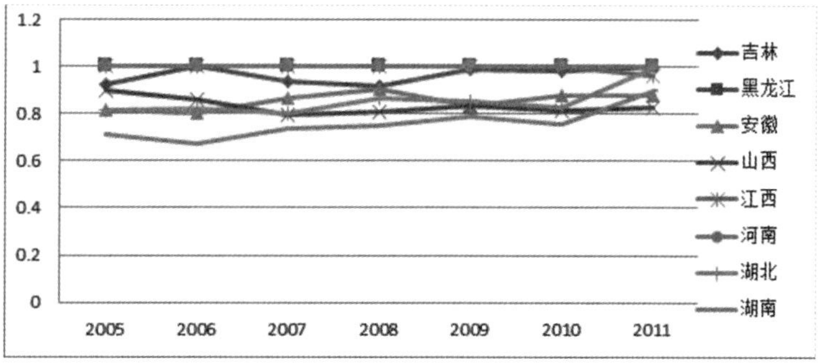

图 2　2005—2011 年中部地区技术效率得分

各地区技术效率得分计算结果于表 1 和图 2 中所示。从结果可以看出，2005—2011 年中部地区整体技术效率得分均值呈现递增趋势，分别为 0.894、0.894、0.892、0.907、0.913、0.907、0.945。而且每年也都有技术效率达到最优的省份。其中黑龙江省与河南省连续 7 年来都是技术效率得分为 1。吉林省在 2006 年和 2011 年技术效率达到最优，而江西省从 2005—2010 年一直都是技术效率得分为 1，但是在 2011 年技术效率却出现了下降，技术效率得分为 0.96。而对于安徽、湖北和湖南三省来说，总体上这三个省份的技术效率得分呈上涨趋势，尤其对湖北省和湖南省来说 2011 年的技术效率得分都达到 0.9，特别是湖北省的效率得分已经为 0.99，这说明近年来湖北与湖南两省在经费支出效率上减少了资源浪费并且增加了产出。另外，从各地区平均技术效率得分的横向角度来比较，可以看出黑龙江省与河南省均值为 1，紧随其后的是江西省，均值为 0.99。平均技术效率得分最低的是湖南省，均值为 0.76，最高与最低效率得分相差为 0.24。

2. 规模收益可变假设下的纯技术效率得分

表 2　2005—2011 年中部地区规模收益可变下的纯技术效率分值

年份	吉林	黑龙江	安徽	山西	江西	河南	湖北	湖南	均值
2005	1	1	0.94	1	1	1	0.97	1	0.989
2006	1	1	0.97	1	1	1	0.93	0.99	0.987
2007	1	1	0.98	1	1	1	0.95	1	0.993
2008	1	1	1	1	1	1	0.94	1	0.992
2009	1	1	1	0.97	1	1	0.93	1	0.988
2010	1	1	0.99	0.99	1	1	0.94	1	0.991
2011	1	1	1	0.98	0.97	1	0.99	1	0.994
均值	1	1	0.98	0.99	0.99	1	0.95	0.99	

规模收益可变下的纯技术效率计算结果见表 2 所示。可以看出从 2005—2011 年，中部地区整体上纯技术效率值基本保持稳定，分别为 0.989、0.987、0.993、0.992、0.988、0.991、0.994。从规模收益可变下的纯技术效率得分来看，每年达到纯技术效率有效的省份，要远多过于规模收益不变下的技术效率得分的省份。而且从 2005－2011 年以来，各省份的平均纯技术效率得分都在 0.95 以上，并且得分相差也不大。这表明中部地区普通高中教育经费的投入(普通高中教育经费收入)相对于其产出(在校学生数、专任教师数等)而言是很适当的，既没有投入冗余也没有产出不足现象。从上述结果可以看到，在规模收益不变的假设下，达到有效的省份是黑龙江与河南；而在规模收益可变假设下，纯技术效率得分为 1 的是吉林、黑龙江与河南三省。

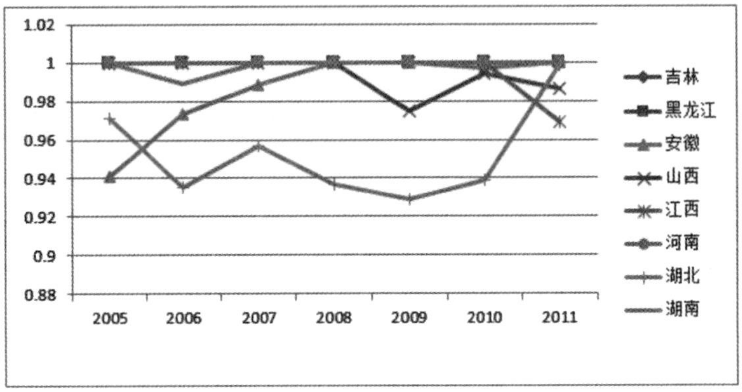

图 3　2005—2011 年中部地区纯技术效率得分

3. 规模效率得分

按照 DEA 模型，规模效率得分等于技术效率得分与纯技术得分之比，由此可以计算 2005—2011 年中部地区各省份的规模效率值，并且可以判断各个省份是处于规模报酬递增阶段、规模报酬递减阶段还是规模报酬不变阶段。由表 3 结果显示，在 2005—2011 年期间，黑龙江省与河南省一直处于规模报酬不变阶段，而吉林省从 2005—2010 年间一直处于规模报酬递增阶段，而 2011 年处于规模报酬不变阶段。而安徽、山西、湖北与湖南四省一直处于规模报酬递减阶段，这说明大部份省份的效率上升空间已经不大，所以国家在经费投入不减少的情况下，应该要督促这些地区尽量增加产出，同时避免浪费。

表 3　2005—2011 年中部地区规模收益可变下的规模效率分值

	2005		2006		2007		2008		2009		2010		2011	
DMU	SCALE		SCALE		SCALE		SCALE		SCALE		SCALE		SCALE	
吉林	0.92	ir	1	—	0.93	ir	0.92	ir	0.98	ir	0.98	ir	1	—
黑龙江	1	—	1	—	1	—	1	—	1	—	1	—	1	—
安徽	0.86	dr	0.82	dr	0.87	dr	0.9	dr	0.96	dr	0.88	dr	0.87	dr
山西	0.9	dr	0.85	dr	0.79	dr	0.81	dr	0.85	dr	0.81	dr	0.84	dr
江西	1	—	1	—	1	—	1	—	1	—	1	—	0.99	ir
河南	1	—	1	—	1	—	1	—	1	—	1	—	1	—
湖北	0.83	dr	0.87	dr	0.83	dr	0.92	dr	0.92	dr	0.88	dr	0.99	dr
湖南	0.71	dr	0.68	dr	0.73	dr	0.75	dr	0.791	dr	0.76	dr	0.9	dr

注：SCALE：规模效率得分；ir(increasing returns to scale)：规模收益递增；dr(decreasing returns to scale)：规模收益递减；—：规模收益不变

4. 二次相对效率分析结果

再以 2010 年纯技术效率得分为投入指标，以 2011 年纯技术效率得分为输出指标，采用规模报酬可

变模型计算出管理效率得分。其投入与输出指标数据如表 4 所示:

表 4 二次相对效率法的投入与产出指标

DMU(中部地区各个省份)	投入指标(2010 年纯技术效率得分)	输出指标(2011 年纯技术效率得分)
吉林	1	1
黑龙江	1	1
安徽	0.997	1
山西	0.994	0.986
江西	1	0.969
河南	1	1
湖北	0.939	0.998
湖南	1	1

基于基期效率和当期效率得分结果,我们从动态角度计算出中部地区省份普通高中教育经费支出的管理效率得分,也就是各省普通高中教育经费使用的改善情况。再者,我们从静态的角度将基期效率与当期效率得分求平均值,以此来评价教育经费的配置效率。其结果如表 5 和图 4 所示:

表 5 决策单元管理效率和配置效率得分

DMU	吉林	黑龙江	安徽	山西	江西	河南	湖北	湖南	均值
管理效率	1	1	1	0.986	0.969	1	1	1	0.994
配置效率	1	1	0.9985	0.99	0.9845	1	0.9685	1	0.992688

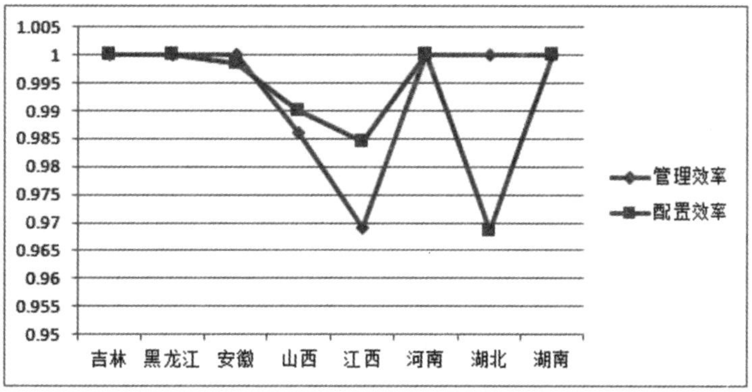

图 4 管理效率和配置效率对比图

上述结果表明,中部地区省份在管理效率得分上相差不大,并且有 6 个省份管理效率都达到 1,说明其资金使用有所改善。在这 8 个省份中,只有山西省和江西省的管理效率得分小于配置效率得分,说明这两个省份忽视了自身改善教育经费的使用效率,证明其普通高中教育经费支出效率存在着较大的改善空间。

四、结论与政策建议

通过此次研究,我们发现从整体上来说,中部地区从 2005 年到 2011 年普通高中教育经费支出效率得分呈上升趋势。但是在中部 8 个省份之间普通高中教育经费的使用效率也存在着差距,如安徽、山西、湖南和湖北四省连续 7 年都是非 DEA 有效。

我们从 2011 年三个效率得分结果来看，只有吉林、黑龙江以及河南三省技术效率值、纯技术效率值和规模效率值得分都为 1。而其余 5 个省份中，像安徽和湖南两个省份，尽管他们的纯技术效率得分都为 1，但规模效率不高。由于技术效率＝纯技术效率×规模效率，所以安徽省与湖南省的普通高中教育经费未达到有效，是源于其规模的无效。并且从规模报酬结果来看，他们都属于规模报酬递减阶段，这也就表明安徽省和湖南省效率得分无效，源自经费投入过多但却没能有效利用。

江西省应该继续增大投入力度，因为江西省仍然处于规模报酬递增阶段，其技术效率得分和纯技术效率得分虽然没有达到 1，但是已经非常接近 DEA 有效了。应该要继续增加经费投入，从而扩大学校规模。而对于处在规模报酬递减阶段，并且效率得分小于 1 的山西与湖北两个省份来说，应当要适当减少教育资源的投入。近年来，随着普通高中教育经费的不断加大，各级政府更应当注意经费使用效率问题，要督促各地区学校努力改善学校教学质量，调整学校的布局，从结构上优化普通高中教育资源的配置，同时，还应当从外部加强对普通高中教育经费使用的监督，加大普通高中教育财政资金的审计工作，努力减少普通高中教育经费乱用浪费的现象，从而才能保证经费的有效合理利用。

参考文献：

[1] Barrow. Measuring Local Education Authority Performance: A Frontier Approach[J].Economics of Education Review,1991.
[2] Cooper S.T., COHN. Estimation of a Frontier Production Function for the South Carolina Educational Process[J].Economic of Education Review,1997.
[3] Bessent A., Bessent. Determining the Comparative Efficiency of Schools through Data Envelopment Analysis[J].Educational Administration Quarterly,1980.
[4] Ludwin W.G., Guthrie T.L.Assessing Productivity with Data Envelopment Analysis[J]. Public Productivity Review,1989.
[5] 梁文艳，杜育红.基于 DEA－Tobit 模型的中国西部农村小学效率研究[J].北京大学教育评论，2009，(4).
[6] 胡敏，卢振家.基于 DEA 模型得教育财政支出效率研究——以广东省为例[J].肇庆学院学报，2010，(1).
[7] 王水娟，柏檀.学前教育财政投入的效率问题与政府责任[J].教育与经济，2012，(3).
[8] 李玲，阎德明，黄宸.我国农村义务教育经费配置效率研究——基于 DEA 和 Malmquist 指数的实证分析[J].教育与经济，2014，(3).
[9] 余游.云南省义务教育经费支出效率的城乡差异分析[J].学术探索，2012，(3).

A Study on General Secondary Education Expenditure Efficiency
——Based on the Data of Central Provinces of China

ZHU Maoyong
(College of Education Science, Nanjing Normal University, Nanjing Jiangsu 210000)

Abstract: Based on variable returns to scale DEA model and quadratic relative efficiency method, we did a dynamic analysis on the efficiency of educational expenditure in central high schools. We found a higher efficiency of the central general secondary school education expenditure, and the gap of educational expenditure between the provinces is not big. Through quadratic relative efficiency, we found the managing efficiency in Shanxi and Jiangxi scoring less than allocative efficiency, there is still a large room for improvement in Shanxi Province and Jiangxi Province.

Key words: general secondary education, DEA model, quadratic relative efficiency method, expenditure efficiency

《现代基础教育研究》
第 20 卷，2015 年 12 月 (Research of Modern Basic Education) Vol.20，Dec. 2015

浅谈教师情绪管理理论的实践意义
——对小学教育专业学生培养的启示

赵文刚

（天水师范学院 教师教育学院，甘肃 天水 741001）

摘　要： 特定而适度的情绪反应是从事教师职业所必须具备的，教师的工作需要情绪，而且还要能够调节并控制好情绪。当前对于教师情绪管理的理论研究已经逐步深入，但是其在实践过程中的指导意义不是很明显。教师在实践过程中由于不能很好地控制自己的情绪而对学生和自身带来的身心伤害事件也是层出不穷。在这些事件中尤其以小学教师所占比例较高。基于此，对于培养小学教师的小学教育专业学生而言，有必要对教师情绪管理的实践意义以及其指导性进行分析，以便使其能够更好地为小学教育专业学生的情绪培养作出指导。

关键词： 教师；情绪管理；实践；意义

情绪是个体对外界刺激的主观的有意识的体验和感受，具有心理和生理反应的特征。一般情况下人们无法直接探测个体内在的感受，但是可以通过其外显的行为或生理变化来进行推断，意识是否处于积极的状态是影响情绪体验的必要条件。教师的情绪反应能更好地适应学校环境氛围的变化，将有益于师生身心健康发展。对于小学教师来讲，必须很好地控制自己的情绪，适度的情绪表达对其工作有着重要的影响，因此，针对于小学教师职业的特殊性，小学教师的情绪控制也显示出一定的特殊性。小学教师的职业性质决定了教师必须对自己的情绪进行适度的控制，以利于其职业职能的发挥。

一、情绪与情绪管理

对情绪的本质认识深刻，才能更好地在实际的工作情境中管理好自己的情绪。建立在反映情绪本质基础之上的情绪管理理论，同样具有重要的实践意义。

1. 对情绪的认识

社会发展变化速度加快，客观上要求人们必须学会去适应社会的发展。“人们在变革现实的过程中，必然要遇到得失、顺逆、荣辱、美丑等各种情境，因而有时感到高兴和喜悦，有时感到气愤和憎恶，有时感到悲伤和忧虑，有时感到爱慕和钦佩等，这里的喜、怒、哀、乐、忧、愤、憎等都是情绪的不同表现形式。”[1](P364) 个体的行为举止表现越强烈，说明个体的情绪反应越大。“当前比较流行的

基金项目： 本文为“天水师范学院中青年教师科研资助重点项目——小学教育专业学生实践教学技能培养的应用研究”（项目编号为：TSA1407）的研究成果。

作者简介： 赵文刚，甘肃兰州人，天水师范学院教师教育学院副教授，主要从事教育基本理论研究。

一种看法是,情绪是人对客观事物的态度体验及相应的行为反应,这种看法说明,情绪是以个体的愿望和需要为中介的一种心理活动。情绪由独特的主观体验、外部表现和生理唤醒等三种成分组成。”[1](P364)

在日常的工作和生活中,情绪的表现有多种形式,如面部表情,诸如“眉开眼笑”表示高兴和兴奋的情绪,“怒目而视”表示气愤的情绪,“目瞪口呆”表示恐惧的情绪等;又如姿态表情,诸如“捧腹大笑”表示高兴的情绪,“坐立不安”表示紧张的情绪,“紧缩双肩”表示恐惧的情绪等;再如语调表情,诸如“笑声”“呻吟声”,语音的高低、强弱、抑扬顿挫等也是表达情绪的手段。同时,情绪调节在职场中也是尤为重要的,情绪调节的基本过程主要包括生理调节、情绪的体验调节、行为调节、认知调节和人际调节等几个方面,对于社会中的个体来讲,必须要学会情绪调节的手段。

2. 情绪管理的基本理论

现代心理学的研究成果认为,个体的情绪不可能被完全消灭,但可以进行有效疏导、管理、适度控制。情绪管理,即个体对于自身所产生的情绪反应进行有效的抑制和有意识的控制的行为,它是个体为适应环境的变化而作出的使个体自身和个体所在环境氛围两方面和谐变化的过程。简单地讲,情绪管理是对个体和群体的情绪感知、控制、调节的过程,其核心是将人本原理作为最重要的管理原理,使人的情绪得到充分发展,人的价值得到充分体现;是从尊重人、发展人、完善人的角度出发,提高个体对情绪的自觉意识,控制情绪陷入低潮,保持个体乐观心态,不断进行自我激励、自我完善。

余玲艳[2](P121)认为情绪是可以被管理的,情绪管理包括四个阶段:情绪感知——强调对情绪的感觉,及时地察觉自己的情绪和员工的情绪,准确地感觉别人的情绪;情绪解读——指理解和分析情绪,要想管理情绪,就必须先察觉自我的情绪和他人的情绪,进而能管理自我的情绪并理解他人的情绪;情绪调节——根据自身的条件和境况,采用各种方法进行情绪调节;情绪资本运作——是对情绪管理要求较高的阶段,当一个人很好地感知、解读和调节自己的情绪后,就要学会积累自身的情绪资本。

个体对于情绪的管理不是要去除或压抑情绪,而是在察觉情绪变化后,积极调整情绪的表达方式。有心理学家认为,个体的情绪是个体管理和改变自己或他人情绪的过程。在这个过程中,通过一定的策略和机制,使情绪在生理活动、主观体验、表情行为等方面发生一定的变化。个体的情绪从总体来讲并没有好坏之分,不会因为个体的不同而不同。但是由情绪所引发的行为有好坏之分,行为的结果有好坏之分。所以说,情绪管理并非是消灭情绪,当然也是消灭不了的,而是疏导情绪,使之反应合理化、适度化,这就是情绪管理的基本范畴。“然而,有情绪好不好呢?一个成功的人应不应该流露情绪?其实真正的问题并不在于情绪本身,而在于情绪的表达方式,如果能以适当的方式在适当的情景表达适度的情绪,就是健康的情绪管理之道。”[3](P163~164)

二、教师情绪对学生的影响

教师情绪是教师在学校环境中,因学校中的制度、精神及组织文化是否满足教师自身需要而产生的心理体验过程。心理学的研究证明:个体适度平稳的快乐的情绪体验能使个体大脑及中枢神经活动处于最佳状态,保证身体内各系统的协调一致,充分发挥身体的潜能。教师的情绪变化状态对学生产生的影响具有积极和消极两个方面。

1. 教师积极的情绪会对学生产生积极的影响

教师积极的情绪有助于调动学生学习的主动性和积极性,教师良好的情绪表现能够影响到其情绪变化和体验。教师上课饱满的热情和教学过程中的激情表现,都会感染和影响学生的注意力,从而使学生感受到教师对学生的热情和认真负责的态度,吸引学生参与到教师的课堂教学活动中,保证和提高课堂教学的质量和效益。而且,教师适度的情绪变化能够使学生生成安全的心理环境,从而活跃课堂氛围,这对于教师自身的情绪控制也能起到很好的调节作用。

2. 教师消极的情绪会对学生产生消极的影响

教师消极的情绪不利于学生的学习和成长发展,教师处于消极的情绪状态,比如教师低落的情绪状态、精神萎靡、沮丧、畏缩,课堂气氛必然是缺乏生气和活力的;教师情绪冲动、易于动怒,就会造成学生情绪压抑,课堂教学过程中学生思维活动的积极性严重受挫,达不到课堂教学的目的和要求。更有甚者会产生严重的伤害学生和教师自身的事件。情绪不稳定的教师爱恨喜怒无常,对于学生情绪的控制培养也会带来不利的影响。

三、教师情绪管理:价值与意义

根据情绪管理的理论,个体情绪可以激发或增强个体的行为,提升个体工作的效果;相反,亦可以阻碍或削弱个体的行为,干扰或消弱工作的成效。管理并控制好自己的情绪,也就能实现自我发展。“从心理卫生学的角度看,任何一种情绪的产生都是身体对内外刺激的一种反应,都有其生理的、心理的作用。”[4](P58) 对于教师来讲,教师的情绪管理就显得更为重要,这不仅是由于学生自身的原因,也和教师自身有很大的关系。

1. 教师情绪管理对学生个体身心发展的意义

教师情绪管理对学生个体发展所发挥的作用主要表现在对学生身心发展所起的作用。作为人的一生发展的重要时期,学生阶段处在身体生长的关键时期。如儿童这一时期的身体和心理发展的状况直接会影响少年、青年乃至成人时期的发展状况。一般情况下,只要属于正常的精神现象,各种情绪活动都有协调生理活动的作用。但是,临床医学经验证明,当一个人的情绪处于愤怒、悲伤、忧愁、焦虑、恐惧等状态时,由于这几种不良情绪压抑在心中而不能充分宣泄,便会对身体的健康带来伤害,甚至会引起身体的疾病。教师的情绪控制能力直接会影响到其情绪变化,而这种对学生不利的消极的情绪状况又会影响到学生的生理,进而影响学生的身体健康。而且,教师的的情绪变化会直接影响到学生的心理能否得到健康发展。由于学生对外界事物辨别能力低下,教师职业自身的榜样和示范作用都会影响到学生的人格、认知活动、社会性和人际交往、个性心理品质等方面的健康发展。所以,教师必须具备自身的情绪控制能力。

2. 教师情绪管理对教师自身发展的价值和意义

情绪管理对于教师的身心影响同对学生的影响是一致的。个体良好的情绪状态是个体身心健康和谐的标志。教师的情绪管理同样会影响到教师自身的职业和专业化发展。不良的和消极的情绪体验会降低或减弱甚至动摇教师的职业理想和信念,这对于教师的专业化发展是非常不利的。试想一个不能控制情绪的教师,其专业思想肯定是不稳定的,也是不会思考自身的专业发展的。“教师为人师表,必须加强自身的情绪管理,对情绪管理形成正确认识,积极调节情绪;改变不合理的教育信念,以避免经常性地产生不良情绪;找到真正适合自己的情绪调节方式,做自己情绪的主人。”[5](P62～64)

四、教师情绪管理的实践意义
——对小学教育专业学生培养的启示

“同一个学校、同一个专业、甚至同一个班级的大学生走向教师岗位时,用同样的教案去上课,课堂教学效果会截然不同,这与师范生的态度、情绪与思维的传递和反应、内容的正确与灵活表达、受学生欢迎的程度等有很大的关系。”[6](P51) 小学教育专业旨在培养德、智、体全面发展,能拥护党的基本路线,掌握小学教育专业基本知识和基本技能,掌握现代教育教学理念、教育教学规律和先进的教育思想,具有创新意识和创业精神,具备从事小学各学科教学及小学其他相关工作的基本素质,能够在小学从事教学和研究及管理的各类人才。一个不能很好地控制自己情绪的小学教师不可能成为一名合格的小学教师,也不能成为一名真正的小学教师。

1. 小学教育专业学生的专业特征

(1)小学教育专业学生自身的个性特征。小教专业学生的个性特征是个体在思想意识、行为习惯、行为方式及行为效果等方面的综合体现。就整体来讲,小学教育专业学生的个性特征不是很明显,也表现在学生的情绪变化过程中。在这一点上,对学生在专业引导和职业规划时就要使其清楚。所以,作为小学教育专业的学生来讲,要对自己将要学习的专业以及将来所从事的职业有正确、恰当、全面的认识,并在学习和以后的职业行为过程中使自己的个性特征适合于职业性质的要求。

(2)学校的环境及人际交往。小学教育专业学生所在学校的教育教学环境氛围、学校中的人际关系氛围同样会影响学生的情绪变化。作为学校来讲,注重学校的物质、精神和制度文化建设以及学校的人际关系建设,对学校的育人将是非常必要的。学生在学习和生活中积极认识、体验,管理并控制自己的情绪,积极地去适应学校的文化氛围,化消极因素为积极因素,为自己的职业行为创造良好的外在条件,也是对于自己身心健康的有益举措。

(3)学生以适宜的方式控制情绪,缓解各方面的压力。小学教育专业学生要将学习及生活的正确态度和信心树立起来,以适合自己的方式来缓和并控制自己的情绪;并要认识到,来自于社会、学校、学习、组织等方面的压力也是影响小学教师自身情绪变化的因素。学生要正确理解并逐步学会适应这些压力,将压力分解、分化,不要将内在压力以不良的外在情绪表达出来,更不要使这种不良行为成为一种习惯。

2. 小学教育专业学生养成情绪管理的策略

(1)课堂教学责任意识。小学课堂教学作为实施人才培养的主要途径之一,在小学生的成长与发展中发挥着重要的作用。教学的责任意识就是要求小学教师在日常的工作过程中要处处"留心",事事"用心",时时"精心"。只有在教学工作过程中真正做到了这"三心",小学教师才能更好地控制自己的情绪。一个没有责任心的小学教师不能很好地控制自己,也就不能控制自己的情绪。

(2)小学教师对自身工作的满意度。教师工作满意度是一个心理学概念,它是教师对其工作与所从事职业以及工作条件与工作状况的一种总体的、带有情绪色彩的感受与反应。斯蒂芬·罗宾斯指出,影响工作满意度的因素包括心理挑战的工作、公平的报酬、支持性的工作环境和融洽的同事关系。所有这些因素或其中之一的不足都会成为小学教师情绪失调的原因。

(3)小学教师对自己教学的信心。教学的自信心是一位教师相信自己教学能力的心理状态。自信心作为教师的一种重要的个人品质,是作为教师的基本要求。教师拥有自信心,会在教学、生活中表现出坚强的意志力和较高的自我控制能力。这些对于小学教师的情绪控制将是非常有益的补充。自信的小学教师必然是具有较高自我控制力的人,这样才能对小学课堂进行有效的控制。

(4)小学教师的教育理念。正确教师行为来自于正确的教育理念,就其情绪控制也是同样的。小学教师的情绪控制也与自身所获得的教育理念有关系。作为小学教师来说,"为了一切学生、为了学生的一切、一切为了学生"就是正确的教育理念。让每位学生快乐和幸福地成长与发展,师以德为本,心以爱为源;以真理教书,用真情育人。有了这样的教育理念,还有哪一个教师不能很好地控制自己的情绪呢?

(5)小学教师对情绪与教学关系的认识。小学教师教学中的情绪状态直接影响着教学效果,积极的、适应于教学内容的情绪状态不仅能够调动小学生参与课堂活动的积极性,而且情绪状态本身潜移默化的影响也会引导小学生获得对内容的深层体验和启示。消极的情绪状态则相反。因此,作为小学教师必须强化自身对情绪发挥重要性作用的认识。

马卡连科说过:"不能控制自己情绪的教师,不能成为好的教师。"教师不仅要传道、授业、解惑，而且还要加强自身的道德修养，增强责任心、爱心、敬业精神，养成乐观、自信、开朗的性格，这样才会充分发挥自己的主观能动性，有意识地控制不良情绪，调节情绪状态，做自己心境的主人。“作为一名教师，为了提高情绪修养水平，同时也是为了提高师德水平和业务水平，应当有着广泛的情趣，琴、棋、书、画样样学，陶冶自己的情操，以一个内心世界极其丰富的人生境界，去感染和教育每一位学生。”[7](P71) 在对小学教育专业学生的培养过程中，一定要有意识地引导学生积极地去学会控制自己的情绪，不要因为自己或环境变化而成为自己情绪的奴隶。

参考文献：

[1] 彭聃龄.普通心理学[M].北京：北京师范大学出版社，2004.
[2] 余玲艳.员工情绪管理[M].北京：东方出版社，2006.
[3] 蔡秀玲.情绪管理[M].合肥：安徽人民出版社，2001.
[4] 王洪欣.高校青年教师情绪困扰问题分析与对策思考[J].中国高教研究，2002，(7).
[5] 徐晋华.论戾气弥散下教师的情绪管理[J].教育评论，2014，(6).
[6] 张庆.论教师情绪弹性的养成[J].教育评论，2011，(6).
[7] 付全新.浅谈教师的情绪修养[J].三峡大学学报：人文社会科学版，2001，(5).

On the Practical Significance of the Theory of Teachers Emotion Management

——Enlightenment of the Cultivation of Primary School Education Major Students

ZHAO Wengang
(School of Teacher Education, Tianshui Normal University, Tianshui Gansu 741001)

Abstract: Certain and moderate emotion is supposed to be engaged in the teaching profession.Emotion is needed in a teaching process ,and teachers are supposed to be able to adjust and control emotions. Though the current theoretical research for teachers' emotion management has been completing, its practical guiding significance in the process of teaching is not very obvious. Due to the lack of ability to better control their emotions, teachers are subject to the psychological and physical injuries. The same is true with their students. Especially, these events are more likely to be found on primary school teachers. Based on this, in order to give guidance for emotional cultivation for students majoring in primary school teaching in the process of cultivating primary school teachers, it is necessary to have an analysis of the practical significance and the process of primary school teachers' emotion management.

Key words: teachers, emotion management, practical significance

高中英语课堂教师话语分析:问题与建议

孙　玲[1],陈莉萍[2]

(1. 南京师范大学 教师教育学院,江苏 南京 210000;2. 南京师范大学 外国语学院,江苏 南京 210000)

摘　要: 文章运用话语分析法对高中英语课堂教师话语进行系统分析,指出教师话语存在教师话语权垄断、教学语言冗余凌乱、师生互动单向低效等现象,并探讨现象背后的原因,如教师培养的"去师范化"导致教师学科教学知识欠缺、教学技能薄弱,教学经验导致教学行为固化、教学理念滞后,考试评价制度导致教师课堂教学过分重视语言知识传授、忽视学生综合语用能力的培养。在此基础上,从教师专业发展的角度,提出教师要运用话语分析法反思自己的课堂教学用语,提高课堂教学语言的规范性、准确性、逻辑性,进而提高教学效率,促进自身的教学专业实践水平的提高。

关键词: 高中英语课堂;教师话语;分析;问题与建议

一、引言

教师话语作为教师课堂教学的重要组成部分,对课堂教学效果产生重要影响。研究教师话语既可以直接呈现教师教学语言特色及存在的问题,也能反映教师教学风格、教学行为以及教学观念,更能从侧面了解教师的知识结构、教学实践水平及其专业发展状况,能够起到"管中窥豹"的作用。

话语分析(Discourse Analysis)在外语教师课堂话语研究中日益受到重视。自1998年赵晓红对大学英语阅读课教师话语进行研究以来,大学、高职、高中、初中、小学英语课堂教师话语的研究都被纳入研究者的视野,研究层次更为多元。仅就高中而言,研究者已从各个角度对高中英语教师话语进行了系统分析,例如张会平、刘永兵研究教师课堂话语标记语,[1](P356~400)严敏芬探讨教师话语与英语课程理念关系,[2](P62~66)罗晓杰、王雪比较了专家—熟手—新手教师高中英语阅读课课堂互动的差异,[3](P51~56)王平从"说"和"做"两个视角讨论了高中英语教师教学话语行为,[4](P14~18)任利那则对省优质课评比赛中的阅读课话语进行研究,[5](P43~49)夏冰清、李湄则关注高中英语课堂教师话语重复现象。[6](P76~79)另外研究者综合运用多种研究方法,如罗娟[7](P72~75)、钟莉莉[8]、胡洲主要采用个案研究[9](P101~104),张会平,刘永兵运用语料库研究。总体而言,国内关于高中英语教师话语的研究取得了丰硕的成果,研究主题、视

基金项目:本文系江苏高校哲学社会科学研究项目(资助)"和合文化精神下的差异教学评价研究"(项目批准号2015SJB116成果之一)。

作者简介:孙　玲,江苏南通人,南京师范大学教师教育学院讲师,主要从事课程与教学基本理论、中小学英语教学研究。
陈莉萍,江苏南京人,南京师范大学外国语学院教授,主要从事应用语言学与中小学英语教学研究。

角、方法日益多元。在数量上,中学英语教师课堂话语研究逐步增加[10](P141~144)[11](P96~100),但是大部分研究对象集中在公开课与阅读课上,无法反映高中英语课堂教师话语的真实现状。

笔者认为只有观察教师的常态课,才能说明目前高中英语教学的真实现状,发现问题及问题的实质,才能提出有针对性的教学改进措施。本研究主要对高中英语常态课教师话语进行定性和定量分析,揭示目前高中英语课堂教学的实际状况,分析问题及其背后的根源,寻找解决问题的办法。

二、研究设计

1. 研究问题

英语教学不同于其他学科的教学,教师语言既是教学内容,也是教学手段,这是语言教学的独特性,因此语言教学离不开对语言自身内容和形式的分析。结合语言教学的特殊性,本文主要从教师语言形式对教师话语进行分析,具体研究内容如下:

(1)教师话语形式特征,包括教师话语量、教学语言(母语或是目标语)、课堂提问形式、反馈形式(包括积极反馈、消极反馈、无反馈)、意义协商(重复、追问、澄清、评价等)。

(2)不同教师群体在话语量、提问形式、反馈形式及意义协商 4 个方面是否存在显著性差异。

2. 研究对象

本研究选择江苏省苏中地区 5 所四星级区、县高中,选择这些学校,一方面,因为这些学校在当地有着较高的升学率,社会声誉较好,从某种程度上能够代表当地高中英语教学的最高水平;另一方面,在目前的高考体制下这些学校具有特殊的地位,对于高中英语教学及其改革能够起到重要的价值引领与价值反拨作用。

本研究从 2014 年 9 月 1 日持续到 10 月 31 日,在此过程中,研究者根据学校推荐名单随机选取教师及班级听课并录音,录音对象为 20 名高一年级教师,年龄主要在 30~50 岁之间。所有教师至少有 10 年及以上教龄(见表 1),在过去的 2~3 年中担任过英语本科师范生的教育实习指导教师,教学能力普遍较强,教学水平较高,属于中青年骨干教师群体。本研究结论适用于解释县、区级四星级高中骨干英语教师的话语现状。

表 1　教师年龄、教龄、职称分布表

年龄	教龄	职称		合计
		中学一级	中学高级	
30 到 40 岁	10 到 20 年	11	0	11
40 岁到 50 岁	20 年以上	4	5	9

3. 研究方法

本研究旨在了解和描述高中英语课堂教师话语现状及特征,为了能全面真实地反映当前高中英语课堂教师话语的特点,我们主要使用了以下两种研究手段:

(1)课堂录音

课堂录音是一种有效地呈现教师话语特征的手段,通过对录音的整理与分析,可以较为全面地呈现教师课堂话语现状。在没有事先通知的情况下,本研究进行随机课堂录音,并将这 20 节课(每节课 40 分钟)转写成书面文字,获得语料,基于转写的文字材料进行系统的统计分析(SPSS17.0),所有录音数据皆为普通班的资料(县区级重点高中一般都分强化班、实验班和普通班),能够保证录音的真实性。

(2)访谈

访谈作为一种质性研究方法已经被越来越多研究者所认可并采用。本研究在课堂录音的基础上对教师进行访谈,旨在进一步了解教师对自己所教学科的认识和理解。访谈与话语分析之间可以相互印证,旨在了解教师话语背后的教学观念与言说的教学观念之间是否存在一致性。

三、结果与讨论

1. 教师话语形式特征

(1)教师话语量

话语是教师在课堂中运用权力关系的主要手段。通过话语教师获得在课堂中的主导权,反之,这种主导权通过教师话语得以表达和再现。可以说,话语权体现了教师的课堂地位,而话语量则是反映教师话语权的重要指标之一。根据录音,我们对这20节课中教师话语(包括解释说明、提问、重复、追问、解释、澄清等)和学生话语(包括回答、背诵、朗读、讨论等)时间及所占比例进行了统计(结果见表2)。

表2 师生话语时间统计表

	N	极小值	极大值	均值	百分比
教师话语时间	20	29.00	36.00	33.3000	83%
学生话语时间	20	4.00	11.00	6.7000	17%
有效的N(列表状态)	20				

表中数据表明,教师平均每节课话语时间占33.3分钟,高达83%,目前高中英语课堂仍然以教师为主导,教师在课堂中的绝对话语权是不容置疑的。学生话语主要集中在朗读、背诵、翻译、回答问题等方面,参与课堂活动和发表见解的机会很少,仅在阅读课上有4次讨论。

(2)教师课堂教学用语

教师课堂教学语言的使用既可以体现教师的语言能力、语言教学能力,也能反映教师的学科知识基础及教学技能水平。根据录音资料的分析,5节阅读课中4节课用英语教学,15节习题课中12节课用母语教学,1节阅读课和3节习题课以英语为主、母语为辅进行教学(见表3)。

表3 教师教学用语数量统计表

		教学用语		合计
		母语	英语	
课型	习题课	12	3	15
	阅读课	1	4	5
合计		13	7	20

从数据来看,大部分教师已经意识到"用英语教英语"的重要性,英语既是教学内容也是教学手段。如果说过去教师把英语作为教学内容来教的话,那么更多的教师开始把英语作为教学手段来加强课堂目标语的输入。在习题课上也有教师开始使用英语授课,增加目标语输入,提高学生英语听力水平,这或许也是英语的工具性价值在课堂教学中的重要体现之一。

阅读课用英语,习题课用汉语,这种区分是显而易见的。就此现象我们对教师进行了访谈,有教师指出:"我也想用英语上语法课,但是阅读课用英语上比较容易,习题课用英语比较困难。阅读课教学内容与学生日常生活紧密联系,就某个主题与学生进行口语交际比较容易展开。"事实上,教师并不反对在习题课中使用英语授课,只是碍于自身语言水平的限制、英语语言教学知识的欠缺,没有信心和能力用浅显、准确、可理解的语言向学生解释。有教师反映："习题课的重点是词汇与语法，语法教学涉及专业术语，这部分词汇自己在大学阶段也没学过，自己不熟悉，更不要说熟练准确的运用了。"从访谈资料来看，教师语言教学能力欠缺的部分原因还在于本科阶段学科教学内容的学习与语言技能训练并不充分，使得英语教师缺失应有的语言教学素养，导致其学科教学知识欠缺，语言教学技能薄弱，无法熟练驾驭英语教学。

当然，教师使用母语讲授语法也并不纯粹是由于自身能力原因，我们不能否认母语的"正迁移"功能，Duff 曾指出："（翻译是一种有效的语言学习活动，它可以）帮助学习者解决令其头疼的外语问题。"[12](P45)语法学习对于大部分学生来说都是比较困难的，而高中阶段系统学习语法对于中学生打下语言知识基础又是尤为必要的，显然母语作为工具性语言使用在很大程度上既可以减轻教师语言使用的难度，也可以减轻学生的认知负担和语言负担。从学生学习的角度来看，用母语教学在一定程度上可以提高学习效率，而且学生也较为认可这种教学形式。

基于自身实际教学能力、母语的"正迁移"功能以及学生有效学习的综合考量，教师采用双语态交叉输入不能不说是其教学实践智慧的一种体现。当然，我们仍然坚持认为，如果教师能够把英语既作为教学内容，又作为指导课堂教学的语言，将是一种十分理想的状态。这也从侧面反映我国英语教师的专业素养有待提高，很多教师自身英语专业水平较低，尚未完全驾驭语言，更谈不上用英语顺利地开展语言教学。

（3）问题形式

自 Sinclair 提出 IRF 课堂互动模式以来，教师提问、学生回答、教师反馈似乎是一个天经地义的循环模式。本研究借鉴 IRF 模式从问题形式、学生回答、教师反馈及意义协商 4 个维度对教师话语的特征进行阐述。

教师提问对引发学生的积极思维和推动目标语输出具有重要意义，但是，并不是所有问题都具有可交流性。这就涉及教师如何提问，提问限定了思维的路线和空间，不同问题意味着不同思维倾向。在对语料仔细阅读和分析的基础上，我们把问题分为无意义问题、封闭性问题、开放性问题。无意义问题主要是指以一般疑问句形式出现的问题，如"对不对?"、"理解不理解?"、"有没有?"、"是不是?"、"Yes or no?"、"Are you clear?"。封闭性问题主要是指要求学生回忆、陈述语言知识等问题，旨在检查学生对所学内容的理解。这些问题主要以翻译单词、词组、句子等形式呈现，例如"这个句子怎么翻译?"、"这个词的意思是什么?"、"What does it mean?"、"How to translate this sentence?"。开放性问题主要是指要求学生理解、分析、综合、评价等问题。从表中我们可以看到，无意义问题占 36%，封闭性问题占 65.6%，开放性问题仅占 0.8%（见表 4）。

表 4　不同类型问题数量及百分比

	N	极小值	极大值	均值	百分比
无意义问题	20	8.00	37.00	19.0000	0.3616
封闭性问题	20	16.00	57.00	32.9500	0.6338
开放性问题	20	0.00	2.00	0.3500	0.0074
有效的 N（列表状态）	20				

从表中我们可以看到，教师课堂提问以无意义问题和封闭性问题为主，这两类问题不需要学生思考就能回答。尽管教师也会就某个词或词组进行追问，但追问的问题也是封闭的，例如"这个词的词性是什么?"、"名词形式是什么?"、"动词形式什么?"等。从思维的角度来看，封闭性问题是一种知识性的提

问,追求答案的确定性和唯一性,无意中向学生传递着一种求同思维取向,这在目前的高中英语课堂教学中是司空见惯的现象。正是有了这种思维方式和期待,现在的课堂教学愈发死气沉沉。

开放性问题要求学生将所学知识运用于新的情景,追求答案的多样性,它鼓励差异思维。教师应多提这类问题,但是这类问题仅在阅读课上出现,不仅开放性问题数量少,而且学生在教师的重复、追问、提醒及引导下,还不得不得出一个标准答案。

从教师提问来看,教师在课前并没有好好设计教学,日常教学模式固化为习题讲解,所有提问都围绕词汇与语法展开,问题形式比较单一、单向的教师提问形式阻止了学生回答与提问的可能,不利于提高学生语言能力,也不利于开拓学生的思维能力。

(4)学生回答形式

要想全面了解教师的课堂话语现状,可能离不开对学生话语的分析。本研究的重点虽然不在于学生话语,但是对学生话语的分析可以从侧面去了解教师话语的真实现状。因此,本研究中对学生的课堂话语进行了一定的分析。根据教师提问形式,我们把学生回答分为指定回答、集体回答、沉默。因为在对语料的分析中,我们发现教师提出的很多问题并未要求学生回答,而是教师自己回答,我们从教师的角度增加了自问自答的维度。

表5 师生回答问题数量及所占百分比

	N	极小值	极大值	均值	百分比
自问自答	20	4.00	37.00	14.8000	0.2712
指定回答	20	2.00	38.00	15.0000	0.2965
集体回答	20	6.00	45.00	21.7000	0.4154
沉默	20	0.00	9.00	1.5000	0.0348
有效的N(列表状态)	20				

从表中数据来看,教师自问自答占27%,主要原因在于教师每节课平均提问高达50个,也就是说每分钟教师提问1~2个,如此高频率的提问使得教师不可能浪费时间等待学生回答,从表面看节约时间,但未必提高教学效率。自问自答不仅剥夺学生的参与权,也大大降低提问本身的意义,使学生变得更加依赖教师。

集体回答占41%,这主要与教师提问类型有关,教师的提问主要以无意义问题和封闭性问题为主,这些问题对学生思维水平的要求不高,很多答案不需要仔细思考就能回答。基础薄弱的学生对于教师的这种提问感到很沮丧,他们的声音往往会被优秀学生占主导地位并形成的集体反馈所湮没。

指定回答占28%,在访谈中有教师指出:"如果不指定学生回答,几乎没有学生会主动回答。"而在与学生的交流中,学生则反映:"老师会指定学生回答,就等教师指定哪个学生回答;如果教师不指定学生回答,看到别人不回答,自己也不回答。"学生潜意识中认为教师会告知他们答案,等着教师说出答案。真正因为不知道如何回答问题导致沉默的学生比例仅占3%。这种"旁观者"态度和立场导致很多学生知道答案也不会主动回答,从小学到高中,课堂上学生主动回答的现象越来越少,课堂沉默现象日趋严重。这也印证了林红的判断"沉默是一个普遍存在的问题"。[13](P78~81)

提问是教师实现与学生互动的主要途径,教师提问的互动性较低,导致学生课堂参与的积极性降低。教师话语旨在创造一种活跃的语言学习环境,促使学生积极参与到课堂活动中来。教师在课堂教学中应该尽可能让学生多多参与,没有学生足够的参与,有效的学习就不可能发生。

(5)反馈形式

对于学生的回答，教师给予及时反馈对于学生的学习来说至关重要，也是课堂教学的重要组成部分。大量的研究表明，教师在学生回答问题后应给予积极反馈能使学习者知道他们正确地完成了任务，同时还能通过赞扬增强他们的学习动力。本研究也借鉴了积极反馈和消极反馈的分类法，消极反馈主要是指教师对于学生的回答进行批评或打断；积极反馈主要是指教师对于学生的回答进行肯定、表扬、鼓励。根据实际情况我们又增加了无反馈这个维度。无反馈是指教师对学生的回答不作任何回应。从某种意义上说，无反馈是一种消极反馈，但是把它单独列出来是希望能够引起重视。（教师反馈结果见表6）

表6　教师反馈数量及百分比

	N	极小值	极大值	均值	百分比
无反馈	20	2.00	15.00	7.0000	71%
积极反馈	20	0.00	12.00	1.5000	12%
消极反馈	20	0.00	7.00	1.8500	17%
有效的 N（列表状态）	20				

从表6中，我们可以看出，教师无反馈高达71%，主要在于教师的大量提问是无意义问题和封闭性问题，问题的性质决定了师生之间不可能发生有效互动。

教师给予积极反馈的比例占12%。成就感是每位学习者的心理需求，每位学生都希望自己的回答是正确的，能够得到教师的肯定与表扬。尽管有研究者指出：积极反馈不能是笼统机械的，如“Good”，“Very good”，因为这些反馈并不能产生很好的效果。但是，我们认为教师反馈中涉及评价，“Good”和“Very good”作为评价词汇，其重点有所区别，“Good”是鉴别词汇，“Very”是分级词汇，使用“Very”可以进一步加强教师的态度，起到烘托作用。教师使用不同的语音语调表达“Good”和“Very good”会产生程度不同的效果。所以我们并不反对教师在课堂上使用这些词汇，但是，我们很少看到教师对学生的回答作出较为积极的反馈。

在目前的课堂教学中，教师是知识的占有者，是权威评价者，根据学生的实际表现给予及时和适当的反馈，可以避免和减少学生犯错，从而提高学习的自信心和主动性，因此，教师更应重视如何给予学生有效反馈。

(6)意义协商

在语言教学中，因为语言表达不到位，会产生误解，需要教师借助解释说明、重复、追问、澄清等手段，引导学生重新组织语言、理解语言、学会应用。解释说明主要指教师对学生回答作进一步的阐述；重复是指教师重复学生回答；追问是指教师根据学生回答进一步提出相关问题；澄清是指教师对于学生回答中的疑问作进一步澄清。本研究可以看到对于学生回答，教师使用解释说明高达45%，重复占24%，追问占16%，澄清占15%，见表7。

表7　师生意义协商数量及百分比

	N	极小值	极大值	均值	百分比
解释说明	20	4.00	23.00	12.8000	45%
重复	20	2.00	18.00	6.8000	24%
追问	20	2.00	8.00	4.0500	16%
澄清	20	2.00	12.00	4.0000	15%
有效的 N（列表状态）	20				

从数据来看，教师在教学策略的运用中尝试使用重复、追问、鼓励、澄清等手段与学生进行深入互动，但是效果并不尽如人意。

2. 教师话语显著性差异分析

基于江苏省高中英语新课程改革 2005 年启动为分界点。本研究选择 30～40 岁与 40 岁以上教师群体。30～40 岁教师群体在 2005 年时基本上刚刚进入工作岗位，没有教学经验，教学行为尚未固定，而 40 岁以上教师已经有 10 年教学经验，属于熟手教师或有经验教师，教学行为基本稳定。作为新手教师和熟手教师，在 10 年的新课程改革中，他们的教学话语是否存在差异。本研究对这两个教师群体在话语总量、问题形式、反馈形式、意义协商这 4 个方面进行两独立样本 t 检验，结果见表 8。

表 8　教师话语显著性差异比较

	方差方程的 Levene 检验		均值方程的 t 检验		
	F	Sig.	t	df	Sig.(双侧)
教师话语时间	0.689	0.417	−1.021	18	0.321
无意义问题	4.369	0.051	2.100	18	0.050
封闭性问题	1.670	0.213	0.064	18	0.949
开放性问题	17.665	0.001	−2.068	18	0.053
自问自答	3.916	0.063	2.035	18	0.057
无反馈	6.367	0.021	1.153	18	0.264
积极反馈	0.080	0.781	−0.220	18	0.828
消极反馈	6.877	0.017	1.404	18	0.177
解释说明	0.920	0.350	−1.110	18	0.282
重复	0.762	0.394	−0.092	18	0.928
追问	0.020	0.890	−0.150	18	0.882
澄清	0.215	0.649	1.406	18	0.177

从表 8 中，我们可以看到，两个群体除了在开放性问题、无反馈和消极反馈(sig=0.001，sig=0.021，sig=0.017，$P<0.05$)三个方面存在显著差异，其余均不存在显著差异。从某种程度来说，这两个教师群体在教学话语方面不存在显著性差异，教师话语呈现趋同现象。产生此种现象的原因大体有三：一是这些学校都实施“青蓝工程”，即每位新教师入职后都有一位有经验教师负责指导他们的日常教学，新教师要听老教师的课，老教师在备课、上课以及教学设计等方面给予新教师具体指导，这就不难理解 10 年后这些新教师在教学话语、教学行为、教学设计等方面与有经验教师产生趋同现象；二是新教师刚入职，新课程改革正值启动之初，高校对新课程改革的反馈并不及时，在传统师范培养模式下培训的新教师对新课程所提倡的教学理念、评价理念如任务型教学、形成性评价并没有很深刻的认识和理解，老教师也没有具体可参考的经验供他们学习和模仿，只能摸着石头过河；三是新课程改革时老教师已经有 10 年教学经验，教学观念、教学行为、教学话语都已经基本成型，很难发生根本性变化。尤其是在面临诸如高考这类关系学生未来的高风险测验中，每一位教师都不敢怠慢和放松，在实践中用高考来考评教师教学质量，已成为制约教师对课堂进行变革的重要因素。

四、结论与建议

基于上述分析，我们认为目前高中英语课堂教师话语存在以下问题：教师话语权垄断、教学语言冗余、师生互动单向低效、不同年龄教师话语内容和形式趋同。本研究的结论与任利那对高中英语教师阅读课题话语的研究结论不一致，这主要在于研究样本的不同，本研究所搜集的数据都是教师的常态课，与我们在公开课上的所见有相当大的区别。这就促使我们反思公开课与常态课的距离到底有多远？教师心里很清楚，不能用公开课的方式去上课。“公开课非常态化，常态课非公开化”，作为一种潜规则影响着教师的日常教学中。公开课上的变化并不能说明教师教学话语真正发生改变，因为教师话语背后是根深蒂固的教学经验与教学观念，只有深层次的教学理念发生变革才能在教师话语行为上产生持续的变革动力，才能使公开课上的改变常态化。这也是为什么本研究关注教师常态课话语的重要性所在。

如何引导、提升、改善常态课教学话语，可能是当前高中英语教师面临的最重要也是最为紧迫的任务之一。教师专业发展首先体现在教师教学实践水平的提高上，而教师教学水平的提高需要教师从改进自己的课堂教学入手，如何改进自己的课堂教学需要思考和反思自己的教学话语和教学行为。

教学反思是提高教师教学实践水平的重要手段，目前教师采用的教学反思手段主要以写日志为主，笔者以为话语分析可以作为教学反思的一个重要手段，语言教学的特殊性决定了英语教师必须更加重视自己教学语言的使用，教师话语看似平淡无奇，却不是杂乱无章的，应该遵守一定的规则。通过课后听课堂录音的途径来重温课堂，发现自身教学话语中的不足和问题，不断提高教学语言的规范性、逻辑性和准确性，提高目标语输入的准确性和有效性，综合提高学生语用能力。另外，教师话语作为师生对话的一个重要组成部分会对学生学习产生重要影响。师生对话是一个双向流动的过程，教师作为对话的一方，要能接受对话中的不可预见性、不一致性和偶然性，通过对话使师生互动趋于开放、灵活和包容。

提高教师的专业能力需要教师反思教学，反思自己的课堂话语，但反思从来都不是单向的。在强调教师通过自身努力提高专业实践水平的同时，我们也强调反思新课程自身。问题的产生从来不是单方面的，问题的解决也不是单方面的。新课程改革的推进决定于教师素质。教师的问题至关重要，但是，英语课堂中的问题是否都是由教师引起的？事实上，目前高中英语教师工作量之大远超出我们的想象，就研究者所观察到的情况，这些学校都是县区级重点高中，教师普遍工作时间从早 7 点到晚 10 点，而英语学科的特殊性使得大部分英语教师在清晨 6 点 30 分左右进教室看早读。在如此超常的教学时间和高强度教学压力下，大部分教师的教学态度严谨，工作认真，也在努力学习新的教学理念，积极尝试新的教学方法，这在公开课上有具体表现。有研究指出新课程改革最大的障碍是教师的素质差，思想保守，不肯积极采用先进的交际教学法，过度注重语法教学，导致学生口语表达能力低弱，导致外语教学的低效。我们认为没有抓住问题的实质。问题的实质是什么？为什么新课程所提倡的教学理念、教学方法，如任务型教学法，无法在实践中操作？如果说大部分教师都无法践行某一方法，那么我们是否该反思方法本身？一味地讨论教师素质可能并不能从根本上解决问题，因为促进教师专业发展，提高教师专业水平是一个长期的过程，不仅需要教师自身努力，还需要外部环境的力量。

参考文献：

[1]　张会平，刘永兵.基于语料库的中学英语教师课堂话语标记语研究[J].外语教学与研究，2010，(5).

[2]　严敏芬.教师话语与英语课程理念关系的个案研究[J].课程・教材・教法，2010，(11).

[3]　罗晓杰，王雪.专家—熟手—新手教师高中英语阅读课课堂互动比较研究[J].课程・教材・教法，2011，(12).

[4]　王平.新课程背景下高中英语教师课堂教学行为研究[J].基础英语教育，2011，(2).

[5]　任利那.高中英语教师的阅读课题话语分析[J].基础英语教育，2012，(4).

[6]　夏冰清，李湄.高中英语课堂教师话语重复的调查与分析[J].湖南广播电视大学学报，2013，(2).

[7]　罗娟.高中英语课堂话语分析[J].基础英语教育，2007，(04)：72－75.

[8] 胡洲.高中英语教师课堂话语分析——学生最佳语言建架途径初探[D].西南大学,2009.
[9] 钟莉莉.新课改后高中英语课堂话语的现状与对策——以绍兴中学为例[J].绍兴文理学院学报,2009,(10).
[10] 黄瑛瑛.国内英语教师话语研究10年述评[J].四川外语学院学报,2009,(2).
[11] 郑艳.国内英语课堂教师话语十年(2003—2012)研究述评[J].桂林师范高等专科学校学报,2014,(4).
[12] 王笃勤编著.英语教学策略论[M].北京:外语教学与研究出版社,2002.
[13] 林红.如何打破高中英语课堂上学生的沉默[J].课程·教材·教法,2011,(4).

English Teachers' Discourse Analysis in Senior High School: Problems and Suggestions

SUN Ling[1], CHEN Liping[2]
(1. Teacher Education College, Nanjing Normal University, Nanjing Jiangsu 210000;
2. Foreign Language College, Nanjing Normal University, Nanjing Jiangsu 210000)

Abstract: Discourse analysis method was applied to analyze English teachers' language in the classroom. It was found that problems existed in Senior English classroom, such as teachers' discourse power monopoly, teaching language redundancy, inefficient interaction between teachers and students. Furthermore, we explored the causes behind the problems, such as teachers lack in PCK and teaching skills because of pre—teacher education, teaching behavior's fossilization because of long—time teaching experience, overemphasizing language knowledge and neglecting language application because of assessment system. In order to improve teaching efficiency and promote the teaching professional practice, we maintain that English teachers should apply discourse analysis method to reflect on their classroom teaching language and make teaching language specific, accurate, and logical.

Key words: English classroom in high school, teachers' language, analysis, problems and suggestions

《现代基础教育研究》
第 20 卷，2015 年 12 月　(Research of Modern Basic Education)　Vol.20，Dec. 2015

整合技术学科教学法知识(TPACK)研究现状与发展趋势

王白萍

（华南师范大学 教育科学学院，广东 广州 510631）

摘　要： 整合技术学科教学法知识（TPACK）是教师将技术有效整合到教学中必备的一种知识框架。它是教师使用技术进行有效教学的基础，也是教师知识研究的一个新领域。文章通过系统梳理 TPACK 理论基础和实践应用的相关文献，发现目前国内外对技术知识没有统一的界定，对于 TPACK 概念的理解存在不同的观点；教师信念与教师的 TPACK 紧密联系，影响教师使用技术进行教学；TPACK 在具体的学科领域中的研究较少；教师 TPACK 的测量和评估方式多样；教师 TPACK 发展主要通过积极参与设计学习、实施技术整合课程的方式来进行。未来 TPACK 的研究应注重在学科领域中的应用，关注教师信念、技术信念的影响以及有效测量工具的开发。

关键词： 整合技术学科教学法知识；学科教学法知识；教师知识；教师教育

"百年大计，教育为本；教育大计，教师为本。"2010 年我国颁布的《国家中长期教育改革和发展规划纲要（2010－2020 年）》中明确指出，要加强教师教育，深化教师教育改革，创新培养模式，造就专业化教师队伍。在教育信息化领域，强化信息技术应用，提高教师应用信息技术水平，更新教学观念，改进教学方法，提高教学效果。从国家近几年颁布的文件来看，教师教育已然成为一个研究重点。同时，信息技术不断地进入课堂，影响教学。信息技术与教学的整合成为教师必备的能力之一。2012 年颁布的《教育信息化十年发展规划（2011—2020 年）》中明确指出要推进信息技术与教学融合，促进教师专业化发展。自从 2005 年 Koehler 和 Mishra 提出整合技术学科教学法知识（Technological Pedagogical Content Knowledge，简称 TPACK）之后，TPACK 受到广泛关注，成为教师教育、教师知识、信息技术与课程整合研究中的一个新领域。我国对 TPACK 研究还处于起步阶段，在此阶段中，对 TPACK 的研究进行梳理就显得十分必要。本文拟从 TPACK 概念内涵、测评方法、发展途径、未来研究趋势等方面进行详细解读。

一、整合技术学科教学法知识（TPACK）是教师知识研究的一个新领域

1. TPACK 概念提出的背景及基本内涵的争议

随着信息技术在教育领域的广泛应用，人们逐渐开始讨论技术在教师知识中的定位。有学者将之视为游离于教师知识之外的工具，但也有学者认为应将技术融入教师知识，成为教师的专业知识。因

作者简介：王白萍，福建泉州人，华南师范大学教育科学学院硕士研究生，主要从事课程与教学论研究。

此，有学者提出整合技术的教师专业知识，如 e－PCK，ICT－related PCK，Technology－enhanced PCK 等，都与 TPACK 的思想一致。

整合技术的学科教学法知识（Technological Pedagogical Content Knowledge，简称 TPCK）是在 Shulman 所提出的 PCK 基础上提出来的。学科教学法知识（Pedagogical Content Knowledge ，简称 PCK）既不同于教学法知识，亦不同于学科知识，是学科内容知识和教学法知识的特殊混合物，是教师独有的一类知识，是教师对其专业理解的特殊形式。Shulman 强调，成功的教学不仅需要教师掌握学科理论知识，而且能够根据学生需要将学科理论知识加工、转化为学生能够理解的学科教学法知识。[1](P60) 它是一种如何针对学生的不同兴趣与能力，将特定主题进行组织、表征和调整，从而进行教学的知识。TPCK 在 PCK 的基础上加入了技术知识，将技术作为一种独立的因素纳入教师的专业知识，满足信息时代对教师专业知识的要求，有助于理解技术与教师知识之间的关系，为信息技术与学科整合提供了一个新视角。

2005 年 Koehler 和 Mishra 提出 TPCK 作为将技术有效整合到课堂中教师应具备的一种知识框架。[2](P131～152) 后来，由于不易发音和和记忆，2007 年 AACTE 创新与技术委员会将原来的缩写 TPCK 改为便于拼读和记忆的 TPACK 。一是强调教学法知识(P)技术知识(T)与学科内容知识(C)这三种知识都是有效技术整合必不可少的成分；二是强调为了帮助教师利用技术改善学生的学习。这三种知识相互作用形成综合知识包（Total PACKage），更加强调其组成的完整不可分割性。[3](P94) 在本文中交替使用着 TPACK 和 TPCK，因为这个术语的改变，并不是人人都接受的。

2. TPACK 概念内涵的发展与知识框架的确定

早在 Koehler 和 Mishra 提出 TPACK 框架之前，就有学者提出类似的想法。Niess 是在一项关于技术整合如何影响教师在教学中使用技术的项目中使用到这个概念。她使用 TPCK 指代使用技术促进教学的学科教学法知识（Technology－enhanced PCK），认为 TPCK 是利用技术来提升教师 PCK 的一种知识。[4](P509～523) 但是 Niess 并没有将 TPACK 视为一个新的概念，而是将其视为技术知识、教与学知识和学科知识共同发展的结果。这三种知识的整合支持着教师使用技术进行教学。后来，Niess 作了进一步的拓展，她认为学科知识、教与学知识、技术知识三者整合是教师使用技术进行教学的一种手段。

同一时期，Koehler 和 Mishra 开始将 TPACK 作为一个概念框架进行研究。他们通过对教师教育和研究生在线课程的设计研究发现：参与者在学习的经验中对内容、教学法、技术及技术对内容的作用之间的关系有更深的认识。[3](P94) 基于这些研究，Mishra 和 Koehler 将 TPACK 视为是“教师使用技术进行教学的核心”。但与 Niess 不同，他们不是将 TPACK 作为 PCK 的提升，而认为是学科内容知识、教学法知识、技术知识以及他们的复合知识理解的进一步发展的结果。但是，也有学者指出，Koehler 和 Mishra 提出的将 TPACK 作为一个概念框架是有问题的，尤其是在 TPACK 的测量方面。此外，他们还提出使用技术进行教学不是孤立的，而是情境化的。[5](P23) 不同情境中，技术的使用是不同的，不能一概而论。为了能使用技术进行有效教学，教师要灵活地调度各种知识、包括学生知识、对学校的认识，基础设施的使用、对环境的认识等。因此，他们在 TPACK 框架中加入了情境这一因素，成为其中不可缺少的成分。2006 年，Koehler 和 Mishra 提出了著名的 TPACK 框架图，如图 1。

然而，Angel 和 Valanides 对 Koehler 和 Mishra 提出的 TPACK 概念框架有所质疑。他们认为 TPCK 在这个框架中处于整个框架图的核心，既可以被看作是一种独特的知识，也可以看作是三种知识复合而成的。Koehler 和 Mishra 指出 TPACK 的增长意味着学科内容知识、教学法知识、技术知识的增长。但是，Angel 和 Valanides 反对 TPCK 变化论，认为 TPCK 是--种独特的知识，可以自身发展和评估。[6](P292～300) Charles 也从三个方面提出疑问：[7] (1)从“是什么(What)”的角度来看，TPACK 框架存在以下不足：TPACK 是建立在一个不确定的概念——PCK 的基础之上。关于 PCK 本身就没有统一的定义，不同的研究者对它有不同的认识，而 TPACK 是基于 PCK 形成的，同样也难以给予精确定义；

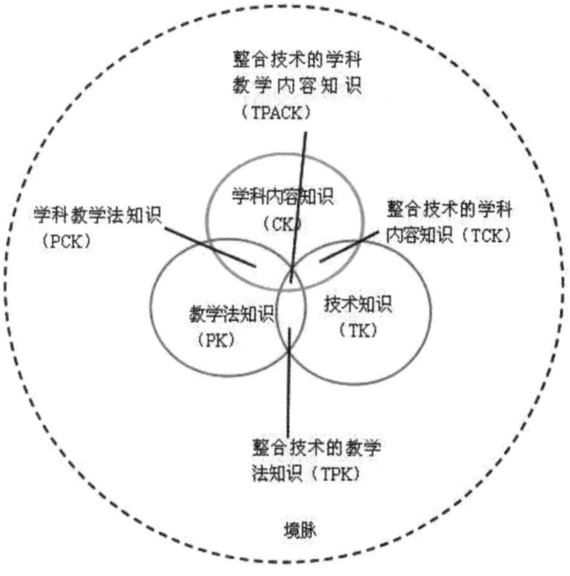

图1 Koehler和Mishra的TPACK框架

TPACK框架中各个元素缺乏精确的定义,不同的研究者针对同一个元素有不同的定义。比如关于技术知识的概念,Koehler和Mishra就先后给出不同的定义。TPACK框架通过三个圆圈以及它们之间的交集简洁地表明了技术、学科内容和教学法之间的关系,却没能体现其内部的复杂性。(2)从“怎么样(How)”的角度来看,存在两方面不足:TPACK框架没有很好地解决各个知识成分之间是叠加还是转化的问题;TPACK框架的各个知识成分之间界限并不清晰。例如TPK、TCK和TPACK之间到底有何差异,有时难以进行区分。(3)从“为什么(Why)”的角度来看,未能充分说明TPACK框架及其各要素存在的价值,仍然有很多人有“为了技术而技术,而非为了教学而技术”的误解。

Cox和Graham同样也对Koehler和Mishra提出的TPACK概念框架存有疑惑。他们强调TPACK和PCK之间的关系,并提出两个观点来解释这个关系。第一,他们认为技术也是PCK中的一部分,但是很多新兴技术并不是透明的和普遍存在的。TPACK或许可以帮助教师更好地理解新兴技术对教育的潜在贡献。他们进一步指出,当一种技术在教育实践中变得透明或普遍存在,那么就成为PCK的一部分,因此他们提出了一个TPACK滑动框架,如图2。第二,基于对PCK两个主要特征的理解,他们强调PCK有两个重要特征:一是特定学科、特定主题专业知识的表征,二是学生对特定主题教学的学习困难和原有的知识基础的理解。基于此,Cox和Graham将TPACK定义为“如何使用新兴技术来整合特定学科或主题内容表征、特定主题活动表征的一种教师的知识”。[8](P60~69)同时,Cox和Graham也指出TPACK的动态特征是技术快速发展的必然结果。Doering从知识和实践的双向关系出发,解释了TPACK的动态特征。这些学者一致认为不同情境会影响教师的知识和实践。因而,他们认为教师在教学中的知识类型也取决于教师的实践知识。从这些观点可以看出,更重要的是将TPACK作为教师使用技术教学的知识基础与教师的教学信念和技术信念相结合。

总而言之,随着时间的发展,学者们提出三种对TPACK概念的不同理解。一是将TPACK视为PCK的扩展,在PCK基础上加入了T(技术)的因素(Niess;Cox& Graham);二是将TPACK作为一种独立的知识(Angeli & Valanides);三是学科内容知识、教学法知识、技术知识和他们的复合知识(学科教学法知识、学科技术知识、技术教学法知识、整合技术学科教学法知识)之间在具体情境中的相互作用(Koehler & Mishra)。Niess认为TPACK发展与PCK发展的相似之处,不同的观点有助于更全面、综合地理解TPACK。[9](P299~317)

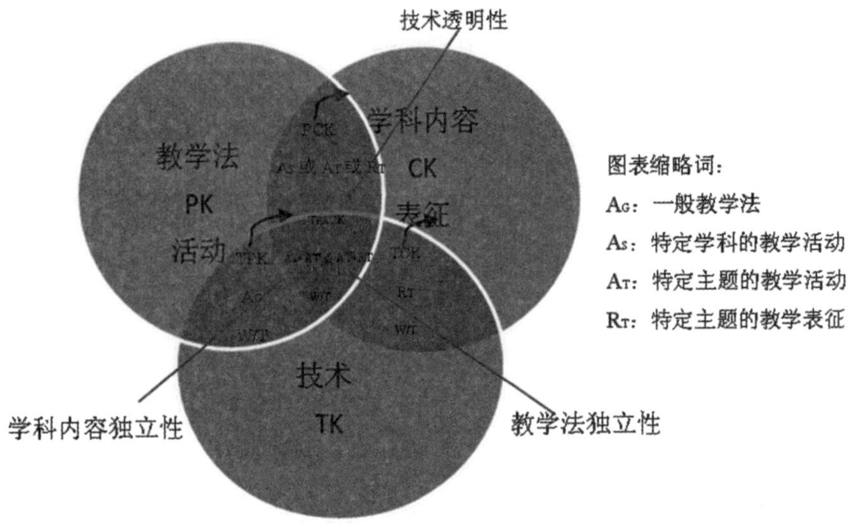

图 2　Cox 的 TPACK 动态框架

二、整合技术学科教学法知识(TPACK)是对教师知识的系统完善与深化

1. 教师技术知识的新解读

技术知识是 TPACK 框架中最为活跃的知识，要明确 TPACK 的概念，应该先弄清技术的概念。早在 1986 年，Shulman 提出的 PCK 的概念中就提到当教师思考如何向学生讲解概念时，可以适当使用技术来表征。然而，Mishra 和 Koehler 则认为由于技术在社会中的浸渍作用及其快速发展的特性，需要增加其作为第三知识领域。在不同文献中，关于技术知识的定义不尽相同。Cox 和 Graham 将技术知识定义为“如何使用新兴技术的知识”。其中，新兴技术指的是在某一具体情境（如教育）中还未透明或无处不在的技术。尽管新兴技术通常指的是数字技术，但在这里并不一定是数字技术。只要是在这个情境中还不是透明的、普及的，不管是数字技术，还是传统技术都是新兴技术。[8](P60～69) 但是，也有学者认为技术知识仅限于数字技术的知识，甚至有时特指信息和通信技术(ICT)。有的学者甚至直接聚焦于某一具体技术，如 Web2.0 和互联网。

有的学者将技术知识视为一种程序性知识，因此，他们认为技术知识指的就是使用技术的操作性技能，有时也包括解决问题的能力。例如，Angeli 和 Valanides 认为技术知识是关于如何操作电脑，如何使用工具和软件并解决问题的知识。Polly 认为技术知识是认识并使用具体硬件和软件的知识。在这些观点中，聚焦于将技术当做一种有用的工具，并指出由于技术的快速发展，技术知识是一种动态的知识。还有学者认为技术知识是在教与学过程中使用数字技术的知识。Anderson 和 Krathwohl 认为，技术知识既是程序性知识，同时也是概念性知识。Hofer 和 Swan 将技术知识视为是在教与学过程中使用技术的一种信息技能。同样的，Bower 等人在 Web2.0 的研究中，认为技术知识是如何将数字技术与教与学的需求相匹配的知识。教师根据不同的教学要求和学习需求使用不同的数字技术，从而达到更好的教学效果。最后，也有学者提出技术知识是概念性知识、程序性知识和元认知知识的综合物。Mishra 和 Koehler 在后来的研究中采用技术流畅性(Fluency of Information Technology ,FITness)来定义技术知识这一概念。技术流畅性要求人们要理解信息技术，尽可能地在工作和生活中使用信息技术，要认识到信息技术对于实现一个目标的利与弊，并且不断适应信息技术的快速变化。[10](P64) Graham 没有直接给技术知识下定义，但是指出了技术这个概念的模糊性，并提出技术并不只是一种工具，更重要的是一种解决问题的过程。总之，对技术知识的理解从“对具体技术的操作和适应、学习新技术的能力”过渡到了“技术整合到教学中所需的信息技术流畅性”,以说明教师需要具备一定的思考和使用技术的方式。[11](P78~79)

2. 教师信念与整合技术学科教学法知识(TPACK)的关系分析

在关于教师的各种研究中,教师知识和教师信念是错综复杂地交织在一起的。因此,教师知识和教师信念经常会被认为是教师与生俱来的知识的一部分。在 TPACK 的发展过程中,也有部分学者聚焦于教师的 TPACK 与教师信念之间的关系。关于教师信念主要从两个方面进行:一是教师的技术信念;一是教师的教学信念。

Abbit 提出教师的技术知识是教师技术信念、技术自我效能的一个稳定的指标。Niess 研究表明一个参加过教育技术培训的教师会不自觉地在其教学过程中使用他在培训中所学到的技术,这是因为他的技术观使然。在后续的研究中,Niess 还发现一个教师就算他不认为自己能够很好地使用技术,但是如果他认为“如果使用技术能够更好地促进学生理解某些概念”,在这样的信心支持下,他也同样会在课堂中使用技术。教师的教学信念促进教师使用技术教学。Manfra 和 Hammond 认为不管是教学准备阶段,还是在教学过程中,教师的决策都是基于教师对内容、技术的教学信念,而不是取决于技术的功能可见性。也就是说,教师会根据某一特定教学的内容,来决定使用什么技术能够更好地解决这些问题,而不是什么技术先进、功能多就用什么技术。Valtonen 等人也发现大部分设计在线课程的教师都会选择设计以教师为中心的课程。他们指出尽管技术很容易支持以学生为中心的学习模式,但是教师们在设计在线课程时还是倾向于传统的以教师为中心的教学模式。同样地,在 Kim 的研究中发现教师没有将他们的信息技术知识与基于问题解决的学习联系起来。他认为尽管教师具有使用技术的知识和技能,但是他们并不会在教师实践中使用技术。

信息技术(数字技术)本质上是变化的、不稳定的,更新速度快,学习使用技术的知识从来就不是一成不变的,常常需要教师不断更新自己的知识,不断地学习。但是在要求教师具备一种新的知识或技能本身就是一件有挑战性的事。除非教师对技术使用的构想与他们已有的教学法信念一致,否则这些技能就不会被使用。[12](P25~39)教师常常不具有足够的经验将技术融入教学。不管是在职前教师训练还是职后进修、培训等教师专业发展过程中,都没有足够的培训来支持教师实现整合技术教学。就算有些教育技术课程或者相关技术培训,也过多强调技术,没有和具体的课程材料、教学情境结合。因此,教师缺乏运用技术进行教学的能力。人们普遍认为教师学会了技术,就会自然而然地将技术整合到自己的教学中,而实际上,学习技术与学习利用技术做什么是不同的。人们对教师应该如何学习技术并最终将其与教学整合这一核心问题,没有形成清晰的认识。尽管有很多研究者从诸多角度提出了提高教师教育技术能力的设想,但鲜有人认识到这种局面从根本上讲是将教育技术能力视为一种普遍应用的一般技能的错误观念造成的。[13](P74~77)

三、特定学科领域中 TPACK 是教师知识研究与发展的突破口

关于 TPACK 在学科领域中的发展,也就是具体某一学科领域中教师 TPACK 的研究并不是很多。其中,Hammond 和 Manfra 开发了一个模型,用来支持社会学教师设计在教学过程中使用技术。在他们看来,教师首先考虑的是他们所要教的特定的内容,然后才考虑技术的使用。他们这个模型是基于社会学教师经常使用的三种教学方法:Giving—Prompting—Making ,也就是传播知识、激励引导学生、学生展示他们所学的知识。Hammond 和 Manfra 同时也指出技术的使用有助于提升这三种教学活动的效果。他们认为 TPACK 在技术与教学整合中是一种通俗用语,但在其他学科领域中并不是如此。这个模型主要是为了澄清 TPACK 中 PCK 和技术的关系。Niess 等人开展了职前数学教师 TPACK 提升的项目。他们提出数学教师的 TPACK 标准和指导。主要表现在以下四方面:设计/开发技术来丰富学习环境;学习过程中使用适当技术促进学生学习的方法/策略;使用技术手段促进评价;使用技术提高教

师的教学效果。[9](P299~317) 然而,尽管 Niess 等人对这些标准进行了详细的描述,却依旧不是很明确。Guerrero 也提出数学教师 TPACK 的四个组成成分:概念和使用,基于技术的数学教学,基于技术的课堂管理和数学内容的深度和广度。尽管这些分类好像还是一般的分类,不能将 TPACK 的特征表现出来。但是,Guerrero 具体举例说明了技术在数学教学中的应用。

Jimonyannis 提出了整合技术的科学教学知识(Technological Pedagogical Science Knowledge, TPASK)框架。在他看来,TPASK 是科学教师必须懂得如何在科学教育中使用信息技术的知识,要求教师整合科学教学法知识、科学技术知识、技术教学法知识。Harris 等人为六年级的文学、数学、语言艺术、社会学和外国语学习等课程设计了能够帮助教师使用技术教学的活动类型。他们为每个学科都提供了独特的活动分类,教师通过这些活动使用不同技术从而来促进教学。Harris 等人认为活动分类有利于提高教师的 TPACK。Khan 采用"创造-评估-修改"的生成性评价方法来组织使用技术进行科学教学。他详细说明了如何将教学法与技术结合在一起,使学生在学习特定的化学主题时,能够更好地搜集信息,形成某一化学关系,评价这种关系并进行修改。

随着 TPACK 研究在国内的兴起,也有学者对具体学科 TPACK 进行研究。彭洪斌研究小学数学教师在万用拼图实验室(MP-Lab)环境下的 TPACK,具体分析了教师对 TPACK 中各种知识的掌握情况及教师 TPACK 各组成部分之间的关系。[14] 钟洪蕊基于 Magnusson 等人的成果对小学科学课教师 TPACK 进行了细化,初步探讨了小学科学课教师的 TPACK 构成及其相互关系。[15] 张育桂分析了数学教师 TPACK 的构成并提出了小学数学教师 TPACK 的发展策略。[16] 戴锡莹、王以宁等人提出整合技术的数学教师教学知识结构模型(TPMK),并具体分析 TPMK 教师应该具有的特征。[17](P71~74)

四、教师 TPACK 的测量方法是最具应用价值的探索部分

如何测量和评价教师的 TPACK 是 TPACK 研究的一个重要领域。不同学者根据不同的研究方式也产生了大量成果。Mishra 等人在考察了 141 种 TPACK 测量工具后,把它们分成五种类型:自我测量、开放式问卷、深度访谈、表现性评价和课堂观察。其中有量化研究,也有质性研究,还有混合型的。量化研究中最有影响力的是荷华州立大学的 Sehmidt 等和密歇根州立大学的 Mishra 等人共同编制的职前教师的教学与技术知识调查问卷。该问卷采用五点量表形式对教师 TPACK 七个知识成分的发展进行了测量和评价,并取得良好的信效度。[18](P123~149)

后来,随着 TPACK 与学科的进一步融合,研究者开始编制某一学科的教师 TPACK 调查问卷。美国田纳西大学诺克斯维尔分校的博士生 Geri A. Landry 采用量化和质性研究混合的方法探究初中教师 TPACK 水平,对 Schmidt 等人的量表进行修改,得到了专门针对数学教师的 M-TPACK 调查问卷,[19] 并进行测试,具有一定的信度和效度。Archambault 和 Barnett 指出 TPACK 框架不能用自我评估量表来测量,因为各种知识之间的界限很模糊,交错在一起。TPACK 的理论概念界定不清导致问卷调查结果变得模糊。

也有一些学者是通过观察或者成果演示来测量 TPACK 的。Angeli 和 Valanides 通过"基于任务的设计"的方法来测量 TPACK。Kramarski 和 Michalsky 采用任务设计及其对任务的理解来测量 TPACK。教师对 TPACK 概念的理解也是反映教师 TPACK 水平的方法之一。Koehler 和 Mishra 在密歇根州立大学进行了一项设计学习(Leaning by design)研究。大学教授和研究生共同开发一门整合技术的在线课程。研究者根据 TPACK 框架中的七个知识成份,对其在课程开发的前期、中期和后期的讨论过程用话语分析的方法进行编码和分析,从而揭示了教师 TPACK 水平的变化。[20](P740~762) Groth 等人基于"对实践进行解释"的教师知识评价方法,提出了一种基于课例研究的 TPACK 评价框架来分析教师的 TPACK 水平,收集了教师的教案、大学教授对教案的评价意见、教师课堂教学的录像和文本实录以及课后讨论的录音和文本实录作为数据来源来对整个教师课例研究小组的 TPACK 水平进行

分析。[21](P392～411)

在国内，也有很多研究者尝试编制与学科相关的 TPACK 问卷。如钟洪蕊在借鉴 Magnusson 和 Niess 成果的基础上，编制了小学科学教师 TPACK 调查问卷；[15]詹艺在借鉴 Sehmidt 等人编制的职前教师的教学与技术知识问卷基础上，结合 Archambanit 和 Cripen 的量表，采用对其进行编译试测、修正调整再试测的方法，最后编制出数学教师 TPACK 测量量表；[22]张育桂将 TPACK 作为核心要素，借鉴 Niess 四要素的观点，参考 Hatice Akkoc 的 TPACK 构成的五成分，重新参考并修订了钟洪蕊小学科学课教师 TPACK 调查问卷，最终形成数学教师 TPACK 调查问卷。[16]

用量表来方式来测量教师的 TPACK，能节省人力、物力、时间等，较为方便快捷，而且结果易于量化。但是，很多时候没有反映出教师实际在教学过程中使用技术优化教学的知识，不是一种“实然”状态，而是教师认为应该怎么做的知识，是一种“应然”状态，不能真实反映教师 TPACK 知识。因此，只是通过量化方式是不够的，还要有质性研究，如深入访谈、课堂观察、案例研究等。

五、教师 TPACK 的发展策略具有专业实践的促进意义

国内外对 TPACK 的研究还处于探讨 TPACK 内涵、TPACK 细化和成分探究，处于较为初步的阶段，缺乏 TPACK 在教师教育和教学实践中的应用研究。

Koehler 和 Mishra 认为教学情境性是教师发展 TPACK 策略的重要起点。Niess 基于 PCK 的概念，根据 Grossman 提出的学科教学知识（PCK）的四个核心要素提出了整合技术的学科教学知识（TPACK）的四个核心要素：（1）技术与学科教学整合目的的统领性观念；（2）学生用技术来理解、思考和学习学科主题的知识；（3）技术与学科教学整合的教学策略和教学表征知识；（4）技术与学科教学整合的课程和课程材料知识。[4](P509～523) Niess 进一步提出教师 TPACK 发展模式，[23](P4～24)它包括 5 个水平：认知、接受、适应、探索和提升。认知是指教师会使用技术，并且认识到技术可以与数学学科教学整合，但是还不能真正把技术整合到数学学科教学之中；接受是指关于在数学学科教学中整合适当的技术，教师形成了一种态度（喜欢或不喜欢的）；适应是指教师从事教学活动，并最终导致他采用或拒绝在数学学科教学中整合适当的技术；探索是指教师主动的在数学学科教学中整合合适的技术；提升是指教师评估在数学教学中整合合适的技术这一决定的结果。Niess 还分别从课程与评价、学习、教学和技术获取 4 个维度分别说明了每个水平的特点，见图 3。在此基础上提出了教师 TPACK 的四个标准：（1）设计和开发数字时代的学习环境和学习经历。教师应该能够通过整合恰当的数字时代工具和资源来设计和开发真实的学习环境和学习经历，从而使得学生的学习机会最大化；（2）教学、学习与数学课程。教师通过运用整合恰当技术的方法和策略来实施课程计划，从而使得学生的数学学习和创新达到最大化；（3）评价与评估。教师通过运用技术来促进多种有效的评价和评估策略；（4）工作效率与专业实践。教师运用技术来提高其工作效率和专业实践。

Bower 指出 TPACK 发展策略必须能够帮助教师利用技术表征内容、了解学习者和促进教学。为了让教师积极参与 TPACK 的发展，Koehler 和 Mishra 提出通过“设计学习技术”来促进教师 TPACK 的发展。所谓设计学习技术是在真实课堂中，让教师以协作小组的形式，基于技术解决问题的协调设计。Polly 等人开展了一项关于“技术为未来教师做准备”的项目研究，提出了发展教师 TPACK 的三个有效策略：（1）专家教师指导有意在教学中使用技术的教师；（2）通过职前教育、教师培训提高教师的 TPACK；（3）教师参与课程资源再设计，团队合作，利用技术改进课程资源。Chai（2010）也指出可以通过教育技术课程提高教师的 TPACK。

随着提高教师 TPACK 研究的发展，学者们开始将学科与教师的 TPACK 结合起来，针对某一学科研究教师的 TPACK，如数学、科学等学科。不少学者提出了发展教师 TPACK 的策略，主要包括积极参与技术促进整合课程的设计和实施以及模仿在技术丰富的环境中开展教学。在教学过程中，教师可

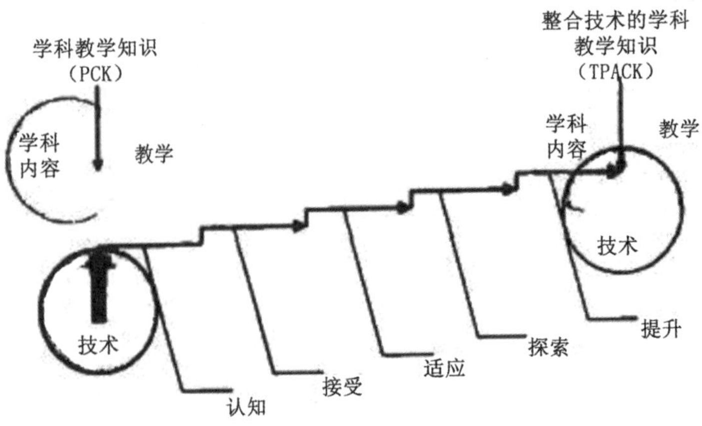

图 3　Niess 的 TPACK 发展模型

以通过技术对课程或单元进行再设计，教学，反思。在这个过程中教师的 TPACK 潜移默化地提高了。

六、TPACK 的研究留给我们很大的探索空间

1. TPACK 的研究结论

从探究 TPACK 的研究中我们可以看出 TPACK 这个概念在实践上是易于理解和交流的。但从理论层面来讲，它又是复杂的，颇有争论的。总的来说，关于 TPACK 主要有三个方面的理解：(1)TPACK 是 PCK 的延伸；(2)TPACK 是一种独特的知识；(3)TPACK 是学科知识、技术知识、教学法知识以及学科教学法知识、学科技术知识、技术教学法知识相互作用形成的一种知识。第一、第二种观点是将 TPACK 作为一种独立的知识领域，而第三种观点则是认为 TPACK 是一种复合知识，强调与学科知识、技术知识、教学法知识以及学科教学法知识、学科技术知识、技术教学法知识之间的关系。所有学者都认同 TPACK 是从 Shulman 提出的 PCK 的基础上发展起来的，但是 PCK 本身就没有一个统一的界定，因此，TPACK 也就没有形成一个统一的认识。但是，从文献中可以看出，PCK 有两个关键的特征：PCK 是教师特有的一种知识类型；PCK 是教师对特定主题学生的学习困难和前概念的理解。在此基础上，TPACK 也应该是一种独立的知识。但是，从所看文献来看，只有少数学者认为 TPACK 是一种独特的知识领域。TPACK 研究的价值是在如何利用技术帮助学生学习特定主题的概念性知识和程序性知识。但是，就目前的研究而言，还是缺乏对特定学科领域 TPACK 的研究。

很多研究表明教师知识与教师信念紧密联系，因此教学信念必将影响教师整合技术进行教学。Webb 和 Cox 提出为了更好地理解教师技术使用的决策，仅仅研究教师的知识是不够的，还应该研究教师的教学推理(pedagogical reasoning)。基于此，研究教师推理对教师使用技术的决策的影响是非常有必要的。

技术知识作为 TPACK 的重要组成成分，我们在理解 TPACK 的涵义时必须先理解技术知识的涵义。然而，从所看文献中，可以看出不同学者对技术知识也存在不同的见解。关于技术知识，更多的争论在于技术知识是一种工具性的知识还是功能性知识。技术存在于社会的方方面面，不仅改变了教与学，同时也改变了课程。功能性技术观念强调的是技术工具和应用的改变。只有这种观念(功能性)才把 TPACK 视为一种独特的知识领域。

关于 TPACK 的理论基础和实践应用的梳理，可能在一些实践者看来只是一次纯粹的学术讨论。然而，这种学术讨论必然也会影响 TPACK 的实际应用，尤其是所提及的如何发展教师的 TPACK。通过文献查阅，我们看到教师 TPACK 的测量方法多种多样，目前更多的是自我评价测量。教师可以通过

自我评价测量表测量出自己的自我效能，这是教师教学行为的重要指标之一。但是，大多数的自我测量量表在操作结构上有明显的不同强度的特定的知识（技术知识、教学法知识），而非一般的知识，因此很难测量具体学科中教师的 TPACK。为了促进教师 TPACK 的发展，除了自我评估之外，主要策略还有合作设计、技术支持课程资源再设计等。

2. TPACK 未来研究趋势

通过对 TPACK 研究相关文献的梳理，对 TPACK 的理论发展脉络和实践应用已有较为清楚的了解，在未来的 TPACK 研究发展过程中以下几个方向值得关注：

第一，TPACK 是教师有效使用技术进行教学的基础，我们需要了解特定学科领域中 TPACK 究竟是什么，要注重在具体学科中 TPACK 的研究。特定学科领域 TPACK 的细化和分析应该会是未来 TPACK 研究的方向之一。首先应该先通过文献研究了解如何使用技术帮助学生理解难以理解的概念和克服学习困难。

第二，教师知识和教师信念密切相关，TPACK 的研究要聚焦于教师知识（TPACK）、教师实践知识和教师信念之间复杂关系的研究。Van Driel 等人提出使用技能知识来研究教师的 PCK。技能知识是教师在教学实践中累积的教学智慧，包括教师在教学实践过程获得的教学法、学生、学科内容、课程的认识和信念，是一种动态的知识。这个概念同样可以作为发展教师 TPACK 的一种策略。

第三，如果要更好地理解具体学科教师的 TPACK，就要评估教师的 TPACK。只有这样才能更好地开发教师的 TPACK。目前，更多的还是使用自我测量问卷来反映教师的 TPACK，但是也有学者认为这种方式并不能真正反映教师 TPACK 水平。而且，就所见文献而言，调查研究中普遍缺乏对调查问卷结构效度的验证。因此，我们还需要一个更有效的评价工具、评价方法来调查教师的 TPACK，这样才能有效体现教师的 TPACK 情况。

随着 2006 年 Koehler 和 Mishra 正式提出 TPACK 框架，TPACK 受到广泛的关注，并成为教师知识、信息技术与课程整合研究的热点。但是我们对它的认识才刚刚开始，很多议题还需要进一步的深入研究。我们相信，TPACK 作为教师使用技术进行有效教学的基础，必然会对教师教育、教师知识、信息技术与课程整合带来全新的视角，为信息时代下教师教学改革提供重要支撑。TPACK 的研究能更好地促进教师、学生的发展，促进教育信息化的发展。

参考文献：

[1] 徐碧美.追求卓越——教师专业发展案例研究[M].北京：人民教育出版社，2003.

[2] Mishra, P., Koehler, M.J.. What Happens When Teachers Design Educational Technology? The Development of Technological Pedagogical Content Knowledge[J].Journal of Educational Computing Research, 2005, (32).

[3] 吴焕庆，丁 杰，余胜泉. 整合技术的学科教学法知识（TPACK）研究的现状和发展趋势[J].远程教育杂志，2012，(6).

[4] Niess, M. L . Preparing Teachers to Teach Science and Mathematics with Technology : Developing a Technology Pedagogical Content Knowledge[J].Teaching and Teacher Education, 2005, 21(5).

[5] 全美教师教育学院协会创新与技术委员会.整合技术的学科教学知识：教育者手册[M].北京：教育科学出版社，2008.

[6] Angeli C. & Valanides N.Preservice Elementary Teachers as Information and Communication Technology Designers: an Instructional Systems Design Model Based on an Expanded View of Pedagogical Content Knowledge[J].Journal of Computer Assisted Learning, 2005, (21).

[7] 袁智强.数学师范生整合技术的学科教学法知识 TPACK 发展研究[D].上海：华东师范大学，2012.

[8] Cox S. & Graham C.R. (2009) Diagramming TPACK in Practice: Using and Elaborated Model of the TPACK Framework to Analyze and Depict Teacher Knowledge[J]. TechTrends, 2009, (53).

[9] Niess M.L. Investigating TPACK: Knowledge Growth in Teaching with Technology[J].Journal of Educational Computing Research, 2011, (44).

[10] Koehler, M.J., Mishra, P.What is Technological Pedagogical Content Knowledge? [J]. Contemporary Issues in Technology and Teacher Education , 2009, 9(1).

[11] 詹艺，任友群.整合技术的学科教学法知识的内涵及其研究现状简述[J].远程教育杂志，2010，(4).

[12] Ertmer,P.A. Teacher Pedagogical Beliefs: The Final Frontier in Our Quest for Technology Integration[J]. Education Technology, Research and Development, 53, (4).

[13] 李美凤,李艺.TPCK:整合技术的教师专业知识新框架[J].黑龙江高教究,2008,(4).

[14] 彭洪斌. 课堂教学中的教师技术学科教学知识(TPACK)研究——以MP—Lab数学课堂为例[D].广州:华南师范大学,2010.

[15] 钟洪蕊.小学科学课教师技术—教学法—内容知识(TPACK)研究[D].广州:华南师范大学,2010.

[16] 张育桂.小学数学整合技术学科教学法知识(TPACK)研究[D].信阳:信阳师范学院,2011.

[17] 戴锡莹,王以宁,张海.整合技术的数学教师教学知识:从理论框架到案例剖析[J].中国电化教育,2012,(12).

[18] Schmidt, D. A.,Baran, E.,Thompson, A. D.,Mishra, P.,Koehle, M.,& Shi,T. S. Technological Pedagogical Content Knowledge (TPACK): The Development and Validation of an Assessment Instrument for Preservice Teachers[J]. Journal of Research on Technology in Education, 2009a ,42 (2).

[19] Landry, G. Creating and Validating an Instrument to Measure Middle School Mathematics Teachers Technological Pedagogical Content Knowledge (TPACK)[D]. Unpublished doctoral dissertation. University of Tennessee, Knoxville,2010.

[20] Koehler,M.J., Mishra,P.Tracing the Development of Teacher Knowledge in a Design Seminar: Integrating Content, Pedagogy, & Technology[J].Computers and Education, 2007,49(3).

[21] Groth, R.,Spickler, D., Bergner, J., & Bardzell, M.. A Qualitative Approach to Assessing Technological Pedagogical Content Knowledge[J]. Contemporary Issues in Technology and Teacher Education, 2009,9(4).

[22] 詹艺.培养师范生整合技术学科教学法知识(TPACK)的研究[D].上海:华东师范大学,2011.

[23] Niess,L., Ronau, R .N, &S hafer ,K.G. . Mathematics Teaccher TPACK Standards and Development Model[J].Contemporary Issues in Technology and Teacher Education .2009,9 (1).

The Current Situation and Development Trend of Technological Pedagogical Content Knowledge (TPACK)

WANG Baiping

(Education College, South China Normal University, Guangzhou Guangdong 510631)

Abstract: Technology pedagogical content knowledge (TPACK) is the knowledge base for teachers to effectively teach with technology. TPACK is a new research field of teacher knowledge. This study is a systematic literature review about TPACK.Findings showed different understandings of TPACK and of technological knowledge. It found that technical knowledge there is not a unified concept, so for the concept of TPACK. Teacher knowledge (TPACK) and beliefs about pedagogy and technology are intertwined. Both determine whether a teacher decides to teach with technology.There are not many TPACK research in subject domains. The methods of teachers' TPACK measurement and assessment is diverse. Active involvement in (re) design and enactment of technology — enhanced lessons was found as a promising strategy for the development of TPACK in teachers. Future studies should focus on the application TPACK in subject domains; focus on teachers' beliefs 、technology belief and the relationship between TPACK ; develop effective measurement tools.

Key words: technological pedagogical content knowledge, pedagogical content knowledge, teacher knowledge, teacher education

《现代基础教育研究》
第 20 卷，2015 年 12 月 (Research of Modern Basic Education) Vol.20，Dec. 2015

论连环推进式的英语课堂观察组本研修

陈沛琳

（上海市徐汇区上海小学，上海 200231）

摘　要： 为了进一步提升教师 PCK，使组本研修更凸显科学化和学科化，上海市徐汇区上海小学英语教研组开展了连环推进式课堂观察组本研修活动。学校以三轮课堂观察为一组，围绕一个观察点，聚焦一项 PCK 知识，开展连环式听评课活动。后一轮观察在前一轮观察之后提出不足和针对性改进建议的基础上开展。每一轮观察都以“课前准备——课堂观察——课后研讨——反思交流”为研修流程，看重的是基于课程标准针对观察结果的数据进行追因分析，在实践、反思中提升教师 PCK。

关键词： 连环推进式；课堂观察；PCK

一、研究背景

教师教育专家李·舒尔曼(Lee Shulman)认为，在专业工作中，行动与理解同等重要，甚至更为重要。“一个专业人员只停留在理解层面是远远不够的……一个专业人员不管他是否已经拥有足够的信息，都要准备好去行动、去执行、去实践”；“专业的教育者……的教学是为了让学生明了认识是为了行动——改变他人的心智和生活，负责任地以及正直地为他人服务。”[1]

舒尔曼在 1986 年就曾提出把教师的知识分为三类：第一类为学科知识，第二类是学科教学知识，第三类为课程知识。其中，学科教学知识(Pedagogical Content Knowledge，简称 PCK)来源于学科知识，但却是从学科知识的维度上来理解的，学科教学知识是指在学科领域中存在大量的专题教学中最有用的表征形式，最强有力的类比、图示、例证、解释与演示。PCK 结构模型如图 1 所示：

图 1　舒尔曼的 PCK 结构模型

在本研究中，我们认为 PCK 是教师通过学科知识和有效教学策略交互作用(Intersection)帮助学

作者简介：陈沛琳，上海市人，上海市徐汇区上海小学高级教师，在读教育硕士，主要从事小学英语教学研究。

生有效学习的知识;这种知识要求教师在完全理解所教内容,了解和掌握学生的文化背景、先前知识和经验的基础之上,运用多种方式进行教学。它是根据教学目标和学生的特点对学科知识进行实践化表征的一种知识,是关于教师"教什么"和"如何教"的知识,所以与之联系最紧密的是学科知识和学科教学方法的知识;同时它必须包含课堂教学目标、目的的知识;而要转化和重构教材,必须对教学内容的序列和主线十分清晰,所以还包括课程的知识。更为重要的是学科教学知识本质上是教师针对学生特点进行设计的,所以还必然包括学生知识。

2012 年,上海市徐汇区上海小学(以下简称"上海小学")教师 PCK 研究项目组明确了学校所研究的教师 PCK 的内容与结构,如表 1 所示:

表 1　教师 PCK 的内容与结构

关于一门学科(特定教学内容)的统领性观念		
关于学生的知识 (对特定内容,学生容易理解或误解的知识)	关于课程的知识 (对特定内容,它的纵向及横向联系的知识)	教学策略知识 (对特定内容,有效的样例、活动、类比、解释等)

PCK 是由一个对于特定教学内容的统领性知识所带动的三项并列的知识构成的,我们称之为"1+3"。为了进一步提升教师 PCK 知识,使组本研修更凸显科学化和学科化,2014 学年起上海小学英语教研组开展了连环推进式课堂观察组本研修活动。

二、研究实施

课堂观察是课堂研究中广为使用的一种研究方法。虽然它只是一种研究方法,但是它有明确的目的性,是观察者观察目的的体现。教研组以课堂观察为手段,开展连环推进式的组本研修。我们以三轮课堂观察为一组,围绕一个观察点,聚焦一项 PCK 知识,开展连环式听评课活动。后一轮观察在前一轮观察提出不足和针对性改进建议的基础上开展。每一轮观察都以"课前准备——课堂观察——课后研讨——反思交流"为研修流程:课前准备——执教者填写预设单、说课,团队成员明确观察分工;课堂观察——团队成员运用量表观课、记录;课后研讨——教研组交流观察结果,分析数据背后的原因,研讨改进意见;反思交流——团队成员交流观察报告,执教者交流反思与心得,团队成员讨论活动前后的认识和提升,最终总结基本对策并附有范例。

连环推进式的组本研修活动重点是,在不断发现问题、解决问题的实践研讨中提升教师对某一观察点的深度认识,看重的是基于课程标准针对观察结果的数据进行追因分析,有针对性地开发和应用课堂观察量表来创新组本研修的形式,提高组本研修的针对性和实效性。

这里以英语教研组"小组合作学习"为观察点的三轮连环推进式课堂观察组本研修为例,进行分析:

1. 第一轮研修活动

2015 年 5 月 4 日,Z 教师作为入职初期教师,上了研究课 3BM3U1 Shapes,观察汇总结果见表 2:

表 2　小组合作有效性观察量表(汇总表)

成员	指标	实际得分
教师	民主意识(10)	10
	合作任务(10)	7.6
	合作调控(10)	7.2

（续表）

成员	指标		实际得分
	评价反馈(20)	展示交流(10)	8.2
		评价总结(10)	9.1
学生	合作意识(10)		9
	分工情况(10)		7.4
	合作过程(20)	交流(10)	8.7
		倾听(10)	9.4
	目标达成(10)		8.2
合计	100		

在之后的研讨环节，教研组依据统计汇总的各项数据进行了研讨，教师们指出了两点不足：一是合作任务及分工不够明确，建议可以设计一份“学习单”，使学生能在明确的任务指示下，了解各自的职责，更有目的、有效地参与小组合作学习；二是调控不足，建议加强巡视、总结共性问题。同时，团队成员对观察量表的针对性和可操作性提出了改进建议，修改后的量表见表3：

表3 小组合作有效性观察量表(修订后)

成员	指标		表现及分值			得分	典型实例记录
教师(50)	民主意识(10)		教学态度谦和，与学生平等对话(10)	教学中使用不平等语言(7)	有明显凌驾于学生之上的动作和语气(3)		
	合作任务(10)		合作学习的任务明确，科学性强(10)	合作学习任务不太科学，任务比较明确(7)	任务不科学，不明确(3)		
	合作调控(10)		合作中教师能关注各小组学习过程，有效调控(10)	合作中教师能关注大部分合作小组，有一定调控(7)	教师未能关注有明显不足的小组(3)		
	评价反馈(20)	展示交流(10)	教师有效组织组间交流，各小组充分展示合作成果(10)	大部分小组能展示合作成果(7)	只有个别小组展示合作成果(3)		
		评价总结(10)	教师能综合组内交流成果及时进行有效的概括总结(10)	对于组内交流成果进行较为有效的概括总结(7)	对于组内交流成果没有及时概括总结(3)		
学生(50)	合作意识(10)		组内学生有合作的目标与行为(10)	大部分学生有合作的目标与行为(7)	较多学生有合作的目标与行为(3)		
	分工情况(10)		职责平均分配给小组的每一个成员(10)	大部分人能承担职责(7)	无分工，个别人完成职责(3)		
	合作过程(20)	交流(10)	组内各成员能积极、主动交流各自的任务(10)	组内大部分成员能积极交流各自的任务(7)	组内来形成任务呈现(3)		
		倾听(10)	组内成员均能认真倾听同伴间的交流(10)	少数成员能认真倾听同伴间的交流(7)	未形成倾听同伴发言的学习习惯(3)		
	目标达成(10)		任务完成好，达成话语预设(10)	基本上完成任务，话语预设部分达成(7)	不能完成任务，未达成话语预设(3)		
合计	100		100	70	30		

反思交流会议上,Z教师向团队成员交流了她参与第一轮课堂观察研讨活动后的反思,笔者选取反思片段如下:

执教的内容为 3BModule3 Things around us Unit 1 Shapes,

教师将这个 unit 分为三个课时,Period1 : Shapes around us, Period2: gifts I make with shapes, Period3: Shapes I share.本次教师上的是本单元的第二课时。本课时教学目标:1.进一步学习和理解本单元的核心词汇并能用形容词和数词描述,比如,“a big rectangle, three small circles, some squares.” 2. 能够使用核心句型“I have…”表达自己有的形状,比如,“I have a big rectangle. I have three/some small stars.”3. 能够使用形状制作不同的物品并能介绍自己的礼物,比如,“I can make a…. It is beautiful.”4. 通过情境渲染,发现和体会身边多样化的形状,并体会和了解朋友之间的友爱与友情,体会交朋友的欢乐。

在这节课中一共出现了三次小组合作,第一次是在 Pre—task 的 Show Time 中出现的,以4人为一组,介绍自己用形状画的东西,再让组内成员进行生生评价。第二次是在 Post—task 中用 Retell 的方式,让组内成员分享自己喜欢的礼物给大家。第三次是在 Post—task 的任务里,以小组为单位,用不同的形状设计出一个礼物送给 Danny,然而也需要学生学会互相合作,一起完成这个礼物。

通过这张观察量表的得分,我发现在教师的民主意识、评价总结和学生的倾听这三个方面有不错的得分。反之,在教师的合作调控、展示交流和学生的分工情况这几个方面比较薄弱。在整堂课中,教师应能关注各小组学习过程,并有效调控,然而在这堂课中教师没有及时关注和反馈各个小组的学习过程,只是匆忙地了解他们的进程,没有给予他们充分的时间去讨论交流,导致有几组学生的完成情况并不理想。对于小组合作的有效性,分工情况也是极为重要的,它对话语预设目标的达成产生很大的影响。在课堂上,有几组学生产生了任务分配不匀的情况,根据建议,教师觉得可以在课前设计一份学习单,清楚地说明完成这个任务需要的一些步骤,让学生能了解自己要做的事情,这样学生才会清楚地理解并合理分配任务,从而提升组内的合作精神。

作为入职初期教师,Z教师已从第一轮连环推进式组本研修中体会到了小组合作学习中关注分工和学习过程的重要性,能结合“小组合作有效性观察量表”的汇总数据,较深入地分析她在英语课堂中组织的三次小组合作的得与失,并能有针对性地反思自己的调控策略;团队成员在观察Z教师的同时,也对观察工具提出了具体的改进建议,第一轮研修活动取得了较好的效果。

2. 第二轮研修活动

2015年5月12日,X教师上了第二节研究课 3BM3U3 Riddles about four seasons,教师们再次进行了以“小组合作学习”为观察点的课堂观察。在第二轮课后研讨环节,大家欣喜地发现运用了“设计学习单”的改进策略后,学生对小组合作的任务和分工更明确了,“合作任务”和“合作分工”这两项数据指标明显上升了。

课后研讨时,教师们也围绕新出现的不足——“展示交流”和“评价总结”环节有欠缺,进行了追因分析。教师们发现小组合作中教师可以让每个小组将学习成果展示在黑板上,而后让学生自己对展示的结果进行比较、优化,教师只需适时地进行评价小结,教学重点自然就突破了。

X教师在反思交流中说通过两轮的研修活动,她体会到要想把小组合作学习这一教学策略用好,借此来提高学习的有效性,首先要考虑:选择的内容是不是基于话语预设的目标,能不能突出重点、突破难点;其次,要保证学生有充分的合作、讨论的时间,合作过程中要善于发现学生的相异思维,而且应尽量给每个小组展示、交流的机会,并恰当运用课堂及时评价,对展示的结果进行比较、优化,从而提高学生学习的积极性和自主性。

3. 第三轮研修活动

2015 年 5 月 27 日，C 教师上了研究课 4BM4U3 The ugly duckling 的第二课时。C 老师利用 Pad 配合教学，一步步引导学生将故事文本改编成对话文本并为动画视频配音。在前两轮研究课的基础上，C 教师关注了分组的科学性和展示、评价环节的设计。她利用现代科技的及时统计功能，将二次分组的依据设计为学生选择自己最喜欢的故事片段和之前课堂练习的正确率。教学活动循序渐进，从了解配音对话的要点，到根据旁白改编对话，再到丰富和创编对话，活动任务逐渐增加难度。整节课上，学生们积极讨论，亲密合作，踊跃发言。点击 Pad 做练习，当场查看正确率；各小组点击评价页面为展示配音成果的小组打星，都体现了课堂中及时评价的价值。

教师们在课后研讨时说，对小组合作活动的合理设计和高科技技术的有效应用将学生的注意力牢牢地吸引住了。即使到了下课的时候，学生们还是依依不舍，围绕着 C 教师想要展示他们的学习成果。在这节课上，学生不仅学会了改编故事文本，畅所欲言，绘声绘色，更学会了一个重要的做人道理——不要以貌取人。

三、研究结果

以促进英语教师 PCK 提升为目的的组本研修主张，教师的教育教学实践场所就是专业素养提高的场所，提倡培训空间与发展教学空间的有效统一。行动研究案例已经证明，组本研修着力于建设一种教师自我教育、自我提高、自我完善的学习文化氛围，激励了教师更强的学习动机，培养了教师专业成长的自觉意识，鼓励教师积极向上。在这一过程中，教师把学习当成专业发展的内在需要，当成教师职业生涯的重要组成部分。上海小学英语教研组设计的课堂观察 4 个环节中的“反思交流”环节正是要给予教师更多的自评与互评的机会，教师可以充分交流对某一教学策略或教学活动设计的所思、所感，在分析和点评的过程中提升专业水平。

为了真实、充分了解每位教师参与连环推进式课堂观察组本研修的感受和收获，进一步了解教师的需求，笔者在研修后期设计了对教师的问卷访谈，希望能够对课堂观察组本研修有更好的把握，在实践过程中进一步完善。

笔者选取组内专家型教师、成熟型教师和入职初期教师代表进行访谈，具体情况见表 4：

表 4　2015 年上海小学英语教研组教师访谈对象具体情况

被访者教师类型	编号	访谈地点	访谈时长
专家型	A	办公室	45 分钟
骨干型	B1	办公室	35 分钟
骨干型	B2	某教室	30 分钟
入职初期	C1	某教室	30 分钟
入职初期	C2	办公室	35 分钟
合计	5 位		165 分钟

说明：如上表所示，此次访谈从英语备课组中选取 5 位教师，分别是一位专家型教师，两位骨干成熟型教师和两位入职初期教师。根据每一位教师的本人情况有不同的访谈时间。

笔者针对访谈提纲中的 4 个问题，将 5 位教师的回答加以综合，得到的结果如下：

1. 教师 PCK 知识在实践、观课过程中提升

在访谈过程中，有两位教师提到，PCK 知识是教师个人的“经验值”的积累，包括总体统领性知识、课程的知识、教学策略知识和学情知识。通过研修过程中对观察量表的设计、课堂中实际的课堂观察、

数据的采集和分析，教师的 PCK 知识在不知不觉中增长着。如 A 教师说道，今后在教学过程中会对言语操练有更多的关注，对两位新手教师来说，PCK 知识的成长很显著。如 C2 教师谈到，虽然她是一名新手教师，但经过多次的观课和实践，现在对英语的言语操练这一教学环节较为成熟了，形成了一个套路，如用新单词套旧句型，既巩固了旧句型，又学习了新单词。还有用新句型套旧单词，在学生熟悉的单词上面学习新句型，降低了学习难度，教师教得放心，学生学得也开心。教师将课堂观察的体会内化为 PCK 知识的提升，很好地体现了“有效课堂”理念。

2. 教师 PCK 知识在研讨、反思过程中提升

在教师研讨改进策略和执教者撰写教学反思的过程中，PCK 知识也在不断增长。如 B1 教师谈到：在观察他人的课堂表现、分析其得失时，能够联系到自己的教学，去粗取精、去伪存真，从而提高教学质量。在撰写反思报告时，也能从数据的背后挖掘出教学活动设计存在的问题。比如自己课堂上往往只注重形式上让学生进行小组合作式的学习，而每位学生是否都参与了任务的完成，过程中有没有什么问题，并没有十分留意；小组合作活动后往往只请一二组任务完成较好的小组进行展示，并没有给每一组交流、展示的机会等，这些方面在今后教学时会多注意，真正做到关注每一位学生的学习。

当问到课堂观察与 PCK 的关系，5 位教师都说两者是密不可分的。C2 教师说课堂观察和 PCK 是一个双向提高的过程，在课堂观察的过程中可以看到自己与成熟型和专家型教师之间的差别，进而提高自己的教学能力。B1 教师说量表的设计就与 PCK 经验有关，倘若不知道教学重点和学生的特点，也不知道学生的学习应该达到怎样的标准，那就不会设计观察量表。课堂观察能力和教师 PCK 的成长是相辅相成的，PCK 越高，进行课堂观察时想到的也就越多，同时收获的也更多。因此，在培训过程中，教师的 PCK 其实在课堂观察的整个过程中不知不觉地增长着。

四、研究成效与展望

1. 促进了教师 PCK 的提升

在连环推进式课堂观察组本研修中，培训的时间、观课的时间、研讨的时间、创造的时间是统一的，研讨的过程就是培训的过程。培训的针对性与观课过程有机统一，教师将自身教育教学实践活动中的问题与成功经验作为研究课题，连环实践、推进，促使教、学、研一体化。教然后知困，学然后知不足，研然后知美，知美而后知创，这种创造的成功又进一步激励教师学、研、教、创四过程循环递进，持续发展。

经过两年的组本研修，组内教师逐渐成为教学方面的能手，在自己的教育教学领域，他们用自己的智慧不断研究教学新法、教育新法，而后再在自己的课堂中加以实践和运用。所以说“连环推进式课堂观察组本研修”促进了英语教师 PCK 的提升。

2. 形成了合作、可持续发展的组本研修文化

在连环推进式课堂观察组本研修过程中，我们感到教师专业发展的过程是教师主体通过合作、交往与对话形成学习共同体的过程。在这个学习共同体中，观察者和被观察者平等对话、交互反省，通过对话和共同的探索活动实现经验共享，在平等和谐的组织氛围里共同建构知识，从而形成一种合作的、可持续发展的研修文化。因此可以说，教师个体或教研组成员参与组本研修的过程也是特定的研修文化的生成的过程。如今组内教师在交流日常教学情况时，往往会自觉地提出学生练习中错误率较高的典型问题，并结合牛津英语教学中的理论进行讨论和分析，在分析单元教学任务达成度的同时也关注学生学习过程、方法、文化背景和英语学科基础素养等方面的培养，从单一关注教学转变为关注目标、教学、评价的一致性。这种教师之间的自觉参与、平等对话、合作交流的过程反过来也能促进教师 PCK 的发展。

3. 进一步研究的方向

本研究是通过对上海小学英语教研组在连环推进式课堂观察组本培训中的行动研究，促进教师专业发展的个案研究，属于质的研究范畴。主要通过课堂观察、行动研究和问卷访谈等方法来研究“如何在组本研修中促进小学英语教师的专业发展”。教师参与组本研修的目的是出于“实用”，即解决大家所遇到的现实问题，而不是通过规范的研究产生新的理论，如此看来，这种知识很可能是个人的、校本的、零散的，而不是公认的、普适的、系统的。就观察的问题而言，强调的是实践的、现场的、具体的问题，而不是理论的、普遍的、抽象的问题。所以本研究在研究方法及理论研究深度上还有进一步加强和深化的空间。在今后的研究中一方面准备进一步体现研究对象的学科特点，另一方面也根据研究对象的需求与建议对观察点的选择作进一步改进。

参考文献：

[1] 蔡宝来.我国教学论研究范式转型的时代境遇与逻辑路向[J].教育研究，2010，(8).

[2] 崔允漷，周文叶.课堂观察：为何与何为[J].上海教育科研，2008，(6).

[3] 崔允漷.课程实施的新取向：基于课程标准的教学[J].教育研究，2009，(1).

[4] 李・舒尔曼. 标志性的专业教学法：给教师教育的建议[J].全球教育展望，2014，(1).

[5] 朱浦.与英语新课程同行丛书：教学理论探究[M].上海：上海教育出版社，2008.

[6] 古林松.校本研训的管理策略[J].现代中小学教育，2010，(7).

[7] Quinlan，O. Praxis：Bridging the Theory and Practice to Teaching [DB/OL]. http://www.oliverquinlan.com/blog/2012/10/23/praxis－bringing－theory－and－practice－to－teaching/.2012－10－23.

[8] Gary D.Borich.教师观察力的培养——通向高效率教学之路[M].么加利，张新立，译.北京：中国工业出版社，2006.

Discussion on the English Classroom Observation Group of the Serial Propulsion

CHEN Peilin

(Shanghai Primary School of Xuhui District，Shanghai 200231)

Abstract：In order to further improve the teacher PCK，make the group more prominent scientific and scientific research，Shanghai Primary School English teaching and research group carried out a series of research activities in the classroom observation group. The school takes three rounds of classroom observation as a group，around an observation point，focus on a PCK knowledge，to carry out a series of listening to the evaluation of the activity. After a round of observation in the first round of observation and improvement suggestions based on the proposed. Each round of observation is to “prepare for the class observation，the classroom observation，the exchange” for the training process，the value is based on the curriculum standards for observation results of the data analysis，in practice，to improve the teacher PCK.

Key words：serial propulsion，classroom observation，PCK

论家庭治疗在学校心理咨询中的适用性

李正云，徐欣颖

（上海师范大学 心理咨询与发展中心，上海 200234）

摘 要： 家庭治疗是一种从家庭视角来审视来访者的心理问题，并经由任何形式的语言、互动等治疗行动而促使家庭有所改变的治疗体系。家庭治疗自 20 世纪 80 年代末、90 年代初传入中国，已在全国各地广泛传播并应用，但在学校中的应用并不多见。文章系统梳理了国内外有关家庭治疗应用性的研究，同时调查了上海 10 所高校的 20 名专职咨询师和 42 名学生辅导员对家庭治疗的需求意向，继而探讨了家庭治疗在学校中应用的需求、可能性和可行性，对家庭治疗应用于学校心理咨询提出建议。

关键词： 家庭治疗；家庭关系；一个人的家庭治疗

一、家庭治疗及其应用进展

家庭治疗是一种从家庭视角来审视来访者的心理问题，并经由任何形式的语言、互动等治疗行动而促使家庭有所改变的治疗体系，其目的在于消除心理疾患，使家庭成员更加分化、更加自由地完成个人及家庭整体发展的阶段性任务。

家庭治疗始于 20 世纪 50 年代，以 Christian Midefort 和 Nathan Ackerman 分别出版的《心理治疗中的家庭》和《家庭生活的心理动力学》为标志。在家庭治疗实践者们的努力下，家庭治疗已成为心理咨询与治疗领域内继精神动力学、认知行为主义、人本主义之后崛起的“第四势力”。家庭治疗已发展出多种模型，基本模型有：心理动力模型、经验模型、代际模型、结构模型、策略模型、米兰系统模型和认知行为模型。随后现代思潮而兴起的新模型有：叙事模型和心理教育模型(Irene，G.，& Herbert，G.，2005)。

家庭治疗于 20 世纪 80 年代末传入我国以来，已在全国各地广泛传播并应用。刘晓敏、曹玉萍、施琪嘉等人(2013)采用多级分层方式抽样，在中国内地 6 个行政区选取从事心理咨询与治疗工作的从业者 1232 名，包括教育、医疗和其他从业系统，以及经济发达、中等发达和欠发达城市。使用《心理咨询与治疗从业人员现状调查问卷》中的“疗法和疗效”部分，调查从业者的常用疗法和首选疗法。结果发现，常用疗法为家庭治疗的从业者，教育系统占 9.6%，医疗系统占 23.5%，其他系统占 15.9%，在 53 种疗法中排列第 4。目前家庭治疗在精神分裂症、抑郁症、神经症、物质滥用、网络成瘾、儿童或青少年情绪行为障碍及心身疾病中均有临床应用(杨建中，赵旭东，康传媛，2002)。

纵观目前国内外有关家庭治疗的理论与实践研究报告，多集中在专业的精神科医疗及社会机构中，而家庭治疗在学校心理咨询中的研究报告却相对较少，并且还主要停留在理论探讨的层面。

基金项目：本文系《家庭治疗在高校心理咨询中的适用性研究》课题资助项目(课题编号 D－154)的研究成果之一。

作者简介：李正云，湖南株洲人，上海师范大学心理咨询与发展中心教授，主要从事儿童发展和心理咨询研究。
徐欣颖，浙江宁波人，上海师范大学心理咨询与发展中心讲师，主要从事心理测评和自我认知与发展研究。

可见，家庭治疗在学校心理咨询工作中的应用没有得到相应的重视。一项对74所高校心理咨询机构的调查显示，开展个体咨询的学校占81%，开展团体咨询的占35%，家庭治疗未进入调查范围（鞠丹，2006）。

二、家庭和家庭关系对学生心理健康的影响

已有研究表明，家庭和家庭关系，特别是母亲抑郁和父母化对儿童青少年和大学生心理健康有重大影响。

大量研究已经证明，母亲抑郁对青少年的精神疾病都是严重的风险因素（Hirshfeld－Becker et al.，2008；Kim－Cohen，Moffitt，Taylor，Pawlby，& Caspi，2005）。抑郁的母亲更可能认为自己是糟糕的家长，对孩子的成长与发展几乎没有掌控力。母亲的抑郁也影响其有效监控孩子、适当给予惩戒和提供温暖与支持的能力（Goodman，2007）。国外的临床研究综述表明，与治疗有关的母亲抑郁的降低和儿童青少年行为问题的改善之间是有关联的（Gunlicks & Weissman，2008）。相反，治疗中若无法降低母亲的抑郁，孩子的行为表现也会很糟糕（Weissman et al.，2006）。

所谓父母化（Parentification），就是父母与孩子的角色倒转，是一种并不成熟的对父母期待与需要的认同，其代价就是童真的缺失。Wells和Jones（2000）对197名大学生的调查研究发现，童年期的父母化和成人期的害羞倾向是关联的，父母化通常会让孩子因为真正的自我未获报偿而感到羞愧。咨询师需要帮助父母化的大学生梳理家庭结构带来的冲击，提升自我价值感。Katz等人（2009）对163名来自完整家庭的女大学生所作的回顾性问卷调查研究发现，与母亲之间的角色倒转能够预测女儿的抑郁状态，并且导致当下过度的保障寻求（Excessive Reassurance－Seeking，ERS），即询问别人是否真正关注自己的倾向。研究结果表明，情绪角色倒转增加了今后人际关系困难的风险，这可能是来源于心灵深处的（如焦虑型依恋），也可能产生于真正的人际压力（如ERS）。研究者认为，在这种情况下，需要帮助来访者以非评判的方式重新评估曾经分裂的家庭层级，对该类型青春期女孩的治疗应鼓励并强调家长的参与，以家庭治疗的方式进行。

在中国文化中，孩子是家庭的核心，家庭特别关注甚至是过度关注子女的成长。Sze、Hou、Lan和Fang（2011）调查了北京一所家庭治疗中心的612例个案，包括其人口统计学数据和所呈现出的问题。研究发现，与西方文化的经验不同，该中心的个案主要都是关于家庭中孩子和青少年的问题。较为典型的是关系问题，主要表现在将与子女的关系凌驾于夫妻关系之上，夫妻关系在三种家庭关系（母子、父子和夫妻关系）中的地位最低，过度关注孩子的问题，研究结果体现出中国文化的特点。研究者同时强调，孩子的学业问题很可能只是表象，不要错过或否认其他重要的问题，比如抑郁和焦虑。

有研究者在家庭治疗的过程中发现，中国家庭的一个显著特点在于强调避免人际冲突，培养人际和谐，这在功能良好的西方家庭中并不显著。Shek（2000）在香港地区所作的一项历时2年的调查研究发现，父亲和母亲的婚姻品质对青少年心理健康状况的预测性是不同的。尽管父亲通常和孩子的距离更远，但来自父亲的影响比来自母亲的影响更会影响到青少年的心理健康。因此，在中国人家庭的家庭治疗中，一定要重视不同家庭成员在家庭中的作用。

三、家庭治疗对青少年学生个案的有效性研究

1. 有关大学生适应障碍的家庭治疗研究

有一例结合大学生适应障碍的个案治疗，尝试展现系统家庭治疗灵活而有效的实务操作，同时对出现精神病性倾向家庭成员的家庭关系进行了探索性的理论讨论（张捷，陈向一，邓云龙，徐赟，2011）。该研究认为，大学生适应障碍不仅是家庭中孩子出现的问题，而且与家庭因素紧密相连，其家庭还恰好处于转换期。在共计6次的家庭治疗中，咨询师通过中立和共情建立与家庭的治疗联盟，帮助家庭成员表达情感。在第2次到第5次的工作阶段，咨询师运用差异性提问、循环提问等技术采集有关家庭的新信息，并基于新的信息修正原来对家庭的假设。然后以证伪的取向保持中立与共情验证假设的正误，在这个过程中

关注关系、互动和系统的资源，这不仅巩固了治疗联盟，同时获得了新的家庭信息。通过 6 次家庭治疗，家庭的交流模式得到改善，父亲、母亲和孩子(大学生)之间的边界进行了重建，家庭氛围也得到了改善。在整个治疗过程中，咨询师常常带领家庭在关注问题的时候不时看看家庭的力量，在感受家庭力量时回望家庭目前的困扰。对家庭资源的关注不仅体现在找到家庭的力量，还体现在提升家庭的控制感、营建轻松的治疗氛围上。

武志伟(2012)用系统式家庭治疗的方法为一位厌学并且家庭关系不良的青少年提供个案服务，最终让个案和父母之间的关系出现了一点融化的迹象。

可见，大学生适应障碍可能源于家庭关系、家庭互动和家庭教养方式等方面，家庭治疗可以改善家庭关系和互动。

2. 有关青少年进食障碍的家庭治疗研究

神经性厌食症(Anorexia Nervosa, AN)是一种常见的身心综合征，是以病人自己有意地严格限制进食、体重下降至明显低于正常标准或严重的营养不良，伴有恐惧发胖或拒绝正常进食为主要特征的一种进食障碍(史靖宇，赵旭东，缪绍疆，2008)。神经性厌食症主要见于 13～20 岁之间的年轻女性，其中，17～20 岁的发病高峰正处于大学阶段(另一个发病高峰是 13～14 岁)。

我国学者梅竹和孟馥(2003)应用结构式家庭治疗理论，采用参与、重新框架、行动促发等技巧，通过按摩问题、维持问题、改变问题等方式对 1 例神经性厌食症患者(18 岁)进行共计 10 次、为期 3 个月的家庭治疗。通过治疗，患者体重上升 6 公斤，抑郁症状得到改善。在 3 个月的治疗过程中，治疗师努力改变家庭关系结构：拉开母女距离，鼓励夫妻多沟通，修正夫妻子系统缺失功能部分，协助家庭发展更清晰的界限，学习以协商来达到所希望的改变，使本来无助的患者学会怎样和父母做正常的交流，学会正视母亲对她的控制，不再需要以绝食抗议。研究者总结到，神经性厌食症的病因之一在于错误的家庭结构，改变家庭结构有助于消除相应的症状。因此，对神经性厌食症患者予以结构式家庭治疗，可增进疗效、改善预后。

陈志青等人(2008)对 12 例门诊神经性厌食症患者采用与患者一起绘制家谱图的形式，以结构式家庭治疗理论对家谱图进行解释与分析，结果表明，家谱图在神经性厌食症的治疗中，对于揭示家庭结构和功能的不良、规划治疗的方向、评价治疗的效果以及激发患者和家庭的内省等方面起到了积极而重要的作用。

可见，家庭治疗现已成为我国精神科医师治疗青少年进食障碍的常用治疗方式，大量个案研究结果对其在高校心理咨询中的应用都具有很高的参考价值。

3. 有关青少年网络成瘾的家庭治疗研究

网络成瘾综合征(IAD，简称网瘾)是指在无成瘾物质的作用下的上网行为冲动失控，表现为过度使用互联网而导致的学业失败、工作绩效变差、人际关系不和谐等一系列的社会、心理功能损害，网瘾已成为严重的公共卫生问题(卢言慧，杨永信，慕江兵，魏秋香和孙振晓，2013)。

卢言慧等(2013)将 120 例网瘾患者随机平均分为试验组和对照组，两组均给予临沂市精神卫生网络成瘾综合征(IAD)戒治中心常规的综合干预，试验组还进行萨提亚家庭治疗，依据萨提亚家庭治疗基本内核：(1)“我自己”，内在和谐、做自己的主人；(2)“我”与“另一个人”，关系和睦；(3)“我”所处的人际系统(家庭或组织)，社会和谐、家庭或组织成员之间和谐、协作、有凝聚力等。治疗结束后，采用网瘾自测量表和家庭亲密度与适应性量表分别对两组研究对象作干预前和干预后 5 个月情况的测查，结果发现，萨提亚家庭治疗模式较常规的综合干预，更能提高网络成瘾患者家庭的亲密度和适应性，有效改善亲子关系，对 IAD 的戒治有积极作用。

刘学兰等人(2011)认为，家庭治疗在网络成瘾干预中的作用主要体现在：(1) 有利于改善家庭环境和家庭功能；(2)有利于完善青少年的人格及社交技能；(3)能够满足青少年的情感需求和沟通需要。

4. 有关抑郁和自杀个体的家庭治疗研究

Harrington 等人(1998)的研究发现，对故意服药但并非抑郁的青少年实行简短的、基于家庭的干预，在降低其自杀念头方面，比常规看护更为有效。该研究的基本原理在于，青少年服药与家庭功能失调紧密关联，那么，改善家庭功能就应该能够减少青少年的自杀倾向，并降低他们在家里所感受到的压力。该干预项目有5个阶段。第一阶段在青少年从过量用药中苏醒过来之后马上开始，在医院或家里都可进行，其余4个阶段在家里进行。第一阶段主要是评估会谈，用以解释干预项目及确定目标；第二阶段是讨论干预项目本身；第三阶段聚焦于沟通；第四阶段是问题解决；最后阶段是一些有关青少年的发展问题及其对家庭的影响。干预过程鼓励全体家庭成员共同参加，但只要青少年当事人和至少一位家长参与就可视为一次干预。

Huey等人(2004)随机分配精神科急诊的年轻患者接受多系统家庭治疗(Multi Systemic Therapy, MST)或住院治疗。在治疗前评估病人的自杀企图、自杀意念、抑郁情绪和父母亲的控制，并在治疗结束后4个月和1年时进行回访研究。结果表明，根据患者1年后回访的报告，多系统家庭治疗比住院治疗在降低自杀企图的比率上更加有效，但在自杀意念、抑郁情绪或无望感方面未见显著差异，这恰恰佐证了家庭在自杀危机干预上的重要作用。

Diamond等人(2013)对有自杀倾向的男、女同性恋和双性恋(Lesbian, Gay, and Bisexual, LGB)青少年采用以依恋为基础的家庭治疗(Attachment－Based Family Therapy, ABFT)，并在对这一群体进行治疗的可行性和有效性上获得了初步的数据。在治疗的第一阶段，该治疗发展小组修改了ABFT以满足LGB自杀倾向青少年的需要：(1)用更多的个别治疗时间处理家长对孩子非主流性倾向的失望、痛苦、愤怒和恐惧；(2)提出接受的意义暗示和处理；(3)让父母更清楚地意识到他们应对孩子性倾向时所表现出的不露声色但仍显强势的否定态度。第二阶段，有10位对象接受了为期12周的特定ABFT治疗。在治疗前、治疗进行到第6周时和第12周时分别评估自杀念头、抑郁症状和与母亲依恋相关的焦虑及回避。第二阶段的治疗结果表明，治疗效果得以保持，自杀想法、抑郁症状和与母亲依恋相关的焦虑及回避都显著降低，这些都是对该群体青少年可有效实行家庭治疗的证据。

可见，抑郁个体的家庭治疗在降低自杀企图、缓解家长焦虑和调整家庭认知等方面都有较好的成效。

四、高校心理健康教育工作对家庭治疗的需求调查

随着时代的变革，经济的发展，现如今的90后大学生，他们的家庭结构与成长环境差别很大。父子的争锋相对、母女的过分纠缠、父母的冲突爆发等问题都极可能影响到大学生的心理健康状况，进而以人际关系、学业压力、网络成瘾、恋爱情感等看似单一的心理困惑表现出来。从上海师范大学心理咨询中心的个案梳理情况看，来访学生中家庭关系及亲子冲突问题不少，再加上学生学业、就业、恋爱、人际关系问题的处理多与家庭关系有关，上海师范大学在此前对咨询师队伍进行系列家庭治疗专业培训的基础上，已经开展和应用家庭治疗于学生个案中。相关个案的治疗进展也支持家庭治疗的必要、可行及有效。

笔者所在课题组向上海10所高校的心理咨询师及辅导员发放自编问卷调查表，分别从咨询师和辅导员的角度调查心理咨询工作和学生思政工作中家庭治疗的适用性以及家校联动的必要性与可行性。接受本次调查的心理咨询师为上海地区的部属重点高校、市属重点高校及本专科院校，共计20人，平均年龄35岁，平均工作年限为7年；接受本次调查的高校思政辅导员共计42人，平均年龄30岁，平均工作年限为5年。

参加问卷调查的20位心理咨询师中，超过半数的被调查者认为有必要请学生家长一起参与咨询，因为家庭的高期望是造成学生心理困扰的重要原因，有11位咨询师详细阐述了家庭对来访大学生主诉问题的影响。他们认为存在人际困扰的来访学生，往往与父母或其他家庭主要成员的关系不佳；在帮助学生走出与家庭有关的困惑的过程中，70%的咨询师希望整个家庭一起介入，40%的被调查者并不赞同“家丑不可外扬”这一传统观念；与此同时，55%的咨询师参加过以家庭治疗为主题的专业培训。可见家庭治疗在高校的运用已有一定的专业基础。

对于高校实施家庭治疗的困难所在，75%的被调查者认为是客观原因导致，比如父母在外地，不太可能来学校；45%认为父母不愿参与会导致家庭治疗在高校无法实施；认为目前尚缺乏家庭治疗的理论知识和实践经验的咨询师分别占

30%和 45%,这一结果提示家庭治疗在高校的运用需要从专业指导、实践操作和家庭实际三方面综合考虑,需要逐步推进。

42 位参与调查的辅导员中,超过四成的被调查者认为,在学生工作中,主动与家长联系非常必要,说明辅导员工作普遍重视家校联系,重视家庭情况对学生大学生活可能造成的影响。在辅导员的工作实践中,45.2%的被调查者发现,对于人际交往方面出现问题的学生,与其家长沟通通常也是一件困难的事。另一方面,超过半数的辅导员认为,在学校人际关系糟糕的学生,其与家长的相处也不融洽;70%以上的被调查者认为,家庭的高期望是造成学生心理困扰的重要原因之一。在帮助学生走出困惑的过程中,他们希望整个家庭一起介入;在与家长沟通的过程中,很容易发现家长与学生之间沟通方式的相似性;对于人际交往方面出现问题的学生,可以邀请家长定期到校参与学生问题的讨论,或是与学校定期电话联系,与学校一起帮助学生走出困境。

从咨询师和辅导员的问卷调查结果可以发现,家庭治疗对高校心理咨询师并不陌生,既有共识又有专业实践探索。而家庭关系也是高校辅导员在了解大学生生活、学习状况时重点参考的内容之一,并且家校联动已经在辅导员工作实践中广泛涉及。

以上调查结果表明,高校心理健康教育工作需要家庭治疗的介入,家庭治疗在高校心理咨询中的适用有基础、有共识、有依据。

五、关于家庭治疗的应用及思考

1. 拓展“一个人的家庭治疗”

家庭治疗通常以家庭为单位,强调以家庭系统和家庭关系为视角,将个案学生的问题置于家庭背景下审视,从而达到家庭系统和功能更健康、个体分化更好以及家庭沟通更清晰的目标。但是家长来校困难重重(主观不愿意或客观上时空不允许),尤其是大学生通常来自全国各地,有时迫于现实困难,即便最适合做家庭治疗的学生,也很可能无法要求其家庭成员一次次到校参与咨询。在由于地理距离等因素导致学生家长无法到校的情况下,可通过电话等远程方式灵活开展家庭治疗。同时家庭治疗的后期发展更是提出了“一个人的家庭治疗”概念,使得家庭治疗的形式更加灵活,尤其对处于青春期的学生而言,客观上远离家庭对他们是非常好的自我分化契机,而这更是给一个人的家庭治疗提供了有力支持。

McGoldrick 和 Carter(2001)详细论述了一个人的家庭治疗由至少 5 部分的重叠过程组成,包括:(1)与来访者的约定,通过在不同家庭系统层面(如父母层面、亲子层面等)询问来访者相同的问题,鼓励其拓展看待自己当下问题或主要关系的视角,由此展开三角关系和自动化反应的过程等系统化概念的讨论;(2)了解家庭系统和个人自身的任务,通过通俗而轻松的提问方式帮助来访者深入了解其家庭关系的基调与历史,包括其所卷入的三角关系等,根据家谱图讨论将来访者置于更为客观的“研究者”的位置来看待自己的家庭,而不是一直被内疚与抱怨淹没;(3)再次介入,鼓励来访者发展与每一位家庭成员之间富有情绪性连接的关系,改变过往反复出现的、功能失调的情绪形式;(4)强调改变,帮助来访者澄清自己在言行上究竟哪些方面是需要改变的,继而帮助来访者在家庭中表现出更符合自身信念的行为;(5)坚持到底,随着咨询的推进,一些来访者会感受到各种领悟或改变的困难。咨询的时间间隔经常会因为来访者需要从学习与计划转向付诸行动而被延长。一个系统式的治疗师几乎不会在与来访者共同决定结束工作之前就终止个案,而是会逐渐延长咨询间隔,用以讨论来访者做出改变后可能面临的困境甚至是危机,也可能一、两年后,来访者因曾经的家庭问题继续求询。

2. 将家庭治疗理念技术融入学生思政工作

从更广阔的视野来看,家庭治疗不仅仅是一种以家庭为单位的治疗体系,其系统论视角以及对单一因果的摒弃和对循环因果的强调也同时为学校的学生工作,尤其是家校互动形成家校合力提供了新的视角和方法。学生思想政治工作可以创造性地运用家庭治疗的理念和方法,以系统视角和循环因果思维对学生和家长的问题和需求进行分析,将其置于家庭、学校和社会的层级系统中,探讨系统中各人的位置、动力、变化和角色功能,从而达成工作共识,形成工作合力。笔者咨询的一个辅导员和家长个案即是如此。

一个周五中午,某大三辅导员赶到咨询中心求助:他所带的大三学生小芳周四买票离校后没有回家,不知去向,家长和辅导员心急不已。该生和父母关系多年以来非常紧张,其父母出于无奈求助于辅导员做工作。学生出于报复父母,也不满意于辅导员替父母说话而出走,辅导员工作陷于被动。咨询师在协助找到学生后,决定邀请学生家长和辅导员来校心理咨询中心,以家庭治疗的系统视角和循环因果观协助辅导员和家长认识到他们在学生、家长和辅导员(包括咨询师)大系统中各自合适的角色和功能。咨询中,咨询师邀请父母各自审视他们不同的功能,领悟其间的差异,调动这一对父母的合力。之后,以团体雕塑的方式,现场呈现当父母困于亲子冲突而求助于辅导员时,辅导员与父母的不当结盟将破坏辅导员与学生的良好联盟。同理,咨询师与父母的不当结盟将破坏他与学生的良好联盟,其结果是导致学生对辅导员和咨询师的拒绝,使学校对学生的支持和帮助系统中断,学生彻底失控和失管,而这是辅导员不愿看到和难以承受的,继而家庭的压力放大,而这也不是家长愿意看到和承受的。通过咨询,辅导员认识到在三方系统中,师生联盟是首要基础,其次才是与家长联盟。家长学习的是父母联手共同应对亲子冲突,对辅导员和咨询师的求助以不破坏师生联盟为前提。

可见,家庭治疗的系统观不仅可以帮助专职咨询师拓展自己的专业技能和服务范畴,而且可以帮助、融入和拓展学生辅导员的家校工作。基于家庭治疗的系统性、多方参与、注重关系等理念,学生思想政治教育可以从中借力。

3. 加强家庭治疗的专题培训

一种治疗体系的推广和应用,队伍是关键。为了推广应用家庭治疗,自 2012 年始,借助上海高校学生心理健康教育区域示范中心这个平台,上海师范大学心理咨询与发展中心联合上海市精神卫生中心每年定期举办为期 5 天的"结构式家庭治疗现场示范课程",主要面向上海市高校心理咨询中心的近 30 名专职咨询师。课后收获及满意度问卷评价表明,学员对培训内容、效果及对工作的指导性等满意度达 99%,具体体现在家庭治疗理论和技术的掌握,以及学生辅导和团训工作能力的提升。连续 4 年的培训和跟进的相关督导,为家庭治疗在上海高校的推广应用培养了骨干队伍。

六、结论

家庭治疗引入学校心理咨询和心理健康教育必要且可行有效;家庭治疗在学校心理咨询中可以以家庭为单位,也可以重点拓展一个人的家庭治疗;家庭治疗的系统观可以帮助、融入和拓展学生辅导员的家校工作;加强专业人员的家庭治疗培训是家庭治疗应用于高校心理咨询工作的关键条件。

参考文献:

[1] Diamond, G. M., Diamond, G. S., Levy, S., Closs, C., Ladipo, T., & Siqueland, L. (2013). Attachment-Based Family Therapy for Suicidal Lesbian, Gay, and Bisexual Adolescents: A Treatment Development Study and Open Trial With Preliminary Findings[J]. Psychology of Sexual Orientation and Gender Diversity, 1(s), 91-100.

[2] Goodman, S. H. (2007). Depression in mothers[J]. Annual Review of Clinical(3), 107-135.

[3] Granic, I., Otten, R., Blokland, K., Solomon, T., Engels, R. C. M. E., & Ferguson, B. (2012). Maternal Depression Mediates the Link Between Therapeutic Alliance and Improvements in Adolescent Externalizing Behavior[J]. Journal of Family Psychology, 6(26), 880-885.

[4] Gunlicks, M. L., & Weissman, M. M. (2008). Change in child psychopathology with improvement in parental depression: A systematic review[J]. Journal of the American Academy of Child & Adolescent Psychiatry, 47(4), 379-389.

[5] Harrington, R., Kerfoot, M., Dyer, E., McNiven, F., Gill, J., & Harrington, V., et al. (1998). Randomized trial of a home-based family intervention for children who have deliberately poisoned themselves[J]. Journal of the American Academy of Child and Adolescent Psychiatry, 37(5), 512-518.

[6] Hirshfeld-Becker, D. R., Petty, C., Micco, J. A., Henin, A., Park, J., & Beilin, A., et al. (2008). Disruptive behavior disorders in offspring of parents with major depression: associations with parental behavior disorders[J]. Journal of affective disorders, 11(2), 176-184.

[7] Huey, S. J., Henggeler, S. W., Rowland, M. D., Halliday-Boykins, C. A., Cunningham, P. B., & Pickrel, S. G. (2004). Multisystemic therapy effects on attempted suicide

by youths presenting psychiatric emergencies[J]. Journal of the American Academy of Child & Adolescent Psychiatry, 43(2), 183—190.

[8] Katz, J., Petracca, M., & Rabinowitz, J. (2009). A Retrospective Study of Daughters' Emotional Role Reversal with Parents, Attachment Anxiety, Excessive Reassurance—Seeking, and Depressive Symptoms[J]. The American Journal of Family Therapy, 37(3), 185—195.

[9] Kim—Cohen, J., Moffitt, T. E., Taylor, A., Pawlby, S. J., & Caspi, A. (2005). Maternal depression and children's antisocial behavior: Nature and nurture effects[J]. Archives of General Psychiatry, 62, 173—181.

[10] McGoldrick, M., & Carter, B. (2001). Advances in coaching—family therapy with one person[J]. Journal of Marital and Family Therapy, 27(3), 281—300.

[11] Nichols, M. P., & Schwartz, R. C. 家庭治疗——理论与方法[M]. 王曦影,胡亦怡,译. 上海:华东理工大学出版社,2005.

[12] Shek, D. T. L. (2000). Parental marital quality and well—being, parent - child relationship quality, and Chinese—adolescent adjustment. the American[J]. Journal of Family Therapy, 2(28), 147—162.

[13] Sze, Y. T., Hou, J., Lan, J., & Fang, X. (2011). Brief Report: Profiling Family Therapy Users of a Therapy Center in Beijing[J]. The American Journal of Family Therapy, 39, 299—306.

[14] Weissman, M. M., Pilowsky, D. J., Wickramaratne, P. J., Talati, A., Wisniewski, S. R., & Fava, M., et al. (2006). Remissions in Maternal Depression and Child Psychopathology[J]. The Journal of the American Medical Association, 295(12), 1389—1398.

[15] Wells, M., & Jones, R. (2000). Childhood Parentification and Shame—Proneness: A Preliminary Study. (28), 19—27.

[16] H. Goldenberg & I · Irene Goldenberg. 家庭治疗概论(第六版)[M].李正云,等译.西安:陕西师范大学出版社,2005.

[17] 陈志青,陆新茹,华芳,杜亚松. 家谱图在神经性厌食症患者治疗中的应用[J]. 上海精神医学, 2008, (3).

[18] 刘学兰,李丽珍,黄雪梅. 家庭治疗在青少年 网络成瘾干预中的应用[J]. 华南师范大学学报(社会科学版),2011,(3).

[19] 卢言慧,杨永信,慕江兵,魏秋香,孙振晓. 萨提亚家庭治疗模式对网络成瘾患者家庭亲密度及适应性的影响[J]. 中华行为医学与脑科学杂志, 2013,(5).

[20] 梅竹,孟馥. 1例神经性厌食患者的结构式家庭治疗[J]. 上海精神医学, 2003.

[21] 钱玲,胡伟. 家庭治疗的理念及应用简述[J]. 时代教育:教育教学刊,2012,(19).

[22] 史靖宇,赵旭东,缪绍疆. 青少年神经性厌食症的家庭治疗[J]. 上海精神医学, 2008,(2).

[23] 武志伟. 系统家庭治疗模式在个别化青少年中的应用——基于一项个案的研究[J]. 社会工作,2012,(5).

[24] 张捷,陈向一,邓云龙,徐赟. 大学生适应障碍的系统家庭治疗个案报告[J]. 中国心理卫生杂志, 2011,(12).

[25] 赵旭东,宣煦. "资源取向"家庭治疗的操作技术[J]. 中国临床心理学杂志, 1999,(2).

[26] 朱新,张晨. 神经性厌食症的心理治疗[J]. 精神医学杂志, 2011,(3).

[27] 鞠丹. 我国高校心理咨询及其发展研究[D].哈尔滨工程大学硕士学位论文,2006.

[28] 刘晓敏,曹玉萍,施琪嘉等. 不同从业系统心理咨询师和心理治疗师的理论取向[J].中国心理卫生杂志,2013,(8).

[29] 杨建中,赵旭东,康传媛.家庭治疗在精神障碍治疗中的应用[J].国外医学(精神病学分册), 2002,(2).

The Feasibility of Family Therapy in College Counseling

LI Zhengyun, XU Xinying

(Counseling and Student Development Center, Shanghai Normal University,Shanghai 200234)

Abstract: Family therapy is a therapy system which is based on family view to treat the clients' mental issues and push the family to change via some patterns of speaking and therapy action. Family therapy was spread to China at the end of 1980s and is very popular all over the country. However, family therapy is not common in college counseling. This paper goes through the research status at home and abroad about the application of family therapy. This study also investigates 20 counselors and 42 students' instructs from 10 universities in Shanghai for their intention of family therapy in college counseling. At the last part of this study, requirement probability and feasibility of application of family therapy in college counseling were discussed and the advice on the specific application of family therapy in college counseling is brought up.

Key words: family therapy, family relationship, one person family therapy

《现代基础教育研究》
第 20 卷，2015 年 12 月 (Research of Modern Basic Education) Vol.20，Dec. 2015

小学学困生情绪表达的调查研究

秦　妍

（华南师范大学 教育科学学院 ，广东 广州 510000）

摘　要： 基于调查分析小学学困生情绪表达的特点，文章针对具体情况提出合理化建议，进而推进小学教育的发展。采用《Berkeley 情绪表达问卷》BEQ 与《情绪调节量表》(Emotion Regulation Seale，ERs）进行问卷调查，对山西省晋中市榆次区 6 所小学 200 名被试（包括 100 名学困生、100 名非学困生）发放问卷，对回收的有效问卷进行 SPSS17.0 数据统计分析，并在此基础上提出针对性的建议。

关键词： 小学学困生；情绪表达；情绪调节

一、问题的提出

随着时代的发展，教育的进步，素质教育的观念深入人心，小学时代作为学生学业品行塑造的关键时期也越来越受到人们的重视。在小学生中存在"学困生"这样一个特殊的群体，他们由于各种原因导致学业成绩不佳而容易被教师和同伴忽视。因此，在新课改的背景下，我们更应该尊重学困生的人格和个性，主动地了解其社会性方面的特点。

1. 学习困难的界定与国内外研究现状

学习困难（Learning Disability）一词有多种相近的表达，比如"学习迟钝"、"学习不良"、"学习失能"、"学习障碍"、"轻微脑功能失调"等。目前国内外关于这一概念尚缺乏一个统一的界定。在国际上，对学习不良最早的正式界定出自 Kirk 于 1962 年出版的教科书《特殊儿童的教育》，[1]之后对它的界定有着从医学向教育、心理学转变的轨迹。同时不同专业背景的学者从不同角度作出界定，虽然还没有统一定义，但现如今有两个定义已被人们普遍接受：一个是由美国教育办公室 1977 年推荐的定义：[2]学习不良是在理解、使用口头或书面语言方面的一种或多种过程障碍，体现为听、说、读、写、思考、数学计算等方面的一种能力缺陷。另一个是由美国学习困难全国联邦委员会修订的定义。[2]以上是被人们普遍接受的国内外关于学习困难的理论定义，而在现实中，人们多采用"智力——成就差异"或是以学习成绩的优劣作为学习困难的诊断依据。本文采用刘涛（2011）[2]在其硕士论文中对学困生的选取标准：学习困难学生是学习成绩排名全班下第一个百分位以内（10％）；班主任对其学习能力综合评价为"差生"；没有明显的生理或精神疾病。

国内外关于学困生的研究大致可以分为三类：学困生的特征、学困生的分类和成因、学困生的转化策略。关于学习困难儿童主要特征的研究大体涉及以下方面：程灶火等学者从神经生理学角度来进行

作者简介：秦　妍，山西忻州人，华南师范大学教育科学学院硕士研究生，主要从事特殊教育研究。

研究;周永垒、韩玉昌、张侃以及徐勇等学者从认知发展角度来进行研究;陆筠从社会性发展角度来进行研究;同时还有从学习技能角度、环境适应状况等角度进行的研究。在心理方面,“学困生”有如下的心理特征:恐惧心理、自卑心理、应付心理、逆反心理、矛盾心理和厌学心理。在关于学困生的类型、成因及转化策略方面,蔡守生[3]把“学困生”分为:暂时困难的“学困生”、能力不足的“学困生”、动力不足的“学困生”和整体性困难的“学困生”。这个分类是受到普遍认同的,学困生由于界定的模糊与复杂性,所以对于一个学生的评定也不是一成不变的,是有相对参照的。在成因方面,我们一般从内外因两个方面来进行研究,张元粉(2011)[4]经过情境分析和类属分析,认为导致学习困难的因素大致有 4 种:学生本人因素(单科学习困难大致有 5 方面的因素:缺乏学习兴趣、学习方法不到位、自认为天赋不足、对任课教师存在个人偏好以及懒惰、缺乏坚持性导致基础差。整体学习困难则有 6 方面的因素:学习动机不足、学习习惯不良、家庭教育环境不良、无目标且学习态度不端正、学校社会负面氛围的影响、青春期心理发展受阻等)、家庭教育环境因素、学校因素(包括学校的教学理念、教师教学观念、学习氛围等)、社会因素(包括社会对教育的重视程度、学生所接触到的主流文化、社会风气等)。因此,相对应内外形成原因来提出相应的转化策略也必须遵从这两个维度进行,要使教师、家长、社会以及学困生个人形成合力,共同实现学困生的转化。

2. 情绪表达的界定与国内外研究现状

关于情绪表达的概念虽没有一个统一的说法,但随着研究的深入,基本理念已趋于一致。Gross 和 John(1995,1997)[5](P93)将情绪表达定义为:和情绪体验相联系的典型的行为变化(包括面部的、言语的、体态的),比如微笑、大笑、皱眉、跑到屋外大叫或哭泣。王振宏等人(2007)[5](P93)认为情绪表达是指与情绪体验相联系的个体行为的变化,如情绪反应发生时的微笑、大笑、哭泣、皱眉、发泄等。作为社会性的一个方面,情绪表达和调节的方式总是因人而异的,但无论具体形式怎样,情绪表达都包括正性情绪的表达与负性情绪的表达以及正负情绪表达的强度。

本文采用刘涛(2011)[2]在其硕士论文中对情绪表达的界定:情绪表达是个体内在情绪体验的外在行为表现。本研究将情绪表达分为三个维度:积极情绪表达、消极情绪表达和情绪表达强度。

一般认为情绪表达包含在情绪智力里,目前国际上有三种比较重要的情绪智力理论,属于心理能力模型的 Salovey 和 Mayer 的理论、属于综合模型的 Goleman 的理论和 Bar－on 的理论。他们分别提出属于自己的情绪智力模型,并认为情绪智力是影响人应付环境与压力的一系列情绪的、人格的和人际能力的总和,它是决定一个人在生活中能否取得成功的重要因素,直接影响人的整个心理健康。国内外关于情绪表达的研究主要涉及以下几个方面:Gnepp 等学者从性别的角度进行研究;郭小艳等学者从年龄的角度进行研究;邓锡平等学者从家庭影响的角度进行研究等。今后关于情绪表达的研究,将更多地集中在情绪正性的表达和正负性表达强度方面,同时对情绪调节策略适用性和创新性的研究也会越来越受到重视。

本研究旨在调查小学学困生情绪表达的现状,并通过对调查结果的分析提出相应的建议,以促进其心理的健康成长。本研究既有利于丰富小学学困生情绪表达研究的理论建构,又有利于学校教育工作者和家长对学困生情绪表达特点的了解,能够为有效开展对学生的情绪调控提供干预措施,帮助他们获得健康的心理,甚至改善他们的学习状态。

二、研究方法

1. 研究对象

本次调查对象为山西省晋中市榆次区 6 所小学的中高段学生,共发放问卷 200 份,去除 2 份无效问

卷,收回有效问卷198份,有效率为99%。被试结构见下表:

表1　研究对象的组成

分类维度	分类结果	人数	百分比(%)
类型	非学困生	98	49.49
	学困生	100	50.50
性别	男生	104	52.53
	女生	96	48.48
年级	四年级	51	25.76
	五年级	78	39.39
	六年级	71	35.86

2. 研究工具

本研究主要采用问卷法,研究工具为《Berkeley情绪表达量表》,量表由16个项目组成,包括积极情绪表达、消极情绪表达以及情绪表达强度三个维度,其中测量小学学困生积极情绪表达的有5项,测量消极情绪表达的有5项,测量情绪表达强度的有6项。本量表采用三点计分,分数越高表示被测情绪表达越充分。情绪调节量表是王力等人在2006编制的,共14个项目,包括表达抑制和重新评价两个维度,其中测量表达抑制的有7项,测量重新评价的有7项。量表采用三点计分的方式来测定其情绪调节方式的选择问题。由于这两个量表对情绪表达测定的效度和信度较高,具有较好的内部一致性和稳定性,因此在国内外广为采用。

3. 施策过程与数据处理

本研究采用《Berkeley情绪表达问卷》与《情绪调节量表》,在山西省晋中市榆次区6所小学随机抽取四年级、五年级、六年级共200名学生,其中学困生100名、非学困生100名。采取匿名的方式进行集体测试,要求被试如实填写问卷,并当场收回。对回收的有效问卷采用SPSS17.0统计软件包进行数据处理与分析,分析方法主要有t检验、方差分析。

三、研究结果与分析

1. 小学学困生情绪表达的状况

(1)学困生与非学困生情绪表达的比较

表2　学困生与非学困生情绪表达的差异(M±SD)

	非学困生(N=98)	学困生(N=100)	t	p
积极	1.9367±0.34653	1.9820±0.36746	−0.891	0.919
消极	2.0653±0.40080	1.9760±0.37420	1.621	0.447
强度	1.6871±0.37327	1.6050±0.36519	1.564	0.732

(注:* 表示$p<0.05$,* * 表示$p<0.01$,* * * 表示$p<0.001$。下同)

从表2中可以看出,在积极情绪表达方面:学困生的得分略高于非学困生,$p=0.919(>0.05)$,所以差异并不显著;在消极情绪表达方面:非学困生的得分高于学困生,$p=0.447(>0.05)$,所以差异并不显著;在情绪表达强度方面:非学困生的得分高于学困生,$p=0.732(>0.05)$,所以差异并不显著。

虽然两类学生在情绪表达的三个维度方面不存在显著的差异,但从各维度的得分与平均数的比较上可以看出：在积极情绪表达方面，两类学生的表达都不充分；在消极情绪表达方面，非学困生的表达比学困生更为充分；在情绪表达的强度方面，两类学生的表达均不充分且比较明显。

(2)不同性别的学困生情绪表达的比较

表 3 不同性别学困生情绪表达的差异(M±SD)

	女生(N=55)	男生(N=45)	t	p
积极	1.8945±0.34823	2.0889±0.36570	−2.714	0.622
消极	2.0145±0.36282	1.9289±0.38649	1.141	0.511
强度	1.6424±0.41003	1.5593±0.29974	1.135	0.14

从表 3 中可以看出，在积极情绪表达方面：男学困生的得分高于女学困生，$p=0.622(>0.05)$，所以差异并不显著；在消极情绪表达方面：女学困生的得分高于男困生，$p=0.511(>0.05)$，所以差异并不显著；在情绪表达强度方面：女学困生得分高于男学困生，$p=0.14(>0.05)$，所以差异并不显著。

虽然男女学困生在情绪表达的三个维度方面不存在显著的差异，但从各维度的得分与平均数的比较上可以看出：在积极情绪表达方面，男学困生比女学困生的表达更为充分；在消极情绪表达方面，女学困生比男学困生的表达更为充分；在情绪表达强度方面，男女学困生表达均不充分且比较明显。

(3)不同年级的学困生情绪表达的比较

表 4 不同年级学困生情绪表达的差异(M±SD)

	四年级(N=28)	五年级(N=45)	六年级(N=35)	f	p
积极	1.8714±0.3326	2.0865±0.36981	1.9600±0.37196	2.937	0.058
消极	1.9714±0.3799	1.9676±0.36671	1.9886±0.38878	0.031	0.970
强度	1.5774±0.3468	1.6216±0.38819	1.6091±0.36368	0.119	0.888

从表 4 中可以看出，在积极情绪表达方面：五年级学困生得分高于四、六年级学困生，$p=0.058(>0.05)$，所以差异并不显著；在消极情绪表达方面：六年级学困生得分高于四、五年级学困生，$p=0.970(>0.05)$，所以差异并不显著；在情绪表达强度方面，五年级学困生得分高于四、六年级学困生，$p=0.888(>0.05)$，所以差异并不显著。

虽然不同年级学困生在情绪表达的三个维度方面不存在显著的差异，但从各维度的得分与平均数的比较上可以看出：在积极情绪表达方面，五年级学困生比四、六年级学困生的表达更为充分；在消极情绪表达方面和情绪表达强度方面，三个年级学困生的表达均不充分，同时不同年级学困生在表达强度方面的不充分性比较明显。

2. 小学学困生情绪调节的状况

(1)学困生与非学困生情绪调节的比较

表 5 学困生与非学困生情绪调节的差异(M±SD)

	非学困生(N=98)	学困生(N=100)	t	p
表达抑制	1.8827±0.43290	1.8833±0.35730	−0.12	0.053
重新评价	2.2712±0.41409	2.1805±0.38555	1.532	0.236

从表 5 来看，在表达抑制方面：学困生得分略高于非学困生，$p=0.053(>0.05)$，因此差异并不显著；在重新评价方面，非学困生得分高于学困生，$p=0.236(>0.05)$，所以并不存在显著差异。

虽然两类学生在情绪调节的两个维度方面不存在显著的差异，但从各维度的得分与平均数的比较上可以看出:小学生都倾向于运用重新评价的方式调节自己的情绪。

(2)不同性别的学困生情绪调节的比较

表6　不同性别学困生情绪调节的差异(M±SD)

	女生(N=55)	男生(N=45)	t	p
表达抑制	1.9121±0.37660	1.8418±0.33300	0.890	0.533
重新评价	2.1485±0.40784	2.2296±0.35585	−1.048	0.435

从表6可以看出,在表达抑制方面:女学困生得分略高于男学困生,$p=0.533(>0.05)$,所以并不存在显著差异;在重新评价方面:男学困生得分高于女学困生,$p=0.435(>0.05)$,所以并不存在显著差异。

虽然男女学困生在情绪调节的两个维度方面不存在显著的差异,但从各维度的得分与平均数的比较上可以看出:男女学困生都更倾向于运用重新评价的方式来调节自己的情绪。

(3)不同年级的学困生情绪调节的比较

表7　不同年级学困生情绪调节的差异(M±SD)

	四年级(N=28)	五年级(N=37)	六年级(N=35)	f	p
表达抑制	1.8571±0.38414	1.9324±0.33208	1.8524±0.36553	0.551	0.578
重新评价	2.1607±0.36425	2.2342±0.36738	2.1524±0.42467	0.477	0.622

从表7可以看出,在表达抑制方面:五年级学困生得分高于四、六年级学困生,$p=0.578(>0.05)$,因此不存在显著差异;在重新评价方面:五年级学困生得分高于四、六年级学困生,$p=0.622(>0.05)$,因此不存在显著差异。

虽然不同年级学困生在情绪调节的两个维度方面不存在显著的差异,但从各维度的得分与平均数的比较上可以看出:不同年级学困生更倾向于使用重新评价的方式来调节自己的情绪。

四、讨论

1. 小学学困生情绪表达特点

(1)小学学困生情绪表达的总体特征

本次调查从积极情绪表达、消极情绪表达和情绪表达强度三个维度进行,结果发现小学学困生与非学困生在情绪表达的三个维度上都不存在显著差异,这与国内外关于小学生情绪特点的研究结论大致相同;小学生情绪表达总体上不够充分,尤其表现在情绪表达强度方面;非学困生在消极情绪表达方面比学困生更为充分。

①小学生情绪表达不充分的原因

从社会文化方面来看:一个国家的社会文化直接影响到本国学生社会性方面发展的特点。东西方不同文化教育下的小学生对情绪的表达就存在显著的差异性,受东方文化熏陶的小学生更多地倾向于含蓄地表达自己的情绪,从而符合社会对其的期望和要求,这就造成了目前我国小学生情绪表达不充分、情绪表达强度明显偏低的现象。

从学校和家庭方面来看:长久以来,应试教育的主导地位使得学校、教师和家长更多地把注意力集中在如何提高学生学习成绩的问题上,更加侧重于科学文化知识和学习方法技能的传授,而学生社会性方面的发展没有得到足够的重视,没有开设正规的课程来引导和教育小学生应该如何正确地表达和调节自己的情绪，因此教育的缺失也就成为小学生情绪表达不充分的原因之一。

从小学生年龄阶段的特点来看：小学阶段正处于个体从一个懵懂无知的幼儿向一个开始探索生活规则的少年进行转变的特殊阶段，他们开始接触社会，认识到不同身份的个体，同时由于生活学习中的各种经历也初尝人间百味。处在这样一个成长发展的初级阶段，小学生不仅缺乏一定的科学知识，更缺乏一定的社会性方面的知识，所以他们不懂得如何正确合理地表达自己的情绪，往往就会造成情绪表达不充分等问题。

②小学学困生消极情绪表达不充分的原因

从学校角度来看，一些学校管理者以及教师只凭学习成绩一个尺度来评判学生，并对学习成绩好的学生给予更多的关注、期望和包容。而学困生由于学习成绩不理想，往往受到教师的忽略，甚至是不公正待遇，学困生也开始面临同伴关系不良等问题。正如孙俊才等(2007)[6](P1052～1056)的研究发现：同伴关系不良的学生在情绪表达的认知上存在一定程度的发展滞后，特别是在一些容易对社会人际关系带来损害的情绪上，比如愤怒和厌恶情绪。

从家庭角度来看，父母的教养方式对学困生情绪表达的影响也是比较大的，例如有些学困生的家长往往倾向于采用专制型的教养方式，对孩子的成绩不能够有一个正确的认识，不善于与孩子进行交流，全面地了解孩子，而是一味地打骂或高强度压迫学习，不仅不能帮助学困生走出学习的困境，也使得其社会性方面的发展也受到挫折。

从学困生自身角度来看，他们由于学习成绩不佳承受着较大的心理压力，为了使自己远离烦恼、回避麻烦，小心保持自己的自尊、维护自己的一点形象，因此会采取自我保护的策略，有意地掩饰自己的消极情绪的表达。

(2)不同性别学困生情绪表达的特征

本次调差结果显示，不同性别的学困生在情绪表达的三个维度上均不存在显著的差异；男学困生在积极情绪表达方面比女学困生更加充分，而女学困生在消极情绪表达方面比男学困生更充分，这与李丽菊和施灿权(2014)[7](P111～112)的研究结论是一致的。

究其原因可能是因为：男生自古就被赋予一种阳刚、坚强的性格特点，因此更多地时候要求男生积极乐观，而女生更多地被赋予柔美和脆弱的性格特点，对于女生来说遇到不如意选择哭泣发泄都是正常的表现，而且往往伴有激烈的表达强度。这种传统的观念通过家庭、学校和社会的教育不断地影响着小学生的情绪表达特点，这也体现出了小学生在情绪表达方面具有很强的社会性。

(3)不同年级学困生情绪表达差异不显著

本次调查结果显示，不同年级的学困生在情绪表达的三个维度上均不存在显著差异，这与国内外的研究结果基本一致；五年级学生在积极情绪表达方面比四、六年级学困生更为充分。

究其原因可能是因为：随着年级的升高，小学生情绪表达越来越具有社会性，五年级学生已经进入了小学的高段时期，社会、教师和家长都向他们提出了新的要求，要求他们更加符合社会的期望和要求，做好低年级学生的好榜样。而此时的高段小学生也开始接近了少年期，身心的发展趋向自觉，趋向独立，因此五年级小学生倾向于更多地表达自己积极的情感体验。而成长到六年级的小学生在积极情绪表达方面的充分性水平又开始下滑，一方面是因为他们面对更多升学方面的学业压力；另一方面是因为学校、家庭在这方面的教育没有及时地抓住小学生发展的关键期，没有顺应小学生发展的趋势。

2. 小学学困生情绪调节特点

根据调查结果我们可以看出，小学学困生情绪调节的状况与非学困生不存在显著差异，同时小学学困生情绪调节在性别、年级上不存在显著差异；在情绪调节的两种方式上，小学生都倾向于选择重新评价的方式进行，这与于刘涛(2011)[2]的研究结论大致相同。

究其原因:四到六年级的小学生比起其他年级的小学生来说,知识更加丰富,对学校、教师和同伴更加熟悉,他们认为自己的知识和能力得到了提高并具有无限天赋和潜能,因此对未来的自己充满各种想象和期待。往往认为自己是独一无二的,能够看到自己的闪光点,比较积极乐观。所以在情绪调节方式的选择上倾向于采用重新评价的方式。

五、结论及建议

本研究结论为:小学学困生情绪表达的状况与非学困生相当;小学学困生情绪表达总体上不够充分,尤其表现在情绪表达强度方面;性别和年级对小学学困生情绪表达的充分性都有一定的影响。

研究对未来相关发展在学校、家庭、个人三个方面有如下建议:

1. 学校层面:改变教学观念,注重因材施教,开展丰富的校园活动

首先,教育作为培养未来社会人才的重要手段越来越受到人们的重视,随着素质教育的发展,我国的教育事业也日趋合理与完善。但我国学校的教育仍然存在极强的应试性,学习成绩的重要性被无限夸大,成为了评判学生的主要尺度,而学生社会性方面的发展却受到了忽视。在这种影响下,学习成绩不良的学生更是面临自尊自信等方面的问题,甚至影响到了他们健康成长。这就要求学校管理者与教师首先要改变教学观念,不仅要重视学生学习成绩和升学率,也要注重学生健康的心理成长;不仅要重视学生智力方面的发展,也要培养学生发展的全面性。

其次,由于学生情绪表达和调节水平与自身个性与气质相关,因此要求教师必须要充分地了解每一位学生,因材施教,引导不同气质性格的学生正确地表达和调节自己的情绪。黄寒英(2010)[8](P40~42)研究发现小学生情绪调节的主要类型有:寻求社会支持策略、自我安慰策略、回避策略、发泄策略、替代策略、问题解决策略、认知重建策略。因此学校要开展相关课程,教师要教授并训练小学学困生掌握多种情绪调节的方式,并知道其合理的运用,不因情绪调节策略过于单一而陷入困境。

第三,学校要多开展一些课内外活动,使每一位学生在参与活动的过程中发现自己的长处与不足,特别是对于学困生,这有助于增强他们的自尊自信,使他们不至于出于自我保护的因素而压抑自己情绪的表达,不至于因看不到自己的闪光点而放弃重新评价的情绪调节方式。

2. 家庭层面:树立健康的榜样效应,营造和谐的亲子关系

家庭是孩子出生后第一个重要的环境,而父母是孩子最初接触到的社会人,根据班杜拉的观察学习理论,我们认识到亲子之间的互动对其子女的情绪表达和调节具有重要的影响作用。因此要求父母要在日常生活中树立一个良好的情绪表达和调节的榜样,比如要注意自己情绪表达的强度,使其处于一个适宜的程度。

营造一种和谐的亲子关系,对孩子的情绪反应较有益处,可经常与他们进行交流,理解他们行为表现的内在原因,使其感受到情感的温暖。同时,通过亲子间的情绪谈话,父母要表达对某一情绪事件的评价,帮助子女运用恰当的情绪表达规则和情绪调节策略,教会他们如何有效地处理日常情绪事件,提高小学生对不同情绪的理解力,促进他们情绪调节能力的发展。

3. 学困生层面:积极参加各种课内外活动,善于发现自身长处,增强自信

小学学困生应积极地多参加各种课内外的活动,发掘自己的潜能和长处,不只把眼光局限于学习成绩一项,以此来培养自己的高自尊、高自信,多采用重新评价的方式来调节自己的情绪而不是一味地压抑自己的情绪。与此同时,学困生应学会换位思考,多从他人的角度出发来正确合理地表达自己的情绪,这样就会获得比较高的他人评价,会促进个体社会能力的更快发展,从而形成良性循环。

参考文献：

[1] [美]柯克.特殊儿童的心理教育[M].汤盛领，译.天津：天津教育出版社，1989.

[2] 刘涛.初中学困生情绪表达和调节策略研究[D].西南大学硕士学位论文，2011.

[3] 蔡守生.化学学困生的转化途径[J]，青海教育，2004，(9－10).

[4] 张元粉.学习困难学生个案研究[D].曲阜师范大学硕士学位论文，2011.

[5] 王振宏，郭德俊，等.初中生情绪反应、表达及其与攻击行为[J].心理发展与教育，2007，(3).

[6] 孙俊才，卢家楣，等. 中小学生的情绪表达方式认知及其与同伴接纳的关系[J]. 心理科学，2007，(5).

[7] 李丽菊，施灿权.小学生正负性情绪特点及其与学业成绩的关系[J].中国学校卫生，2014，(1).

[8] 黄寒英.小学生情绪调节策略及影响因素探析[J].教育与管理，2010，(10).

The Investigation and Analysis of Primary School in Poor Student Emotional Expression

QIN Yan

(School of Education, South China Normal University, Guangzhou Guangdong 510000)

Abstract: To analysis the characteristics of poor students' emotion expression in primary school, this study via Berkeley and Emotion Regulation Scale to investigate 200 subjects which contains 100 poor students from six primary schools in Yuci District of Shanxi Province. The result were analysised by Spss17.0 and then put forward effective advice to promote the development of primary school education.

Key words: primary school poor student, emotional expression, emotion regulation

初三学生心理健康状况调查及影响因素分析

蔡媛婷[1]，陈永熙[2]

（1. 上海市民办华育中学，上海 200231；2. 上海交通大学医学院附属瑞金医院，上海 200025）

摘　要： 为了解初三学生心理健康特点，分析初三毕业班学生心理焦虑特点及相关影响因素，我们采用《心理健康诊断测验》对上海某初中 362 名初三毕业班学生进行调查。结果发现，1.1%的学生存在明显心理健康问题，但无性别差异。影响心理健康的相关因素中，总体性别差异不显著，但女生的自责倾向检出率显著高于男生。体重指数（BMI）及学习成绩对学生心理健康具有重要影响，肥胖和超重组学生较正常组学生心理异常检出率显著增高，学习成绩后四分位学生心理异常检出率较高。

关键词： 心理健康；影响因素；初中生

引　言

学生心理状况在学生身心发展中起到至关重要的作用。自 20 世纪末开始，大量的心理学家及教育工作者对学生的心理健康问题进行了研究。但目前，国内关于学生心理状况调查研究主要聚焦在小学和初中衔接的相关年龄段中，这些研究对学生从小学向中学过渡提供了重要信息。但这些研究具有一定局限性，同时所采用研究测评量表不尽相同，并不能为我们实际应用提供较多经验。初三毕业班教育在中学教育中占有举足轻重的地位。在生理上，初三学生已迈入青春期，随着青春期发育、第二性征出现，学生在生理和心理上更趋向成熟；在学习生活上，初三学习在整个中学学习和生活中起到承上启下的作用，他们不但要面对中考和自招考试压力，同时也要面对来自家庭、社会以及学校的期望。因此如何使初三学生正确应对生理年龄、心理年龄以及社会年龄的增长而协同发展，如何使他们顺利度过初三这一关键时期，是初三毕业班教师乃至所有中学教育工作者所必须面对和解决的重要课题。

健康心理素质培养和引导对于初中学生特别是初三学生来说至关重要。一方面，健康心理可以引导学生顺利度过青春期，形成健康积极人生观和价值观；另一方面，健康积极的心理状态还可帮助学生克服初三阶段所遇到的各种艰难挫折，是学生成功完成初中学业并继续深入学习的保障。也正因为健康心理的重要性，教育部在《关于加强中小学生心理健康教育的若干意见》中指出，心理健康教育是“实施跨世纪教育工程、培养跨世纪高质量人才的重要环节”，“是素质教育的重要组成部分”。为了提高初三学生心理素质，培养正确健康的心理状态，我们选择学校初三毕业班学生，采用华东师范大学周步成教授修订的《心理健康诊断测验（MHT）》诊断量表[1]进行心理状况调查，以对学生心理状态进行分

作者简介：蔡媛婷，上海市人，上海市民办华育中学一级教师，主要从事初中英语教学以及初中学生心理特点及干预策略研究。

陈永熙，江苏淮安人，上海交通大学医学院附属瑞金医院主治医师，博士，主要从事肾脏科研究。

析，并帮助教育工作者了解中学生特别是初三学生的心理特点，为针对性地缓解处于不同学习阶段学生的心理状况、促进其身心健康发展提供参考。

一、对象与方法

1. 对象

我们选取学校初三年级所有在校学生进行横断面调查。以班级为单位在课堂上进行统一测试，经过研究人员培训的班主任教师担任主试。

2. 方法

对所有学生用 MHT 量表进行测试。MHT 含 8 个内容量表和 1 个效度量表。其中 8 个内容量表分别测学习焦虑、对人焦虑、孤独倾向、自责倾向、过敏倾向、身体症状、恐怖倾向和冲动倾向。学习焦虑和身体症状各有 15 个项目，其余各有 10 个项目。总分从整体上表示焦虑的程度和广度。每个内容量表得分为 8 分以上表示明显存在问题，总分 65 分以上被认为存在一定的心理障碍，即为异常。[1]

我们根据中国学龄期儿童体重指数(BMI)[2](P97~102)及 WHO1997 年建议，对学生根据 BMI 进行分组：BMI≥28 为肥胖；24≤BMI＜28 为超重；BMI≤18.5 为消瘦；18.5＜BMI＜24 为正常体重。排除内分泌、遗传、代谢及中枢神经系统疾病引起的继发性肥胖。

3. 统计方法

统计采用 SPSS 11.0 统计软件，组间均数比较用 t 检验或方差分析。P＜0.05 认为差异具有统计学意义。

二、结果

1. 学生及调查一般情况

本次共发放问卷 362 份，由学生在课堂上填写并回收，共回收问卷 362 份，回收率为 100%。在所有问卷中，剔除项目回答不全以及效度量表大于或等于 7 分者共计 10 份，实际有效问卷 352 份，有效回收率为 97.2%。对有效问卷进行分析，其中男生 218 名(61.9%)，女生 134 名(38.1%)。学生平均年龄为 14.7±0.6 岁。

2. 学生心理健康问题总检出率

在 352 份有效问卷中，心理健康问卷量表得分大等于 65 分者共计 4 名，占有效问卷 1.1%，提示相关学生存在明显心理健康问题，焦虑情绪较严重，其中男、女生各 2 名，各占 50%；其余 348 名学生得分小于 65 分，其中男生 216 名(62.1%)、女生 132 名(37.9%)。具体心理健康问题见图 1。

3. 性别对学生心理状况的影响

我们比较性别对学生心理状态影响(表 1)。结果表明，男女生在总体心理健康异常检出率上无统计学差异($p > 0.05\%$)。对所有学生进一步分析表明，男女生在自责倾向上具有统计学差异($p < 0.05$)，在其他各分量表中无统计学差异($p > 0.05$)。

表 1　不同性别学生心理状况比较

	心理健康异常	学习焦虑	对人焦虑	孤独倾向	自责倾向	过敏倾向	身体症状	恐怖倾向	冲动倾向
男	2(0.9%)	93(43.1%)	5(2.3%)	0	15(6.9%)*	27(12.5%)	31(14.4%)	3(1.4%)	7(3.2%)
女	2(1.5%)	53(40.2%)	4(3.0)%	2(1.5%)	14(10.1%)*	19(14.4%)	19(14.4%)	1(0.8%)	3(2.3%)

* 男生组与女生组，$p < 0.05$

4. 体重指数对学生心理状况影响

随着近来生活水平提高，肥胖已成为影响学生健康的重要因素之一，且文献报道肥胖对儿童生长发

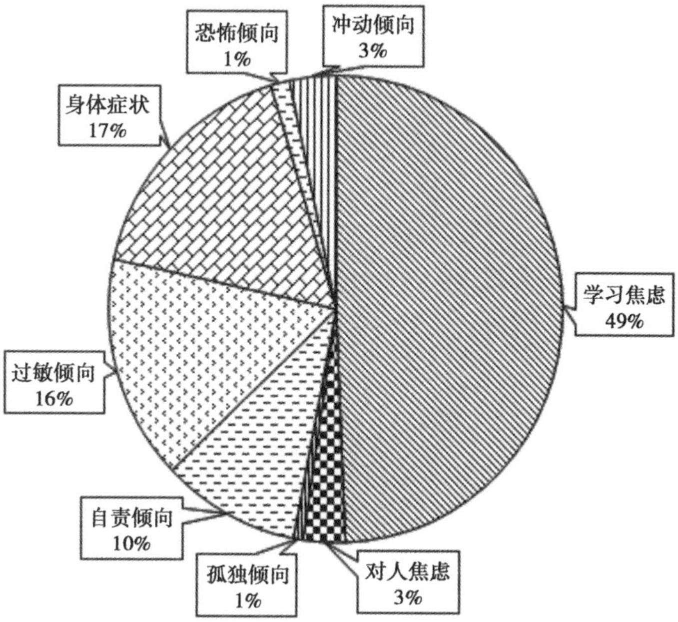

图 1　学生心理健康问题总检出率

育以及心理健康具有重要影响，我们需要分析 BMI 对学生心理状况的影响。我们将学生分为三组，消瘦组（129 名，占所有学生 36.7%）、正常 BMI 组（202 名，占所有学生 57.4%）和肥胖及超重组（31 名，占所有学生 8.8%）。结果表明，肥胖和超重组学生在总体心理异常检出率以及自责倾向上较其他两组学生显著偏高（$p<0.05$），肥胖和超重组学生较消瘦组学生在对人焦虑检出率上显著偏高（$p<0.01$），详见表 2。

表 2　不同 BMI 学生心理状态比较

项目	消瘦		正常		超重和肥胖		p
	n	%	n	%	n	%	
学习焦虑	49	38	82	40.6	15	48.4	NS
对人焦虑	2	1.6	6	3.0	1	3.2	<0.01
孤独倾向	1	0.8	1	0.5	0	0	NS
自责倾向	9	7.0	16	7.9	4	12.9	<0.05
过敏倾向	14	10.9	27	13.4	5	16.1	NS
身体症状	17	13.2	27	13.4	6	19.4	NS
恐怖倾向	1	0.8	2	1.0	1	3.2	NS
冲动倾向	3	2.3	7	3.5	0	0	NS
心理健康异常	1	0.8	1	0.5	2	6.4	<0.05

5. 家庭环境因素对学生心理状况影响比较

为了比较家庭影响，我们首先比较单亲家庭与非单亲家庭学生的心理异常检出率及心理状况比较。结果发现，两组学生在 MHT 各量表间无统计学差异（$p>0.05$）。

6. 学习成绩对学生心理状况影响比较

为了观察学习成绩对学生心理状况的影响，我们按学生考试成绩年级排名次序选取前、后四分位学生进行比较。结果提示，两组学生在心理异常检出率方面无统计学差异（$p>0.05$），但学习成绩排名前四分位学生在学习焦虑($p < 0.01$)、对人焦虑方面显著低于后四分位学生($p < 0.001$)。

表 3　学习成绩对学生心理状况影响表

项目	前四分位		后四分位		p
	n	%	n	%	
学习焦虑	31	34.1	44	48.4	<0.01
对人焦虑	3	3.3	4	4.4	<0.001
孤独倾向	1	1.1	0	0	NS
自责倾向	9	9.9	10	11	NS
过敏倾向	10	11.0	16	17.6	NS
身体症状	7	7.7	15	16.5	NS
恐怖倾向	1	1.1	1	1.1	NS
冲动倾向	1	1.1	4	4.4	NS

三、讨论

1. 心理诊断量表在初中生中的应用

心理健康是人体健康不可分割的重要组成部分。对于初中生来说,具有健康积极的心理素质不但可促使学生相对协调、充分的发展,更重要的是具有良好心理素质的学生将来能正确面对来自学业、社会的挑战。因此,了解学生心理状况对提升学生整体素质具有重要作用。

心理诊断量表是掌握和了解学生心理状况的重要手段。目前,国内常用心理诊断量表根据其特点主要分为三大类:第一类为症状取向心理诊断量表,本研究所采用的 MHT 量表即属于本类量表,同类型量表还包括“症状自评量表(SCL—90)”、“中国中学生心理健康量表”等;第二类为适应取向的心理健康量表;第三类主要为心理健康素质量表。[3](P44~47) 目前,国内使用频率最高的中学生心理量表依次为 SCL—90、MHT 及中国中学生心理健康量表,均为症状取向心理诊断量表,这些量表主要针对学生心理问题及心理障碍进行筛选和诊断。虽然上述三个量表在国内使用频率最高,其在实际使用中仍有各自特点。有学者指出,SCL—90 在实际使用中更适合存在心理问题人群,而对于正常人群其测定存在一定误差,无法反映被试群体整体情况。[4](P81~82)“中国中学生心理健康量表”虽然是我国自主研发心理诊断量表,但部分学者认为在量表研制时取样局限于若干省份,在国内推广存在一定局限性。鉴于上述原因,我们选取 MHT 量表进行检测。

2. 初三年级学生心理健康状况特点

在本研究中,我们发现 1.1%的学生存在心理问题,该数据低于姚鑫山等报道的 9.1%,[5](P32~34) 而与陶龙翔等[6](P57~63) 所报道的 2.5%接近。进一步比较分析发现,姚鑫山等研究采用 SCL—90 量表,与本研究等所采用的 MHT 量表不同,SCL—90 量表更注重神经症状为主心理障碍,而 MHT 检测主要集中在慢性焦虑与情绪障碍方面;此外,姚鑫山等调查时间为 20 世纪 90 年代,与本研究时间相距较远。从这两点可以看出调查量表的选择及被试者所处时代和环境差异对研究结果存在较大影响,因此,从研究实际出发选取合适量表对正确判断学生实际状态具有重要作用。

进一步分析发现,本研究中初三学生以学习焦虑检出率最高,而非在其他年级学生的研究中所显示自责比例最高。[7](P348~351) 该结果与初三学生面临毕业升学以及自招考试压力密切相关,来自学校、家庭以及社会对初三学生的压力,造成学生在不同程度上出现学习焦虑症状。此外,身体症状和过敏倾向占本研究心理焦虑中第二、第三位,这两者均属于焦虑症状的症候群,往往与学习焦虑躯体症状密切相关。通过本调查研究,我们发现初三学生心理问题与学生在毕业阶段的学习压力相伴出现,这些压力不但来自学校，也来自社会、家庭以及学生本人，且主要表现在学习和适应方面，多数属于发展性问题而非心理疾病。[8](P16～30)这些心理焦虑若引导教育及时、合理，会随着时间推移而减弱或消失；但若处理不当则会加重，对学生身心发展起到负面作用。因此，对于初三学生进行心理疏导不单纯是学校工作，更应从家庭、学校、社会三个角度协同干预，我们前期建立的"家庭—学校—社会心理干预模式"则是针对这种情况的一个很好探索。[9](P40～42)这样可从源头缓解学生的学习压力，培养学生的积极情绪及耐挫力，通过建立乐观向上的心理品质养成良好的心理状态。

3. 影响初三年级学生心理健康状况因素

在本研究中，我们没有在男女学生中发现总体心理健康状况差异。有研究指出，我国不同地区总体上女性青少年心理焦虑程度较男性更为严重。[10](P211～219)该结果与本研究不完全一致，造成该结果的主要原因一方面与研究对象不一致有关，以往研究涵盖初中至高中阶段我国多个省市学生，而本研究主要聚焦在沿海发达地区一所初级中学初三学生，两者被测对象在异质性方面前者显著大于后者，且不同研究主体所处的社会环境因素也对学生心理健康状况产生重要影响。进一步对本研究心理内容量表进行分析，我们发现女生在自责倾向上检出率较男生高，而其他心理量表上与男生无明显差异。考虑到本研究对象为初三学生，该时期男女学生在生理、心理上因青春期关系而显示出一定差别。女生由于性格脆弱、情感活动丰富等原因，在面对压力时显示出更多的自责倾向等焦虑特点。该结果也为我们正确处理男女学生心理焦虑问题指明了重点。对于女生性格中更多的脆弱性，进行引导和疏解时应更遵守循序渐进原则，同时根据学生对心理疏导的反应程度进行针对性的引导。同时，本研究结果也提醒我们，虽然初三学生在生理和心理上已日趋成熟，但对其心理焦虑方面仍需根据不同性别进行有的放矢的疏导和教育。

除了性别之外，最近有研究报道，肥胖对青少年生长发育过程中的心理素质存在一定影响。目前肥胖已成为青少年成长中最常见的公共健康问题。国内外已有较多研究发现肥胖或者超重对儿童及青少年在认知和心理健康方面存在影响。我们在研究中发现，肥胖或超重学生在整体心理健康异常检出率上显著高于正常体重或消瘦学生。进一步分析发现，肥胖和超重学生在自责倾向和对人焦虑方面检出率较高。探析原因，我们认为肥胖和超重学生因体型的特点，在日常生活和体育活动中常受到其他同伴嘲笑或排斥，同时这些学生因灵敏度及机体耐力等原因造成体育成绩显著低于正常体重学生。这些负面因素往往对肥胖和超重学生自尊心造成损伤，使得学生在对人焦虑方面存在较高检出率；同时，肥胖或超重学生也时常为自己体重感到懊恼，特别对自己无法顺利完成体育课程并取得满意体育成绩而存在自责，因此这些学生自责倾向检出率较高。这方面结果告诉我们，对初三学生进行心理疏导，单靠心理教师、班主任的努力是远远不够的，需要包括体育、生理等诸多教师组成教学团队，同时结合家长、同年级学生一同努力才能使得学生走出困惑，化解心理上的纠结。

必须承认，目前以应试教育为主体的教育过程中，学习成绩排名对学生各方面具有重要影响作用，其中就包括初三学生的心理健康状态。在本研究中，我们发现学习成绩年级排名前、末四分位数学生在学习焦虑、对人焦虑方面存在显著性差异。虽然年级成绩排名等手段在目前无法暂时取消，但是我们可以从学校、家庭以及社会三方面对学生焦虑进行疏导和帮助。一方面，我们可注重树立正确教师观念，尽可能避免过多来自教师对学生造成的负面影响，同时我们也可以通过引导学生尊重同伴，学会正确看待成绩着手，避免来自同伴间对自信和自尊的负面影响；另一方面，我们鼓励家长改变观念，树立起"条条大路通罗马"的理念，避免给学生过多压力和负担。这样，从"家庭—学校—社会"三方面构建起心理干预模式，提高对学生心理干预能力。

综上所述，本研究发现，影响初三学生心理健康的因素较多，环境、个体等诸多环节都会对学生心理健康产生一定影响。因此，若要改善初三学生心理健康，缓解心理焦虑，心理辅导和疏导固然是重要手段，但还需协同家庭、学校和社会进行多角度协作，才能解决初三学生心理健康问题，这样学生心理状况才能得到改善。初中教育只是基础教育一部分，而基础教育的目的则是为学生今后发展奠定基础，[11](P25～26)希望本研究能对此提供实践经验和基础。

参考文献：

[1] 周步成. 心理健康诊断测验手册[M]. 上海：华东师范大学出版社，1991.

[2] 中国肥胖问题工作组. 中国学龄儿童青少年超重、肥胖筛查体重指数值分类标准[J]. 中华流行病学杂志，2004,(25).

[3] 王婷婷，马和民. 国内中学生心理健康量表使用述评[J]. 上海教育科研，2010,(6).

[4] 单茂洪. 正确使用 scl－90、16pf 量表测查心理健康水平[J]. 中国心理卫生杂志，1998,(2).

[5] 姚鑫山. 上海市区中小学生心理健康现状调查报告[J]. 上海教育科研，1995,(92).

[6] 陶龙翔，张倩，杜松明，郭婧，刘伟佳，潘慧，胡小琪，马冠生，孙晓红. 北京、上海和广州中学生心理健康状况调查分析[J]. 卫生研究，2015,(44).

[7] 张劲松，金星明，周雪典，沈理笑，黄红，沈晓明. 上海市中学生焦虑状况及其相关因素[J]. 中华预防医学杂志，2005,(39).

[8] 刘建中. 健康心理[A].黄敬亨. 健康教育学[C]. 上海：上海医科大学出版社，1997.

[9] 李英，王运调，章健华. 家庭—学校—社会心理干预模式的初探[J]. 上海教育科研，2003,(12).

[10] 姚应水，康耀文，龚伟志，陈燕，郑丽. 不同性别青少年 mht 量表的 meta 分析[J]. 中国循证医学杂志，2011,(11).

[11] 唐盛昌. 从明天的发展来思考今天的教育[J]. 思想·理论·教育，2005,(2).

Analysis of Psychological Status and Related Factors in Students of the Ninth Grade

CAI Yuanting[1], CHEN Yongxi[2]

(1. Shanghai Huayu Private Middle School, Shanghai 200231;

2. Ruijin Hospital Affiliated to Medicine College of Shanghai Jiaotong University, Shanghai 200025)

Abstract: In order to study psychological character of students in the 9th grade and analyze factor related to their anxiety, we performed an investigation using "Psychological and mental diagnostic test" in 362 students in the 9th grade in our school. Our results showed that psychological problems were present in 1.1% of the students without gender difference. Regarding factors related to those problems, there were no differences between male and female students generally. However, female students had higher proportion of self－accusation. In our students, body mass index (BMI) and studying score had effects on psychological status of the students. Higher percentage of psychological problems were found in students with obesity and overweight. Students with study score ranking last quartile had higher percentage of psychological problems.

Key words: mental health, related factors, middle school students

来沪人员随迁子女思想品德状况调查研究

罗华荣，李冠岚

（上海师范大学 马克思主义学院，上海 200234）

摘　要： 学生的思想品德状况是学校德育的起点，为提高学校德育的针对性和有效性，根据"思想道德"的内涵以及来沪人员随迁子女的特点，就爱国意识、地域文化认同、个人价值取向、社会交往意识、公共道德意识、法制意识、环保意识 7 个方面设置问题，并拟制调查问卷进行调查。同时，对部分调查样本单位分管德育的校长及班主任就学生思想道德发展特点、存在问题、对策等进行访谈。根据调查数据分析来沪人员随迁子女的基本情况，揭示来沪人员随迁子女思想品德特点，并在此基础上提出学校德育的建议及对策。

关键词： 来沪人员；随迁子女；思想品德；学校德育；对策

上海作为全国的经济、金融中心，改革开放以来吸引了大量外来人员，他们活跃在上海的各行各业，为上海社会的发展贡献力量。近年来，来沪人员随迁子女的教育成为社会公众关心的问题，针对来沪人员随迁子女的思想品德教育问题，也随之成为学校德育的新课题。

一、来沪人员随迁子女的基本情况

本研究采用问卷调查和访谈相结合的方式。根据"思想道德"的内涵以及来沪人员随迁子女的特点，就爱国意识、地域文化认同、个人价值取向、社会交往意识、公共道德意识、法制意识、环保意识 7 个方面设置问题，并拟制调查问卷。同时，对部分调查样本单位分管德育的校长及班主任就学生思想道德发展特点、存在问题、对策等进行访谈。本研究从上海 17 个区（县）中按照小学、初中、高中三个学段（学段分布考虑）；市区、郊区（地域分布考虑）；示范性与非示范性（学校类别考虑）分别选取调查样本。以学段为基本选样单位，辅以地域分布特点和学校类别特点，共发放问卷 600 份，回收有效问卷 600 份。

调查问卷的第一部分共设置了 6 道题，分别从家庭情况、家庭生活、家庭教育等方面了解来沪人员随迁子女的基本情况。调查对象中有超过 2/3 的来沪人员随迁子女中是非独生子女，在小学、初中、高中三个学段中这个比例都基本保持一致。从居住对象上看，来沪人员随迁子女与父母双亲一同居住的占 88.67%，与父母一方居住的占 8.33%，说明来沪人员随迁子女绝大部分可以在自己的父母身边生活和学习成长。来沪人员随迁子女的父母在上海工作的时间少于 5 年的占 8.33%，6 年到 10 年的占 27.83%，11 年至 15 年的占 33.5%，超过 16 年的比例为 30.33%，这表明来沪人员随迁子女的父母在上

基金项目： 本文系 2015 年度上海学校德育实践研究课题"来沪人员随迁子女思想道德状况调查与研究"（编号：2015—D—111）的阶段性研究成果。

作者简介： 罗华荣，福建邵武人，上海师范大学马克思主义学院副教授，主要从事思想政治课程与教学论研究。
李冠岚，贵州贵阳人，上海师范大学马克思主义学院硕士研究生，主要从事思想政治学科教学研究。

海工作的时间都比较长,对应了随迁子女在上海就读的时间。

关于来沪人员随迁子女就读上海学校的时间,6 到 10 年间的比例最高,占 52.83%,11 年以上的,占19.33%,表明他们有足够的时间适应在上海的学习生活。关于转学次数,从未转过学的占 63.17%,转学 1 次的占 25.83%,转学次数超过 2 次的占 11%,表明来沪人员随迁子女中大部分能有一个相对稳定的学习环境。另外,来沪人员随迁子女的父母的受教育程度,呈现两头小、中间大的形态。仅受过小学教育的和大学及大学本科以上学历的占比都不到 1%,有初中文化水平的占 51.67%,接受过高中教育的占29.33%,表明来沪人员随迁子女的父母受教育程度较低。

二、来沪人员随迁子女的思想品德特点

1. 随迁子女普遍具有积极的爱国意识,但仍有加强教育的空间

关于爱国意识,问卷设置了 3 道题(1~3 题),当升国旗国歌响起的时候有 89.5%的随迁子女有感触,非常激动的占 37.17%,有些感触的占 52.33%,值得关注的是,有近 10.5%的人听到国歌的时候没有感觉(见图 1)。当问及"作为一个中国人你的感受"时,有 536 人选择了自豪,占总人数的 89.33%,有 4.17%的学生感到羞愧,有 6%感到无所谓。调查显示,绝大多数来沪人员随迁子女的国籍认同感强,值得关注的是那 4.17%感到羞愧和 6%无所谓的学生。在对来沪人员随迁子女的思想道德教育中,爱国意识的培养仍然需要有针对性的加强。上述两个调查项目中出现的 10%的随迁子女应该成为爱国意识教育的重点对象,在思想品德教育中应给予重点关注。

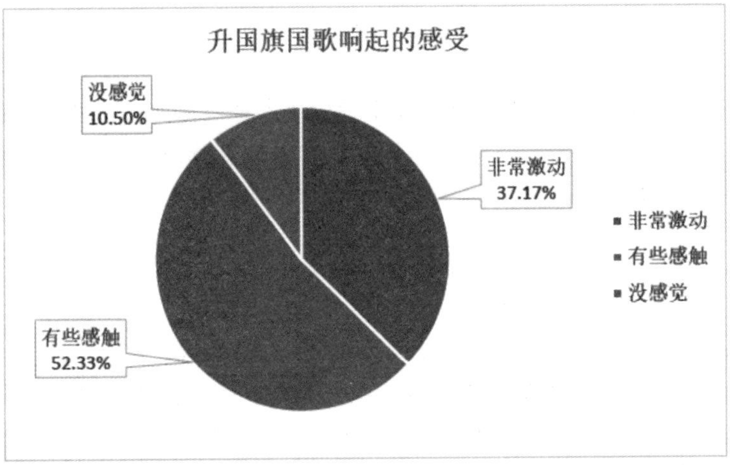

图 1 来沪人员随迁子女的爱国意识

2. 随迁子女普遍具有较高的地域文化认同,但缺乏归属感

从地域文化认同维度,问卷设置了 4 道题(4~7 题),当问及"在上海生活适应与否的问题"时,随迁子女中有 441 人(占 73.5%)能够很快适应在上海的生活,有 149 人(占 24.83%)正在逐渐适应在上海的生活,较难适应上海生活的人和根本无法适应的人所占比例极少,仅 1.67%。当问及"能否适应在上海的学习"时,有 430 人(占 71.67%)能适应在上海的学习,有 144 人(占 24%)比较适应在上海的学习,不太适应和不适应想要回家乡的人有 26 人占 4.34%。涉及对上海特色和文化的感受,有 46.96%的随迁子女觉得有特色所以很喜欢,觉得一般和觉得不怎么样,没有自己家乡好以及没感觉的随迁子女占比为 52.14%。

值得关注的是,当问及"你在上海由于自己的身份而受到过不平等的待遇吗?",虽然有 52%的人选择了从未有过这样的经历,但是偶尔发生这种情况的有 41.17%,经常遭遇这一情况的有 6.83%。这一数据表明有近半数的随迁子女虽然对于在上海的生活比较适应,但是在生活中仍然缺乏归属感,觉得在

某些情况下受到了不平等的对待(见图 2)。

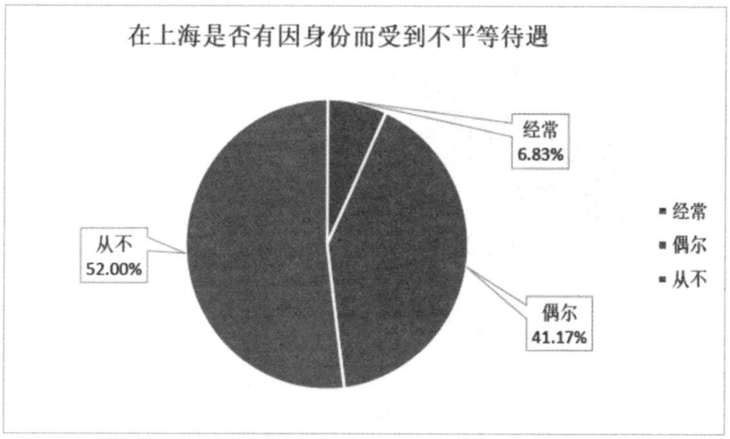

图 2　来沪人员随迁子女的地域文化认同

调查显示，来沪人员随迁子女都能够较快地适应在上海的生活和学习，但对生活地——上海的归属感较低。在对随迁子女的思想品德教育中注重结合上海特色也十分有必要，让随迁子女有更多的机会去充分感受上海、了解上海，从而为他们在上海的生活和学习创造稳定良好的环境基础。

3. 随迁子女的金钱观存在较大偏差，需要积极引导

从个人价值取向维度，问卷设置了 5 道题(8～12 题)，当问及“选择职业最重要的标准”时，随迁子女更倾向从是否符合个人兴趣、能否发挥个人特长的角度去选择职业，占 68.17%；其次有 12.33%的人觉得选择职业最重要的是工资福利待遇和工作条件；只有 8.5%的人觉得对社会贡献的大小是择业的首要因素。随迁子女认为自己的择业态度是受到父母及周围人的态度影响，说明他们在青春期成长阶段还没有形成成熟的择业观，需要教师进行正确思想道德教育的引导。

从人生观的角度来说，对于“你最希望你的一生是什么样子的”，有 63%的随迁子女选择了只要活得开心平凡也行，有 22.67%的人选择了要轰轰烈烈闯一番事业，各有 5.67%的人希望一生能拥有足够的金钱、权力和一生能做出几件有用的事即可，剩下 1.67%的人则认为还不知道要做什么样的人(见图 3)。这说明大多数随迁子女有积极的人生观，在保持拼搏精神的同时，并没有太激进。同时大多数人的人生观也并不消极，不落于平凡，不流于迷茫。但是无论是对于少数比例的那些不知道要做什么样的人还是大多数的开心至上的随迁子女来说，初高中的他们都正处于人生观形成并成熟的重要阶段，需要教师进行正确思想道德教育的引导。

当问及“是否赞同集体利益高于一切”时，有 75%的随迁子女都认同集体利益高于一切，其中 40.67%是比较赞同的，34.33%是非常赞同的。其次，有 17.05%的选择了说不清；剩下的 7.5%则选择了反对。这说明来沪人员随迁子女大多有良好的集体主义价值取向，但同时我们也要关注到小比例现象，对于那些说不清和反对的学生要加强集体主义价值观教育。对于他们心中的模范和偶像，随迁子女选择的 4 个选项的比例较为平均，由大到小依次为：歌星、影星(33.33%)、各领域的精英(24.83%)、身边的平凡人物(23.5%)和英雄模范(18.33%)。从数据中反映出这是一个很好的现象，随迁子女的人生偶像并非一味偏向于歌星影星，同时关注到了其他领域的普通人，说明他们的价值观较为多元。

从金钱观角度“金钱是万能的吗”，选择“非常反对”的有 28%，选择比较反对的有 15.83%，选择“说不清”的有 28.83%，而有 21.33%的人认为有些赞同这一观点，还有 6%的随迁子女非常认同金钱是万能的。数据显示，扣除持中立态度的人数，反对金钱万能观点的人数占比只有 43.83%，赞同这一观点的比例高达 27.33%，这说明学校德育应该加强对来沪人员随迁子女的金钱观教育(见图 4)。

个人价值取向维度中，最值得引起注意的是来沪人员随迁子女的金钱观存在较大偏差。特别是对于金钱是否万能和集体利益是否高于一切的回答，答案偏离的人和说不清的人都占据了一定的比例，而

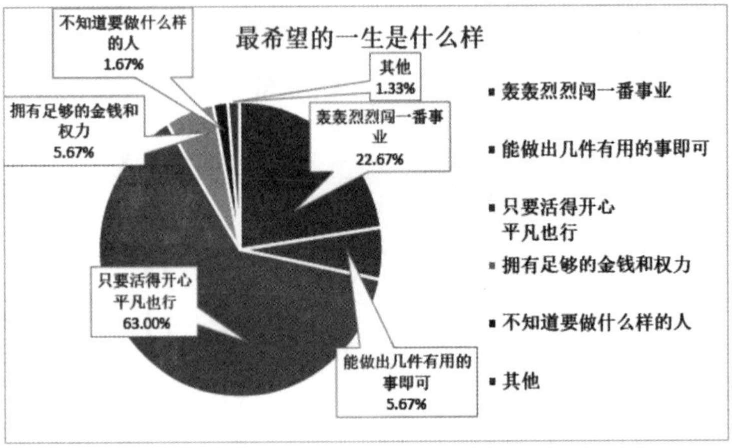

图 3　来沪人员随迁子女的个人价值取向

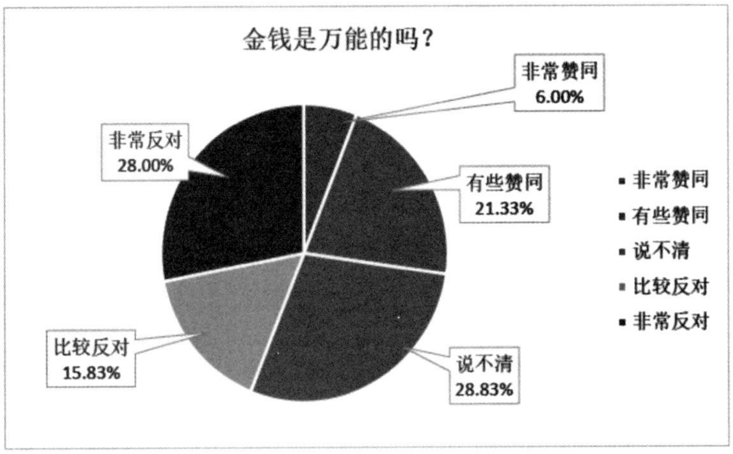

图 4　来沪人员随迁子女的金钱观

这一部分学生应该成为教育的重点。处于青少年阶段的来沪人员随迁子女的人生观、世界观、价值观都还未成熟，仍然需要教师正确有效积极地引导。

4. 随迁子女社会交往意识普遍比较积极，但处青春期仍有内隐情况

从社会交往意识维度，问卷设置了 5 道题（13～17 题），当问及“当你有困难时，首选的倾诉或求助对象是谁”，来沪人员随迁子女有 47%的人选择向同伴和朋友去倾诉，其次有 29.17%是向父母求助，还有 14.33%的人选择了谁也不找，剩下 5.5%选择找教师，2.67%选择找网友，1.33%选择找亲戚（见图 5）。其中小学阶段的随迁子女更倾向去寻求父母的帮助，对父母的依赖程度高于中学学段，这与他们的生长发育阶段特性相符合；进入初中后向同伴和朋友倾诉占据了绝大部分比例，同时进入青春期的他们性格趋向内隐，有的遇到困难选择谁也不说。德育教学应该重视学生的心理问题，引导学生积极参加社会交往，遇到困难能够积极面对、正确地去解决。

对于“是否会积极参加集体活动”，有 36%的随迁子女选择了会比较积极参加，28.33%会非常积极地参加，说明近 2/3 的人对于集体活动抱有热情，有较好的集体主义价值观；剩下的有 33.5%的人选择了一般态度，而有 2.17%的学生选择了从不参加。其中小学学段的随迁子女对于集体活动有着更大的热情，进入初中阶段态度一般的人明显增多。在德育教育中，那些从不参加集体活动和态度一般的学生是重点关注的对象。在社会交往中，对于处理各种人际关系问题，如和教师的关系，有占 41.76%的人认为教师是长辈；有 37.77%的人认为教师更像是朋友，数据说明有近 80%的来沪人员随迁子女和教师之

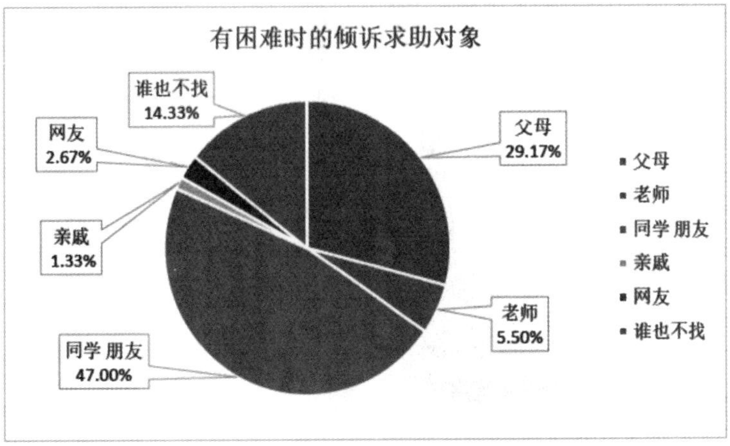

图5　来沪人员随迁子女的社会交往意识

间的关系是相对比较和谐的；而受教师身份和行为的影响，有9.65％的随迁子女认为教师是权威，还有7.49％的人把教师当作是陌生人，2％的人觉得自己与教师之间是雇佣关系，剩下1.33％则选择了其他。和同伴的关系方面，有65.83％的选择了和同伴的关系是团结友爱互帮互助的，19.83％的随迁子女认为虽然时有矛盾，但是都能够解决；有13％的人认为这种关系是平平淡淡，很少有密切联系；还有1.33％的随迁子女会常常和同伴发生冲突。

从问卷中的这5个问题我们可以看出，来沪人员随迁子女普遍有着较为积极的社会交往态度，但是也有小部分学生性格比较内隐。对这一部分随迁子女，学校德育应该加强社会交往意识的教育，给予他们正确的价值观，鼓励他们积极和身边的人相处，培养他们和谐相处的能力。

5. 随迁子女普遍具有正面的公共道德意识，但仍有少数出现偏差

从公共道德意识维度，问卷设置了4道题(18～21题)，当问及“在公车上见到老弱病残幼是否会主动让座”的问题时，有90.83％的都选择了会主动让座，但是有6.83％的随迁子女选择了假装没看见，而剩下2.33％选择了不让座。在遇到他人插队时，有61.5％选择了要去礼貌地制止；24.67％认为很生气，但是不会出面制止；有9.67％的人认为遇到插队没什么感觉；有4.17％的人选择了会与插队者发生争执。数据表明，近90％的随迁子女遇到插队的社会现象会明确分辨出这是有违社会公德的，而对于那剩下的10％，我们的德育工作要抓紧在他们价值观社会公德观形成的关键期，进行正确的教育和引导。而对于那些已经明确认知插队等是有违社会公德的行为，德育教育要更倾向于去指导他们礼貌制止的重要性。

对考试作弊的看法，有404人表示很反感，从来不作弊，占被调查人数67.33％；但有15.67％的人选择了为了考高分作弊是可以理解的，8.67％的人认为“没什么大不了我也干过”，8.33％的人认为“总比不及格补考好”。数据表明，有超过1/3的随迁子女对于作弊这种行为并没有十分明确的是非判断，态度相较于插队要模糊一些。特别是对于初中学段学生要引导他们形成正确的诚信观。对于情景假设“遇到学校寝室水龙头电灯忘关”的话，有占85％的人选择“会关上”，13.33％的人选择了“看心情”，而最后1.67％选择了“懒得理”。

从问卷数据分析中我们可以看出，绝大部分的来沪人员随迁子女都有良好的社会公共道德意识，我们重点需要关注的则是少数选择了负面选项的学生，要对他们采取更多的道德教育，纠正和引导他们形成正确的社会公共道德意识。同样值得注意的是有4.17％的学生在看到有人插队时会和对方发生冲突，学校德育要告知他们保护自己的重要性，教会他们如何合理地解决矛盾。

6. 来沪人员随迁子女普遍具有正确的法制意识

法制意识维度方面，问卷设置了3道题(22～24题)，当问及“是否认为法律知识在生活中有用”时，51.17％的随迁子女选择了非常有用，37.67％的人认为比较有用，7.5％的人觉得说不清楚，3.67％认为

基本没用。上述数据表明，法律知识离来沪人员随迁子女的日常生活比较远，也比较抽象，更多的需要教师在思想品德和思想政治课的教学中具体化，让他们去体会并感悟到法律在实际生活中的应用。对于自己的权益受到侵害时的解决办法，有超过 3/4 的人选择了会用法律来保护自己，剩下的人比例相对平均地选择了自认倒霉(9%)、用武力解决(7.83%)和用关系解决(7.33%)(见图 6)。

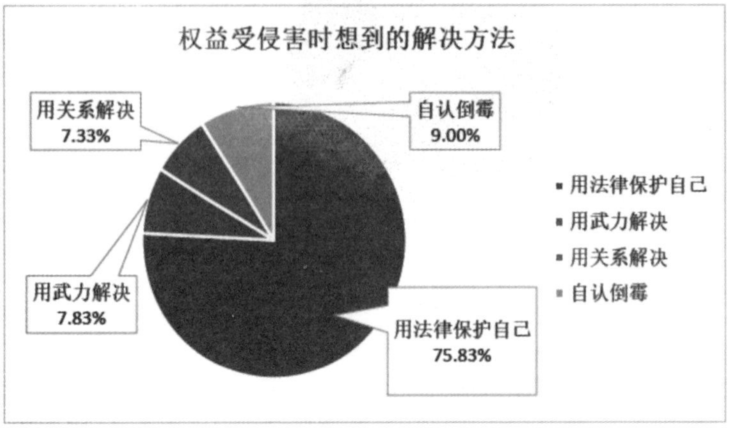

图 6　来沪人员随迁子女的法制意识

从上述数据分析中可以看出，来沪人员随迁子女对于法律的认识并不深入，需要教师在德育教学中进行更多长期的教育和引导。法律知识离来沪人员随迁子女的生活比较远，德育工作要尽量将法律知识生活化，让学生能够浅显易懂地理解。在普遍增强法律教育的同时，要重点关注那些觉得法律无用和说不清法律有用与否的学生，以及在受侵害时选择用武力、凭关系解决和自认倒霉的学生。

7. 随迁子女普遍具有良好的环境保护意识，但初中学段需要加强教育

对于环境保护意识，问卷设置了 5 道题(25～30 题)，当问及“环境保护与自己生活是否相关”时，有 68.17%的人觉得环保和自己的生活关系密切，26.5%的人觉得有一些关系，而 4.33%的人觉得和自己关系不大，1%的人觉得与自己无关。问卷进行情景假设：如果条件允许是否会积极响应环保活动，例如“地球一小时”熄灯活动，有占 71.17%的人选择了会积极参加，有 23%的人比较犹豫是否参加，有5.83%的人选择了不会参加。情景假设：若手上有垃圾但身边没有垃圾桶的话会怎么办？有 90.67%的随迁子女选择会拿着垃圾，直到看到垃圾桶再丢；9.33%选择了随手扔掉。情景假设：如若遇到流浪小动物会怎么办？来沪人员随迁子女的选择比例较为平均，由多到少依次为：送至有关收养机构或组织(31.67%)、帮助寻找主人(24.33%)、不予理会(24.17%)和自己领养(19.83%)。

当问及“是否会为了方便在草坪上行走”时，34%的人选择了从不在草坪上行走，有 61%的人选择了偶尔会在草地上走，有 5%的人选择了经常会为了方便走捷径从而践踏草坪(见图 7)。

数据显示，大多数的来沪人员随迁子女环境保护意识良好，但是少数仍有偏差。我们重点应该关注那些选择了负面选项的学生。

三、学校德育建议及对策

1. 有意识地纠正爱国意识有偏差的随迁子女

首先，要对来沪人员随迁子女强化爱国意识教育，这种强化应该体现在持续性上。爱国意识的培养并非是一蹴而就的事情，要把爱国主义教育贯穿小学到高中的全阶段。从调查中我们可以看出，小学生的爱国意识普遍都是正确积极的，而进入初中后开始有了偏差，表明保持爱国主义教育的持续性是十分有必要的。我们可以把爱国主义教育贯彻到各学科的教学中，把爱国主义教育贯穿于学校的日常活动中；利用课堂教学、班会等多种渠道对学生进行爱国主义教育。

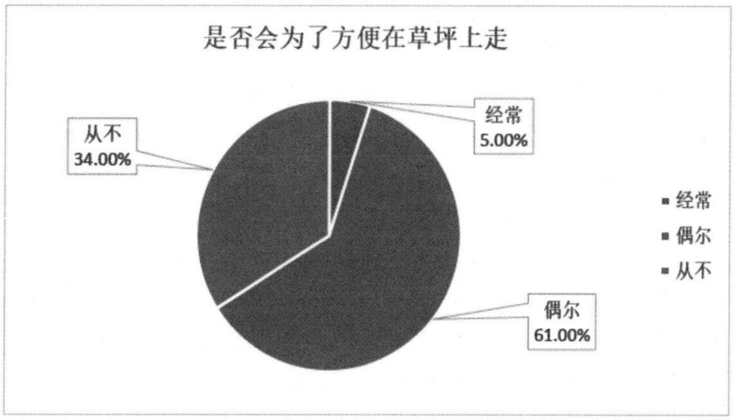

图 7　来沪人员随迁子女的环保意识

其次，德育工作中我们不仅要培养来沪人员随迁子女的爱国主义情感，而且要引导他们将爱国意识转化为爱国行为。在对来沪人员随迁子女的思想道德教育中，爱国意识的培养仍然需要有针对性地加强。特别是对于那些在升国旗国歌响起时10.5%没有感觉的随迁子女和作为中国人的感受是羞愧和无所谓的10.67%的随迁子女。针对他们强化开展国旗国歌的礼仪教育，每周升国旗，唱国歌，进行国旗下讲话的活动，教师要调动每位学生积极参加。

最后，要教育学生关心时事，了解国家动态、世界动态，要把自己的学习和祖国的昌盛联系起来。针对来沪人员随迁子女的情况，在一些爱国主义教育的节日里，结合少先队和共青团活动组织他们进行社会实践，如国庆节组织学生进行歌颂祖国的文艺汇演，举办祖国社会主义建设成就展等活动。

2. 多渠道多形式增强随迁子女的地域归属感

根据调查反映出的情况，学校德育应该针对来沪人员随迁子女的特点，因材施教、因时施教、因势利导。通过开展集体活动，淡化随迁子女与本地学生的身份差别；有意识地安排这部分学生参与到各种活动中，并让他们承担相应的管理工作。学校还可以利用社区资源进行教育教学。如学校可以在每周一的升旗仪式上请社区人员来主讲，一周一个专题，重点介绍学校周边社区的交通、卫生防疫、市政建设等方面的情况，增强随迁子女的属地归属感。

社会实践活动是素质教育的重要手段。带领学生走向社会，只有在社会实践中才能更好地培养学生的道德品质和思想意志，发展学生的能力，提高学生的综合素质，才会使学生真正了解和巩固所学习到的理论知识，并能将所学习到的理论知识运用到实践中去并指导实践，从而学会发现问题、分析问题、进而解决问题。这样有利于来沪人员随迁子女对城市、社区的生活形成一个比较全面的认识，同时也弥补了学校教育的局限性。在课程设置上，学校还可以利用社区内的文物古迹、历史事件、优秀人物等题材，编写乡土教材、校本教材，使学生对社区生活具有更理性的认识。通过社会实践，学生可以直观地感受上海的城市活力，增强对上海的认同感、归属感。

3. 培养引导随迁子女树立正确的人生观、价值观和金钱观

来沪人员随迁子女的人生观、价值观教育也是十分重要的，处于青少年阶段的初中学生，人生观、价值观不是很成熟，这一时期正是他们的人生观、价值观、理想信念形成的阶段，特别需要加以正确引导，这不仅关系到他们现阶段的成长，更关系到他们未来的健康成长。当今社会飞速发展，背后必然离不开充当一般等价物的金钱。处于身心高速发展的青少年在不经意间已经接触到社会上一些零散的、混乱的但同时又令人印象深刻的金钱观。因此，如何让青少年学会在日常生活中辨别各种混乱的、模棱两可的说辞已成为当前金钱观教育的重中之重。调查分析中，最值得关注的问题是有6%的随迁子女非常认同，21.33%有些认同“金钱是万能的”，有28.83%说不清金钱是否万能。这说明进入中学之后的来沪人员随迁子女的金钱观并没有得到积极正确的引导和教育。

当前初中课程中，涉及金钱知识最多的还是思想品德课程。从教师的作用来说，在教授经济部分的内容时，要结合教材与生活实际，有意识地引导学生形成正确的金钱观，倡导适度消费与合理消费，引导他们避免一些容易出现的盲目消费和攀比心理，树立正确的消费观念。思想政治课教学中通过对价格指数、投资等知识的学习，引导他们认识金钱的概念和价值，逐步让他们懂得金钱与成功、尊敬、自由等精神层面的联系，以纠正“金钱是万能的”这一错误观念。

4. *通过合作学习加深随迁子女的社会交往意识*

调查显示，来沪人员随迁子女普遍有着较为积极的社会交往态度，但有小部分学生性格比较内隐。例如有 14.33%的学生在遇到困难的时候选择谁也不找，有约 35%的学生不参加或者不太愿意参加集体活动，有 20%的学生和教师的关系不算十分和谐，有 13%的随迁子女和同伴关系平淡，甚至有1.33%经常和同伴发生冲突。而这一部分随迁子女应该是社会交往意识教育的重点人群，应鼓励他们积极和身边的人相处，培养他们和谐相处的能力。

来沪人员随迁子女正处于青少年发展的关键期，对于复杂的社会关系还没有形成成熟的认识，在社会交往中必然会遇到各种各样的问题。首先，我们要关注到来沪人员随迁子女的特殊性。针对特殊性，我们在思想品德课教学中可以通过合作学习的形式培养学生积极主动参与的意识，激发学生的求知欲。随迁子女可以在教师的指导下自愿结合成合作学习小组，使每一位学生都能参与其中，成为学习的主人。在成立合作学习小组的课堂上，教师和学生、学生和学生之间的交流是开放式的，教师提出问题使每一位学生都参与到讨论中，这样有助于学生对所学知识的掌握，有助于教师与学生之间的有效沟通，有助于学生与学生之间的了解，增进团队合作意识。通过合作学习的形式，去启发那些遇到困难不愿意说出来的随迁子女积极参与；可以调动全体学生的集体意识、团体观念；在合作学习形式所体现的各种矛盾冲突中，不断修复学生与学生之间、学生与教师之间的关系，并启发和鼓励学生去探索与不同人的相处模式。

5. *在实践中强化随迁子女的公共道德意识*

调查显示，绝大部分的来沪人员随迁子女都有良好的社会公共道德意识，我们重点需要关注的是那些选择负面选项的学生，要对他们采取更多的道德教育，纠正和引导他们形成正确的社会公共道德意识。

首先，学校要大力进行公共道德宣传教育。学校要利用各种形式对学生进行社会公德教育，例如：利用主题班会使学生认识到集体生活中秩序的重要性，让学生参与校规、班规和学生行为规范的制订；学校、班级管理中奖罚分明，用规章制度约束学生的行为。其次，积极参加社会活动是培养公共道德行为的有效途径。组织丰富多彩的社会活动，让学生在真实与虚拟的道德情境中达到知与行的统一。第三，通过思想品德课教学并结合社区活动开展公共道德意识教育第二课堂。只有让学生真正地去参与，形成感性认识，才能对各种社会公共道德行为有更加深刻的认识。

6. *有意识具象化培养随迁子女的法制意识*

调查显示，来沪人员随迁子女对于法律的认识并不深入，需要教师在学校德育中坚持加以教育和引导。法律知识对来沪人员随迁子女来说比较抽象，德育工作要尽量将法律知识生活化，能够浅显易懂。在普遍增强法律教育的同时，要重点关注那些觉得法律无用和说不清法律有用与否、在受侵害时不知道选择使用法律解决问题的学生。

在对来沪人员随迁子女的法制教育中，针对他们对法律知识认识不深刻的问题，可以结合上海本地与随迁子女相关的法律法规编写校本教材，来沪人员随迁子女和本地学生生活环境不同、家庭背景不同，所以学校在进行法制教育的时候，内容应当有所侧重。其次，可以在其他主干课程和相关课程中渗透法制教育，比如在语文课中，通过文本中的人物形象和事件的分析，来渗透崇尚公平正义、珍惜生命、遵守规则、享受权利、承担义务等的教育；在科学课中可以渗透环境保护、热爱生命、尊重人权的教育；在体育课中可以渗透遵守规则、崇尚公平的教育。所以学校应利用关联课程，充分挖掘法制教育因素，进行教育资源的整合。再次，学校可以组织构建校园法制文化。依托班级、充分利用班队课开展主题教育活动;开展少先队活动、共青团活动进行法制专题教育;通过校园宣传的途径形成法制教育的观点,充分利用班级的黑板报、学校宣传栏,编写法制宣传手抄报,收集古今中外守法的案例编成小故事,举办宣传法律知识的黑板报比赛,创办法制教育园地等。

7. 在实践中强化随迁子女的环保意识

调查发现,大多数的来沪人员随迁子女环境保护意识良好,但是少数仍有偏差。我们重点应该关注环保意识存在缺陷的学生。

首先,我们可以从构建绿色校园做起。校园是师生工作、学习生活的主要场所,美丽、整洁、优雅的学校环境具有很强的教育性、引导性。学校要落实经费,扩大校园绿化面积,美化校园,改善师生的生活环境,改善学校的育人环境。在绿化基础上,学校可以在校内开辟植物园,学校可将校园绿地划分若干区域,让各班认养,定期组织班上学生栽培、修剪,让他们用自己的双手,美化校园环境。学校还可以召集生物组教师,组织学生给校园里的花草苗木作鉴别分类,制作小牌子,写上树名及所属科目,并为树木挂牌,既可方便让其他同伴认识苗木、观察苗木、增长知识,又可增强学生保护植物的责任感。其次,号召学生一起参加各种环保与资源的纪念活动,如 3 月 12 日植树节、3 月 22 日世界水日、4 月 22 日地球日、6 月 5 日世界环境日等,与环境保护教育主题密切相关。结合这些节日开展植树、环保问卷调查、电子板报比赛、环保演讲比赛、环保知识竞赛、环保征文等活动,以极大地增强学生的环保意识并转化为自觉的环境友好行为。

参考文献:

[1] 程莺.外来务工人员同住子女思想品德状况调查——以上海市十五中学为例[D].上海:上海师范大学硕士学位论文,2012.

[2] 冯珍婷.初中生金钱观现状及教育对策研究——以大连市开发区第七中学为例[D].沈阳:辽宁师范大学硕士学位论文,2012.

[3] 宋振韶,金盛华.青少年社会交往:影响因素及其干预研究述要[J].心理科学,2001,(6).

[4] 陈世盛.高中生人际信任、疏离感与公共道德责任意识的关系及教育对策研究[D].天津:天津师范大学硕士学位论文,2013.

[5] 侯思卉.中学生社会公道意识研究[D].沈阳:辽宁师范大学硕士学位论文,2013.

Shanghai Personnel Suiqian Children Moral Status Investigation

LUO Huarong, LI Guanlan

(The Marxism College, Shanghai Normal University, Shanghai 200234)

Abstract: The moral status of the students is the starting point of moral education in schools, to improve the school moral education pertinence and effectiveness, according to the connotation of "morality" and the Shanghai Personnel with the characteristics of the Suiqian children, seven aspects of patriotism, regional cultural identity, personal value orientation, social awareness, public moral consciousness, legal consciousness, awareness of environmental protection setting, fitting of questionnaire to survey. At the same time, the part of the sample unit in charge of the moral education of the principal and the head teacher in charge of the students' Ideological and moral development characteristics, existing problems, countermeasures, etc.. According to the survey data analysis, Shanghai Personnel with the Suiqian children basic situation, reveal Shanghai Personnel with the Suiqian children moral features, and on this basis, put forward the proposal and the countermeasure to school moral education.

Key words: workers coming to Shanghai for development, accompany－migrated children, moral character, school moral education, countermeasures

思想品德课融入社会主义核心价值观的教学策略研究

高　叶

（上海市松江区九亭中学，上海 201615）

摘　要： 在思想品德课中融入社会主义核心价值观是中学教育的一个重要环节。作为初中思想品德教师，要将帮助学生树立正确的价值观作为重要的教学目标之一，要在教学过程中巧妙利用教学目标融入、教材资源融入、多样化教学手段融入、结合热点问题融入和结合学生生活实际融入的五大教学策略，适当地融入社会主义核心价值观，让学生通过教学活动去体验社会主义核心价值观的魅力。教师要把学生的生活实际和课本内容结合起来，通过课堂活动与社会实践将社会主义核心价值观融入学生的思想。

关键词： 思想品德课；社会主义；核心价值观；融入

中学时期是青少年人生观形成的起始阶段，是构建社会主义核心价值观的初级阶段。把社会主义核心价值观融入中学生的思想观念，不仅影响着他们的健康成长，而且涉及社会主义和谐社会建设的百年大计。思想品德课实践教学的目的是提高理论知识的实效性，提高教师课堂教学质量，营造一个中学思想品德教育的良好氛围，让学生能够学以致用，适应社会需求，回报社会。教师将凝聚了十八大精神的社会主义核心价值观融入思想品德课的实践教学中，可以帮助学生了解更多国情，树立远大的社会主义理想，拥有正确的世界观、人生观与价值观，把握做人处事的基本原则，提高自身最基本的思想政治素养，满足其将来在社会中的岗位需求。所以教师必须把社会主义核心价值观融入学生的思想，下面针对社会主义核心价值观融入思想品德课的教学策略进行简要的探讨。

一、利用思想品德课的教学目标融入

其实，每一节思想品德课都有其特定的教学目标，这种目标既结合了课本和课标的明确要求，也包括根据当前中学生的思想状况确定的相应目标，如叶圣陶先生曾说“胸有境，入境始与亲”，如果学生的思想与社会主义核心价值观不能产生共鸣，教师却机械地给学生灌入理论概念，不但不能引起学生的学习兴趣，还有可能造成学生的逆反心理，那么实现有效渗透的目的就无从谈起。因此，教师在每堂课上要根据教学目标引领学生进行实践活动，开展渗透教学。社会主义核心价值观具有层次性，不可能通过一节课达到最终目的。教学是一个繁杂的工作，所以教师教学时需要突出其反复性与连续性。所以，每一节教学都要有明确目标，并将其详尽讲解，还有，每一节课的教学目标要保持其连续性，以便达到最终目标。

作者简介：高　叶，上海市人，上海市松江区九亭中学一级教师，主要从事初中思想品德课教学研究。

以七年级第7课的《守望相助，邻里乡亲》为例，第一部分是《我们需要怎样的邻里关系》，教师认为学生学好课堂上的理论知识并在生活中发现其应用价值，建立好邻里关系的意识是本课教学的主要目标。第二部分是《我们需要哪些邻里道德》，第一部分是理解内涵，第二部分是实践。第二部分目标应该是运用第一部分所学的知识，处理好邻里之间的关系。和睦邻里、友好社区不仅是国家建立和谐家园的需要，还体现了人们树立社会主义共同理想。在教学过程中要把这些观念持续不断地渗透于学生头脑中。

二、利用教材资源融入

利用教材资源，进行有形无痕渗透。改编后的新教材受到广大师生的好评，但也有人认为："新教材没有内容可讲，学生一看都会。"事实上，新教材不再是传统的教师教固定知识点，而是加入学生主动学习的模块。如："说一说"、"议一议"、"操作平台"、"阅读天地"，并结合了大量的漫画图片和名人名言等。新教材强调"课程不仅是知识，也是实践，是活动"。

例如，在七年级的《文明社区，家家奉献》中，教师可以借"说一说：我国传统的节日有春节、清明节、端午节、中秋节、重阳节等，你知道在这些节日里各有什么习俗吗？请你说说这些习俗有什么特别的含义"来与学生进行探讨。在这一堂课上，学生学到了很多外地风俗。这不仅在简单的对话中宣传了中华民族的优秀传统文化，还弘扬了中华民族的民族精神，在无形中渗透了社会主义核心价值观。

八、九年级学生比较年长，所接触的知识面相对较宽，思维能力也有所提升。所以，教材内容有所拓展，案例活动也随之增多，还设有课后拓展，训练学生的实践能力。教师对八年级第3课《公共设施情系大众》进行讲解时，可以让学生调查学校或住宅附近的公共设施，然后在课上作出总结。在结果中可以看出实际问题，如常用设备短缺、稀缺设备闲置，这都是资源分配不合理的现象。所以，在课后拓展给学生布置的作业是针对以上问题提出相应的建议并上交到公共设施管理部门。

教材能很好地把社会主义核心价值观渗透到学生思想中，所以我们要注重教材的应用。身为教师，把社会主义核心价值观渗透到教学中是最基本的也是最主要的目的，所以，我们要竭尽全力教育学生。但仅仅靠课堂上对学生进行社会主义核心价值观渗透是不行的，还要把教师、学校与社会整合在一起探讨。

1. 教师应能够全面认识社会主义核心价值观

若教师自己都无法全面认识自己所教的知识，又怎能给学生全面授课并解决疑惑？还有，如果教师无法透彻了解所教知识，又怎能让学生渗透？所以，教师必须全面掌握社会主义核心价值观的含义。不仅思想政治科教师加强学习，其他科目的教师也应该做出努力。

2. 思想品德课是培育学生德育发展的重要科目

众所周知，仅靠课堂教学是无法有效渗透社会主义核心价值观的，那怎样才能与学校配合起来把德育工作做好呢？

3. 除了学校，社会和家庭也需要围绕社会主义核心价值观展开教育

"5＋2＝0"的现象说明学校教育和社会发展脱离了，教师教育学生的最终目的是使其适应社会发展，所以我们必须思考：怎样把社会主义核心价值观有效地渗透到学生心中，怎样把社会主义核心价值观和社会联系起来？

三、利用多样化教学手段融入

开展社会主义核心价值观教育，应该细化教学过程，进行灵活多样渗透。高效的课堂教学影响社会主义核心价值观的渗透力度，如果教学是一个系统，那每堂课都是其组成部分，需要把整个教学过程结合起来。在细化教学过程中，要加入适量的实践活动，利用相关视频把社会主义核心价值观深入到学生心中。例如笔者在讲解七年级的《温馨家园，成长园地》时，通过借助《越来越好》、《爱我中华》等视频，让学生看到社会的良好

发展，感受我国的繁荣富强。我们还可以运用各种实践活动让学生体验社会主义核心价值观。又如在讲八年级的《公共设施，情系大众》时，可以各种活动来进行讲解。如：看图片，认识公共设施；连一连，区分公共设施种类；看视频，一起讨论；等等。运用听、说、做等多种方式对学生进行教育。以上活动活动不仅体现了学习目标，还让学生体会到社会的进步。

此类音乐视频还有《爱我中华》、《走进新时代》和《没有共产党就没有新中国》等，它们都是热爱祖国、激情澎湃的音乐视频。将音乐艺术融入课堂，利用学生对音乐艺术的喜爱，对其进行社会主义核心价值观的渗透，可以达到富教于乐、学以致用的效果。

四、结合热点问题融入

开展社会主义核心价值观教育，应该关注时事热点，注重随时随处渗透。社会主义核心价值观具有时代性，新课标特意强调思想品德课应把时事政治作为教育的重要组成部分，时事政治可以教育学生具有爱国主义、集体主义和社会主义思想。时事热点教育是思想品德课的珍贵资源，它具有实效性和时代性。时事热点不但能开拓学生的视野，提高学生对社会问题的分析能力，还能为教师讲课提供新颖的材料，这可作为渗透社会主义核心价值观的载体。所以，教师要关注时事热点，掌握时代发展趋势，随时随地渗透社会主义核心价值观。教师在搜集时事热点的资料时，要着重搜集与课本知识有关的，以便在讲课时能很好地把教材内容与时事热点结合起来。如在每节的课后拓展中可以布置时政作业，在校园广播里可以播放时政热点，在校园专栏贴时政报刊等，这些都是渗透社会主义核心价值观的有效途径。

中学生可以通过时政热点了解国内外政治，更全面地理解党的基本路线和方针政策，培养爱国主义精神。教师在平时教学过程中要让学生搜集关于社会主义核心价值观的时政热点，在每次上课前有三分钟总结报告，并让其他同伴对其进行分析。在此期间，教师要鼓励每位学生畅所欲言，并正确引导学生的思路。在教学时要选典型的、贴近生活的、能体现教学内容的时政材料，给学生进行讲解。学生了解了国家政事，并参与分析，能够明确自己所肩负的重任，提高社会责任感，把爱国之志转变成报国之行。

例如，在天宫一号发射成功后，教师及时让学生观看视频，并从不同角度思考问题："天宫一号"能成功发射证明了一个什么问题？"天宫一号"为什么能发射成功？"天宫一号"成功发射后对我国航空发展有何意义？"天宫一号"成功发射对我们有什么启示？学生对以上问题一一作答。在这个问答过程中，让学生认识到我国的科技在飞速发展，综合国力在不断提升，我国将在国际上产生更大的影响力。学生会因此感到自豪，增强了民族自信心。

五、结合学生生活实际融入

新课程的"三维目标"包括学生的情感态度和价值观。学生在学习过程中的学习爱好、学习义务，还有乐观的生活态度、对科学的求实态度和宽容的人生态度属于情感态度。而学生的价值观是不仅要明白自己的人生价值，还要把个人价值与社会价值统一起来；不仅要拥有科学的价值观，还要把科学价值与人文价值统一起来；不仅要明确人类的价值观，还要把人类价值与自我价值统一起来。情感态度和价值观的内容与社会主义核心价值观的内容基本一致。所以，教师在教学时，要把社会主义核心价值观与新课程"三维目标"中的情感态度和价值观进行有机组合，在对学生教育时，既有社会主义核心价值观的渗透，又有情感态度和价值观的教育。让学生在学习思想品德课的同时，情感得以升华，态度得到端正，价值观走上正轨。教师教学时，要运用思想品德课的知识点和科学观念，把它们融入到学生的实际生活中。根据学生平时生活中的兴趣爱好，组织教学，新课标要求落到实处。

教师在对六年级第 6 讲的《生活俭朴，行为文明》进行讲解时，围绕"中学生如何合理消费"这一话题进行讨论。中学生尤其六年级的学生刚走出家长的庇护,不懂得合理消费。此时,教师要引导学生树立正确的消费观和金钱观。在行为方面,学生大都是独生子女,备受家人呵护,不懂得帮助他人。此时教师要给学生渗透热心助人的观念,让学生懂得在生活中要帮助他人。同时,教师要列举一些发生在学生身边的不健康、不文明现象,然后引导学生树立社会主义荣辱观,主动培养"四有"新人;给学生讲解"参与政治生活"等等。

总之,思想品德教育课堂融入社会主义核心价值观就要灵活运用各种实践活动,不仅在课堂上要有活动,在课余时间也要有社会实践活动,让学生亲自去体会社会主义核心价值观。同时教师也要掌握教材内涵,正确教导学生。让学生能够学以致用、适应社会发展。

参考文献:

[1] 王红柳,余林.以社会主义核心价值观统领青少年亲社会行为的培养[J]. 学理论, 2010,(8).

[2] 史玲玲,余林.从青少年的心理特点看社会主义核心价值观的培养[J]. 学理论, 2010,(26).

[3] 刘春艳,白冰. 新时期加强青少年社会主义核心价值体系教育的路径浅探[J]. 潍坊教育学院学报, 2011,(2).

[4] 于俊如,杨明.论当代青少年社会主义核心价值体系教育[J]. 中国青年政治学院学报, 2010,(5).

[5] 张雷声.把社会主义核心价值体系融入思想政治理论课的教育教学[J]. 高校理论战线, 2012,(4).

Teaching Strategies of Integrating Socialist Core Values into Moral Education Courses

GAO Ye

(Shanghai Jiuting Middle School of Songjiang District, Shanghai 201615)

Abstract: Integrating socialist core values into moral education courses is an important part of secondary education. Teachers of junior middle school who are required to help students to establish correct moral values and take it as one of the important teaching objectives, should appropriately combine five teaching strategies (i.e., integrating teaching objectives, teaching materials resources, diversified teaching methods, hot issues and students living into teaching process) with socialist core values, and so students can experience the charm of socialist core values through teaching activities. Teachers should also combine the students living with textbook contents, and integrate the socialist core values into student's thought through class activities and social practice.

Key words: moral education courses, socialism, core values, integrating

传教士对近代中国教育的影响

彭晓晨

（山东师范大学 教育学院，山东 济南 250014）

摘 要： 传教士对近代中国教育的影响，主要在如下几个方面得以体现：第一，引进西方科学知识，加速了中国传统课程与教学方法的改革步伐；第二，基督教的宗教思想客观上改变了中国学生的思考方式；第三，激发了学生的爱国运动，促进了学校教育改革；第四，开了女学教育的先锋，加快了中国女子接受教育的进程。

关键词： 传教士；近代中国；教育

西方传教士作为近代中国的一股特殊势力，分布在中国的各个乡镇村落。1840年之前，传教士绝大多数不公开传教，因为清政府的“禁教”政策，使得传教士有所顾虑；第一次鸦片战争之后，传教士借着资本主义的大炮，公然变“外来”成“内在”，开始在政治、经济、教育等各个方面发挥作用。文章就传教士对中国近代教育转变进程中所产生的影响进行论述。

一、打破中国历久以来的传统课程与教学方法

西方传教士从一开始来到中国就利用西方的科学知识吸引中国人的注意力，最早自唐代的景教传入中国后，天主教于明朝时期传入中国，当时的传教士得到了明朝皇帝的赏识，传教士利用西方科学知识与修历书作为媒介来传播天主教，西方的哲学、伦理学、建筑学和绘画等知识被引进。另一基督教派新教来到中国活动的时间是从1807年开始的，当马礼逊来到中国后，伦敦会给他的任务之一是：为了能够更好的传教，可以去担任数学家，就数学的各分支进行讲学，同时也可以把英语作为讲学的一部分，来吸引人们学习。[1](P20)

可见不论是天主教还是新教对西方科学知识的利用是十分重视的。新教传教士马礼逊为了更好地使基督教教义得到传播，于1814年翻译了汉语版的《圣经》，1823年编纂了《华英词典》，在语言研究方面对中西方都产生了重要影响。1840年之前，传教士对中国人思想的冲击是极小的，中国人甚至对传教士不屑一顾。而鸦片战争的爆发，则颠覆了人们的价值观，传教士在不平等条约的特权保护下陆续创办洋学堂，在教育上影响了中国传统的课程与教学方法。下面分为两个阶段来阐述。

1. 第一阶段：1840—1900年

此前的清政府，教育制度基本上沿袭明朝，但偏重于科举，各地私塾的课程内容不外是《三字经》、《千字文》和“四书”等，教法只有课读与背诵两种，并且劳动人民的子弟几乎是没有机会入私塾的，基本上是文盲。传教士在中国创办洋学堂开了中国教育转变的先河。1840年到1860年在中国开办的洋学

作者简介：彭晓晨，山东临沂人，山东师范大学教育学院硕士研究生，主要从事外国教育史研究。

堂主要有英华书院、女子学塾、英华男塾、徐汇公学等,传教士采用免费的办法招收学生,但学生人数不多,中途退学的也不在少数。如传教士于1850年在广州开办的一所洋学堂,开学时有3名学生到学校,过了没几天,其中2名因为承受不了周围舆论的压力选择了退学。到1860年后清政府因为洋务需要,在西方传教士的影响下开始设立了几所洋学堂,比如同文馆、广方言馆。由于清政府的倡导,西学的学习人数开始相对增多,清政府为了和传教士办的学校相区别,一般称传教士办的学校为教会学校,而洋学堂则是与科举制的学塾或私塾相区别的。此时比较出名的教会学校主要有1864年成立于山东登州的蒙养学堂、1879年成立于上海的圣约翰学院、1889年成立于广州的格致书院等,有很多书院到后来逐渐成为了教会大学。这一阶段的教育是以小学和中学为主的,大学还没有形成或者正在形成的过程中,下面我们以教会学校的登州文会馆为个案,研究其课程特点及教学方法。

登州文会馆是美国南长老会狄考文所创办的,开始是教会小学,1873年开始设置中学课程,1903年与其他书院合并为联合大学,1917年再次合并为齐鲁大学。该学校在合并为大学之前的学制为小学3年,中学6年,一共9年。课程安排如下:

小学课程表:

第1年:马太六章(圣经新约里的一些章节)、教义问答、孟子上、选读诗经1、2、分字心算、笔算数学(上);

第2年:弗所哥罗西书、孟子下、选读诗经3、4、选读唐诗、笔算数学(中)、地理志略、乐法启蒙;

第3年:诗篇选读、圣经指略上、书经1、2、作文作诗、大学和中庸、地理志略、笔算数学下。

中学课程表:

第1年:天道溯原、书经3、4、诗经、论语、代数备指;

第2年:书经全、天路历程、孟子、礼记1、2、圆锥曲线学习、形学备指、万国通鉴;

第3年:救世之妙、诗经、礼记3、4、大学中庸、绘测学、八线备指、格物、省身指掌;

第4年:天道溯原、诗经、赋文、左传1、2、3、4、礼记1、2、3、量地法、航海法、地石学、格物(声光电);

第5年:罗马书,左传5、6、礼记4、赋文、物理测算、代形合参、动植物学、21史约编、化学;

第6年:心灵学、易经全、富国策、是非学、系辞、读文、微积学、天文揭要、化学辨质。[2]

可见,虽然以宗教课程和中国儒家典籍为主,其次才是科学文化知识,但是毕竟还是引进了西方的一些课程,而且这些恰好也是中国所欠缺的,这可以让中国的学生开拓视野,并成为后来继续学习西学的垫脚石。

2. 第二阶段:1900—1951年

义和团运动失败后,中国已完全沦为半殖民地。传教士在此期间开始在中国土地上开办大量的教会学校,到1918年为止,教会学校比1900年以前增加了约4倍之多。这一阶段的特点是重视高等学校的发展,其中新教比天主教更关注高等教育。此时的教会大学共有14所,主要有:

14所教会大学:

"上海震旦大学,1903年天主教所创立;

上海圣约翰大学,1905年成立,美国圣公会开办;

杭州之江大学,1910年建校,前身是杭州育英义塾,育英义塾的前身是宁波的崇信义塾;

成都华西协和大学,又称华西大学,1910年建校;

武昌华中大学,1910年建校;

南京金陵大学,由南京汇文书院和基督教学院1911合并成;

上海沪江大学,原名为浸会大学,1915年建校;

广州岭南大学,1916年建立;

北京燕京大学，1916年建校，1919年改名为“燕京大学”；

山东齐鲁大学，1931年建校。”[1](P278)

当时在中国存在的国立大学只有3所，私立的有5所，加起来一共8所，可见教会大学在数量上占了上风。到1925年，中国的爱国青年要求收回教育权，为了同中国公私立大学较量，教会大学开始抓“质量”，以质量来战胜中国学校。下面我们以燕京大学为例，进行课程与教学方法的研究。

燕京大学于1916年创办，由原来几所实力很弱的教会大学合办而成。燕京大学校长司徒雷登(1919年上任)是一位生于杭州的美国传教士，为了发展燕京大学，更好地进行传教，他积极为燕京大学筹资、改建扩展校园、聘请高质量的教师、进行一系列课程与教学方法改革。1927年之前，在课程的设置上注重于职业科目，曾开设畜牧科、制革科、劳动调查统计科等。由于受到美国“托事部”的干预使劳动调查统计科没有开设成功，畜牧科于1928年移交给南京金陵大学，制革科则于1926年停办。[1](P313) 1927年之后，燕京大学的课程设置重点放在文科上，为了使家庭贫困但有发展前途的学生报考，燕京大学采用设置奖学金、工读计划和低价宿舍的方式，在工读计划中，学校通过帮忙介绍到附近的中小学兼课、给外国人打字、教汉语、抄写、当导游等方式，既解决了贫困学生的学费问题又为其提供了实习的机会。1925年开始燕京大学陆续设立了神、文、理、法4个学院。我们以文学院进行研究，文学院下设有新闻系、国文系、英文系、社会学系、历史系、教育系等专业。

表1　1925年燕京大学文学院课程结构与设置

	课程	教学方法	目的
国文系	经史学、现代散文、音韵学、笔记文学、中国文学史等，另需修外语	注重学生随班创作、民主教学、师生平等	培养中西通才
社会学系	19世纪欧洲政治社会的发展、中国社会制度、当代政治理论、经济理论等8门课程	讨论法、个别谈话法、教授法、理论与实践相结合(开设农村试验站，训练学生进行社会调查等)	在社会调查中体会农民生活，建立“适合我国国情”的社会学与科研人才
历史系	古书之真伪、历史研究法、中国史学目录、日本史、西洋现代史、世界史、亚洲史、明清史等	教师指定读书名单，学生运用自主读书法、讨论、提问、答辩的方法	提高“历史真理”的标准，培养具有世界眼光的人
新闻系	在新闻系之外选修文学院其他系3/4的课程，1/4为本课课程	实践与理论相结合，创办新闻实习报纸，学生作为编辑者之一联系实际进行写作发表；课堂实习、采访、编辑、到单位实习	让学生得到初步的训练，以期他们能把新闻事业树立为最有潜力的事业，协助中国发展高质量的新闻人才

作为教会学校，传教的目的是必然存在的，但是除此之外，从上表我们可以看出，燕京大学的教学方法和课程设置是存在一定灵活性的，与中国私塾所设立的课程与教学方法有所不同。另外需要提一下的是燕京哈佛学社，该社以研究中国古代文史资料为主，历史系的洪业主导创办的《引得》编辑处所出版的一系列参考书，是20世纪上半叶研究中国文化最重要的文献之一。[3](P112) 这也对近代中国教育中注重研究的严谨性有一定的借鉴作用。

二、基督教的传入客观上改变了学生的思考方式

中国从汉武帝执行罢黜百家、独尊儒术的政策开始，儒家经籍长期被历代封建王朝作为统治人民的精神支柱。因此，西方传教士到中国来要人们改奉外国来的上帝是极端困难的。传教士经过一段时间对中国社会的调查和对儒家学说的研究，意识到若想在中国立足，就必须利用儒家经典并有一定妥协，所以就出现了一些开明的传教士，以儒家经典解读基督文化，并容许教徒祭祖祀孔。

天主教的利玛窦就是利用该种手段进行传教的。利玛窦在《天学实义》的引录中说:“吾天主乃古经籍所称上帝也。……历观古书,而知上帝与天主,特异以名也。”[1](P4)

基督教传教士理雅各认为:“孔子是中国古代事迹著作的保存者,中国黄金时代箴言的诠释者,解释者。”[2](P444)

上述两例是说基督教与儒家相结合的可能性和西方传教士对中国儒家文化研究给出的评价。但早期新教传教士在中国并非如此,他们的理念是“孔子或者耶稣”,要么就是孔子,要么就是耶稣,两者之间只能有一个存在。其结果是,入教者寥寥。随着时间的推移,到了 19 世纪 70 年代,传教士方才意识到前辈传教士所言为真,得出了孔子与耶稣并存的战略结论。1876 年,牛津大学创设了中国讲座,聘请理雅各担任教授,理雅各告诫传教士说:“惟有直到透彻地理解了中国人的经籍,亲身考察中国的圣贤们所创建的道德、政治和社会生活基础的全部思想领域,才能被认为是与自己所处的地位和担当的职务相称”。[1](P160)之后的卫三畏、林乐知、花之安都鼓吹“孔子与耶稣结合”的理论。花之安所编写的《自西徂东》在“自序”中就提出,他所介绍的西学是要跟中国传教士“共往西国,真心求取耶稣之理”,然后与中国“儒教之理”共条同贯。为此,他把儒家礼教与基督教的某些教义相结合,将书分为了 5 卷,进行他的布道。其实,西方宗教理论的引进,不论是“孔子与耶稣相结合”还是“孔子与耶稣只选其一”,均扩展了中国人信仰的方式,引发了中国人的思考。

太平天国运动的领袖洪秀全就是通过接触《劝世良言》而改变了以孔子为偶像的传统观念,于 1851 年初发动了金田起义。林乐知所创办的《万国公报》,该刊所载的内容,对西方观点的传入起了很大的作用,李提摩太也借助《万国公报》介绍了一些新方法、新思想、新制度,而且第一次引进了马克思主义,虽然目的不是要宣传马克思主义,而是以传播基督教为主,但无意间夹杂的只言片语对读者的思维是有开阔之效的。社会上的改变无形中自然会影响到学校,在教会学校中,外籍教师利用传播宗教的目的让学生学习基督教知识,这也使英语教学有所普及,学生开始有意识地独立学习西方文化知识。以学生为主力的五四运动所提出的“打倒孔家店”等超越性的呼喊与西方传教士在中国的文化传播及教育普及不无关系。虽然他们想阻止中国学生爱国的觉悟,但是在客观上一定程度地推动了学生思考问题方式的转变。

三、激发了学生的爱国运动,促进了学校教育改革

西方传教士在中国的传教遭遇到了他们所想不到的阻力。这是因为,大部分传教士受西方观念的影响,目标是势必战胜所谓的异教中国,使基督教独占中国,而中国人受千年以来封建社会的精神支柱——儒家思想及体制的制约,因而排斥西方文化,于是两者之间就以“多米诺骨牌的效应”彼此冲突。传教士绑架西方科技和文化优势,凭借西方武力为后盾和不平等条约所给予的特权,企图按照他们的方式使中国在他们的引导下发展。

1919 年五四运动以后,中国社会发生了深刻的变化,教会教育在办学方针上也提出了应变的新口号,采取新措施。1921 年美国各差会进行联席会议时,决定组织教育调查团,调查基督教在华的教育情况。该调查于 1921 年 9 月开始于 1922 年结束,以调查报告的内容为基础编写了《基督教教育在中国》一书。他们提出的理念是教会学校要有彻底的基督化的性质、彻底的中国化的氛围、把效率提高到一个新的高度,这样就可以更好地服务于传教。目标是行为的先导,世界基督教学生同盟会于 1922 年在北京清华学校举行第 11 届大会,共有 32 个国家的 146 名代表参与,北洋政府派了军警进行直接保护,大会格言是“天下一家”大会主题是“基督正在世界重建中”。会议包含了“国际与种族、基督教与社会及实业界、现代学生与基督教宣传办法、学校生活的基督化、学生在教会中的责任以及女基督教学生同盟与

世界团体关系"6 个专题。可见此次会议带了明显的政治性。正是基督教的这种直接干预政治的行为激发了中国学生爱国行为的表现。在会议前一个月，爱国学生在上海中国社会主义青年团的带领下，在 3 月 9 日公开发表了"非基督教学生同盟宣言"，这是第一次吹响了非基督教运动的战斗号角。青少年学生反对的是帝国主义利用宗教与传教士来侵略中国。一直到 1925 年至 1926 年，收回教育权运动的展开，是青年学生爆发爱国思想的重要体现，也是教会学校学生开始独立，爱国重于传教士教师统治的开始。正如司徒雷登曾以为的，青年学生是一个民族的希望与未来，要充分利用和引导学生，这个国家才会向着理想的方向发展。[4](P116)

通过收回教育权运动使得"教会学校需向中国政府当局注册、教会学校由中国籍人士为校长、禁止将《圣经》等宗教课程作为必修课"等学校改革出现，这是青年学生在传教士的激怒下表现出的爱国运动所获得的成效，这种觉醒是一个民族的觉醒，是学生思维方式的改变，由此使过去教会学校教师"一统天下"的局面有所改善。在国立和私立学校中也同样加深了学生爱国思想的感悟，使学校学生的爱国团体自发形成，促进了学校的民主自由，活跃了学校气氛。

四、开了女学教育的先锋，加速了中国女子接受教育的进程

在中国漫长的历史河流中，正统教育理念里女子是不接受教育的，虽然先秦时期不论儒家还是道家都注重阴阳之道，不否定女性在社会中的重要性，但是在经过了各代王朝的发展后，儒家已经被解释成了轻视女性角色的理论，而且历代王朝引用并统治之，所以闺房中、炉灶旁是她们的天地，"贤妻良母"、"三从四德"是对一个中国女子最好的评价。纵然曾存在着反抗传统观念的人，可是人数之少以及传统观念之牢，使得反抗不过是稍纵即逝的存在，终究是改变不了历史大趋势的。一直到了近代，随着传教士的来华，为了传教的需要，传教士开了中国女性教育的先河，开始创办女子学堂，使中国女性接受教育。

1835 年 9 月，郭实腊的夫人在澳门开办了一个读书班，收容了几个贫穷女孩。1844 年，英国"东方女子教育会"的成员阿尔德赛女士在宁波开办了中国大陆上的第一所女学，女子教育在中国由此开始。在 1840 年—19 世纪 60、70 年代这段时间里，先后在五口通商城市和香港开办了 11 所女子学校，虽然学校提供免费教育，而且有的学校还会提供膳食并发放铜钱，但是招收学生的人数还是极少的，如 1850 年广州传教士开办的一所女子寄宿学校，开学当天，原本报名的学生一个都没有敢来，经过几番动员来了几个，可是不久又全部退学，可见女校招生之困难；另外教育的课程内容程度较低，以小学程度为主，基本上是学习一些纺织、缝纫、园艺烹饪等女红为主，在上午的时候阅读背诵一些《圣经》、"四书"的知识。到了 70 年代之后，随着益智书会的成立，教会女学的数量开始增多，教学质量也有了很大的提高。1890 年，林乐知在上海创办中西女塾，招生以富家女生为主，课程设置有数学、地理知识、写作、"五经"等西学和中学，另设家政课、音乐课。与此同时，高等教育的女子学校开始出现，1904 年创办了华北协和女子大学(后与其他几所教会学校合并为燕京大学)。由于传教士的影响及中国仁人志士的倡导，1907 年，清政府通过了允许建立女子小学以及专门培养女教师的女子师范学校的教育法令。[5](P57) 自此开始，女子接受教育已成大势所趋，1913 年，传教士创建了金陵女子大学(1915 年开学)，1914 年创办了福州华南女子大学，同时一些综合性教会大学开始兼招女生，比如燕京大学、金陵大学、岭南大学等，这个时期教育的课程包括了中学和西学。

从宁波女塾的初创到华南女子大学的建立，教会女子学校突破了中国女学的禁锢，加速了近代中国女子教育发展的进程，促使社会开始关注"女性接受教育"，使人们开始接受女性和男性具有同等接受教育权力的思想，人们开始认识到女性接受教育是天经地义的事情，而不是与众不同。

五、结语

基督教传教士在中国办教育、引进西方知识是以"传播福音"为前提的,过度夸大其作用是不符合历史史实的,正如赛珍珠所言:"我承认我们都是平庸之辈,……以我多年住在中国的生活,我是一个中国人,作为一个中国人,……你们美国人不要带着傲慢的态度来到中国,……不要向我们说教,但要把你们的基督更美好、更丰盛的生活带给我们分享。给我们最好的,要么就什么也不给。"[2](P444)

笔者所阐述的正是在中国处于从中世纪走出来的这个阶段传教士给教育带来的改变,除了本文所述传教士对近代中国教育的影响外,他们还设立了基督教男女青年会,对中国青年身心的发展提供了西方的德智体的教育,为中国培养了大批不同于旧文人的知识分子,同时对中西方文化的交流也起到了功不可没的作用。如果不存在基督教的传播,西方对中国的侵略也会是必然的,而传教士作为第一批对中国教育有所影响的群体,我们不该一味地给予否定,而是应该以辩证的视角来解读传教士,以适切的态度来看待传教士对近代中国教育的影响。

参考文献:

[1] 顾长声.传教士与近代中国(第四版)[M].上海:上海人民出版社,2013.

[2] 顾长生.从马礼逊到司徒雷登[M].上海:上海书店出版社,2004.

[3] 陈远.燕京大学:1919—1952[M].杭州:浙江人民出版社,2013.

[4] 郝平.无奈的结局:司徒雷登与中国[M].北京:北京大学出版社,2011.

[5] [加拿大]许美德.中国大学1895—1995:一个文化冲突的世纪[M].北京:教育科学出版社,1999.

Missionary Influence on Modern Chinese Education

PENG Xiaochen

(College of Education, Shandong Normal University, Jinan Shandong 250014)

Abstract: Missionary influence on modern Chinese education, mainly reflected in the following aspects. Firstly, the introduction of Western scientific knowledge, China has accelerated the pace of reform traditional curriculum and teaching methods; Secondly, the objective of Christian religious thought has changed Chinese students' way of thinking; Thirdly, to stimulate the students' patriotic movement, accelerate school education reform; Fourthly, opened a pioneer female school education, accelerated the Chinese women's education process.

Key words: missionaries, modern China, education

高考命题对学科思维素养与能力的考查
——以2015年上海普通高考历史科试题为例

刘晖龙

(广西师范大学 历史文化与旅游学院，广西 桂林 541001)

摘　要： 2015年上海普通高考历史科命题，围绕"贯通历史基本知识，提升思维能力"的指导思想，以全面考查学生的历史学科素养能力为核心目标，命题立足学科主干知识，创新试题考查的载体与形式，凸显历史学科思维价值丰富内涵的考查。努力探索在考试评价上贯彻实施素质教育的价值导向，极大地拓宽了新课程高考历史学科思维素养与能力的考查视阈。

关键词： 历史学科；思维价值；新课程；上海高考；命题探析

《普通高等学校招生全国统一考试大纲·历史》(以下简称《考试大纲》)明确指出："注重考查在科学历史观指导下运用学科思维和学科方法分析问题、解决问题的能力。"[1](P175～182) 2015年上海普通高考历史科试题以"贯通历史基本知识，提升思维能力"为命题的指导思想，以全面检测学生历史学科能力及素养为考查的基本目标，运用历史基础主干知识作背景或铺垫，凸显了高考学科能力素养考查的命题立意，创新了对历史学科的时空意识、证据意识、归纳或比较、判断或推论、叙述或概述、解释或评价等学科思维能力与方法的考查。

一、强调历史的时空意识，凸显历史学科思维核心要素的考查

"时间和空间是物质的存在形式，也是历史现象的存在形式。时间、空间的本质属性也是物质的，不是纯观念的东西，我们不能从观念本身出发建立历史的时空观，而应从历史发展的具体事物中建立历史时空观。"[2]

2015年上海普通高考历史科试题在历史时空意识的考查上创新良多，试题首先很好地贯彻《考试大纲》"将历史人物、事件、现象等置于特定的时期、地点"、"运用时间、空间的各项技能"等试题命制要求。试题接着充分运用历史学科"时空观"的立体性与整体性特点，即基于历史知识的时序性和空间性，把相关历史事实不同的时间与空间性作为命题的切入点，以此考查学生在特殊的历史情境下，如何准确定位历史的时空性并分析、评价历史事件，进而在学生运用时空观过程中揭示历史发展进程的全貌与规律，试题检测的功能与目标就是对把握历史发展全貌的思维方式的学科素养能力进行考查。具体在试题命制中表现在

基金项目：本文系全国教育科学"十二五"规划教育部重点课题《新课程高考历史学科能力考查的创新研究》(课题批准号GFA111027)阶段性研究成果之一。

作者简介：刘晖龙，广西钦州人，广西师范大学历史文化与旅游学院副教授，主要从事中学历史课程教学、教师教育、考试命题研究。

以下三个方面：

第一，基于历史的时序性，考查对历史整体性认知与全貌理解的能力。时间属性是历史学科的本质特征之一，因而，对历史时间运用技能的考查是历史学科能力素养要求之一。2015年上海高考历史科试题在历史时序的考查上，在选择题中就有第1、3、5、6、8、10、13、18、20、22、24、25、26、28、29题明确涉及，占全部选择题的3/7，另在非选择题的36、38题，也包含着历史时间技能运用考查的内容。这在全国试卷或者其他分省自主命题卷中也是罕见的，足以说明2015年上海普通高考历史科高度重视历史时序性的考查。

可喜的是，2015年上海普通高考历史科对历史时序的考查，已突破了死记硬背的知识性考查即"精确的历史年代"的传统试题形式，转向了运用诸如基于历史发展的眼光、或基于历史发展的线索、或历史演变的规律、或历史因果关系等内容设计新的试题形式，以此深化为对历史事物发展整体性认知及全貌理解能力的考查。如第8题"以下史实哪一项反映了唐代的民族交往"，其考查的知识就是以文成公主入藏的时间属性作为命题的基本内涵及要素，从历史发展的基本线索、历史演变规律及历史因果关系的分析推论中实现对"唐代民族交往"所包含的丰富的历史思维价值的考查。该题目看似平淡无奇，但由于通过设置"胡床、胡服、胡食传到中原地区，并为汉人所接受"的干扰项，适度增大了试题的难度系数，提升学科思维内涵的考查功能，由此方可理解与认识"唐代民族交往"这一历史发展的基本线索、历史演变规律及历史因果关系的理解能力。

第二，基于历史阶段特性，考查历史思维宏观视野的能力。如第1、6、9、20、24、26等题目，试题大量运用了相关多种形式的史料，以创设与之相应的历史情景，试题渗透获取和解读材料信息、调动和运用所学知识等多方面的能力形式与途径去实现对学生关于历史时空意识的考查，从历史事物整体认知和全貌理解的宏观视角考察和分析历史阶段发展的特征。如第6题"井田之变，豪人货殖，馆舍布于州郡，田亩连于方国。"考查的历史知识是豪强地主势力空前膨胀的历史时期发生在东汉，通过调动和运用相关历史知识和解读试题所提供的"历史文献资料"豪人货殖，馆舍布于州郡，田亩连于方国"，可以推论出东汉时期的豪强地主既是大地主，又兼备商人的特征，考查了东汉时期的突出特征就是豪强地主势力的膨胀。

这一类型的试题命制的特点在于通过大量运用多种形式的文字、图片、表格、漫画等材料创设与历史相吻合的情景。一则可有效地实现对考生从历史材料中获取与解读信息的基本能力的考查功能；二则可有效实现对学生历史知识掌握程度及理解能力水平层次的考查目标，即考查学生对该时期历史发展进程的状况的认知与理解能力；三则有效地实现对历史事物及其历史阶段特征的宏观视野认知能力的考查，从而极大地深化并提升了对历史知识所蕴含的丰富思维价值的考查。

第三，基于历史特定的空间属性，深化对历史思维纵深感和广阔性的考查。2015年上海高考历史学科命题，以更加宽阔的空间视野，基于历史整体性的认知和理解，突出历史思维的纵深感和广阔性的考查功能。如第10题"在一张地图上，出现了'欧逻巴'、'亚细亚'、'地中海'、'大西洋'、'尼罗河'等汉字地名，'大地是球形的'这一概念被引入了中国，这幅地图的绘制者是()"，试题基于相关历史人物活动的时间范围与空间范畴，深化并创新了对历史时期特定的空间与环境的理解认知能力的考查。又如第13题，基于全球史观的立场与历史研究的方法，考查学生运用全球史观的基本观点和理论方法，从而认识与理解"从分散走向整体"世界历史发展的时空观问题。第28题则运用了图片、文字等史料形式进行历史情景的创设，考查了对二战对人类文明影响的整体性认知能力和对历史进行深度反思的能力。又如第40题，其考查的时间范围上涉周秦、下至近代和现当代，真正体现了历史"贯通古今"的学科特性。而其空间范畴，也从古代的中国延伸至世界的视野，这充分反映了历史思维能力考查的纵深感和广阔性特色。

二、着眼于历史的证据意识,深化历史逻辑性思维的考查

"论从史出,史论结合"是历史研究的基本要求,史料处理是历史学所特有的研究方法之一,其特色是以相关史料这个基本载体,基于史料来源的科学性与准确性为前提,历史的解释、历史的论证都必须依赖于历史的证据,做到"言必有据"。同时,通过史料的判断与解读,运用相应的形式思维与逻辑形式论证历史结论和解释历史事物。

2015 年上海普通高考历史科试题考查运用多种类型的史料,考查学生对重大历史事件的逻辑推理及论证的能力。试题在命制中着眼并立足"历史结论"的理解、概括、分析与归纳、演绎与推理等学科思维方法的考查,如史料的甄别与辨伪、史料解释与判断、史论一致、论从史出、史论结合等历史学科逻辑思维形式,以所提供的史料为支撑,由此分析与推导历史的结论,从而实现历史学科逻辑思维能力的考查。

"历史学科的基本技能(也是核心的技能)便是获取历史有效信息并加以分析、归纳总结出符合历史事实、符合历史唯物主义和历史发展规律的结论。"[3] 史料的发现只是揭开历史帷幕的前提,在收集与整理史料的基础上,基于史料的使用价值及史料运用方法的考查是升华历史学科逻辑思维能力考查的关键所在,即考查学生如何运用史料证据实现对历史的合理解释与论证。即如何从纷繁复杂的历史中提取有效的信息,并对之作合理、准确而又完整的解读。由此突出对考生真实的解读史料能力的检测,其核心主旨在于历史思维灵活性的考查。

上海作为新课程改革先行先试的地区,海派试题常常令人耳目一新。如第 39 题关于"丝绸之路"的能力考查就充分运用了"二重证据法"的史学研究方法,试题首先展示了 A、B、C、D 4 种史料,由此而设置了三大问题的材料情景,基于材料的情景又提出三大解决方案的策略。接着命题又运用文字、实物图片、地图等材料形式创设试题的全新情境,然后立足于史学研究"提出问题—分析问题—解决问题"的思维方式。基于史料搜集和整理的能力视角,立足于如何搜寻材料途径的便捷性和方法科学性的原则,考查学生如何建立对不同史料形态的合理分类、科学甄别以及价值判断,从而形成寻求有效论据的能力和方法,深化考查学生在新情景中运用所学知识解决问题的能力,并引导学生养成历史学习的"证据意识"。最后,命题运用"新颖"的史料,并挖掘史料的内涵,创设与当时历史事件相适应的历史场景和考试的情境,立足于考生已有的知识储备,考查学生如何科学使用材料的方法与能力,结合和联系所学基础主干知识进行思考与判断。一方面,从材料信息的获取与处理的基本能力的考查转向考生的信息解读能力与知识迁移能力的深入考查,从更高的思维层次实现对历史研究方法与能力目标的考查。另一方面,考查学生运用所学知识与方法,考查在史料收集与整理中形成对历史的认识与理解,从而生成对历史结论的理解与认知能力。

本类型的试题还有第 2、3、6、7、8、10、12、16、17、21、28、29、31、35、37 等题。该类试题通过历史新情景的创设以及历史文献资料的运用方法,由此形成特定的试题情景,自然而然地引出问题的设计形式,给考生的理解和解决问题的思维过程铺垫相应的平台,着力于考查考生独立解决问题的能力和方法,从考生各自独特的思维形式与解答问题的方法差异性中,区分各类考生不同的层次能力。

三、渗透探究性学习的理念,拓宽综合、分析、归纳、比较能力的考查

"要获取历史信息,掌握基本的史实,不应仅限于学习教材中对史实的解读,还应通过运用各种史料,通过师生共同的解读,来完成对基本史实由表及里、由感性到理性、由肤浅到深刻的认识。"[4]

2015 年上海普通高考历史科试题,渗透与体现新课程关于"过程与方法"能力目标的考查,其试题命制的特点是以历史研究方法或历史推论的过程为立足点,通过呈现相关文献材料的方式,考

查学生如何获取信息、运用何种观点与方法对材料进行解读，进而对材料进行分析、归纳、综合和比较并得出相应的历史结论，对历史结论作出正确的解释。其实质隐含着尊重历史、实事求是研究历史的思维方法。如第20题，通过运用历史人物曾国藩的相关材料为素材设计试题，呈现给考生丰富的历史人物活动的资料，以此创设历史情景和问题情境，由此而激发考生进行自主探究的兴趣，并在探究的过程中逐渐形成并树立历史研究的意识、掌握科学研究历史的思维方法和独立思考的能力。此种形式的试题，既要求考生掌握对所呈现的信息进行归类和整理的能力与方法，又须基于已有的知识储备，即结合所提供的材料并联系所学基础主干知识进行判断与思维，才能最大限度地获取材料有效、全面的信息。

又如第40题“竞争世界”与“大同理想”的考查，即运用了“古今贯通”、“中外关联”、“学科融合”等史料形式创设历史的情境及问题设计，试题运用丰富而新颖的材料，巧妙地把历史学科思维能力考查的意图隐性、间接地渗透于材料之中，通过适量增加材料形式的历史情景和试题情境，拓宽了分析与综合、概括与比较等学科思维能力及思维方法考查的视阈。

此类命题基于史学研究方法的深入考查，有利于实现对历史分析能力的考查，命题立足于史学研究的学术性，把史学界关注的历史研究的新理论、新方法、新成果等学术问题渗透于试题命制之中，通过对高中所学知识的融合与重组，通过结合所学知识的运用方法，探究历史的学术问题，从考试的角度实现中学与大学教学的有效衔接。

四、实践素质教育的价值导向，挖掘历史知识思维价值含量的考查

“历史思维是人类对社会历史进行理性认识的思考，它体现了人类思维的特性和历史思维的特点。”[2]重视历史知识思维价值含量的考查是2015年上海普通高考历史试题的一个重大特色。试题以学科思维能力考查为目标，基于知识与能力相交融的试题形式，探索能有效落实知识与能力考查的目标功能作为命题的基点，很好地立足历史学科知识，兼顾学科思维能力，从而在知识与能力培养方面贯彻落实素质教育的要义。

在考查内容的选择及试题编制上，2015年上海普通高考历史科试题立足于运用有利于认识和解决历史重大问题时所需要运用的历史知识的关联性展开考查。命题基于“知识与能力相交融”的形式，在知识考查中也着眼于深入挖掘历史思维的价值含量作为试题考查的目标，变死记硬背为基于理解记忆、灵活记忆形式的能力与方法的考查形式。如第2、5、8、9、13、15、18、24等试题，试题所运用的基本素材取材于重大历史事件、历史现象、历史人物、历史线索、历史发展规律、历史阶段特征等历史学科基础主干知识，以此为基点，充分运用历史主干知识为依托的历史情景和考试情境作为试题命制设计的基本形式，由此创设试题的新问题、新情景或新的切入角度等更高级能力目标的试题，从而突出历史学科思维价值的考查力度。

又如第3、15、16、27等题目是对世界各地法律实践的考查命题，第12、20、26等题目是对爱国主义的教育及引导等试题的命制，这些试题立足于历史学科的基础主干知识，以多种形式材料创设情境方式，重新整合历史基础主干知识的层次，挖掘历史知识所包含的政治文明、物质文明、精神文明等具有现实意义的丰富内涵，通过史料的价值判断或甄别，突出历史知识丰富的思维价值的内涵与特色。不仅考查了历史思维的严谨性，而且试题通过对精神文明层面的升华考查，充分体现新课程关于情感态度价值观的培养目标，这深刻反映了新课程高考历史科命题在努力实践素质教育的价值导向方面作出了有益的探索与创新。

总之，2015年上海普通高考历史试题基于学科能力考查的目标为命题的立意，深入挖掘历史知识与学科思维能力的关联性与交融性，广泛运用“新”材料，创设历史或者考试的“新”情景，基于“新”视野或者“新”角度，提出“新”问题，试题所渗透并深刻体现了历史学科思维素养能力考查的明晰主题特色，极大深化与提升历史学科思维能力的考查功能。

参考文献：

[1] 中华人民共和国教育部考试中心.2015 年普通高等学校招生全国统一考试大纲(文科 · 课程标准实验版)[S].北京：高等教育出版社,2015.

[2] 刘芃.历史学科的教学与测量[J].历史教学,1994,(12).

[3] 郑慧淑.品读高考试题谈高中历史教学的应然走向——以 2006 年全国高考文综第 II 卷历史试题为例[J].内蒙古师范大学学报 (教育科学版),2006,(8).

[4] 高国荣.高中历史教学中史料运用的量度问题[J].教学与管理,2012,(2).

[5] 中华人民共和国教育部.基础教育课程改革纲要(试行)[R].北京：教育部,2001.

[6] 中华人民共和国教育部.高中历史课程标准(实验)[S]. 北京：教育部,2003.

[7] 刘晖龙,赖蓉辉.新课程高考历史学科能力考查例析——基于史学三个要件的角度[J].基础教育研究,2013,(8).

[8] 刘晖龙.历史学术研究在新课程高考命题的实践创新——以 2014 年全国普通高考文科综合课标卷 Ⅱ 第 41 题为例[J].现代中小学教育,2015,(7).

[9] 刘晖龙，卢祥东. 高考文科综合历史科 2014 年开放性试题命制评析[J]. 课程教学研究，2014,(4).

Study on the Value of Subject Thinking in the New Curriculum of College Entrance Examination

——a Case Study of the History of the Shanghai General College Entrance Examination in 2015

LIU Huilong

(School of History and Culture and Tourism, Guangxi Normal University, Guilin Guangxi 541001)

Abstract: In 2015, the Shanghai general college entrance examination history proposition, around "through the history of basic knowledge, improves thinking ability" guiding ideology, in order to comprehensively examine the students' history of discipline literacy ability as the core objective, proposition based on subject knowledge, innovation test of the bearing body and form, highlighting the history of the value of the rich content of the study. Efforts to explore the value orientation of quality oriented education in the examination and evaluation, greatly broaden the perspective of the new curriculum of thinking and ability of the college entrance examination.

Key words: history subject, value of thinking, new curriculum, Shanghai college entrance examination, proposition analysis

注重文化内涵的数学探究课程研究

顾　文，马叶文

（华东理工大学附属小学，上海 200237）

摘　要： 阅读是学生了解数学文化的第一步，在阅读之后就是主动探究，用已经学过的数学知识来揭示这些神奇现象中的“秘密”。探究是一个发现规律的阶段，创新则是更高境界的学习。文章在数学文化教育理论思考的基础上，从校本的实践探索出发，探讨了注重文化内涵的数学探究课程，具体表现在阅读、探究、创造三方面。

关键词： 数学探究；数学文化；校本课程

小学学段，数学是重要的基础学科。学生几乎每天都要上数学课，然而 5 年的数学教学几乎都是为了解题。教师关注的是学生对数学知识的接受与解题能力，忽视了引导学生对数学本质、数学价值的认识和数学文化的熏陶。一旦数学解题的任务完成了，数学教育的功能也就消失了。这是数学学科教学的悲哀，值得我们去反思数学教育的价值。从课程标准中可以看到，小学数学教育的情感价值观内涵包括：1. 提高学习兴趣，树立学好数学的自信心；2. 形成锲而不舍的钻研精神和科学态度；3. 开阔的数学视野，认识数学价值，体会数学的美；4. 形成崇尚科学的理性精神，梳理科学的世界观。

同时，数学应该作为一种文化走进小学课堂，渗入实际教学，让学生有机会认识数学的博大精深。课程形态的数学文化是把学术形态数学文化的研究成果从可操作的层面，用通俗的语言，将深刻的数学思想观念系统吸收到教育领域来，并以课程的形式呈现给学习者。数学文化渗透的最终目的就是提高数学能力，为学生的终身可持续发展奠定良好的基础。结合自身教学实践以及小学数学课堂教学的现状，笔者认为渗透数学文化到小学数学教育中去势在必行。

以往我们的数学课堂，关注的是数学的科学性，对思维的逻辑性水平要求更多，注重培养的是学生掌握知识点，运用解题技巧解决数学问题，而忽略了数学本身的文化、数学的美。深刻意识到数学文化融入小学数学课堂的必要性，笔者认为，数学教育中必须要有数学文化教育的存在，数学教学应该加强数学文化教育。因此，本文在对数学文化教育的理论思考的基础上，从校本实践的探索出发，结合自己的教学实践展开论述。在我们看来，阅读是学生了解数学文化的第一步，然而在数学世界里有很多“秘密”，这些可以激发学生的学习动力，因此，在阅读之后就是主动探究，用已经学过的数学知识来揭示这些神奇现象中的“秘密”。探究是一个发现规律的阶段，创新则是更高境界的学习。下文将从阅读、探究、创造三方面来阐述华东理工大学附属小学注重文化内涵的数学探究课程。

作者简介：顾　文，江苏宜兴人，华东理工大学附属小学校长，中学高级教师，硕士，主要从事小学数学教学研究。

马叶文，浙江宁波人，华东理工大学附属小学高级教师，主要从事小学数学教学研究。

一、阅读，让学生开阔视野，感受数学的神奇

学生数学素养的提高远不止一本数学书，建议让学生阅读更多的数学课外读物，让学生的数学素养得到提高，数学课外读物也是一道丰盛的数学大餐，让学生在阅读数学故事的过程中提高思考智慧，了解数学的发展历史，了解数学在生活中的广泛应用，了解数学家的成长，了解数学知识产生、发展的全过程。比如讲述符号的历史；介绍某一个数学问题解决的艰辛历程；介绍数学家的名言和故事；数字的来历；数学史上的三次危机；哥德巴赫猜想，等等。

案例一：黑洞数 123

1. 了解黑洞数的由来

黑洞数 123，又可称西西弗斯数。相传，西西弗斯是古希腊时一个暴君，死后被打入地狱。此人力大如牛，颇有蛮力，上帝便罚他去做苦工，命令他把巨大的石头推上山。他自命不凡，欣然从命。可是将石头推到临近山顶时，莫明其妙地又滚落下来。于是他只好重新再推，眼看快要到山顶，可又“功亏一篑”，石头滚落到山底，如此循环反复，没有尽头。

现在随便选一个很大的数，作为一块“大石头”，如 43005798。我们以此为基础，按如下规则转换成一个新的数。左边是原数中偶数的个数(0 作为偶数)，中间部分是原数中奇数的个数，右边是原数的位数。于是得出新数为 448，448 作同样的变换，于是就得出 303，再经转换就得到 123。一旦得到 123 后，就再也不变化了。好比推上山的石头又落到地上，一番辛苦白费。

如果你有兴趣，可以换上别的自然数来试。尽管步数有多有少，但最后总归是 123。

再如 2007630。偶数个数为 5，奇数个数为 2，一共 7 位数，则得新数为 527，结果还是百位数为 1。因为只有 1 个偶数。因为奇数个数为 2，所以十位数为 2。一共 3 位数，最后还是进入“黑洞数”123。

有人还是不服气，西西弗斯没有本领把大石头推上山，带一块小石头总可以吧。那就是你不知道“黑洞”的厉害，这个禁区不讲情面，金科玉律不可违背。

如选个 1，根据上面的变换规则，百位数为 0(无偶数)，十位数即奇数为 1，只有 1 位数，即为 011，最后还是黑洞数 123。

如以 11 计算，则可转换为 022→303→123。

2. 总结黑洞数 123 的规则

新数由左、中、右三部分构成，左边部分表示原数中偶数的个数，中间部分表示原数中奇数的个数，右边部分表示原数的位数。

3. 探究验证黑洞数 123

学生自己任意想一个数，然后按照黑洞数的规则，进行变换，探究验证是否归结到 123。

这个内容的教学目标是：了解黑洞数的由来，掌握黑洞数 123 的规则，探究验证黑洞数 123。在知识目标完成之外，是希望让学生感受到数字的神奇。类似的内容还有《回文诗和镜反数》、《绝妙的雷霹数》、《年龄与手机号码的秘密》、《套牢古今名人的常数》等。

二、探究，让学生寻找规律，破解数学的奥秘

数学既是创造的，也是发明的，大到一门学科，小到一个符号，总是在一定的文化背景下出于某一种需要而产生的。数学教育应当努力还原、再现这一发现或发明的过程，探寻数学知识的源泉。

这一课程的设立不仅仅是为了让学生认识数学的博大精深，提高自身的文化素养，更希望能培养学生的探究学习能力。因此，课堂教学的第二个环节，就是让学生试着破解这些神奇现象背后的奥秘。

案例二：黑洞数的奥秘

1. 讨论探究黑洞数为什么是 123?

新数由左、中、右三部分构成，根据规则进行变换后，到最后都会是一个任意的三位数 ABC，C 肯定是 3，ABC 最后就是 123、213、033、303 四种情况，其中 213、033、303 再通过一次变换也是

123,黑洞数其实是由规则决定的,不同的规则会产生不同的黑洞数。

2. 了解"重排求差"黑洞数

"重排求差"即把组成该数的数字重排后得到的最大数减去重排后得到的最小数。任何一个数字不全相同的整数,经有限"重排求差"操作,总会得到某数,这些数即为黑洞数。

举个例子,三位数的黑洞数为495

简易推导过程:随便找个数,如297,把这个数的三个数字从小到大和从大到小各排一次,为972和279,相减,得693。

按上面做法再做一次,得到594,再做一次,得到495。

之后反复都得到495。

"原来是这样的,我们用所学的数学知识就能拨开迷雾。""一定还有很多有意义的规律在等待我们去探索和研究。""那么如果我自己创造一个规律,是不是也能发明一个属于我的黑洞数呢。"在这堂探究课后,学生总是不愿下课,他们期待下节课快点到来,希望有更多的数学奥秘等着他们去破解。

三、创新,让学生提出假想,传播数学的魅力

本课程的教学试图让学生在探究数学文化中感受数学的魅力,激发学习数学的兴趣。也希望本课程的实施能成为培养学生创新精神和创新能力的一条新途径。

创造性思维能力,是指个人在已有经验的基础上,寻求新颖独特答案的能力,培养这种能力绝不是一蹴而就的,它是一个渐进的过程。学生思维的创造性是一种心智活动,是内在的隐性活动,因此,必须借助学生的显性活动作基础。在教学中,除了创造一定的情境和建立和谐的关系之外,更重要的是在教学内容上下功夫,给学生提供"异想天开"的机会。

案例三:学生创新的黑洞数

规则一:新数由三部分组成,左边是几对相同的数,中间是去掉相同的数所剩下的数的个数,右边是原数的个数。

验证过程:

1559884973→3410→044→113

49859→135→033→113

1234567890→01010→215→033→113

规则二:新数由两部分组成,左边为原数奇数的个数与偶数的个数之差,右边为原数的位数。

验证过程:

13838131313222238→317→33→22

2222222135791197531→519→33→22

0→11→22

类似的学生创新还有很多,这些作品被初次设计出后,由班级学生共同验证、补充而成。在这样的课堂上更多的是羡慕的眼光,学生发现小小数学家就在自己的身边。下课后,他们还围着教师讨论自己的"发明"。这样的课堂不仅仅是展示作品的课堂,也是学生相互学习、相互启发,共同成长的课堂。

四、成效与反思

根据问卷统计得知,有88.6%的学生喜欢数学探究课,87%的学生觉得上这样的课很开心。当教师让学生"说说自己在创作、发现、发明时的体会,也可以谈谈分享别的伙伴们作品时的感受"时,他们的回答是"很自豪、很骄傲、很有成就感"、"为别人的奇思妙想感到不可思议"、"创新不容易,创新可以发现很多问题,只要发明创新就会有收获,只有思考才能发现,能理解其中的奥秘"。他们觉得教师表扬激励了自己。其实,他们的这些回答也激励了教师。还有些学生在最后的建议部分提出,希望这样的课程能增加到每周2节。

当然这样的课程开设中还有很多的困难,比如,内容的选择上有些适合探究,有些只适合赏析,因为它在探究中所需要的数学知识超出了小学生的认知水平。再比如,学校需要安排一位专职教师任教,才能保证该课程顺利有序的实施。教师还可以让学生自己创新、设计数学小游戏,把学到的知识运用到实践中。

数学教育需要一个积累、沉淀的过程，不能急功近利，就如喝茶，慢慢地品尝，才能回味无穷。日本数学教育家米山国藏在从事了多年数学教育之后，说过一段意味深长的话："学生们在学校所学到的数学知识，进入了社会之后，如果没有什么机会应用，那么这种作为知识的数学，通常在出校门后不到一两年就会忘掉，然而他们不管从事什么工作，那种铭刻在人头脑中的数学精神和数学思想方法，会长期在他们的工作和生活中发挥着重要作用。"这无疑是对数学文化内涵的一个精彩阐释。新形势下的数学教师，对于数学文化的研究应该更加深入。在平时的教育教学中，合适而巧妙地让数学文化走入课堂，努力使学生在学习数学过程中真正受到文化陶冶，是数学教师的责任。

参考文献：

[1] 谈祥柏.数学与文史(生活数学欣赏)[M].上海：上海教育出版社，2005.

[2] 刘晓玫.数学课程中情感、态度和价值观目标内涵的探究[J].湖南教育(综合版)，2006，(18).

[3] 郑强，郑庆全.三种形态数学文化研究的回顾及启示[J].山东教育学院学报，2008，(6).

[4] 顾亚龙.以文"化"人——小学数学文化的育人视界[M].上海：上海教育出版社，2014.

Research on Mathematics Inquiry Course With Cultural Quality

GU Wen，MA Yewen

(Primary School Affiliated to East China Technology University，Shanghai 200237)

Abstract: Reading is first step by which students are touched by mathematics culture，and then they are interested in study math actively and find the "secrets" in math by studied math knowledge. Students find regulation in inquiry and try to creat regulation. On the basis of thinking of educational theories and school based practices，the author discusses the cultural quality of math inquiry courses，it is embodied in reading ，inquiry and creativity.

Key words: math inquiry，math culture，school based courses

《现代基础教育研究》
第 20 卷，2015 年 12 月 (Research of Modern Basic Education) Vol.20，Dec. 2015

基于魔灯平台的教学探索与实践

张 海[1]，王其云[2]
（1. 上海市上南中学，上海 200126；2. 新加坡南洋理工大学 国立教育学院，新加坡 639815）

摘 要： 当今课堂教学改革需要关注的重点和难点聚焦于如下问题：如何发挥信息技术与课程教学整合的作用？如何实现网络环境下的教师专业发展？如何提高学生特别是学习困难学生的学习兴趣？如何提升课堂教学效率，提高教学质量等。针对上述问题，本研究依据上海市上南中学近年来开展的魔灯教学实践，从魔灯平台的建立，以及教师信息技术培训出发，重点研究魔灯在教学领域的应用。通过对学校利用教学魔灯展开的教学过程进行跟踪与分析，研究魔灯在教学质量的监控、学生学习方式的转变、教师专业成长等方面所起的积极作用。

关键词： 魔灯；信息技术；课程整合；教学质量

一、研究背景

我国教育部《教育信息化十年发展规划》提出："到 2020 年，全面完成《教育规划纲要》所提出的教育信息化目标任务，形成与国家教育现代化发展目标相适应的教育信息化体系。"为此，我们看到，随着信息技术的进一步发展，必然会给教学带来新的机遇和挑战，网络环境下的课程教学改革也将会不断深入。同时，学校面临来自上级主管部门及社会、家长对学校教学质量提升的压力。为此，学校深刻认识到，传统的教学模式已经较难满足学校发展的需要，面对日益竞争的社会，学校教育观念及教学模式的改革已成必然。

上海市上南中学（以下简称"上南中学"）教育信息化经过多年来的快速发展，基于校园网及互联网的应用环境趋于成熟，师生信息素养和信息技术应用能力有了较好的基础。魔灯的多种课程与教学应用功能正好可以解决教师在教学上的一些困惑。比如：如何实现信息技术与学科教学的深度融合，提升课堂效率？如何兼顾不同层次学生的学习需求来实施课堂内的分层教学，提高学生学习效率？如何促进教师之间的相互学习，实现同伴互助，提升教师的专业发展水平？等等。为此，学校从 2007 年开始进行魔灯教学应用行动研究。这些年来，通过在教学实践中反复研究与探讨，不断总结与提炼，对魔灯在教学中的应用有了一定的认识，取得了一定的发展与突破。

二、魔灯平台的设计维度

学校魔灯平台的设计主要从以下 4 个维度展开：

作者简介： 张 海，安徽芜湖人，上海市中小学心理健康教育专业委员会主任，上海市上南中学校长，中学高级教师，新加坡南洋理工大学教育学硕士，主要从事教育管理研究。

王其云，山东莒南人，新加坡南洋理工大学国立教育学院副教授，博士，主要从事互联网教学的应用研究。

1. 魔灯作为师生共享的网络资源库对教学发挥的作用

魔灯的一个最基本的功能就是作为教师的教学资源库。由于魔灯的资源库支持显示任何电子文档(如 Word、PowerPoint、Flash、视频和声音等),还可以上传文件并在服务器进行管理,或者使用 Web 表单动态建立文本或 HTML。可以连接到 Web 上的外部资源,也可以无缝地将其包含到课程界面里。过去,教师的资料如教案等大部分都是纸质资料,随着信息技术的不断发展,现在绝大多数教师已经在使用电子教案、电子课件以及多媒体影音资料。这些资料都可以很方便地上传到自己的魔灯上。

随着高考竞争的压力越来越大,学生往往在大量的各类辅导资料中越陷越深,特别是网上的资源既丰富又杂乱,常常使学生不知所措,花费大量的时间却效果甚微。其主要原因就是学生不会筛选,也没有时间甄别哪些资料有用,只好盲目阅读。有了魔灯后,教师就可以针对本学科的特点,有选择地搜集相关资料上传到魔灯上,这样就能更好地指导学生使用资料,花最少的时间阅读最有用的信息,进而提高学习的效率。魔灯资料的选择可能会给教师带来一定的负担,但却可以减轻学生的负担,能为学生节约宝贵的时间,效果是明显的。

以笔者为例,由于担任了高中数学教学,笔者从教高一年级开始,就把每天的教案提前上传到魔灯上,供学生预习。同时,注意搜集和整理网上资源,并结合自己的课堂教学实际,把每节课涉及的 PPT 课件课后及时上传到魔灯上供学生复习。考虑到班级中有些学生的学习基础比较薄弱,一节课听下来,还会对某些问题不明白,日积月累将严重影响他们的学习成绩。为此,笔者平时会注意搜集网上针对每一节课特别是难点课的 Flash 动画教学资料,在一个单元结束后上传到魔灯上,这些资料形象生动,学生可以通过多看几遍逐步理解相应的数学概念,以弥补上课没有听懂的不足。

针对社会上流传的大量的各类习题、试卷,学生往往显得无所适从,想做习题,但面对浩如烟海的题目不知从何下手。为此,在魔灯上常常会上传一些经过认真筛选的习题、测验试卷供学生利用节假日等课外时间进行练习,同时在一定的时间内上传练习答案,这种方式深受学生的欢迎。几年下来,网上积累的教学资源就特别丰富,既便于自己今后的教学,也方便学生的预习和复习,同时还有利于同伴之间的相互学习与补充。

2. 魔灯在教学质量监控、提高课堂教学效率中所起的作用

教学质量监控,其目的就是希望教师在备课、上课、作业、测试、辅导等教学过程中保持高质量、高效率。过去,由于受软硬件限制,学校难以实现有效监控,特别是不容易激发教师自觉的质量意识。有了魔灯后,首先从备课环节,就能够较好地将过去的“他控”变成教师的“自控”,由单纯的学校有关部门监控,变成来自领导、教师、学生及家长的全方位的监控。这种改变将对教师的专业成长、对教学质量的提升产生深远的影响。

(1)魔灯使教学质量监控由“他控”转变为“自控”

为保证教学质量,学校要求教师的课程教案、课件及教学相关资料在每周课前上传到教师的个人魔灯上。过去,教务处一般是在学期结束后才对教师的教案等纸质文本进行登记检查考核,不能与教学过程同步进行,督促检查的效果不理想。现在,有了魔灯,学校领导和相关部门随时可以看到任何一位教师的教案及课件,特别是不仅领导可以看到,所有教师和学生及家长都能看到。教师通过同行教案与课件的相互学习,可以有效实现同伴互助的功效。学生不仅可以看到自己班级授课教师的教案与课件,还可以通过观看其他班级教师的教学资料,增强学习的主动性和选择性。

由于教师的教案、课件都在魔灯上共享出来,这就提出了更高的要求。因此,每一位教师在经历了教案等资料上传的第一个阶段后,自然而然会考虑上传教案的质量,会认真对待每一节课的课件。这样,无形中会促进教师转变教学观念,他们会更加注重从学生的角度去备课,教案也会逐步地转变成学案,以便更好地适应学生的学习。

(2)魔灯使教研组活动更具活力

教研组是教师进行教学研究、探讨教学方法、总结教学经验与得失的阵地，是新老教师相互学习，实现传帮带的舞台，在提升学科教学质量方面发挥着重要的作用。随着信息技术发展，教研组建设也不断地和网络融为一体。“魔灯”的多角色权限分配功能，给教研组群策群力、集思广益、建设优质课程资源带来了许多方便。在魔灯中，可以邀请组内教师共同参与平台的管理。依据组内分工，教研组长可以担当“魔灯”中管理员的角色，“魔灯”中的教师可以分为两类，一类是赋予一定权限参与管理，另一类虽然没有管理权限，却可以浏览平台内专门给教师浏览的内容，这样，就把教师和学生进行了职能区分。

组内教师还可以依托“魔灯”轮流在线解答学生疑问，充分发挥集体的智慧和力量，也可以在教师内部进行网上交流，形成不受时间、空间限制的区域性教师研修实践共同体，基于“魔灯”平台实现师生的互动交流。通过魔灯，教研组在进行集体备课方面可以突破时空限制，组内教师可以在不同的时间与空间参与共同的教案撰写、课件制作、题目编制，还可以在讨论区进行网上教研。大家还可以进行分工合作，集思广益，共同完成教学准备工作，大大提高了备课的质量与效率，体现出集体的力量与网络时代的教学特征。

(3)魔灯使学生的学习更加主动

学生被动地接受知识，远不如学生在教师搭建的学习支架基础上主动去建构知识来得有效。在“魔灯”中，师生之间的间接对话使学生打消了“面对面”交流模式中的种种顾虑，能够轻松坦然地、不戴任何面具地、真实地与教师交流、沟通。同时，由于网络的虚拟性，在一定程度上避免了现实社会中师生之间因为年龄、学识、地位和职能的差异而导致的不平等现象，使师生之间的显性差异在一定程度上被遮蔽，因而能够创造出一个平等的、宽松的交往环境，每个人面对的只是交流的信息，可以畅所欲言，各抒己见，建立真正民主平等、和谐融洽的师生关系。

一个班的学生，学习基础、能力、习惯等等都有差异，传统的课堂教学方式，由于种种原因，教师很难全面顾及。内容难了，困难学生听不懂；内容容易了，优秀学生又吃不饱。魔灯的出现可以较好地解决这些问题。成绩优秀的学生可以浏览多位教师的魔灯，使学习更为主动灵活。学习困难的学生，可以通过魔灯预习了解课堂内容，减轻课堂学习的难度，实现“笨鸟先飞”，逐步养成主动学习的良好习惯。[1]

在基于“魔灯”的教学中，教师与学生间不是孤立的，两者都是指导者，又是知识的生成者，可以共同思考，合作解决问题。利用“魔灯”学习平台的学习活动报告功能可以实现教师对学生学习过程的有效监控。学生活动报告是教师在“魔灯”中追踪学生学习记录的功能板块。教师通过查看学生的学习活动报告，跟踪学生的学习过程，能够从侧面了解学生对课程的关注程度和学习态度。教师还可以根据活动报告记录的内容对学生的学习情况进行整理并反馈给学生，使学生看到自己与同伴的差距，及时调整自己的学习策略。

3. 魔灯在改变课堂教学模式中的作用

近年来，随着信息技术的不断发展，改变课堂教学模式、提高课堂效率、提升教学质量越来越受到广泛的关注，不少学校开始尝试“翻转课堂”的改革试验。目前较为普及的课堂教学改革模式主要有“导学案”教学模式及“慕课”教学模式。

(1)魔灯在“导学案”教学模式中的作用

学校通过引入“导学案”先学后教的教学方式，调动学生的学习主动性，培养学生的自学习惯，从而提高学生的学习兴趣。一般可根据下面几个步骤来组织实施：教师精心准备学案—课前发给学生预习自学—课堂上师生共同探讨—针对问题进行答疑—开展课内训练评估—延伸拓展复习巩固。

过去，学校在利用“导学案”组织教学时，往往存在如下一些问题：一是在学生预习自学阶段，要求教师预先将准备的学案在每节课前印发给学生，学生可以在课前自学预习，但是，在开展导学案学习过程中发现了许多问题。由于学科多，每天所发的学案资料厚厚一叠，需要学生将这些资料理出顺序，然后再一一学习，学生面对这些资料往往不知从何下手。还有些学生在携带过程中常常丢失一些发下来的预习学案,使得上课时由于没有事先预习准备,课堂上的讨论答疑效率大大降低。同时,由于每天需要印发大量的纸质资料,成本大大提高。为此,有些学校将导学案汇编成书一次性发给学生,这样又失去了教师针对不同学生的基础随时作出学案调整的作用,失去了导学案的即时性强、个性化特点突出的优势,教师的个人特色也不能得到很好的发挥。

通过教学魔灯可以很好地解决这些问题。一是每位教师在课前都可以将导学案上传到自己的魔灯上,学生就没必要携带厚厚一叠的学案,回家打开电脑登录到任教教师的魔灯,既可以网上阅览也可以下载打印。特别是由于每位教师的教学魔灯在网上排列整齐,学生可以一目了然地随时观看相关教师魔灯上的学案,也就不至于像过去那样,面对一大叠资料,东翻西翻无从下手。由于魔灯还支持多种应用软件,教师在给学生的学案中还可以穿插各种帮助自学的媒体资料,特别是随着移动互联网的发展,学生甚至通过手机也可以进行学案的预习,学习效率大大提升。

二是在课堂上师生探讨阶段,由于不能事先了解学生对导学案的预习情况,教师往往会根据自己对学生预习自学的主观判断来对问题进行评价和分析。讨论过程中也常常注意一部分学生的问题和质疑,而忽视另一部分学生的课堂学习,久而久之学生的学习分化会越来越大,整体学习效率会随之下降。由于魔灯的后台即时反馈功能能清晰地显示学生观看教师魔灯上提供的导学案情况,使得教师预先就可以知道哪些学生浏览了导学案,浏览了多长时间,这样,教师课堂上就能做到有的放矢,对不同学生进行针对性的提问,并通过学生的回答进行点评督促。

三是在复习巩固阶段,过去由于大量印发的纸质资料不便于保管,更不便于检索,学生往往用过后就将其丢弃,到了复习时,却找不到相关资料。而魔灯是教师个体建立的网上资源库,每节课的导学案都可以清晰地显示在魔灯上,不管多长时间,学生都可以随时找到课堂上学过的内容,便于回忆、复习和整理。教师还可以利用魔灯进行拓展学习,在魔灯上提供相应的学习资料后,学生就可以主动学习了,教师还可以利用魔灯的交流互动功能与学生在线互动。

通过一个阶段的实验,我们发现,在"导学案"模式教学过程中运用魔灯,确实可以弥补传统教学方式的不足,大大提高"导学案"的教学效率。

(2)魔灯在"慕课"教学模式中的作用

近年来,慕课(MOOC)开始引入中小学课堂,以慕课为平台的"翻转课堂"教学模式越来越受到学校的青睐。所谓翻转课堂,就是教师创建视频,学生在家中或课外观看视频中教师的讲解,回到课堂上师生面对面交流和完成作业的这样一种教学形态。该教学形态推动了中小学教学微视频的大发展。

在开展"翻转课堂"教学改革实验中,也出现了不少问题,其中一个突出的问题就是缺少个性化的网络平台。目前,许多学校在利用慕课开展教学过程中,主要是通过应用网上的资源,如"华师慕课网"等。但在使用的过程发现,这些网上资源缺少针对性,不能适应不同层次的学校和学生,难以推动学校教学发展的需要。另一个问题是,在具体的教学过程中,部分学校教师制作了微视频课件后,为了能让学生在家观看预习,往往是让学生将微视频课件用优盘拷回家观看。也有些学校利用校园网建立一个课件资源库,教师的微视频课件都集中上传到库中,学生可以进入资源库下载,避免了拷贝课件的麻烦。但此举也带来了一些问题,一方面学生每天要从大量的课件中寻找所需的部分,浪费了许多时间;另一方面,教师好不容易制作的课件,被拿出来共享,也会一定程度上影响制作课件的积极性。这些都起因于缺少个性化的教师网络平台,而魔灯能较好地解决这个问题。

由于魔灯是一个个性化的网络学习平台,因此,教师制作的微视频课件可以提前上传到他自己的魔灯平台上,让学生有更加充裕的时间预习。这样,一方面学生不需要每天再用优盘拷贝教师的课件,也不需要花费大量的时间去选择课件,可以节省时间且减少许多麻烦;另一方面,由于魔灯的安全设置功能,教师可以通过设置密码限制无关的人访问课件内容,有效地保护了教师的个人劳动成果,可以更好地调动教师利用慕课组织教学的积极性。

例如，笔者所在的学校，由于每位教师都有自己的魔灯平台，在课堂教学改革过程中，为了提升课堂效率，一部分教师自发组织起来，开展了慕课教学实验。他们根据课堂教学需要，积极制作微视频，定期开展慕课教学研讨，弥补教师个人在教学上的不足。目前有教师已经将高中历史教材中的重点和难点内容都制作了微视频，同时建立了他自己的历史课微视频魔灯，取得了较好的成效。

4. 魔灯在提升教师专业发展中的作用

有效提升教师专业水平和教学能力是提高教学质量的关键。在提升教师的专业发展过程中，学校不仅应把促进教师专业发展纳入计划，而且要帮助教师形成自我专业发展意识和自我专业发展能力，让教师成为专业发展的主人，使他们在日常专业生活中不断自觉地发掘专业发展机会和条件，获取专业结构的“自我更新”。[2](P318)“自我更新”的一个重要前提是打破教师之间的相互隔离，教师要敢于承认自己在专业发展过程中所存在的问题，并善于寻求与同事的合作与帮助。

(1)魔灯能有效提升教师的信息技术素养，促进教师教学方式的转变

网络课程有别于传统课程，其开发过程是一个开放的、动态的建设过程，是随着教学实践活动进程而不断丰富、完善的过程，是师生在共同建构过程中实现共同发展的过程。我们的应用策略是“边学、边做、边用”，通过几年尝试，学校构建起了魔灯应用及培训团队。团队的作用不仅仅是简单的操作技能培训，更重要的是作为备课组进行教学设计的协作者、建设者，实现了不同学科教师在教学设计方面的协作，促进了二期课改理念下的教学模式和学习方式的转变。

魔灯作为学习管理系统，提供了网络课程开发、在线学习、在线教学的支撑，同时作为一种知识管理系统逐步形成了基于网络环境下的教、学、研一体化校本研修模式，有效支撑起课堂教学、叙事研究、课题设计、团队协作、同伴互助等教学研究活动，不断创新教师专业化发展途径，促进教师专业化发展。通过网络课程的开发，还进一步推进了学校的学习型学科组建设，推进课程资源的数字化、网络化，促进校际间课程资源的交流与互动，从整体上提升了师生信息技术综合应用能力和信息素养，促进了课堂教学模式的变革，为学生发展提供了保障。

(2)魔灯可以较好地促进教师之间的相互学习，实现同伴互助[3]

同伴互助主要是指，在教学过程中和教研活动中教师相互之间的专业切磋、协调和合作，共同分享经验，互相学习，彼此支持，共同成长，其实质是教师作为专业人员相互之间的对话、互动与合作。

同伴互助是一种典型的依托群体支持的个体活动，是教师之间合作进行的协作性反思。它既是校本研修的一种重要形式，也是教师专业发展的一项有效策略。同伴互助有助于突破学校中教师之间的相互隔绝，形成一种相互协作、相互支持、相互促进的教学研讨氛围，从而促进教师在互补共生中成长。

为了实现教师之间的同伴互助，学校倡导每位教师的魔灯不仅向所任教的学生开放，也要向学校其他教师开放。这样，对于同学科、同年级的教师来说，每节课的教案、课件及教学过程都可以相互借鉴，从中既可以发现其他教师的长处和特色，也可以通过比较找出自己的短处和不足。由于同在一个备课组(或教研组)，还可以即时就某些问题展开讨论，较好地实现同伴互助的功能。

由于魔灯平台在校内的开放性，教师在备课准备、资料选择、课件制作等方面都非常认真，试图把自己最好的一面展示出来，这样更有利于教师之间特别是年轻教师获得优质的教育资源。通过同伴互助，无疑能更好地促进教师自身的专业成长。实践发现，不仅年轻教师经常向老教师请教学习，许多老教师也常常浏览年轻教师的魔灯，从中汲取不少有用的信息。

三、魔灯在教学中的应用效果调查

1. 研究问题及问卷编制[4]

本研究主要回答两个研究问题：

(1)学校教师对魔灯平台设计维度的认可程度如何?

(2)什么因素影响到教师对这些维度的实施?

本研究采用问卷调查法,在进行文献研究与访谈的基础上,编制了教师问卷,问卷题目的确定主要基于魔灯平台的学科教学的实际情况,在与专家、教师探讨后将问卷题目分为 6 个维度 25 个项目,运用李克特量表(Likert Scale),用 1～5 代表了"很不同意"到"很同意"5 个层级。问卷调查的数据用 SPSS 20 进行统计分析。

本研究的对象是上南中学在职教师,主要以问卷调查的形式获取数据,属于截面研究,只是在某个时间点上的观察,旨在进行上南中学魔灯在教学中应用前期的探索性研究。

问卷调查采取派发纸质问卷团体施测的方法,集中在一次教师培训会议上进行,共发放问卷 80 份,回收问卷 67 份,回收率 83%。剔除废卷 3 份,本次调查总的有效问卷为 64 份。

被试的基本情况如下:性别分布:男性 32 人、女性 32 人;学科分布:文科 38 人、理科 26 人;年龄分布:40 岁以下 14 人、41～50 岁 40 人、50 岁以上 10 人;职称分布:初级 2 人、中级 37 人、高级 25 人。

运用克隆巴赫系数(Cronbach's Alpha)的 α 系数检验,并利用 Alpha 模型进行信度分析,得出 Cronbach α 系数。魔灯质量、信息资源、教学效应、促进学习、专业发展维度的 Cronbach α 系数在 0.823～0.882间,表明各因子的内部一致性较高;"影响因素"的 α 系数为 0.615,内部一致性稍低了些,其项目内容或数量有待进一步修改。问卷总体 Cronbach's α 系数为 0.963,表明问卷信度十分可靠。

2. 魔灯应用的总体效果与影响因素分析

通过 SPSS 20 数据分析,我们可以导出如表 1 所示数据:

表 1　教学魔灯应用教师问卷的描述统计量

维度	N	均值	标准差	标准误	得分率
魔灯质量	64	3.625	3.127	0.391	0.725
信息资源	64	3.798	3.468	0.434	0.759
教学效应	64	3.563	3.647	0.456	0.712
促进学习	64	3.445	3.938	0.492	0.689
专业发展	64	3.853	3.508	0.439	0.771
影响因素	64	3.944	3.302	0.413	0.789
总 计	64	3.704	3.498	0.438	0.741

由表 1 统计分析可见,上南中学教师魔灯应用的总得分率为 74.1%,表明总体水平较高。其中"影响因素"维度达到 78.9%。说明学校对影响因素要特别加以重视。

从表 1 的数据中还可以看出:对应于魔灯在提升教学质量方面的几个主要问题,按 1～5 五个层级统计,均值分别为:教师创建的个人魔灯本身的质量分值为 3.63(魔灯质量);魔灯作为教师和学生的资源库作用分值为 3.80(信息资源);魔灯作为质量监控与课堂检测作用分值为 3.56(教学效应);魔灯作为促进学生自主学习的作用分值为 3.45(促进学习);魔灯作为提升教师专业发展的作用分值为 3.85(专业发展)。这些数据表明绝大部分教师都认同了魔灯在教学质量提升上所发挥的作用。特别是在促进教师的专业发展方面,教师的认同度最高。我们知道,教师的专业发展得到提升最终会影响教学质量的提升。

从问卷的统计数据中我们还能看到教师对设置的具体问题的认同度。例如:在"我上传的教案、课件原创性强,制作精美"上分值为 3.8,"我的教学魔灯上传资料及时、实用、足量"上分值为 3.9,表明教师非常重视自己的魔灯建设,虽然还不太熟练,但却能认真对待。在"上南魔灯可以方便地为教师建立教学资源库"上分值为 4.0,"魔灯对传统教学模式可以发挥更好的辅助作用"上分值为 3.8,表明教师们对魔灯的教学资源库功能以及对教学的辅助作用比较认同。在"我的教学资料愿意通过魔灯与其他教师共享"上分值为4.1，表明了教师通过魔灯应用感受到同伴互助的必要性。

表2　教学魔灯应用教师问卷"影响因素"的描述统计量

影响因素	均值	标准差	得分率
推动魔灯教学，必须提高网速，完善硬件配置	4.48	0.836	0.896
推动魔灯教学，转变师生传统教学观念很重要	3.89	1.041	0.778
使用魔灯时，遇到的问题是信息技术水平不够	3.53	1.038	0.706
在使用魔灯时，我遇到的主要问题是时间不够	3.92	1.059	0.784
推动魔灯教学，学校应该出台相关的奖励措施	3.89	1.249	0.778

由表2对"影响因素"维度各项目的统计分析可见，得分率平均为78.8%，表明上南中学教师对魔灯应用的意愿较为强烈，也表明魔灯应用中存在硬件陈旧、观念滞后、技术薄弱、时间不足、管理欠缺等问题亟待解决。

表3　教学魔灯应用"影响因素"与各维度的Pearson相关性统计与检验

影响因素	魔灯质量	信息资源	教学效应	促进学习	专业发展
推动魔灯教学，须提高网络速度，完善硬件配置等	0.361	0.330	0.142	0.173	0.305
	0.003	0.008	0.263	0.173	0.014
推动魔灯教学，转变传统的教学观念很重要	0.598	0.797	0.748	0.730	0.756
	0.000	0.000	0.000	0.000	0.000
使用魔灯时，我遇到的问题是信息技术水平不够	0.323	0.369	0.434	0.351	0.450
	0.009	0.003	0.000	0.004	0.000
使用魔灯过程中，我遇到的主要问题是时间不够	0.108	0.333	0.342	0.354	0.346
	0.396	0.007	0.006	0.004	0.005
推动魔灯教学，学校应该出台相关的奖励措施	0.648	0.668	0.606	0.625	0.684
	0.000	0.000	0.000	0.000	0.000

（注：表中各项目上行是"Pearson相关性"数据，下行是"显著性（双侧）检验"。下行数据 < 0.05，表示相关显著；下行数据 < 0.01，表示相关极其显著）

表3进一步表明，教师个人教学魔灯的质量、教学信息资源的整合能力、魔灯在教学中的效应、对学生学习的促进作用、对教师专业发展提升等，受到技术水平、教学观念、奖励措施因素极显著地影响与制约（显著性双侧检验 $p < 0.001$，表示相关及其显著）。

问卷调查与分析看到，学校教师对魔灯的使用认可度还是比较高的，这从目前学校90%以上教师都有自己的魔灯也可以得到验证，但也有部分教师对魔灯在教学过程中的使用效率产生一定的怀疑，主要体现在影响因素上，如信息技术应用水平不高，花费的时间太多，还有就是传统教学方式向现代教学方式转变的不适应等。这提示在今后教学魔灯的实践中要进一步加强对教师信息技术应用能力的培训，进一步深化教育教学观念的改革，并增强激励措施以激发教师投入教学方式改革的积极性。

通过上述研究与总结我们看到，学校这些年来持续开展的"信息技术与学科教学整合"行动研究，特别是利用魔灯平台把信息技术融入到教学改革实践中去，取得了较为显著的成效。学校的教学质量稳步提高，教师的专业能力和信息技术素养得到了较好的提升，学校的办学环境也得到了进一步改善。魔灯实施以来，获得了社会的积极关注，几年来，先后有北京、上海、湖北、浙江、江西、山东等地的学校和教师前来学习考察魔灯应用，并给予了高度评价。

学校之所以敢于创新，不断实践，除了认真落实《纲要》的精神外，一个很重要的因素就是有一支敢于变革的教师队伍。这支队伍通过几年来的培训与实践，在信息素养、能力水平等方面有了长足的发展。学校鼓励教师通过和学校的办学目标、办学条件的紧密结合，不断形成一个个有利于学校发展的

“创源”，这些宝贵的“创源”将会为学校未来的发展奠定扎实的基础。

参考文献：

[1] 张海.网络环境下课堂评价的创新与实践[J].上海教育科研，2012，(9).
[2] 叶澜，白益民，等.教师角色与教师发展新探[M].北京：教育科学出版社，2001.
[3] 张海.网络环境下的学校教育变革[J].中小学信息技术教育，2013，(2).
[4] “上南魔灯”平台[DB/OL].http://moodle.hsshn.pudong－edu.sh.cn/.
[5] 平泳佳.上南“魔灯”带来一场教学革命[J].上海教育，2007，(12B).

Teaching Exploration and Practice on a Moodle－based School Platform

ZHANG Hai[1]，WANG Qiyun[2]
(1. Shangnan Senior High School, Shanghai 200126;
2. National Institute of Education Nanyang Technological University, Singapore 639815)

Abstract: The focus and difficulty of the reform in the classroom teaching now focus on the following questions: how to integrate the information technology and curriculum teaching? How to realize the teacher professional development under the network environment? How to improve students' learning interest in particular learning difficulties? How to improve classroom teaching efficiency and teaching quality, etc.. In view of the above problems, and based on the teaching practices of Shanghai Shang Nan Middle School in recent years, this study starts with an establishment of the Moodle platform, moves on to information technology training to teachers and focuses on the application of Moodle in teaching areas. By tracing and analyzing the teaching processes developed by Education Moodle used by the School, it studies the proactive benefits of Moodle in controlling teaching quality, changing students' study methods and growing teachers' expertise.

Key words: moodle, information technology, curriculum consolidation, teaching quality

课堂教学中“短平快”训练的有效性研究

金　嫣

（上海师范大学附属外国语中学，上海 201600）

摘　要： 提高课堂教学有效性是教学改革的核心要求。“短平快”训练从学生现有的学习能力出发，精心设计课堂教学中的训练，难度适中，数量合理，注重课堂练习的及时反馈，帮助学生通过训练尽快掌握学习内容。通过对学习中问题的解决，能够增强学生学习兴趣，激发学习动机。同时，通过推行“短平快”训练，能够促进教师更深入地了解学生，增强课堂练习的设计能力，提升专业素养。

关键词： 课堂教学；“短平快”训练；有效性

高效的课堂教学，是每一位教师的职业理想之一，也是学校办学的立足点。在众多的探索中，不乏成功的先例，但也有不少反响平平，无疾而终的。我们希望，能够从教师和学生的实际出发，对现有的教学资源进行重新设计和组合，通过提高课堂训练的有效性推动课堂教学效率的提升。引导教师真正将课堂训练作为教学的有机组成部分，以多维度的练习设计、分层次的练习要求、探究与实践的练习模式等多种形式，配合积极有效的反馈与评价措施，打破课堂教学满堂灌的局面，增强教学中的师生、生生互动，让学生更好地参与到课堂教学过程中，激发学习兴趣，真正落实学科能力的培养。

一、研究背景

1. 从教育改革的要求来看

教育改革无论是直接的还是间接的，最终都指向了学校的教育活动，而学校教育活动的主阵地就是在课堂，一切教育改革最终是通过不同的方法和途径改变教师的“教”和学生的“学”。新课程是一场以教育价值观转换为特征的教育改革，其核心理念为：“以学生发展为本”、“师生在教育中共同成长”，它对传统意义上“以知识技能掌握为中心”的教学设计提出了挑战，呼唤课堂教学设计的创新、教学方式的改善，注重培养学生思维和学习能力。新课程理念最终要通过课堂中的教师得以落实，新课程的目标最终要体现在学生的变化上。新课程改革推进到现在，归根结底是要回归课堂，研究课堂，创新课堂。所以，能否解决课堂中的问题，能否将思想理念转化为改变课堂的行动，课堂练习是检验课堂教学有效性和课堂教学效果的一种切实可行的手段。

2. 从目前教育的现状来看

在反思实施新课程的过程中，我们发现教师的教育理念和教学行为均有不同程度的提高和改善，教师把较多的精力和时间放在了新授内容的研究上，但是对训练、练习的意义和作用重视不够，在教学中存在着极大的随意性和盲目性，教师投入到练习设计、组织实施、反馈讲评上的精力和智慧往往微乎其

作者简介：金　嫣，上海市人，上海师范大学附属外国语中学高级教师，主要从事中学教学管理研究。

微。即使有训练,也仅仅以现成习题应付了事,因此目前课堂教学中依然普遍存在"漫灌"现象,使课堂训练的针对性大大缺失。造成优秀的学生因训练难度过小,单位时间训练量过少而"吃不饱";学习较困难的学生面对训练难度大和量过多而"吃不下"的局面,因而课堂整体效率不高。

通过查阅文献、调查现状,结合在研究过程中的教学实践和反思,我们深感课堂教学中有必要对练习活动的设计、组织实施、科学讲评重新进行考量和定位,进一步研究提高练习活动有效性的策略。基于此,我们提出"短平快"课堂训练方式,旨在提高训练的有效性,从而进一步提升教学效率。

二、研究意义及理论依据

1. 提高课堂教学的有效性是教学改革的核心要求

课堂教学的有效性既要关注教师教学任务的完成,又要关注学生学习的效果。《国家中长期教育改革和发展规划纲要(2010—2012 年)》指出:"以学生为主体,以教师为主导,充分发挥学生的主动性,把促进学生成长成才作为学校一切工作的出发点和落脚点;关心每个学生,促进每个学生主动地、生动活泼地发展;尊重教育规律和学生身心发展规律,为每个学生提供适合的教育,培养造就数以亿计的高素质劳动者、数以千万计的专门人才和一大批拔尖创新人才。"教育的本源应是为学生的终身发展提供教育服务。通过提高课堂教学的效率,在课堂教学有限的时间内让学生掌握更多的知识、学会更多的技能是学校提高办学质量的必由之路。

2."短平快"训练的有效性研究是师生发展的共同需要

"短平快"训练的有效性是指教师通过预先设计的训练项目的实施,高效完成教学任务,让学生学得快、学得巩固。对教师来说,突破现有的教学模式,积极寻求课堂训练的新模式是专业成长的动力和需要。越是经验丰富的教师,越要注意教学理念、教学方法的更新。教师训练方法的恰当与否归根到底并非取决于方法本身的科学性,而是取决于使用的科学性。因此,对教师在课堂教学中采用的训练方法的评价要注重使用中操作的规范性、学生接受度及训练的实际效果。有效的训练既是教师追求的,也是学生乐于见到的,怎样使设计的训练取得理想的效果就成为对教师教学能力的一大考验。

因而,不断摸索课堂训练新方法的过程就是教师不断提高教学能力、促进专业成长的动力之一。从学生角度来看,有效的课堂训练应是绝大多数人较快较好地掌握课堂知识的良好途径,通过课堂学习,获得成长的动力。通过推行"短平快"训练,有望改变当前课堂训练缺失或低效的现状,转变部分教师忽视课堂训练的态度,注重对课堂训练设计有效性的设计,对于学校师资队伍的建设也具有积极的推动作用。

建构主义理论认为,学习是主体和客体之间的交互作用,学生是学习活动的主体。教师注意的重点并不在教材上,而是在学生的"认知过程"上,教师所关注的是提高学生的学习品质。有效教学理论认为,有效教学指教师遵循教学活动的客观规律,以尽可能少的时间、精力和物力投入,实现教学目标和学生的个性培养与全面发展,以取得尽可能多的教学效果。"短平快"训练就要以符合学生学习程度、精选的训练内容,加以及时反馈,帮助学生快速掌握学习内容。

三、"短平快"训练的实施

1. 实施要求

学校要求教师根据学科的特点,积极探索提高课堂教学有效性的训练模式,重视课堂训练设计的有效性。在课堂训练设计中要注意训练内容的细化、分散化,改变"讲一半、练一半"的模式,加强训练和反馈的即时性。同时积极倡导学案导学,发挥教师对课堂教学的整体调控作用,强化学生的主体参与,引导学生主动探究,培养学习能力。

在改变教的模式的同时，学校也对学业成绩的评定作相应的调整，由“仅注重结果”向“过程和结果并重”改变。

2. 实施过程

（1）调查现状，分析原因

研究初期，我们通过调查问卷了解课堂教学中课堂练习的现状，从调查的数据来看，课堂练习的状况是令人担忧的。主要问题如下：一是训练量少，不少教师习惯于课堂上多讲少练，将练习推到课外；二是练习过于随意，针对性差，大部分练习没有经过精心设计，问题浅、偏、散的现象较为突出。练习质量的低下导致课堂教学中的“效率浪费”现象较为严重。

表1　高一学生课堂练习量的调查结果

选项内容	语文	数学	英语	物理	化学	政治	历史
课堂练习量过多	5.75%	11.88%	13.78%	10.70%	7.11%	12.16%	0.85%
比较适合	39%	24.40%	29.13%	14.54%	26%	28%	9.75%
偏少	46.24%	54.14%	49.99%	64.57%	54.99%	47.95%	47.31%
基本没有	8.84%	9.57%	7.09%	10.18%	11.71%	11.49%	42.07%

数据表明，大多数学生认为课堂练习偏少，真正符合学生需要的练习量不多。而且，不论哪一门课，都有不少学生认为课堂练习几乎没有。当然，其中的原因或许是学习较好的学生因为课堂练习太过容易直接忽略了，所以会认为课堂练习几乎没有，而学习相对比较困难的学生即使练习的内容实际不多，但因课堂上耗费的精力并不少，故而认为课堂练习偏多。因此，在调查中出现了两个极端都有学生选择的情况。

（2）共同学习，提高认识

为了有效进行研究，我们查阅了大量文献资料，深入学习和了解国内外教育学、心理学、有效教学理论等科研成果。在实施过程中，经常不定期召开各教研组长、备课组长会议，探讨研究过程中遇到的各种问题，尤其是课堂训练的设计。借助“请进来，走出去”等机会，向校外专家请教，充分学习、积累前辈们课题研究的经验及有效研究方法。

（3）实践研究，寻求策略

作为学校的“三个 1/3”课堂教学模式（教师讲授 1/3，师生互动 1/3，学生活动 1/3）的核心环节，课堂训练的质量很大程度上决定着课堂教学的有效性，影响着整个课堂教学模式转型实践的成败。因此，学校极其重视课堂训练的常规化、规范化。要求教研组长牵头，备课组组织实施，以学案导学，强化训练意识，确保学生学习中主体地位的落实。

①注重“短平快”训练的设计

我们要求教师在选择和设计练习题时，一定要注意有典型性，难度适中，数量合理。练习题的最大作用就是帮助学生理解和巩固教师所教授的知识，它是提高学生思维和解题能力的一种手段。对教师来讲，轻松、有效的反馈离不开精妙的练习设计，好的练习设计对教师实施有效反馈起到了辅助作用。在课堂教学中，可以灵活采用“新知识及时练、易混知识对比练、相关知识结合练、主要知识加强练”等方式进行。

练习题的设计体现专向化。练习是为了更好地实现教学目标，那么选择习题一定要深入研究课程标准、教材，分析教学的重点、难点，有针对性地选择典型的题目。同时要考虑学生的实际情况，不能过分高于学生的实际能力，也不是简单的重复性训练，因此一定要考虑题目的典型性、代表性、针对性。

我们强调教师要通过对课程标准的深入学习、学生学习能力的观察，合理设置课堂训练，提高教学效率。

表 2 高二年级学生对“课堂练习对我理解新知识的帮助”的态度(2013.11)

选项内容	语文	数学	英语	物理	化学	政治	历史	生物
有很大帮助	68.98%	68.98%	60.43%	56.68%	50.27%	59.89%	60.96%	77.54%
有一点帮助	22.99%	24.06%	29.95%	33.69%	40.11%	34.76%	28.34%	18.18%
没什么帮助	8.02%	6.95%	9.63%	9.63%	9.63%	5.35%	10.70%	4.28%

从表 2 中可见,大部分学生还是比较认可教师安排课堂练习的效果的。但也不可否认,由于学生学习能力存在差异,教师设计的练习题不可能对每个学生的课堂学习产生积极的影响。过于简单或过于难,都会使少数学生认为这些练习对他们而言没有任何作用。

练习题的设计体现层次性。习题的设计要符合学生的认知结构和心理结构,因此习题安排要先易后难,由简到繁。各学科性质不同,特点各异,“短平快”训练操作上也仁者见仁、智者见智,但一般主要以知识链接、基础巩固、拓展提高和课堂检测分类呈现。

知识链接:目的在于回顾上节课的知识,为本节课的新授知识作准备,教师在练习题的准备上要考虑到知识的承上启下作用,设计引入部分练习,题量不太大,一般控制在 1～2 题为宜。

基础巩固:目的在于检查学生对知识的理解情况或对学生自主学习进行评价,了解学生基础知识的掌握程度。基础练习以习题为载体,在练习中巩固知识概念、公式、原理等。

拓展提高:在通过基础练习明晰基本概念规律以后,进一步尝试拓展提高练习。它比基础练习在难度上有了一定的提升,新、旧知识有机结合,融会贯通,达到温故知新、举一反三的效果,从而达到发展思维、培养能力的目的。

课堂检测:通过 5～10 分钟课堂检测对本节课的知识进行评价。其目的在于让学生有成功之感,产生收获的喜悦,同时也是教师对本节课的实效性进行客观评价。要求易、中、难相结合,其中较易的基础题占 40%,中等题占 40%,较难的提高题占 20%,从而保证各层次的学生都有所收获。

一节课中,练习的形式要多样,要层层推进,让学生在后一次练习中较上次的基础上有发展。这样的设计就在原有的题目基础上实现了一次飞跃,既提高了学生的应用能力,又发展了学生的思维。同时教师通过逐层反馈,可以了解到哪些学生的应用能力较强,哪些学生还有待发展。

我们要求教师在设计练习时密切注意学生的学习现状,设计的练习要关注绝大多数学生的承受能力。

表 3 高一年级学生对“老师课堂上的训练习题的难度”的感受(2013.11)

选项内容	语文	数学	英语	物理	化学	政治	历史
不太难	66.31%	34.76%	55.08%	44.92%	52.94%	46.52%	72.19%
有难度	22.46%	35.29%	33.69%	26.74%	33.16%	34.22%	18.72%
偏难	9.09%	20.32%	8.56%	21.39%	11.23%	12.83%	6.95%
偏易	2.14%	9.63%	2.67%	6.95%	2.67%	6.42%	2.14%

从调查中发现, 约 1/3 学生都认为课堂训练题有一定难度,且学科差异性较小。课堂上认为训练题偏难的主要在数学、物理等理科上,而语文、历史等文科上的比例相对小一些。认为偏难、偏易的学生都有一定的比例,也是课堂练习的实际情况,反映出教师在设计习题上对两端学生的兼顾意识得到了加强。

②强调“短平快”训练的反馈

在我们的课堂上,反馈的有效性和反馈信息的真实性都有待提高。有效的反馈具有艺术性,教师掌握不好,反馈就变成了“过堂式”,毫无意义可言。

其一,反馈体现即时性。反馈要快,有利于记忆和巩固。学习困难生由于长期以来受各种消极因素的影响,往往需要多次反复才能掌握知识。这里的“多次反复”就是“多次反馈”。教师对于作业、练习、检测中的问题,应采用集体、个别相结合,或将问题渗透在以后的教学过程中等手段进行反馈、矫正和强化。同时还要根据反馈得到的信息,随时调整教学要求、教学进度和教学手段。由于及时反馈,避免了课后大面积补课,提高了课堂教学的效率。“快反馈”既可把学生取得的进步变成有形的事实,使之受到激励,乐于接受下一次学习,又可以通过信息的反馈传递进一步校正或强化。

表4　高二年级学生对“教师课堂训练频度”的反映(2013.11)

选项内容	语文	数学	英语	物理	化学	政治	历史	生物
每节课都有	24.06%	38.50%	27.27%	31.55%	28.34%	36.36%	33.53%	37.97%
经常有	33.69%	36.36%	47.59%	35.83%	49.73%	45.99%	26.74%	25.13%
偶尔有	36.36%	21.93%	24.06%	27.81%	18.18%	15.51%	36.36%	28.34%
基本没有	5.88%	3.21%	1.07%	4.81%	3.74%	2.14%	3.37%	8.56%

从调查情况来看,教师在课堂上训练的使用频度基本上都保持在60%左右,课堂上“漫灌”的情况得到了较大的改观。但是,不可否认,在所有学科中,还是有学生认为课堂训练的量还不够,这反映在部分学生对教师课堂练习的不认可,认为课堂训练“基本没有”。这对后续的研究也提出了新的要求,对教师在课堂上训练的落实要进行严格的管理。

其二,反馈形式多样性。一节课下来,可能有好几个练习,如果教师一味地采用一种方式,容易给学生以疲惫感,同时也使课堂气氛“降温”。最常用的反馈方法有同桌交换检查、同桌互说、同时出手势、实物投影展示讲评、板演等,教师可以根据自己的需要来安排调整。有效的反馈会增强教学效果的真实性。

其三,反馈体现互动性。学生参与互动的积极性,决定了教师获得反馈信息的量和质。

表5　高一年级学生对“师生互动时间在一节课中的占比”感受(2013.11)

选项内容	语文	数学	英语	物理	化学	政治	历史
1/2以上	32.62%	27.81%	25.13%	25.67%	20.32%	26.20%	29.41%
1/3～1/2	42.25%	35.83%	45.45%	42.78%	45.45%	39.57%	41.18%
不足1/3	19.79%	24.60%	21.93%	22.99%	22.46%	24.60%	20.86%
基本没有课堂互动	5.35%	11.76%	7.49%	8.56%	11.76%	9.63%	8.56%

从数据来看,学生认为课堂上互动时间还是比较多的,也有1/4左右的学生认为大部分学科的互动时间有半节课。应该说,学生对师生互动的状况至少在量上还是认可的。

其四,反馈内容针对性。对不同的练习内容反馈有不同的着眼点。计算类练习反馈重在计算方法和运算顺序上,解决问题类的反馈重在学生的解题思路和方法上;概念类的练习重在对概念本质的把握与辨析。

其五,反馈操作合理性。教师反馈时必须做好三步操作:巡回辅导、培优补差、重点补差;统计差错、分析原因、重点分析;反馈矫正、巩固提高、重点矫正。三步操作应环环相扣、协调统筹、一气呵成。不少教师能够给予学生辅导,解决学生的学习困难,但是目标不够明确,就事论事,缺乏有意识的统计差错、原因分析和将要采取的矫正措施。练习后的讲评一定要有重点、详略得当,如果平铺直叙,该讲的没有讲清楚,不该讲的或该少讲的却讲得太多,浪费极为宝贵的时间。我们提倡在课堂中通过教师巡视、提问、板演、实验、书面练习或小组合作学习等形式,不断地获取信息,并依据获取的信息,最大限度地暴露学生训练中的疑难问题,采取必要的补救措施,并认真分析带倾向性的问题,进行梳理、归类,为反馈矫正作好准备。分层次反馈可以将错误类型相同的集中起来一起纠错，避免对学生一个个的追问，既节省时间，又提高有效性。教师在备课时应该，想想学生可能会出现什么样的问题，有哪些属于一类，在备课中集中反映。

其六，反馈信息承接性。教学主体是学生，教师不是教教材，而是用教材教。通过反馈可以及时了解学生学习状况，根据这一情况及时采取措施，调整教学策略，改进教学方法，寻求最适合学生接受并理解的方式去重组教学环节，提高课堂有效性。教师经过巡视、归类，让学生在黑板上板演并进行分析，最后统一认识，为下一教学环节服务。教师在备课前应该充分考虑到哪些知识是学生较难接受的，学生会产生哪些错误。只有"备足"学生，课堂上学生的错误可能会降到最低。但是有时候教师考虑得再周密，课上还会碰到新问题，这时候反馈就显得非常重要，它可以帮助教师在下一次再上这节课时能提前意识到学生可能出现的问题，从而改进教学设计，提高课堂教学的有效性。

四、研究结论

推行"短平快"训练以来，我们在实施课堂教学的训练中取得了一定的进展，经过理论与实践的研究，得出以下结论：

1. 构建学科知识训练体系，是教学有效性的前提

每一节课虽然不能实现学科整体目标的完成，但每一节教学都是为了整体目标做分项布点工作。在各教研组长带领下，举全体教师之力，发挥整体优势，钻研考试大纲，根据《课程标准》及《考试说明》，针对学科知识的基本概念、理论、定律等进行仔细的梳理，理顺知识点之间的联系。将三维目标具体分解到各年级、各单元、各节内容之中，细化落实，控制各年级"短平快"练习的广度和深度，加强知识点上的纵向衔接，明确每个知识点在学业水平考与高考中的地位，系统分析历年高考对各知识点的考查，减少训练的盲目性，可以大大提高教学的针对性与实效性。

我们除了强调课堂的训练外，作为课堂教学的延伸，也要求教师在设计和布置课外作业时同样需注重练习的有效性。

表 6　学生对"课外作业难度"的感受(2014.5)

选项内容	高一			高二		
	语文	数学	英语	语文	数学	英语
90%以上我都会做	67.80%	46.93%	51.37%	71.66%	43.85%	54.55%
70%～80% 我都会做	28.01%	38.85%	41.49%	24.60%	39.04%	36.90%
40%～50% 我不会做	2%	12%	5%	0.00%	13.90%	6.95%
60%以上我不会做	2%	2%	2.25%	3.74%	3.21%	1.60%

根据表 6 我们可以发现，教师在课外作业的设计上还是比较好地针对了绝大多数学生。同时，"90%以上我都会做"的选项无论是在哪一个年级、哪一门学科上选择的比例都在 50%左右，说明课外作业还是有一定的难度。这也促使学生在立足课堂学习的基础上，还要通过课外的自主学习去发现和解决新问题，这也是高中学习的一个特点。

2. 精心设计"短平快"训练题，是教学有效性的保障

聚焦集体备课，教师先独立钻研教材，参阅资料，精心设计编写训练题。在此基础上，同年级的教师通过备课组活动，相互交流、探讨教材内容的重点与难点、学案的编制以及"短平快"训练的内容。研究表明，由于学生的知识水平和接受能力等诸方面存在差异，"短平快"的设计要有层次、有坡度、有变化、有发展，才能适合不同学生的要求，包括学生现有知识储备、学习能力、班级学生基础分层情况等。通过学科教学，让学生改善学习策略，掌握科学方法，学会发展，这样能使每位学生在原有基础上获得比较明

显的进步。

通过课堂的即时训练，目的是要增进学生对知识的理解和掌握。

表 7　对高一、高二年级“课堂知识理解掌握”的调查(2014.5)

选项内容	高一			高二		
	语文	数学	英语	语文	数学	英语
每节课我都能理解掌握	47.06%	28.88%	40.64%	30.75%	36.88%	39%
基本能理解掌握	46.52%	42.78%	48.13%	59%	44.40%	49.13%
有时听不懂	4.28%	22.99%	10.16%	6%	14.14%	9.99%
经常听不懂	2.14%	5.35%	1.07%	3.84%	4.57%	2.09%

从表 7 的调查结果分析，无论是高一还是高二，绝对多数的学生在课堂掌握环节还是比较好的，自我认同度也较高。但是，在数学上，两个年级中都有不少反映听不懂的情况。从横向来看，高一数学学科上，学生课堂掌握的情况和英语、语文有比较大的差异，但这种情况在高二有所缓解。

3. 合理实施“短平快”训练，是教学有效性的关键

在教学的过程中，应正确处理预设与生成的关系。精讲导学、巧问诱思，善于捕捉学生思维火花，并根据课堂的实际及时地调控，灵活改变既定教学环节。在“短平快”训练时随时捕捉到学生出现的问题，鼓励学生提出与教师不同的方法，引导学生进行质疑、探讨、评价、总结与反思，让学生在互动、合作、交流、共享的氛围中，感知与同化。给学生以自由发展空间的同时，在不同观点、创造性思维碰撞中，会使学生发现、探索、解决问题的能力不断增强，思维品质不断提高。

五、成效与反思

经过 3 年的理论研究与实践探索，我们认为“短平快”训练提高课堂教学效率是比较明显的。但是，由于研究方法和研究水平所限，还有一些值得反思和改进的地方。

1. 成效

(1)激发学生学习兴趣，提升学生学习效率

学校的学生整体来说学习能力较弱，表现为听听都会、做做糊涂、考考不知，课后作业中主要有两大问题，一是不会自己思索探究；二是碰到问题畏难而退或一抄了之，缺乏学习的主动性。因此，我们把“短平快”训练的难度降低，以让大多数学生经过思考基本可以解决的要求来设计题目。面向全体学生，渐进式推进，全方位把关。学生在成功解决问题的体验中，自尊心得到了满足，调动了课堂学习的积极性，对学习的兴趣明显提高，主动性也明显加强。由害怕学习到乐于学习，切实提高了学习实效。

(2)增加师生互动交流，促进课堂有效教学

著名的人际关系交往积极性的经典实验——“霍桑实验”证明，劳动生产率的提高取决于人际关系。“短平快”训练正是一种需要经常与学生进行了解、沟通的双边活动，特别在练习讲评分析时，更是离不开学生的配合。频繁的师生面对面的交流，促进了师生相互的理解和信任，有利于教师开展教学活动。通过“短平快”训练能够为教师的教学反思和对学生的个别辅导提供依据，及时调整教师的教与学生的学，尽量减少教学失误。反思是“教师专业发展和自我成长的核心因素”，这种及时、自动的在行动过程中的反思，使得教学高质高效地进行。同时，教师通过“短平快”小练习进行分析，获得了学生学习的最直接的材料。特别是对学生普遍性的错误进行分析，一是能使教师及时发现教学中存在的不足，对自己的教学效果作出自我评价和反思，及时调整教学计划，修改教学方案；二是对学生的学习情况作出准确的判断，特别是为发现学生个体存在的问题提供了依据，并以此为依据进行及时而有效的个别辅导，从而促进了课堂有效教学的实施。

从学校近三届高二学生参加学业水平考试的成绩来看，随着课堂教学模式的逐步推进，效果也正在显现，在每届学生人数逐年略增的情况下，A B 级人数比例却都有明显的上升趋势。

表 8 三届高二学生学业水平考 AB 级人数的比例对比

届别	历史	物理	化学	生命科学
2013 届（372 人）	25.81%	22.04%	28.76%	43.55%
2014 届（373 人）	37.27%	32.71%	26.81%	36.73%
2015 届（396 人）	38.64%	48.48%	38.38%	55.05%

(3)更新教师教学理念，助推教师专业成长

通过"短平快"训练的研究，更新了教师教学观念，巩固并加深了教师对新课程改革的理解，拓宽了教师对教学方式改变的思路，推动教师站在更高的高度上审视学科知识体系，增强了对学科专业知识的把握能力。教师们开始注重设计出有效的课堂练习，并努力做到每一个练习题都具有目的性、指向性，大大提高了教师的教学水平，敦促教师在"低头拉车"的同时，学会"抬头看路"，也切实提高了教师的教育教学研究能力，加速了专业素养的提升。

三尺讲台是教师立足职业的根本。课堂教学模式的改变，既要求教师注重课堂教学过程的掌控，也要求教师加强对课堂教学规律的研究。因此，教师积极参与课堂教学模式改革的实践，也有利于教师专业素养的提升。在倡导短平快训练的第三年，学校教师就获得区教学比赛的若干奖项，从一个侧面体现了教师的专业成长。

2. 反思

课堂教学中"短平快"训练，旨在培养学生良好的学习习惯和学习能力，切实提高课堂教学效率，在取得了一定的成绩的同时，还存在不少的遗憾和不足。

(1)材料梳理要及时

在实践过程中，虽然有材料积累，对于一些资料的收集整理工作未及时归档，欠全面地、系统地去充实研究档案。

(2)教师素养待提高

一部分教师由于自身的观念和能力欠缺在一定程度上阻碍了"短平快"训练的顺利实施，"短平快"训练中常见三大误区：①"形存实亡"，这类训练过于偏重基础，注重形式，对于重点难点突出欠缺，不利于实现教学目标，更不能满足课程标准要求；②"形同鸡肋"，这类训练只是作为填充课堂的辅料，是否用之则视课堂进度，更别说用之有效了；③"形式单一"，这类训练往往局限于学生定向思维的训练与培养，缺失对于发散思维和创新思维的培养。

(3)细节问题需精耕

在"短平快"训练的实施过程中，目前的探索还是比较注重面的推广，在学科点、章节点上的探索以及学生的分层分类训练上还有很多问题尚待细化。今后，需结合高考制度的改革发展和学生的实际情况等，深入开展"短平快"训练中环节措施的跟进，分层训练的落实，激励评价制度的运用等，设计进一步研究的方案，继续推进。

其一，摒弃模块化。"短平快"训练的初衷既然在于及时了解和掌控学生的学习状况并加以促进，那么就可以视教学需要，化整为零，分散于不同的教学环节，加强有效实施。

其二，追求多样化。"短平快"训练题型应该多样化，可以是选择题，还可以是简答题、分析说明题，甚至是判断改错、连线、举例、情境问题、设计方案等多元题型。当然，题型的选择和设计要视教学需要和考纲需要。

其三，难易灵活化。既然是训练，难易的灵活控制关系到学生学习兴趣的激发，也关系到教学过程的推进和教学目标的达成，因而在选题难度控制上坚持适度有效、兼顾两头、分层提升。

其四，环节程序化。“短平快”训练应作为课堂教学的必经程序，既设计，必训练，定反馈，方能促进步、达目标。

其五，评价激励化。对训练的评价逐步形成规则，要更多地体现在积极引导学生改变学习方式、学习习惯，提高学生学习的主动性和积极性，发展学生的能力和特长，帮助学生认识自我，建立自信，促进学习能力的提升。

参考文献：

[1] [美]库尔特·考夫卡.格式塔心理学原理[M].李维，译.北京：北京大学出版社，2010.

[2] 彭聃龄.普通心理学[M].北京：北京师范大学出版社，2012.

[3] [美]简妮·爱丽丝·奥姆罗德.学习心理学[M].汪玲，等译.北京：中国人民大学出版社，2015.

[4] 中华人民共和国教育部.国家中长期教育改革和发展规划纲要（2010—2020年）[EB/OL]. http://www.moe.edu.cn/publicfiles/business/htmlfiles/moe/moe_838/201008/93704.html.

[5] 上海市教育委员会.上海市中长期教育改革和发展规划纲要（2010—2020年）[EB/OL]. http://www.shmec.gov.cn/html/xxgk/201009/301122010002.php.

[6] 王晓春.今天怎样做教师[M].上海：华东师范大学出版社，2014.

[7] [美]希尔伯曼.积极学习[M].陆怡如，译.上海：华东师范大学出版社，2005.

[8] 余文森，洪明.校本研究九大要点[M].福州：福建教育出版社，2007.

[9] 胡中锋.教育评价学[M].北京：中国人民大学出版社，2013.

[10] 伍新春，张军.教师职业倦怠预防[M].北京：中国轻工业出版社，2008.

[11] [美]霍华德·加德纳.多元智能新视野[M]. 沈致隆，译.北京：中国人民大学出版社，2012.

[12] 谈振华.课堂教学理论读本[M].北京：社会科学文献出版社，2000.

Research on the Effectiveness of "Short, Adaptable and Fast" Training in Class Teaching

JIN Yi

(Foreign Languages School Affiliated to SHNU, Shanghai 201600)

Abstract: The core requirement of teaching reform is to improve the class teaching effectiveness. To help the students to better grasp what is to be learnt, "Short, Adaptable and Fast" Training requires that the class training should be well prepared with moderate difficulty and proper amount. Attention should also be paid to the timely feedback from class exercises. By means of solving problems in the learning process, students' interest in learning can be greatly strengthened and learning motivation can be further inspired. Meanwhile, through the promotion of "Short, Adaptable and Fast" Training, teachers can know better about their students. The teachers' competence to design the class exercises and their professional quality may also be improved.

Key words: class teaching, "Short, Adaptable and Fast" Training, effectiveness

《现代基础教育研究》
第 20 卷，2015 年 12 月 (Research of Modern Basic Education) Vol.20，Dec. 2015

学生实验作业单的设计与使用研究

张瑞珺

(上海市徐汇区康宁科技实验小学，上海 200235)

摘　要： 小学自然学科领域着重于培养学生的科学素养，自然学科课程是促进学生全面发展的重要基础课程。实验教学是自然学科教学中非常重要的一个部分。然而，当前的课堂实验教学并没有起到应有的作用。文章从现今自然学科教师在实验教学中遇到的问题出发，经过分析与诊断，发现学生实验作业单对学生在课堂实验教学中的表现起到良好的作用。于是对学生实验作业单的设计与使用展开研究，并通过表现性评价验证其价值。

关键词： 小学自然学科；科学素养；实验教学；学生实验作业单

一、研究背景

小学自然学科领域着重培养学生的科学素养，旨在通过科学探究活动的基本过程和方法，使学生建构关于科学知识与基本技能的概念，同时激发学生对科学的兴趣与情感，养成科学的态度与自然观。[1]

儿童认知发展理论领袖皮亚杰指出，儿童建构相关认知结构与其年龄特点有关，且遵循发展规律。他指出，儿童对周围环境中物体的实际操作和感知是其建构相关认知结构的关键，此处的认知结构是指人类心理的动态机能，是一种对外界环境信息进行整理、归类、改造与创造的功能。[2]因此，自然课堂中，符合学生认知发展特点的实验教学对学生建构科学知识与基本技能的认知结构起到重要作用。然而，笔者在长期的教学中发现，课堂实验教学并没有起到应有的作用，学生往往不理解实验的目的，从而不能将“所学”在生活中进行“活用”，甚至有在教师演示实验后学生短时内便忘记一些关键实验步骤，导致课堂实验失败的现象存在。

通过长期对课堂实验的研究，笔者对产生这一现状的根本原因进行分析与诊断，并不断尝试解决方案。实践过程中发现学生实验作业单能有效地解决现存问题，使学生学会主动学习，顺利建构科学知识与基本技能的认知结构。

依据皮亚杰儿童认知结构的发展理论，小学生的认知阶段正处于具体运算阶段，这一阶段的儿童对事物的认知正由表象转为内在，即从具体思维向抽象思维发展，但正因为处于过渡发展时期，在其抽象思维活动的时候更需要具体内容的支持。[3]对于过程较复杂、关键点相对较多的实验，教师课堂中通过纯粹的实验演示经常达不到所期望的效果，这便是学生认知发展过程中具体思维向抽象思维过渡时发生脱节的缘故。在实验作业单的使用过程中，学生通过阅读、思考、研究、质疑、分析、尝试、讨论、试误等方式，在潜移默化中帮助其形成抽象思维，从而构建相关的认知结构。

作者简介：张瑞珺，上海市人，上海市徐汇区康宁科技实验小学高级教师，主要从事小学科学教育研究。

此外,美国佛罗里达大学心理系教育心理学家罗纳德·G·古德,以皮亚杰的认知结构发展理论为基石,与儿童科学的学习及概念形成相结合,对学生在科学课中概念的形成进行研究,加以剖析后发现,教师帮助儿童建构科学概念的认知结构时遇到了制约因素,其中最重要的是:其一,概念学习与其年龄对应的认知发展水平关系密切;其二,直接的口头教授对加速儿童的认知发展作用甚微。同时,在对课堂的研究中罗纳德将教师归结为5种角色:演讲者和问题的回答者;讨论的引导者;活动的指导者与评价者;活动的推动者;研究的共同参与者。并且在研究中发现当教师作为活动的推动者或是研究的共同参与者时,这些制约因素便能够得到改进与协调。[2]但是,现今小学自然教师通常以前三种角色出现,从而导致学生在构建科学知识与基本技能的认知结构时遇到阻碍。

通过学生实验作业单,完全将"学习过程 "的主动权交给学生,教师从课堂的引领者转变为学生活动的推动者与实验研究的共同参与者。同时,从与学生年龄相应的认知水平出发对实验作业单进行反复的设计,使用后学生的理解、分析与发现问题的能力,以及主动思考与共同分享的习惯都获得了全方位的提高。

二、学生实验作业单的设计

作为活动的推动者,教师并非退出课堂,而是将其作用隐性化。学生实验作业单的设计便是教师推动整个教学实验活动的关键任务。皮亚杰建构主义理论认为,认知的建构是通过同化与顺应两种方式进行的。所谓同化,是指儿童将环境中的信息吸收并与已经存在的认知进行整合的过程;而顺应则是当儿童原有的认知结构不能适应环境的要求时,需要改变原有的认知结构以适应环境的过程,使自身的认知获得质的变化。[2]

因此,实验作业单不但要使学生知道整个实验的操作过程,达到同化的作用。又要具备使学生产生质疑的关键点,达到顺应的作用。通过两者的平衡,建构学生新的认知结构。

笔者经过多番尝试,发现实验作业单需要包含以下几项内容:

1. 实验内容标题。让学生知道即将进行的实验研究是什么内容,使其有目的地去参与实验作业单的研究。

2. 实验器材。处于具体运算阶段的儿童,在进行思维时,依旧需要借助具体实物的帮助,实验器材能够帮助儿童从具体思维向抽象思维发展。

3. 操作步骤及相对应的操作要点或者设立显性思考提问。罗列简明清晰的操作步骤,使其明白整个实验的过程,并且给予相对应的操作要点或需要思考的问题,初步介绍建构实验的概况,让这些基本的操作流程同化于学生的前概念。

4. 隐性思考的留白。教师不必说明每一步实验操作。在实验作业单中需预留一片思考的空间给学生,让其自己主动产生质疑、引发思考,这便是顺应的过程。

5. 实验记录。实验完成后需要依据实验现象完成相关的记录,记录的内容应根据实验内容有目的地设计,使其明白观察的目标是什么,从而强化实验目的。

6. 实验结论。实验的结论可以多样化,主要是让学生能够通过对现象的分析,以及在作业单的帮助下获得本次实验研究的结论。

实验作业单通过以上全部或部分内容,让学生知道做什么、怎么做、为什么这么做,从而对其建构相关的科学基本知识及技能的概念起到作用。

在对实验作业单设计的研究过程中,笔者发现对学生学习中不同的需要,大致可以将实验作业单设计为两类:操作型实验作业单与设计型实验作业单。并且,每一份实验作业单都经过初步设计、反复多次的实践研究与修改才最终定稿。例如《物质溶解量的多少》中的实验作业单(见图 1),即为典型的操作型实验作业单。

实验作业单

一、　实验:在 25 毫升水中溶解盐或糖

分工:小组内 1、2、3 号同学溶解盐,4、5、6 号同学溶解糖。

实验器材:盐、糖、搅拌棒、勺子、塑料片、100 毫升烧杯、25 毫升水	
操作步骤	**操作要点**
1、用小勺取满满一勺盐或糖。	
2、将高出勺口的盐或糖刮去。	1、用塑料片当做刮片。
3、将勺中的盐或糖放入水中搅拌使其溶解。	
4、记录溶解的数量。	2、用简便的方法记录溶解的数量。
5、等水中的盐或糖完全溶解后,重复步骤 1~4,直至有部分盐或糖不再溶解时为止。	
6、记录 25 毫升水中大约能溶解多少盐或糖。	

实验记录:

25 毫升水中溶解了约 ________勺 盐。

25 毫升水中溶解了约 ________勺 糖。

实验结论:

不同的物质在水中溶解的量(相同的/不同的)。

图 1　《物质溶解量》实验作业单

这张实验作业单包含了以上 6 个部分,实验让学生研究不同物质在等量水中溶解量是相同还是不同,其中等量水已提供,学生需在其中加入差不多量的糖或盐,因此实行用勺子取后刮去多余物质的操作,作业单的操作步骤与要点都清晰罗列,文字浅显易懂,学生阅读都基本没有障碍。同时,又在每一个步骤中留下思考的空间:为什么要刮?怎么刮?何时能加下一勺?如何记录?如何统计?等等。这些都是给学生隐性思考留白的地方。通过对留白处疑问的逐一解决,使学生彻底了解实验的每一个步骤为何这么做,提高实验的成功率,建构学生的科学概念。

最初的实验单并没有达到最终需要的效果。原始实验作业单中,只提到每一勺的量要一样,并没有告诉学生可以使用塑料片,学生会产生抖一抖的方式,甚至在研究时不去使用塑料片,又或者教师直接提出塑料片的作用是什么,这对于达到学生的主动学习的目的效果就不明显。因为在他们需要思考的时候,实物与思维之间没有进行衔接,学生没有形成内在的思维。因此对作业单进行重新设计,经过不断尝试与修改,最终达到所需的效果。

设计型实验作业单是让学生在熟悉旧知识的前提下,在经验的基础上过渡到新的知识领域。这类实验作业单可以用两种方式呈现,一种是针对实验步骤设计的作业单,由于学生认知发展水平的局限性,学生不能够写出清晰的实验步骤,因此教师先将可能涉及到的实验步骤先以乱序的形式呈现于实验作业单,学生根据自己已有的认知进行判断并正确排序后,再根据正确的实验操作步骤进行实验。例如《沙温的变化》中测量沙温的变化实验作业单(见图 2)就使用了此方法,学生在水温变化实验的认知基础上对其展开研究,获得了较好的学习效果。

另一种方式是对装置的设计,在此处教师需先给予学生相应装置的简图或者符号,便于学生画出装置的设计。教师应注意不给学生在画图上造成障碍,以阻碍学生科学认知的构建。如《小电珠的串联与并联》的实验作业单中(见图 3),学生在前一课时已知简单电路连接及电路元件符号的基础上,对能同时点亮两个小电珠的电路进行设计,让其形成内在语言,帮助对知识的构建。

《沙的温度变化》实验作业单

研究：沙在加热前后温度变化的规律

实验器材：（在□内打"√"）

□铁架台、□铁圈、□复夹、□泥三角、□坩埚、□水、□沙、□酒精灯、□火柴、□废物罐、□湿抹布、□红水温度计、□水银温度计、□秒表。

实验过程：

一、装置	
操作步骤	**设计要求**
	提示： 1、装置可参照水温变化实验的结构。 2、根据选择的实验器材，搭建实验装置。
二、实验	
操作步骤	**操作要求**
	1、温度计读数时，视线要与液柱顶端相平。 2、实验中要注意安全，不可用手触及加热后的实验器材。

图 2 《沙的温度变化》实验作业单

实验作业单

实验：设计一个电路使两个小电珠同时发光

实验器材：小电珠 2 个、灯座 2 个、电池盒 2 个、电池 2 节、开关 1 个、导线若干根。			
电路元件符号：			
小电珠：	电池：	开关：	导线：
画出电路设计图：			
电路图一：		电路图二：	
电路图三：		电路图四：	
操作步骤		操作要点	
1、依照设计图连接电路。 2、接通开关。 3、观察现象并记录。 4、断开电路。		1、连接时把开关断开。	

实验记录：（在相应的现象处打√）

电路图一中：电路连接后（1 个小电珠亮/2 个小电珠亮/2 个小电珠都不亮）

电路图二中：电路连接后（1 个小电珠亮/2 个小电珠亮/2 个小电珠都不亮）

电路图三中：电路连接后（1 个小电珠亮/2 个小电珠亮/2 个小电珠都不亮）

电路图四中：电路连接后（1 个小电珠亮/2 个小电珠亮/2 个小电珠都不亮）

图 3 《小电珠的串联与并联》实验作业单

三、学生实验作业单的使用与指导

美国科学教育专家兰本达教授认为:如果一切知识是权威者给的,是自上而下的,那是封建思想,学得了这般知识的同时,也继承了封建思想。她主张让学生主动去寻找,知识是学生通过自身的努力而获得。教师不应把现成的结论告诉学生,这是她自己教学的"信条"。[4]学生实验作业单的使用便把学习主动权还给学生,提升学生的阅读分析、理解与综合探究能力。

1. 利用操作性实验作业单,提升学生阅读分析能力

实验作业单的作用是使学生自主学习的内在动力被激发,实验的成功率提升。使用过程中,让学生通过个人阅读、摆弄器材——发现问题;小组讨论、教师指导——解决问题;知晓步骤、动手实践——完成操作。

如一堂研究课《物质溶解量的多少》(见图1),教学目标中有一点是让学生通过实验、比较等方式,知道不同物质在水中溶解的量是不同的。学生主要通过对实验作业单的研究自主学习,完成实验。教师从任务的引领者成为活动的推动者。学生先自行阅读实验作业单,讨论实验的做法及注意点,从中提出疑问,小组内互相尝试解决,总结无法解决的疑问进行全班讨论。教师在学生研究后,与学生共同研究疑问并提出针对性的问题,以发现学生对实验的掌握程度。

教师在试教过程中,须针对学生对本次实验作业单使用的情况,进行二次设计。第一份实验作业单中,只提到每一勺的量要一样,并没有告诉学生可以使用塑料片。在修改时,将塑料片的使用显性化,引导学生思考它的作用,尝试它的用法,达到主动学习的效果。作业单不是给学生故意留难题,而是教师推动学生学习的媒介,所以既要保证理解的顺利性,又要确保之后思考的空间。

又如,五年级《空气的成分》这堂课中,教师在实验器材中添加一块玻璃片。学生在阅读实验作业单时,发现教师提供的器材和书本上器材不同,提出质疑。教师通过分析让学生明白玻璃片的使用能使实验效果更明显,能提高实验成功率。

《水的压力》这节课对操作性实验单又有了新的改进(见图4)。三年级的学生不具备实验设计能力,小学阶段又有大量的比较实验。教师在设计实验作业单时把实验准备部分的"操作要求"改成"操作与思考"。希望学生通过思考与讨论了解比较实验中如何控制变量。同时,教师让学生在实验前先有个思考的过程,"为什么要这样做?这样做的目的是什么?"学生在阅读时边思考、边分析原因,了解这样做的道理,学会了举一反三。

操作性实验任务单的使用,让学生自己对学习内容进行解析、消化,使学生由被动接受变为主动思考。这将激发每位学生分析问题和解决问题的热情,使之真正成为课堂的主人。

2. 利用设计性实验作业单,提升学生综合探究能力

设计型实验作业单不同于操作性实验作业单。它不再向学生细细说明实验操作步骤,但是学生能够根据教师提供的材料与结果的提示性语句设计出相关的实验步骤,这对学生设计实验的能力是一个提高的过程。同时材料的限制与提示的结果,又不会让学生的设计"跑题",这也对教师设计实验作业单的另一种挑战。

如三年级研究《沙的温度变化》实验(见图2),由于他们刚刚进入中年级阶段,实验能力相对较弱。要他们完整地写出每个实验步骤有一定困难。教师在指导这类实验时以学生的已有认知《水的温度变化》为基础,提升实验要求。让学生模仿《水的温度变化》操作步骤设计实验。教师在设计实验作业单时准备了许多实验器材、步骤供学生选择,大大降低设计难度,为学生顺利完成实验打下基础。

又如,在《水的旅行》一课中,教师利用设计型实验作业单让学生以画一画的方式"模拟水循环"。在设计前,先让学生明白高、中、低空的温度差异,学生有了知识和能力基础后,再启发学生用画的方式,呈现实验装置图。学生边设计边思考,这些材料可以模拟自然界的什么环境,接着带领学生研究他们的模拟装置是否合理,最后,用实验进行验证。

通过两种类型的实验作业单可看出,教师面对不同的教学目标,应采用不同形式的实验作业单从而培养学生不同方面的能力。其所达到目标,往往要比教师单纯讲授效果好。

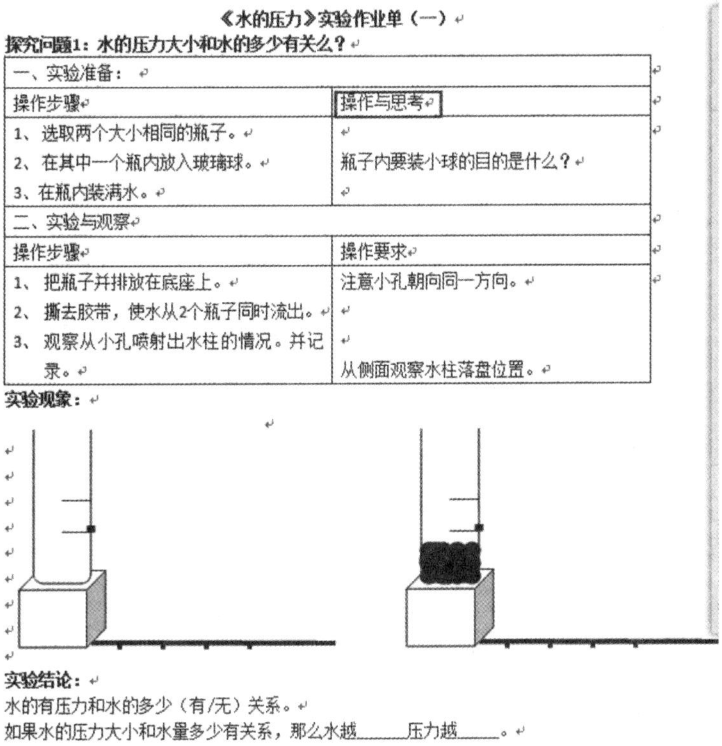

《水的压力》实验作业单（一）

探究问题1：水的压力大小和水的多少有关么？

一、实验准备：	
操作步骤	操作与思考
1、选取两个大小相同的瓶子。 2、在其中一个瓶内放入玻璃球。 3、在瓶内装满水。	瓶子内要装小球的目的是什么？
二、实验与观察	
操作步骤	操作要求
1、把瓶子并排放在底座上。 2、撕去胶带，使水从2个瓶子同时流出。 3、观察从小孔喷射出水柱的情况。并记录。	注意小孔朝向同一方向。 从侧面观察水柱落盘位置。

实验观象：

实验结论：

水的有压力和水的多少（有/无）关系。

如果水的压力大小和水量多少有关系，那么水越_____压力越_____。

图 4 《水的压力》实验作业单

四、学生实验作业单使用效果的评价

对于学生实验作业单的使用效果，采用表现性评价方法，它是在对传统的学业成就测验批判的基础上发展起来的，或者说通过学生自己给出的问题答案和展示的作品来判断所获得的知识和技能。因此，我们可以看出表现性评价不仅评价学生“知道什么”，更重要的是评价学生“能做什么”；不仅评价学生行为表现的“结果”，更重要的是评价学生行为表现的“过程”；不仅评价学生在课堂中的表现，更重要的是评价其在模拟真实或完全真实的情境下的表现。

此次评价选择了大型、中型、小型三所公办小学的三年级学生共 230 位参与。评价过程如下：

1. 每所学校参与评价的学生以班级为单位，分为 2 组，一组为实验组，一组为对照组。

2. 每所学校由同一位教师进行教学指导。

3. 为了最终测评能顺利开展，在测评前 2 个星期，教师进行了“探究空气压力的方向”（见图 5）及“用量筒量取 8 毫升的水”（见图 6）这 2 项实验的学习。其中对照组，在 2 项实验操作过程中，没有实验作业单的布置，采取了讲师讲学生做的传统教学方法；实验组则在实验时，自主学习实验作业单，学生可以就实验作业单中的不清楚或容易产生疑惑的内容进行提问，通过教师和学生之间的互相交流，了解实验操作的正确方法，最终完成实验的操作。2 个实验在一星期内完成操作。

在这两项实验当中，主要让学生通过操作了解如何用小烧杯往玻璃杯内加满水；量筒使用时，如何正确读数等。

4. 为了保证实验的公平有效性，根据艾宾浩斯遗忘曲线的规律，[5]考核在 2 个星期后进行。考核的内容如图 7 所示：

实验作业单

实验名称：　探究空气压力的方向

实验器材：　水槽、水、玻璃杯、毛玻璃片、小烧杯、抹布

实验过程：

操作过程	操作要求
一、实验准备	
1、把玻璃杯放入水槽中取水，然后竖立放置在水槽里。 2、继续用烧杯往玻璃杯里装水，使其满溢。 3、一手用毛玻璃片平盖在玻璃杯口上，另一手持装满水的烧杯。 4、然后一边慢慢地把烧杯中的水往玻璃杯中倒，同时慢慢地将盖在杯口边的毛玻璃片贴住杯口平移，使其完全盖住玻璃杯的杯口。 5、一手压住毛玻璃片，另一手拿住杯子，把杯子从水槽中取出备用。	1、倒水时动作要轻缓，尽量减少气泡产生； 2、玻璃杯内不能留有气泡。
二、实验步骤	
1、一手紧紧压住玻璃片，另一手拿住玻璃杯，慢慢地将玻璃杯翻转使杯口朝下。 2、把压在毛玻璃片上的那只手慢慢松开，观察现象并记录； 3、一手紧紧压住毛玻璃片，另一手拿住杯子，慢慢地将玻璃杯口朝向侧面。 4、把压在毛玻璃片上的手慢慢松开，观察现象并记录。	1、整个实验过程中，都要把玻璃杯放在水槽上方操作，以免水洒在外面； 2、操作时，动作要协调、缓慢。

实验现象：

1、当玻璃杯口朝下时，玻璃片________（有/没有）掉落。

2、当玻璃杯口朝侧面各个方向时，玻璃片________（有/没有）掉落。

实验结论：

空气压力方向是朝向____________。

图 5　《探究空气压力的方向》实验作业单

实验作业单

实验名称：用量筒量取 8 毫升的水

实验器材：小量筒（10 毫升）、大量筒（50 毫升）、滴管、水、烧杯

实验过程：

操作过程	操作要求
一、加水	
1、选择合适的量筒。 2、一手拿住量筒的上端部分，并让其倾斜约 45 度，同时使其刻度线面向自己。 3、另一手拿烧杯，也呈 45 度角中慢慢地往量筒中倒入适量的水。 4、把量筒放在桌面上，然后拿住量筒的上端部分，并让其倾斜约 45 度，再用滴管往量筒中慢慢滴水，当水面达到预定的高度时停止滴水。	1、拿量筒时，手不能遮住量筒上的刻度线，以免影响观察读数。 2、倒入的液体量一般要比需要取得的液体量少一些，大约 1 毫升左右。 3、滴管口不能碰到量筒的内壁。水滴在量筒的壁上，让其慢慢地流下去。
二、观察读数	
1、量筒放置在桌面上。 2、视线与量筒中液面的最低处相平。 3、读出液面最低处所对的刻度数，此即所量取的液体的量。	观察读数时，要做到两个必须：一是量筒必须竖直；二是视线必须与液面的最低处持平。

量取 8 毫升的水，应选用量度为________（“10”、“50”）毫升的量筒。

图 6　《用量筒量取 8 毫升水》实验作业单

用排水法测量橡皮的体积实验作业单

实验器材：

水槽、量筒、塑料盒、小烧杯、玻璃片、集气瓶、橡皮、抹布实验要求：

在集气瓶中装满水，并盖上玻璃片，要求水中无气泡。

将装满水的集气瓶放入塑料盒中。

小心的移去玻璃片。

将橡皮轻轻放入集气瓶中。

将玻璃片盖在集气瓶上，并将集气瓶从塑料盒中取走。

将塑料盒中的水倒入量筒中，读数并记录。

完成实验记录。实验记录：

我测得塑料盒中的水的体积为__________毫升，等量对换，因此我测得的橡皮的体积为______________立方厘米。

提示：1 毫升＝1 立方厘米。

图 7　考核用实验作业单

在准备实验器材的过程中，水槽里的水量，需低于玻璃杯横过来的高度，使学生意识到需要用小烧杯往玻璃杯中加水，并要求水中无气泡。塑料盒则为一次性塑料饭盒。

考核标准如下表 1：

表 1　用排水法测量橡皮的体积实验评价表

操作序号	评价内容		分值	得分
1. 取水	往玻璃杯倒水	能用小烧杯往玻璃杯中加满水。	2	
	放橡皮	小心放橡皮，无水溅出。	1	
2. 量筒的使用	液体的加注	加水时，量筒适当倾斜。	1	
	正确读数	量筒放置平稳。	1	
		视线与液面最低点平行并读数正确。	3	
3. 按序操作			1	
4. 填写任务单			1	
5. 总分			10	

这是结合之前 2 项实验中的内容而设计出的综合实验评价表。可以看到，取水中的第一项考核项目，往玻璃杯中倒水及量筒的使用，在之前的 2 个实验中已经学习过，学生将在已有的实验操作基础之上，根据实验作业单的内容，完成测评。这样不仅降低了考核的难度，同时更能体现出经过 2 个星期，在不同的教学方法学习后，哪一种教学方法更能使学生将实验掌握得更好。其中主要的考核点为能用小烧杯往玻璃杯中加水及读数正确。在读数正确方面，因为在操作过程中的差异性，教师检查学生的读数准确即可。

表 2 为本次考核的最终单项及总分的得分率对比。其中实验组为 122 人，对照组为 108 人。

表 2　用排水法测量橡皮的体积实验评价表

操作序号	评价内容		分值	得分率	
				实验组	对照组
1. 取水	往玻璃杯倒水	能用小烧杯往玻璃杯中加满水。	2	83%	83%
	放橡皮	小心放橡皮,无水溅出。	1	86%	90%
2. 量筒的使用	液体的加注	加水时,量筒适当倾斜。	1	62%	60%
	正确读数	量筒放置平稳。	1	62%	60%
		视线与液面最低点平行并读数正确。	3	59%	55%
3. 按序操作			1	78%	71%
4. 填写任务单			1	73%	74%
5. 总分			10	70%	69%

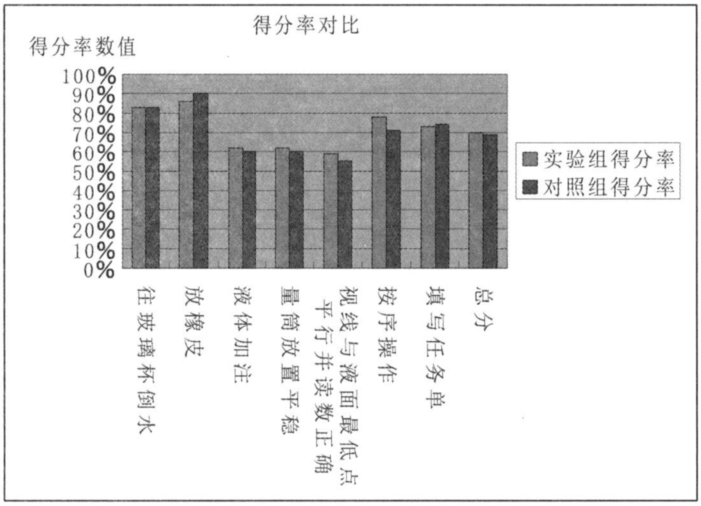

图 8

从上表中,我们可以看出,单项操作方面及最后的总分,实验组及对照组的得分率不相上下,这说明两组学生由于之前的 2 项实验操作的学习,致使学生的前概念水平差不多,遗忘程度也相差无几。

在单项方面,有些项目,如往玻璃杯中倒水,放橡皮的得分率要远高于与量筒的使用相关的得分率,这也足以说明,在日常实验教学中,量筒的使用频率较低,学生较少用到量筒,而用烧杯加水及放橡皮,一是难度较低,二是经常使用,致使这 2 项的得分率远高于其他几项。

从整体来说,在大部分项目中,实验组的得分率稍高于对照组,特别是在按序操作及读数正确这 2 个项目中,得分率要高于对照组。因此,通过实验作业单训练的学生,在实际的操作过程中,有序性及准确性较高。这些学生在测评中,拿到实验作业单后,能静心阅读作业单上的内容,看完整了后,再按照作业单的要求一步步进行实验操作,而没有接触过实验作业单的学生,在操作过程中,则稍显随意,有一些是看一步做一步,遇到困难,甚至会打乱操作步骤,比如有些学生看的时候不仔细,将塑料盒中收集到的水直接倒入水槽中,而不是量筒中,致使实验无法进行下去,也有一些按照桌面上的实验器材,有什么做什么,有序性及准确性较差。

从以上的数据来看,实验作业单的设计与使用有提高的空间,如果在教学过程中,能长期坚持实验作业单的教学,改变实验学习的方法,特别是在设计实验作业单的时候,教师能适当留白,隐藏某些关键的操作点,引发学生在阅读过程中的疑问,那么学生在阅读能力、质疑能力、操作能力等综合能力方面肯定会有长远的进步。

参考文献:

[1] 上海市教育委员会.上海市小学自然课程标准(试行稿)[S]. 上海:上海教育出版社, 2004.
[2] 罗纳德·G·古德.儿童如何学科学——概念的形成和对教学的建议[M]. 北京:人民教育出版社, 2005.
[3] 霍德华·加德纳.智能的结构[M]. 杭州:浙江人民出版社, 2013.
[4] 兰本达, P.E.布莱克伍德, P.F.布兰德温.小学科学教育的"探究——研讨"教学法[M]. 北京:人民教育出版社, 2008.
[5] 卢家楣, 魏庆安, 李其维. 心理学[M]. 上海:上海人民出版社, 2004.

Research on Design and Use of Experiment Homework Sheet

ZHANG Ruijun
(Shanghai Kangning Tech Experimental Primary School in Xuhui District, Shanghai 200235)

Abstract: The task of science courses in primary school is to raise the primary students' science quality and to improve their comprehensive development. Experiment teaching is an important part of science teaching. But the role of experiment teaching has not been understood yet. From the problems met in experiment teaching, the author notes that the experiment homework sheet has positive effect on students' performance in experiment teaching, then he assesses its value by performance assessment.

Key words: science teaching in primary school, science quality, experiment teaching, experiment homework sheet

从"艺术综合"到"综合艺术"
——试析"综合艺术"教学的异化与回归

孙丹青

（上海市延安中学，上海 200336）

摘　要： 文章以上海市高一艺术教材为研究对象，以"综合艺术"被异化为"艺术综合"这一现象为问题切入，分析了"艺术综合"产生的"病理"，阐明了"综合艺术"的教学"指征"，并以形象的比喻道出了"艺术综合"和"综合艺术"的本质区别，最后，从方法上给予病态"综合艺术"以康复"处方"（策略），可谓对当今艺术课程的热点、焦点——"综合性"进行了较为深刻的实践思考，所述观点为艺术学科的课程建设提供了重要思路。

关键词： 综合艺术；艺术综合；课程建设

随着二期课改从试点到普及的推进，艺术课程的综合性已在教育界广为所知，以综合艺术培养学生综合素养早已成为艺教改革的奉行目标，教师们的"综合"理念亦已从被动灌输走向自觉执行，艺术教学的精彩纷呈就如同综合艺术的五彩缤纷一样，其教学成果是同仁有目共睹的。

然而不可否认的是，当一个新生事物诞生的同时，总会有一些现象鱼龙混杂于主流。就拿艺术教学来说，由于缺少思辨，"综合艺术"不经意间被一部分教师演绎为了"艺术综合"，长期来，它以分科叠置加唱奏舞画，扮演着表象化艺术的角色，专家们认为，这不仅曲解了课改精神，更迷惑了广大师生的艺术认知。

一、"综合艺术"的教学"病状"

新生的"综合艺术"是怎么被异化为"艺术综合"的？原因在于教学实施中它被误解成是唱、奏、舞、画的"百戏"，比如，"春天"的艺术，到处可见"唱春天"、"舞春天"、"画春天"的热闹景象；"大海"的艺术少不了"听海"、"看海"、"画海"等似是而非的综合。显然，博雅的"综合艺术"在此被简单地曲解为了"艺术综合"。

何为"艺术综合"？"艺术综合"是指艺术创作的一种具体方法，是对各种材料进行重新组合，从而形成新的艺术形象的过程。从这个解释来看，"艺术综合"强调的并不是内容，而更多的是方法和过程，即对艺术内容的一种综合方法、一个综合过程。这里的"艺术综合"并不是指"综合艺术"的课程概念或教学内容，而更多地是指一种教学方法。但是有些教师却因为字面上的雷同，把"艺术综合"当成了"综合艺术"，而这一理解所造成的直接后果就是"综合艺术"被简单化为各艺术门类（有时只是表演形式）的叠加，从而造成"综合艺术"的异化，派生出一个与之混淆的"艺术综合"。

"艺术综合"的特征是多元而呈发散状，它有两种征象：第一是多科叠置、缺少整合，如"戏曲"艺术（戏曲本身是综合艺术），往往是音乐、杂技、文学等多科如数家珍、逐一道来，却忽略了最重要的表演上的融合元素；第二是单科并进、缺少提炼，如"乐舞"艺术，往往不抓住它的整体形象、内在联系，而是人为拆分艺术，使得音乐与舞蹈分道

作者简介：孙丹青，浙江余姚人，上海市延安中学特级教师，主要从事高中艺术教学研究。

扬镳、并驾齐驱。两种情况的共同点就是内容的“分散”。以烹饪作比方，“艺术综合”就好比是几盆各式各样的菜，有鱼肉荤素各种食材，但它们不是被炒在一起，而是分盆装菜，以多盆菜的形式加以呈现，是明显的“多菜多味”。

显然，“艺术综合”只强调了“多元”而忽略了“整合”或“提炼”，其简单叠加的行为只能使它成为一种教学方法，而无法与以课程内容为核心的“综合艺术”相提并论。

二、“综合艺术”的教学“指征”

以上的各种弊病让我们不得不关注“综合艺术”的教学指征。“指征”，医学名词，又叫“适应症”(indication)，指药物、手术等方法适合运用的范围、标准。本文中的“指征”即特征，指的是综合艺术的概念与教学规范。之所以将“指征”概念引用到教育教学领域，就是因为教育界出现了类似医学界的教学病状。这种亚健康或不健康状况从思想观念蔓延到教学行为，一度影响了“综合艺术”的正常教学，其“误教”、“误学”的后果丝毫不亚于医学领域的“误诊”、“误治”。因此，作为医治学生心灵的艺术教师，明确“综合艺术”的教学指征，就如同医生必须明确病人的手术指征一样重要。

那么，何为“综合艺术”？它有什么教学“指征”？宏观上我们应该怎么来把控异化了的“综合艺术”？《上海市中学艺术课程标准》(下简称“《课标》”)的首言即为：“中学艺术课程是在美术、音乐分科课程的基础上……构建的一门具有综合性的基础课程。”也就是说，“综合艺术”是集聚了美术、音乐、舞蹈、戏剧、影视等多种艺术门类的一门综合学科。

“综合艺术”的特征是多元而又整合，它也有两种征象：第一是多科交叉、整体呈现，如戏曲就是音乐、杂技、文学等交叉后的整体呈现；第二是单科并进、共性提炼，如乐舞可以分述，但最后是用“线条”等共性特征来整合它们。两种情况的共同点是内容的“综合”。依旧打个烹饪比方，“综合艺术”就像是一盆“炒什锦”，首先要有鱼肉荤素的各种食材，其次重要的一步是要将这些食材炒在一起、以一盆菜的形式加以呈现，它是无可争辩的“一菜一味”。

缘此，对于艺术教师来说，艺术门类再多，教学也只能把它作为一门独立的学科来对待，综合提炼是完成这一学科教学的重要手段。

三、“综合艺术”的康复“处方”

“综合艺术”为何会演变成“艺术综合”？除了“综合”的涵义没有被正确认识外，一个很重要的原因可能是执教者找不到正确的综合方法。其实，依据“综合艺术”应有的教学“指征”——单学科，再把脉“艺术综合”现有的问题所在——多学科，患上“艺术综合”症的“综合艺术”还是可以找到对症下药的“处方”的。

1. 选择“跨领域”的艺术素材作为教学内容

从道理上说，教材对于教师来说只是应用的问题，之所以这里还要强调“选择”，那是因为目前艺术课程的教材(指上海音乐出版社的《艺术》教材)还存在编写体例上的不一致问题，在教师们还不知道应该以哪一学段的教材为“综合”的基准的情况下，高一教材率先面世了。它的体例是一个单元一门艺术，八个单元八门艺术(下册又增加一种门类)，最后汇总成常见的全科“艺术”的体例。这种模块式的内容编排，结构清晰、视界开阔，却因为条块太明显而使得教师们很容易误认为综合艺术就是各门艺术的叠加(而非交融)，并习惯用自己的学科语言去教学，如高一年级上学期的第一单元《歌情乐韵，悦耳爽心》中的“音响展现的魅力”就隶属于“音乐”艺术的门类；再如第三单元《鬼斧神工，物化百态》中的“让人的穿着更靓”，如果不是站在大艺术的高度去审视，它就是纯粹的“工艺”(服装)艺术。这样的菜单式的“艺术”体例多少让基层教师对“综合”教学有点犯难，甚至迷茫。提出“选择”，就是要尽量避开或重组这些缺少“综合”基因的纯艺术，而趋于具有综合特质的综合艺术。

(1)选择“跨科型”的大综合艺术门类

跨科，即存在于艺术学科领域的门类跨界。高一教材的目录为我们铺列了艺术门类的菜单：音乐、舞蹈、工艺、书法、建筑、雕塑、戏剧、影视、绘画(当然，还应有语言、摄影、朗诵等其它艺术)，它们有的是偏向单科的艺术门类，如音乐、工艺等；有的则是偏向综合的艺术门类，如电影(融音乐、戏剧、摄影、绘画等为一体)和戏剧(融音乐、舞蹈、语言、美术等为一体)等。“选择”,就是要从众多艺术门类的菜单中,选出电影、戏剧这样的大综合艺术门类,因为它们是显性跨科的教学范本,最有利于综合讲解。

(2)选择“越界式”的次综合艺术体裁

越界,即存在于艺术体裁界面的门类逾越。有些艺术,没有一级层面的跨科,却有二级层面的越界,它就是门类之下的艺术体裁,如以上菜单中的“音乐”艺术,虽然给人以纯艺术的感觉,但教材却在它之下安置了“歌剧”、“音乐剧”等体裁。众所周知,“歌剧”和“音乐剧”都是音乐与戏剧的结合,它们分别是越界的艺术体裁。教材如此布局,使得“音乐”门类陡升了综合成分。“选择”,就是要敏锐地从众多艺术门类之下的艺术体裁中,选出歌剧、音乐剧一类的综合艺术体裁,因为它们是中性越界的教学范本,很有利于综合讲解。

(3)选择“渗透性”的小综合艺术作品

渗透,即存在于艺术作品层面的门类互通。教材的每一章节都安排了很多与人文主题对接的艺术作品。从所处的位置看,它们既不可能以艺术门类的名义去跨科,也不可能以艺术体裁的资格去逾越,但它们往往因为艺术的通感而造就出“水乳交融”或“由此及彼”的综合效应,显然,这就是三级层面的作品渗透。如高一年级下学期的第一单元《构画想象,彩绘世界》中的“注重写实的西方绘画”,就提供了《贝叶花毯》、《雅典学院》、《夜巡》、《宫娥》等数幅绘画作品,由于作品处在单科艺术“绘画”之下,似乎很难综合,但是当同一版面跳出《煎饼磨坊的舞会》这部作品时,教师们就不能等闲视之了,因为它是画家雷诺阿的印象派代表作。印象派绘画催生了另一艺术——印象派音乐,执教者可以不失时机地抓住它进行音乐与美术的综合。“选择”,就是要在那些看似独立却隐藏关联的作品中,去选出类似《煎饼磨坊的舞会》一类的作品,因为它们是隐性渗透的教学范本,较有利于综合讲解。

除了“选择”,“重组”是“综合艺术”教学的很重要的方法,它是指两个独立的艺术门类经人为操作而合并为综合艺术的一种教学方法。对于现有的高一教材,“重组”较多地应用于造型艺术,如菜单中的“书法”、“绘画”、“建筑”、“雕塑”,它们给人的第一感觉也是偏向独立的单科艺术,但却内含“综合艺术”的特质。比如,中国的象形文字的特性使得“书法”具有天然的“绘画”基因,综合的“书画”便应运而生;而“雕塑”之于“建筑”的和谐所产生的综合艺术——“园林”、“教堂”,也反过来使得“建筑”和“雕塑”这两个原本独立的艺术遥相辉映。“综合”,就是要具备一双火眼金睛,不仅要用眼睛去“选择”,更要用智慧去“重组”。

2. 运用“去学科”的块状磨合作为教学方略

教学内容的综合性为“综合艺术”的教学铺垫了内容基础,但如若缺少方法,“综合艺术”的内容照样会支离破碎、无以融合,因此选择了“跨领域”的教学内容后,运用“去学科”(各艺术单科)的教学方略就显得举足轻重。所谓“去学科”,就是取消分科、趋于全科,它涉及到一个师资培训的问题,即音乐背景的要进修美术专业、美术背景的要进修音乐专业。随着形势的发展,现在有更多艺术专业加入到学校教育的领域,如舞蹈、书法、戏剧等。这种各艺术门类同时竞争艺教岗位的情况本身就凸显了艺术应该不姓“音”、不姓“美”,而姓“全”的特征,缘此,我们可以采取以下方法来模糊艺术的边界。

(1)模糊艺术的“边缘界限”

边缘界限,即各艺术门类之间的分水岭。由于专业背景的影响,通常“艺术”会不自觉地被各分水岭划分出专业的疆域、彰显出学科的特质。然而,《课标》告诉我们,《艺术》是一门独立的综合学科,艺术之间的分水岭我们可以视而不见,因为大艺术的构成部件已经被要求转化为新的知识体系、综合的学科语汇。缘此,教师们要淡化自己的学科背景,不要习惯把教材中的各门艺术划个经纬分明,因为这样划分的唯一结果就是综合内容的消失殆尽。

(2)坚持艺术的“一课一师”

一课一师,即一节课由一位教师来执教。这似乎根本不应该作为要求来提,但是由于艺术的综合性,教师一时很难应对这十八般武艺,课堂上一度出现了音、美教师同时执教艺术的奇怪现象(类似“巴洛克艺术”先由音乐教师执教“巴洛克音乐”、后由美术教师执教“巴洛克建筑”)。然而,课堂教学是神圣的,作为一门独立的学科,它在课程的实施形态上应该恪守现有基础教育“一课一教”的传统规则,因为唯有这样,散状的多科才有可能被一位教师用智慧聚集在一起、体现出“综合艺术”的特点。当然,现阶段,在师资培训起步不久、艺术教师还缺乏全科内功的情况下，艺术教学可以借助单元设计，由音、美等艺术教师通过多节课时来共同完成综合艺术教学。不过从长远讲，职能部门还是应该重视师资培训，教师自身还是应该修炼艺术内功，以实现从单科向全科的逾越，而不是几人合上一个单元，更不是一节课由多个教师轮番上场地完成综合艺术的教学，因为这样教的后果无异于“鱼＋肉”的烹饪，是“艺术综合”的旧病复发。

(3)提炼艺术的“共性语汇”

共性语汇，即多种艺术共同拥有的通用表现语言。艺术课的主要课型是欣赏，剖析作品是欣赏课必须使用的方法。通常，无论是“跨科型”艺术门类、“越界式”艺术体裁，还是“渗透性”艺术作品，教师们都习惯用分科式的语汇进行作品分析，如“电影”门类习惯讲述“镜头”或“画面”，殊不知，这样做的结果很容易使得本该是一家的综合艺术最后又循着单科的轨迹分道扬镳了；那些缺少综合基因的艺术门类，如“音乐”、“美术”等更是在单科范围内大讲“音乐的旋律、节奏如何如何”、“美术的线条、明暗怎么怎么”。其实，虽然每门艺术都具个性，但它们又因为通感的原因而有“相生”的一面。作为综合艺术，作品分析就是要体现“相生”，呈现融合。首先，对于“跨科型”艺术门类，要进行融合性语汇分析，使得“综合一家”紧密团结。如，同样是综合艺术“电影”，重点不是分析本位的“镜头”或“画面”，而是分析其共性语汇“声画”（电影和音乐）、“场景”（电影和戏剧）、“构图”（电影和美术）等；其次，对于“单科型”艺术门类，要进行提炼性语汇分析，使得本来相对独立的艺术门类走在一起，如“音乐”、“舞蹈”的共性语汇是“节奏”；“美术”、“舞蹈”的共性语汇是“线条”、“造型”；“美术”、“音乐”的共性语汇更多了：线条、明暗、色彩（音乐中分别指旋律、和声、音色）等。所以，艺术教师的重任是尽快熟悉属于艺术学科的表现语汇，只有这样，才不至于用旧有的单科艺术语汇去分析综合艺术形象。

“综合艺术”和“艺术综合”，同词而不同义，“综合艺术”的内核是艺术的通融；“艺术综合”的特质是艺术的叠加。前者属教学内容范畴，后者属教学方法范畴。教学方法的运用本来就是各显神通、无可厚非的，问题是本文提及的这种“艺术综合”的方法以“叠加”取代“综合”，已经成为一种迷惑教师的教学“病灶”，侵蚀了“综合艺术”的健康“肌体”。为此，排查“综合艺术”的教学“病状”，把脉“综合艺术”的教学“指征”，开列“综合艺术”的康复“处方”成为当下艺术教育的工作重点。只有这样澄清概念、厘清思路，“综合艺术”才会彰显出本学科的个性，从而摆脱“病灶”、健康成长。

参考文献：

[1] 上海市中小学课程教材改革委员会.上海市中学艺术课程标准[S].上海：上海教育出版社，2004.

[2] 高等艺术院校.艺术概论[M].北京：文化艺术出版社，1983.

The Research of the Integration Techniques Dealing with the “Multilayer” in Arts Teaching

SUN Danqing

(Shanghai Yan’an Middle School, Shanghai 200336)

Abstract: This essay deals with the present arts text books being use by senior students in shanghai, and begins with the common phenomenon that “integrated arts” is mistaken for “arts multilayer”. It analyzes the cause of “arts multilayer”, illustrates the characteristics of “integrated arts teaching methods, and distinguishes both of them with vivid metaphor”. At the end, the essay provides strategies for improving and changing the “arts multilayer” concept. The author thinks profoundly about this controversy in arts curriculum—integrated arts, and offers a train of thought for arts teaching.

Key words: integrated arts, arts multilayer, integration

高中科技创新实验班语文教学探索与实践

冯　萍

(上海市南洋模范中学，上海 200032)

摘　要： 在培养创新人才的背景下，针对高中科技创新实验班(以下简称"科创班")学生特质，教师在语文教学中需要重组整合教材资源，合理安排教学进度；因文施教，尝试多种教学模式；研究学生特质，激发探究兴趣，扩大阅读范围，鼓励合作创新。通过语文教学活动进行探索和实践，提高教学有效性，为培养创新精神奠定基础。

关键词： 科创班；语文教学；探索；实践

一、研究背景

在我国倡导培养创新人才的背景下，上海市科学教育委员会倡导"加强创新人才培养"，科技创新实验班(以下简称"科创班")在多所高中应运而生。2009 年起，上海市南洋模范中学通过综合测试在高一新生中选拔资优生进入科创班，拟通过系统科学的培养，使科创班学生成为"人格健全、自学能力强、有国际视野、社会责任感强、人文与科学素养丰富、有较强的创造实践能力和可持续发展能力的创新型人才"。[1]创新素养必须建立于扎实的根基和丰厚的积淀之上，因此，应让科创班学生清楚了解我国几千年来文明和文化的演进历史，让他们在含英咀华的过程中真实感知中国古代知识分子"格物致知、诚意正心、修身治国平天下"的精神追求，触摸到厚重的中国传统文化的脉络。

2010 年 9 月起，笔者有幸执教科创班语文学科，针对上海市教委提出的培养高中生"具有服务社会的创新责任感，追求科学真理的创新精神，敢为人先的创新勇气，严谨诚实的创新品德，求异求新的创新思维，善于合作的创新禀赋，不畏挫折的创新意志"[2]的要求，依据学校提出的不断改革课程与教学、整合校内外各种资源，"为学生创新精神、实践能力与个性潜能的发展提供更大空间"[3]的课程设想，笔者在教学中努力构建适合沉潜感悟的语境，扩大语文学习的时空，落实语文新课标中"积累·整合"、"感受·鉴赏"、"思考·领悟"、"应用·拓展"、"发现·创新"等能力目标，初步培养学生独立探究的学习习惯、批判反思的思维能力和自主创新的学术品质，用人文教育培育心智健全、多元发展的人，用语文教材所蕴含的诚挚情感、深邃思想化育学生，使他们热爱生活、热爱学习、热爱民族和世界，为此后的漫漫人生路奠定纯厚的人文底蕴。秉此宗旨，笔者在科创班语文教学中展开了初步探索与实践。

二、"科创班"语文教学探索

科创班学生在学业水平、心理素质、科技特长方面均优于同龄人，因参与科技活动较多，语文常规课时有所缩减，笔者为他们量身定制教学计划，力求实中有活，打造学生欢迎又经得起考验的语文课堂，让他们获得充实的体验、真实的收获。

1. 重组整合教材资源，合理安排教学进度

作者简介：冯　萍，上海市人，上海市南洋模范中学一级教师，主要从事高中语文教学研究。

教材是语文学习的基本资源，笔者整体把握，对高中教材的“阅读部分”作了梳理、重组、统整。“现代诗文部分”按主题单元和文体整合，“古代诗文部分”则贯通6册，循主题单元与古代文学史双线交织推进。“写作”、“口语”、“综合学习”和“知识附录”等板块，遵循教材序列安排，在阅读教学环节中灵活穿插，相继实施。

以沪教版高中语文第一册为例，“现代诗文”从“诗歌鉴赏”教学切入，了解新诗的特点和意象的作用，然后是“生命体验”主题单元，加深对意象运用的理解，感受情景交融的手法，接着，将散文《跨越百年的美丽》、《生命本来没有名字》、《合欢树》等一一带出，引领学生体验不同人生境界，思考生命的不同价值。第二、三单元重点解读《边城》和《最后的常春藤叶》，随后引入《哦，香雪》进行人物形象比较阅读。“古代诗文”从“树木花卉”单元切入，先阅读《诗经》中经典名篇《蒹葭》、《采薇》，用中国诗歌源头牵引出《国殇》，完成《诗二首》，并补充阅读《归园田居》；再进行古代散文《种树郭橐驼传》、《病梅馆记》和小说《促织》、《香菱学诗》、《群英会蒋干中计》、《林教头风雪山神庙》的教学，随后对每种文体加以梳理总结。

开学伊始，笔者必先让学生了解教材构成，介绍单元主题及目录、教材整合的总体思路、各教学段的时间节点，圈定精读精讲和泛读自学的篇目，布置拓展阅读书目，与之商定拓展、研究的计划。

2. 不断探索，尝试多种教学模式，因文施教

“讲授法”依然有价值，教师讲得清晰、流畅、生动，学生自然爱听。遇到文学知识、汉语知识，笔者采用口述结合电子板书作系统介绍，并将知识与作品结合起来，让学生理解语言及文学的普遍规律。但是，依靠讲述而欲使学生始终维持听课的热情和专注是困难的。因此，除了“呈现”之外，多采用“互动式”、“合作式”、“探寻式”的教学方式，使学生从“被动地聆听和接受”到“主动地思考和交流”，使课堂更活泼立体。即使是同体裁或同题材的作品也各有侧重，或知人论世，或主题解析，或原型挖掘，或笔法探幽，或多元解读，或深或浅，或繁或简，力争让学生接触到更多进入文本、自主阅读的方法。深奥篇目由教师引领深入，浅显篇目则交由学生自己去发现体会，鼓励他们从“接受”的角度读出独到感悟。高中生已积累了一定的阅读经验，让他们运用思维大胆地分辨、比较，互相碰撞，对作品作出多元诠释，把自己的结论当作“正确答案”，这是全新的学习体验，也是科创班学生树立己见的开始。笔者将课堂定位为以学生为“主角”，教师则以“导演”和“设计者”的身份指先导和辅助，参与发现和研究。以下三种教学模式为笔者常用：

模式一：(学生)预习质疑→(学生)汇总讨论→(师生)课堂生成→(教师)总结、拓展。

模式二：(教师)介绍背景资料→(学生)自读研习→(学生)分组研究→(学生)交流呈现研究心得→(教师)补充延伸、启发新思考。

模式三：(教师)导入、设疑→(学生)搜集资料、预习释疑→(学生)汇总释疑结果→(各组)互相补充、完善结果→(学生)再存疑→(教师)回复、评价、提升。

每一种模式适用于不同的作品，但模式毕竟相对固定封闭，“如果让模式凝固起来，把它变成僵死的条条框框，不考虑各种具体情况而生搬硬套，那就限于程式化了。程式化是形式主义的表现，它同科学化、现代化无缘”。[3]为了防止模式走向凝固和僵化，在实践中随时关注学生的参与度和完成质量，随时调整，不拘泥苛求。因此，实际的课堂中往往呈现出多种模式杂糅使用的形态。

3. 研究学生特质，激发探究兴趣，扩大阅读范围，鼓励合作创新

科创班学生普遍拥有如下特质，如：(1)自我意识强烈，个性鲜明，直率敢言；(2)自信心、自尊心普遍较强，责任心较强，有竞争意识，也乐于合作；(3)有敏锐的心理活动和活跃的思维能力，往往有奇思妙想，男生普遍较幽默。他们有机会跨入大学校园，接触部分大学课程、涉足高端实验室、参与科研课题研究，无形中比同龄人拓宽了学术视野，也激励着他们更刻苦、更自觉，高效地完成学业任务。对于他们，授课内容无疑比形式更重要。起初，笔者尝试从学生感兴趣的点切入作品，让他们产生共鸣，产生一探究竟的热情，然后把他们带到情境中去解决问题，点拨鼓励，使之产生成就感。然而，学生既不满意自己的表现，也不满足于课堂内微薄的收获，他们渴望接触更广阔的文学和思想的世界。笔者便将更多经典作品和思想引入课堂，特别突出其对于人类认识自我、构

筑精神高地的独特贡献。

高一尝试过许多种课堂模式和方法，产生了许多热闹的“分析课”、“说理课”，高二、高三的语文课大多成了静静的“名作导读课”。从班级图书角到中学、大学图书馆，再到上海图书馆，从集体定向阅读分析某一本书，到自由、独立地阅读，推荐书目、发表书评。随着阅读量的累积，学生们开阔了视野，提升了思想水平，取得了“问答和分析讲解”所达不到的效果。正是语文本身的内涵和外延吸引了这群不甘平庸的学生，让他们感知到了朴素的阅读和单纯的思考带来的充实自我的快乐。这种快乐超越了功利目的，是纯粹的求知的快乐。笔者积极发动学生参与语文学习活动，鼓励团队合作，表扬突出有新意的作业，这让充满挑战精神的科创班学生干劲十足，有学生评价自己的高中语文学习是“半强制但又不知不觉深入并乐在其中的过程”。的确，充实、丰满、有效的课堂教学，必然是“‘有过程’、‘有积累’而‘能增值’”的。[4]

三、“科创班”语文教学实践

“语文课程不是用宣讲与说教的方式向学生直接揭示它所蕴涵的教育意义。”[5]语文教学是一种逐渐深入的探险历程。在完成课堂教学任务之余，笔者带领学生体验生活，观察社会，展开了一系列拓展和探究实践，使语文学习的触角伸展到课堂外，学生们处处留痕，养成了观察、思考、内省以及阅读和表达的习惯。

1. 语文课堂教学实践

(1)阅读与鉴赏

在提高课堂效率的思想指导下，按照“浓缩非重点”和“充分展开重点”的原则安排阅读教学。为避免思维活跃的学生“吃不饱”，使语文课堂更加扎实丰厚，在构思每一篇课文教学前，笔者都会仔细揣摩该作品的切入点、重点、难点和可深挖的内容，因文设教：有时，将整单元的内容浓缩于两节课；有时，学一课只求“一得一悟”；有时，探讨了某篇课文后再补充若干篇目，形成一个专题阅读系列。在不同教学侧重点的指引下，设计出“多课同读”、“以议代讲”、“交流读后感”、“同课多读”、“专题研讨”等多样化的阅读鉴赏课，用一张一弛的教学节奏让学生保持陌生和新鲜。

(2)写作与表达

其一，写作教学日常化。写作是学生“三怕”之一，如果能从简易的片段、短文写起，学生们恐怕不会那么生畏。于是，笔者布置学生：写军训、学农、学工小记，记录班级日志，一律长短不拘，以“真实、有趣、有思考”为标准；分组练习诗词创作、小说创作、春秋游小报、科技活动电子小报等，发布于班级博客和论坛；定期完成随笔、剪报、时事评述、分类书摘等作业。化艰巨繁难的写作为轻松的练笔。即使常规写作，也鼓励学生能就生活现象和社会热点发表见解。写作内容贴近生活，针对现实，学生就不会无病呻吟；自己的文字能在全班公开展示，对于创作者更是莫大的激励。科创班学生作品经常见诸各种网站和报章刊物，写作热情被充分激发。

其二，口语表达规范化。为使学生学会倾听，在倾听理解基础上形成自己的思路、组织语言表述，笔者指导学生朗读吟诵，布置小组合作录音，排演课本剧，进行专题演讲，开展辩论赛等，使得学生既学会了聆听，又习惯于分享自己的观点。

2. 语文拓展活动实践

课外拓展活动和社会实践是提升科创班学生语文综合能力的重要平台。课外拓展活动是与语文课程标准联系较紧密的语文学习活动，比如观摩教学录像(电影)、戏剧演出，开展网上书评会、诗歌朗诵会等。社会实践活动则不直接指向某一具体的语文课程目标，但能通过诸多活动增加学生的社会阅历，提升学生的品味，最终促进语文素养的全面提升，比如社会考察、慰问孤儿盲童、采访校友、文学社团活动、集体生日、主题班会、班级博客发布、心愿卡撰写、心理案例分析以及班刊设计制作等。其中，班刊的编辑凝聚了全体学生的心血，也是他们语文学习成果的荟萃。学生们仿照《史记》纪传体例，用文言文撰述科创班的人和事，全书共计 65 万多字。

3. 语文探究活动实践

语文探究活动耗时较长，使学生可以凭着自己的语文素养，深入进行某方面的专题研究活动后，形成质量较高的研究小结、调查报告或专题论文。针对科创班的探究活动主要有两类：一是人文类专题研究活动，如古代诗文专题研究、对某位作家的风格论述、对四大名著人物形象的研究、对古代科举制度的研究等；一是与科技创新项目结合的探究活动，如参加科技讲座后形成的科学思考、参加科技展会后撰写的探究报告、科技创新课题的结题报告和论文等。这样的探研活动虽为数不多，但每一次活动既考验了学生的意志品质，又挑战了学生的思维水平和创新能力，是他们迈向学术研究和科技创新的重要准备。钻研、实证、分析，得出有创意、有价值的结论或观点，是未来科学创新人才必不可缺的实践起点。

四、"科创班"语文教学反思

笔者使科创班的语文学习渗入班级的学习场域，效果较为理想，但仍免不了遗憾，反思如下：(1)学生受到外因干扰多，课外生活的空间狭窄，自由阅读的时间不充裕，源头活水不充足。(2)个别学生由于自身性格、兴趣及语文功底等原因，语文学习仅停留在浅层次的功利目的上，语文学习中主动拓展和探究的意识淡薄。(3)在课堂教学及各种拓展活动中，容易关注那些表现突出的学生，没能为对语文兴趣不足的学生创设足够的展示自我的机会，激发起这些慢热的学生学语文的热情。

笔者在科创班语文教学的探索实践中，遵循高中生的认知规律和语文教学的规律，努力优化语文教学策略和过程设计，使得语文课堂更扎实有效、语文学习更丰富开放，使科创班学生汲取语文知识的营养、人文思想的精华，从而成为具有全面素养的"人"，为科学创新奠定基石。

参考文献：

[1]　上海市南洋模范中学.构建培养创新型人才课程体系的研究[R].2010.

[2]　中共上海市科技教育工作委员会，市教委.关于深化教育综合改革进一步加强创新人才培养的若干意见[S].沪教委办[2007]64号文件.

[3]　张志公.语文学科的现代化问题·中学语文教学现状和设想[M].北京：人民教育出版社，1982.

[4]　史绍典.高中语文新课程高效创新教学研究[M].武汉：武汉大学出版社，2008.

[5]　韩雪屏.语文课程知识初论[M].南京：江苏教育出版社，2011.

Exploration and Practice of Teaching Chinese for Technology and Innovation Class in Senior School

FENG Ping

(Shanghai Nanyang Model High School, Shanghai 200032)

Abstract: In order to cultivating talents with innovation mind, based on the quality of the students in Technology Innovation Class (Technology Innovation Experiment Class), rearrange the sequence and content of the texts in the Chinese student book and teach in the way depending on the text content in practice, make exploration and practice by the activity of teaching Chinese ,and increase the effectiveness of Chinese teaching and establish the foundation for the spirit of innovation.

Key words: technology innovation class, teaching of Chinese, exploration, practice

培育学生的艺术感受力
——试析多媒体在古诗诵读教学中的运用

史菊辉

（上海市第三女子中学，上海 200050）

摘　要： 对学生艺术感受力的激发、培育是古典诗歌教学中非常重要的环节。网络多媒体知识的丰富性为学生艺术感受力的启发"沿波讨源"，创设了必要的文化背景及情境氛围。网络多媒体的拓展性明晰了古典诗歌语言的文句魅力，让学生更加直观地、系统地体味中华文字的丰富性。通过对语言内涵的体味，提高学生艺术感受方面的鉴赏能力。多媒体的延伸性和灵活性让学生在网络的平台上进行三维互动，在互动中可以丰富和再创造古典诗歌的艺术形象，从而进一步丰富学生艺术感受力。

关键词： 古诗教学；艺术感受力；多媒体

叶圣陶先生曾经在《文艺作品的鉴赏》中说："文艺作品往往不是倾筐倒箧地说的，说出来的只是一部分罢了，还有一部分所谓言外之意、弦外之音，没有说出来，必须驱遣我们的想象，才能够领会它。"[1](P267)古典诗歌语言凝练而抽象，意象含蓄而多变，内蕴深沉而内敛。或曲折委婉地倾诉，或言在此而意在彼，或引而不发，欲说还休。这些因素决定了在古诗教学中需要教师引导学生在文本语言符号的指导下，调动学生的艺术感受能力去感知文本意象和情味，展开联想与想象去获得生动的现实形态，从而把握作品，获得情感共鸣，唤醒学生的审美愉悦。也就是说，对学生艺术感受力的激发、培育是古典诗歌教学中非常重要的环节。

固然，古典诗歌文本语言的研读在学生艺术感受力培育方面的核心地位不容置疑，然而随着现代技术的发展，以视听为主体的多媒体技术凸显出来的优势——图像的鲜明生动、声音的抑扬顿挫、信息的浩瀚公开、网络平台的互动交流便捷，改善了原有教学手段的单一化，拉近了读者与作者的时代距离，这无疑在当今古典诗歌教学中能对学生艺术感受力的培育起到很大的推进作用。

一、网络多媒体知识的丰富性为学生艺术感受力的启发"沿波讨源"，创设了必要的文化背景及情境氛围

古典诗歌的欣赏过程是形象再创造的过程，它需要读者通过语言的阅读，准确地把握这个语言的组合体各个要素之间的关系和它们之间的相互作用，并且根据自己的文化生活体验、审美情趣而重新建构作品中的艺术形象，并对它有所补充、丰富和发展。这就是说，生活体验、文化知识等的

作者简介：史菊辉，江苏溧阳人，上海市第三女子中学一级教师，主要从事中学语文教学研究。

储备是除文本语言以外艺术感受力另一重要的酵母。如读唐代诗人王翰的《凉州词》："醉卧沙场君莫笑，古来征战几人回。"若单从文本语言推想，是作者在悲伤中反对战争，还是豪放中赞扬边塞战士意气豪壮的牺牲精神？要作出准确的解读就必须了解作者所处的盛唐时代，国力强盛、人民向往从军征战的文化背景。也正如阅读"三味"，"涉浅水者见虾，其颇深者见鱼鳖，其犹深者观蛟龙"。要"观蛟龙"就必须让学生具备更多知识和文化的储备。

但作为学生来说，由于古今生活的时空跨度、自身文化积淀的不足，往往缺乏启发艺术感受力所必需的相应的体验和情绪，这势必束缚了学生艺术感受力的健康发展，同时也无法对古典诗歌进行深度的思考和挖掘。这就需要借助网络多媒体丰富的文化知识信息量来激活学生的艺术感受力，"沿波讨源，虽幽必显"。在网络多媒体中，学生可以快速大量地搜集与作者、作品相关的背景信息；可以跟着网络图片进入人迹罕至的荒漠深处；目睹神州大地的风光旖旎；了解军旗猎猎的古战场的生活场景；感悟遥远异域他乡的风土人情，在视听中仿佛身临其境，感同身受。又如笔者在讲读苏轼的《念奴娇·赤壁怀古》这首词时，运用多媒体图像向学生进行多方位的展示。长江奔腾咆哮、浪花触石飞溅的资料片断，让学生跨越空间，去深入体验古赤壁壮美瑰丽的景象；火烧"赤壁"的电影资料片断，让学生穿越时间隧道，了解当年历史英雄周瑜春风得意、运筹帷幄、神情自若的风姿；苏轼在新旧派系倾轧之中被贬黄州的史料，其生活轨迹和轶事等都可以通过文献、图片的形式传达给学生，让学生对创作主体的心境清晰明了。时空纵横，学生在多媒体的展示下能快速进入情境，引导学生在一种必要的情绪背景中开启艺术感受力的闸门，继而对诗歌文本语言有了更为深刻的认识，同时也更容易与诗人产生人情与人性的共鸣，唤起一种情绪体验。

同时，根据学生的审美欲望，教师也可以在古典诗歌教学中，采用多媒体声音的优势，激发学生情绪，调动学生课堂注意力，让学生的感知力、理解力和想象力，处于最佳状态，从而启发学生的艺术感受力。如讲读白居易的《琵琶行》，配置多媒体《萧索秋夕》琵琶独奏曲与名家文本朗诵，在缠绵悱恻的琵琶声中，在如泣如诉的朗读声里，音乐与朗读急徐交错、高低错落，营造出琵琶女年老色衰、诗人被贬九江为世所弃的感伤情绪氛围，从而对学生的听觉乃至心灵产生极大的冲击与震撼，使学生进入诗人所创造的那个无限丰富而广阔的艺术空间，聆听诗人对自然、对社会、对生命最真切的诉说，体味诗人最丰富、最真实、最细腻的情感，感受最具人文关怀、人文精神的美趣。

孟子曰："君子之教，喻也；道而弗牵，强而弗抑，开而弗达。"在多媒体图像与声音的启发下，"流连万象之际，沉吟视听之区"，学生的艺术感受力在文本语言启发的基础上更能飞跃发展。

二、网络多媒体的拓展性明晰了古典诗歌语言的文句魅力，让学生更加直观系统地体味中华文字的丰富性。通过对语言内涵的体味，提高学生艺术感受方面的鉴赏能力

《文心雕龙》曰："夫人之立言，因字而句，积句而成章，积章而成篇。篇之彪炳，章无疵也；章之明靡，句无玷也；句之清英，字不妄也；振本而末从，知一而万毕矣。"[2](P164,P237)古典诗歌历来注重字句的锤炼，字句熠熠生辉，篇章才光彩焕发。约伯特也曾说："诗中妙境，每字能如弦上之音，空外余波，袅袅不绝。"[3](P100)对字句的理解固然脱离不了所在的语境，其所散发的魅力和所孕育的内涵的独特性也需要其他的字句加以比对参照，才能更深入准确地把握。当然传统教学演示载体也是可以实现的，但有效地把该字句放在网络多媒体中，解决了传统教学演示载体容量有限和缓慢等诸多不足。网络多媒体可以快捷丰富地将古典诗歌中字句的艺术特征、风格、韵味通过列表方式组成相同、相似或相异的不同系列群，让学生在参照系中深入体味诗歌文本语言的色彩感、节奏感和动态感,提高学生语言的鉴赏能力,从而有效地促进学生的艺术感受力。

笔者讲授"僧敲月下门"中的"敲"的艺术特征时,借助多媒体链接,将这种运用以动写静的艺术技法的诗句加以集中体味和梳理。如"鹤鸣楚山静,露白秋江晓"中的"鸣","寂寞孤莺啼杏园,寥寥一犬吠桃源"中的"吠","明月别枝惊鹊,清风半夜鸣蝉"、"月出惊山鸟,时鸣春涧中"中的"惊"和"鸣"等等。在有限的时空中让学生感受了丰富内涵,不仅提高了效率,掌握了诗歌鉴赏的方法,更打开了思考的广度,获得了丰富的审美体验。

诗歌虽然不像绘画那样直观地再现色彩,却可以通过语言的描写,唤起读者相应的联想和情绪的体验。也就是说通过对具有鲜明色彩的字句的把玩比较,同样可以推动学生艺术感受力的发展。如讲授王安石的"春风又绿江南岸"时,就可以运用多媒体动态画面将春风吹绿江南两岸的美景呈现。"绿"字化静为动的效果也就感受更真了,还可以链接"红入桃花嫩,春归柳叶新"、"翠干危栈竹,红腻小湖莲"、"青青竹笋迎船出,白白江鱼入馔来"等,把桃红柳绿,湖翠莲娇,笋青鱼肥等各色动态画面叠加,三春美景尽收眼底,在赏玩出炼字之妙的同时也对古人语言表达的多样性和艺术性有了认识。最重要的是画面强化感受力,在与以往的审美体验结合后,激发联想、想象,可以使人神游江南,在明丽的春色中陶醉,与诗人的情感产生共鸣。

又比如讲授李白《春夜洛城闻笛》"此夜曲中闻折柳,何人不起故园情"时就可以运用多媒体把古人笔下"柳"的意象向学生展示:"年年柳色,灞桥伤别"、"无情最是台城柳,依旧烟笼十里堤"、"今宵酒醒何处? 杨柳岸,晓风残月"、"杨柳青青江水平,闻郎江上唱歌声" 等。虽然诗人创造的"柳"的意象在各自的诗歌语境中有其不同的含义,但又都是与这些事物本身的基本特征相关并由此而生发开来的。这就可以让学生鉴赏异同,了解意象内涵发展的历史,感受不同地域不同时期的文化心理,利用网络丰富的资源,发展艺术感受力,在对典型意象语言内涵的赏析中,提高对一首诗歌、一类诗歌的鉴赏力,加深对传统文化的理解。

由此看来,网络多媒体提供的知识参照群无疑是提高学生古代诗歌鉴赏能力的重要手段,从而也更有效快捷地推进了学生艺术感受能力走向更高的层次。

三、多媒体的延伸性和灵活性让学生在网络的平台上进行三维互动,在互动中可以丰富和再创造古典诗歌的艺术形象,从而进一步丰富学生艺术感受力

美国文艺批评家霍兰德认为:"阅读是一种个性的再创造。" 古典诗歌语言简练,极富跳跃性,其内在的"空白"相对于其他艺术样式更丰富,更需要解读者运用自己的体验和想象作出解释,填补空洞,从而使它成为一个可供人欣赏的审美对象。同时,解读者个人由于偏好的不同,对文本信息的重塑也存在一定的个性特征,甚至有些片面。正如《文心雕龙》所说:"夫篇章杂沓,质文交加,至多偏好,人莫圆该。"对于学生来说,他们有强烈的自我实现的欲望,苏霍姆林斯基说:"在学生的脑力劳动中,摆在第一位的并不是背书,不是论证别人的思想,而是学生本人进行思考,也就是说,进行生动的再创造。"[4] 在阅读再创造过程中,由于学生自身认识水平上存在个体差异,对于古典诗歌的感悟容易流于肤浅,并且每个学生对知识的内化速率也不尽一致,相应的反馈信息也会因人而异。

学生不断汲取别人的艺术"重塑",纠正自己审美偏差与不足,不断丰富自己的艺术感受力。网络平台形式新颖,交流及时,手段多样化,比起传统的课堂问答形式更能激发学生再创造古典诗歌艺术形象的欲望,从而进一步丰富学生的艺术感受力。

海德格尔曾经说过:"技术固然可能制造出一个十分完美的世界,但另一方面,它也只能制造出

一个确实的世界，一个‘无’的世界。”因此，在网络多媒体与古典诗歌教学的整合过程中，应坚持文本语言的教学本质，让网络多媒体教学在学生艺术感受力培育方面发挥启发、提高、丰富等辅助作用。

参考文献：

[1] 中央教育科学研究所.叶圣陶语文教育论集[M].北京：教育科学出版社，1980.

[2] 刘勰.文心雕龙[M].上海：上海古籍出版社，2010.

[3] 宗白华.美学散步[M].上海：上海人民出版社，1997.

[4] 苏霍姆林斯基.给教师的100条建议[M]. 杜殿坤，编译. 北京：教育科学出版社，2005.

On the Training of Artistic Sensibility by Multimedia in Classic Poetry Recitation Teaching

SHI Juhui

(Shanghai No.3 Girl School, Shanghai 200050)

Abstract: To stimulate students' artistic imagination is the key to classical poetry teaching. The rich Internet multi—media knowledge helps to set up an essential cultural background and appropriate mood, to make poetry language and the glamour of poetry more clear to students, and to facilitate students in tasting the rich Chinese characters in a direct and systematic manner. By tasting the connotation of the sophisticated language, students can improve their ability to appreciate ancient Chinese poems. The extensiveness and flexibility enable students to interact with fellow students, enrich, and recreate classical poems on an online platform, thus further promoting students' imagination.

Key words: classic poetry teaching, artistic sensibility, multimedia

《现代基础教育研究》
第20卷，2015年12月 (Research of Modern Basic Education) Vol.20，Dec. 2015

试析低年级小学生数学学习习惯的培养

陈玉华

（上海市徐汇区逸夫小学，上海 200231）

摘 要： 良好的数学学习习惯的养成会让学生的数学学习受益终生。文章基于一年级《两位数减法》一课的三段教学片断，逐一探讨了口算训练的课堂习惯培养、竖式计算的书写习惯培养以及解题习惯的渗透与培养。研究结果发现，学生数学学习习惯的养成应该与数学知识教学融为一体；良好的数学学习习惯的培养应该从多重维度切入；学生良好数学学习习惯的养成和培养应该持之以恒。

关键词： 数学学习习惯；口算训练；竖式计算；解题习惯

引言

2011年版《义务教育数学课程标准》在课程总目标中指出："通过义务教育阶段的数学学习，学生要了解数学的价值，提高学习数学的兴趣，增强学好数学的信心，养成良好的学习习惯，具有初步的创新意识和科学态度。"可见，养成良好的学习习惯是数学课程学习的重要目标之一。叶圣陶先生亦认为："教育即培养良好的习惯。"鉴于数学学习习惯的重要性，在小学数学教学中，加强对学生良好的数学学习习惯的培养非常必要。良好的学习习惯，是学生学习知识、培养能力、发展智力的重要条件。学习习惯不仅直接影响学生当前的学习——在数学学习活动中直接影响着活动的效率，影响着学生理解、掌握、发现数学知识的深度和广度，而且对学生今后的学习乃至人生都会产生重大影响。小学是义务教育的基础阶段，是个体形成良好学习习惯的关键时期，而且良好的学习习惯需要从小养成，因而学习习惯必须从一年级抓起。

有鉴于此，在教学中，教师应引导学生在主动参与学习活动的过程中逐步养成基本的学习习惯。学习习惯的养成非一日之功，教师应当根据各阶段的重点训练要求，持之以恒地发挥指导作用，把学习习惯的养成训练作为课堂教学中的一项重要的任务加以落实。笔者将以一年级第二学期的《两位数减法》一课为例，尝试分析如何在课堂教学过程中培养低年级学生良好的数学学习习惯。

一、口算训练的课堂习惯培养

一年级的学生受年龄特点的制约，具有注意力不能长时间维持稳定和集中的特点，因此对课堂行为习惯的关注及培养就显得尤为重要。低年级的课堂中，经常会开展一些短时计时的口算练习，但由于学生完成速度不一致，使得课堂中总有部分学生早早完成后"无所事事"。教师既要提醒这些学生认真自查，又要同时关注仍未完成的学生，因而无法真正关注这部分学生的自查情况，故"分身乏术"的情况下很容易造成课堂组织的短暂"失控"。

一年级的小学生刚接触课堂纪律，很容易形

作者简介： 陈玉华，上海市人，上海市徐汇区逸夫小学高级教师，主要从事小学数学课程与教学研究。

成条件反射，所以应当根据学生的兴奋点设计符合这一年龄层次的课堂常规习惯，通过对某些特定教学环节的规范要求，对学生的课堂行为习惯进行训练及培养。以下以一段教学片断为例，来论述口算训练的课堂习惯培养。

教学片断1：

练习："现在让我们比比谁的口算又对又快，练习纸第一题，1分钟，准备，开始！"

（时间未到已做完的学生，击掌一次后起立示意完成，并开始自查打勾。）

教师："时间到！请一位小老师来核对。"

（一位学生上实物投影，展示自己的练习纸并报答案，其余学生边口答，边自批。）

"全对的小朋友举手，真棒，加2颗星！"

"有错的请起立，说说哪里错了，是什么原因。"

生1："我错了第二排的第三道，36－7，应该等于29，我写了19，十位错了。"

生2："我错了第一排的第二道，65－7，应该等于58，我写了52，个位错了。"

此教学片断展现的是，在进行口算计时练习中，先完成的速度快的学生击掌一次后起立，既给教师一个明确的信号，方便判断最快的是谁、用时多少秒，同时也制造了一种"争分夺秒"的游戏比赛的感觉，使得原本枯燥的口算练习，通过加入这个课堂常规习惯，变成了一项富有趣味的竞赛。击掌起立后的学生，立即开始落实自查的习惯。由于其此时是在站姿状态下，有别于之前的坐姿，心理上既"兴奋、得意"，又感受到了"被瞩目"，因此在积极的心理暗示及鼓舞下，自查习惯落实得既自觉又细致，真正起到了保障口算正确率的作用。

最后的环节是在学生作为"小老师"汇报核对后，要求有错误的学生汇报错题，并说明错误原因。通过这一课堂常规习惯的训练，真正落实了日常口算训练的主旨"既要算得快，又要算得正确"，在一次次自我纠错改错的过程中，为今后高年级进一步的学习习惯奠定基础。

通过一段时间的课堂行为习惯的培养强化，学生"习惯成自然"，无论是学习态度、学习习惯还是学习能力，都得到了提升。

二、竖式计算的书写习惯培养

竖式计算是笔算的重要部分，它在小学数学教学中占有极其重要的地位。学生进行竖式计算时是一个接受信息、处理信息、反馈信息的过程。当出现笔算竖式的式题时，这一信息先经过学生的视觉神经传入大脑，大脑把这一信息经过处理得出答案，再由支配神经作出反应。这一心理活动是一个眼、脑、手协调活动的过程。在这一过程中，眼、脑、手有机密切地配合，既要眼看得清又准，脑的反应要活又快，手更要写得好又对，只要有一环脱节就会导致错误。

退位减法的竖式计算算理对学生而言掌握起来并不难，但错误率却居高不下。究其原因，除计算错误外，学生因书写潦草、抄错题、看错数而造成的错误情况严重。因此，良好的竖式书写习惯是非常有必要的，在教学中要引导学生养成良好的竖式计算的书写习惯，培养对式题看、思、算、记的能力，使眼、脑、手做到最佳组合。以下以一段教学片断为例，来论述竖式计算的书写习惯培养。

教学片断2：

教师："两位数减法用口算计算，遇到数比较大时容易出错，所以我们可以采用另一种正确率更高的方法计算（笔算竖式）。"

活动要求：同桌互相说说，在进行笔算竖式时，要提醒同伴注意什么？

生1："相同数位要对齐，从个位算起，个位不够减，向十位借一当十。"

生2："向十位借1，要标记退位点。"

生3："要看清楚运算符号。"

生4："不要漏写横式答案，可以画小箭头提醒自己写横式答案。"

生5："要检查横式与竖式的数是否一样，不要抄错数。"

生6："书写要端正，特别注意'0'与'6'、'1'与'7'要写清楚。"

在此课堂教学片断中，教师尝试转换角色，让学生自己总结做竖式计算时需要注意的事项，不仅有效地验收了之前课堂教学中对这一学习习惯的培养情况，更使良好的竖式书写习惯成为学生自发的要求,并在解题的过程中得以体现,养成认真踏实的学习态度。

低年级儿童受年龄特点的制约,容易在竖式计算中造成错误,许多问题都可以在规范的竖式书写习惯中得到纠正。我们要求学生在进行笔算时,字迹要工整、清晰,不抄错、抄漏数字和符号,计算时按一定的格式书写。

虽然关于退位的一些书写要求习惯看似繁琐,但学生在落实的过程中切实体会到好习惯带来的益处。划线、标注、记号、复查的过程,能够有效纠正他们以往的各种计算错误,经过一段时间的习惯培养后,学生竖式计算的正确率明显提高,学生对这一学习习惯养成的积极性也得到了较大的提升。

三、解题习惯的渗透与培养

学生数学学习活动,归根结底是思维的活动,只有勤于动脑,肯于思考,才能理解和掌握数学知识,形成各种数学能力。

在课堂教学中,教师首先要注意激发学生的思考欲望,为学生创设具有一定思维高度的平台,善于提出启发学生思考的问题,形成学生发现问题、提出问题的良好品质;其次要提供适量的思考依据,培养学生有根据、有条理、有序地进行思考的习惯;最后要留给学生充分的思考时间,引导学生通过猜测、假设、尝试、讨论等数学活动,多渠道、多角度地寻求解决问题的方法,促使思维水平逐步提高,最终帮助学生形成更灵活的数学思维和数学能力。

教学片断 3:

教师:“你们真是一群聪明的小侦探啊,真厉害!现在我们一起做一个小游戏吧:数字谜。”

游戏规则:一个汉字或字母代表一个数字,不同的汉字或字母就代表不同的数字。

1)
$$\begin{array}{r} 8\quad 4 \\ -\quad \text{乐} \\ \hline \text{乐}\ \text{乐} \end{array}$$

2)
$$\begin{array}{r} A\quad B\quad A \\ -\quad C\quad A \\ \hline A\quad B \end{array}$$

乐=( ) A=( ) B=( ) C=( )

问:“‘乐’代表几呢?你是怎么知道的?”

教师:“先独立完成再同桌互说,最后进行全班交流。”

生 1:“如果‘乐’=2,那么个位 4-2=2 是对的,但十位就不对了,所以‘乐’是 7。”

生 2:“我是这样想的,‘乐’要么是 8,要么是 7,因为减法有退位和不退位,然后 8 不对,所以‘乐’是 7。”

小结:做这样的题目时,一定要先找关键,也就是突破口,平时做竖式时都是从低位算起,而今天的两道数字谜,一题先确定十位,另一题是先确定百位。

在此教学片断中,借助具有一定挑战性的拓展性问题“数字谜”展开交流与讨论。拓展性问题总是具有一定的难度,因此,先给足学生独立思考的时间,随后通过与同伴的交流讨论,使一年级的学生经历简单的说理过程,这是一个让学生整理自己思维的平台,也是一个提高学生表达能力的平台。在小组交流讨论的基础上再进行全班交流时,既能提高交流的质量,又能再次提高学生的表达能力。学生通过聆听不同班中学生的解题思路,初步感受并尝试建立针对不同类型题的不同解题策略,能够培养与渗透良好的解题习惯,为后续学习打下基础。

在此教学环节中,教者应注重启发与引导,积极组织学生讨论,鼓励学生发言,以此活跃学生的思维,让学生在思维的逻辑性、独立性、灵活性、多向性、发散性方面逐步加深、逐步发展而又互为促进的过程中,渗透培养良好的解题习惯。

四、总结

1. 学生数学学习习惯的养成应该与数学知识教学融为一体

在教学的不断实践中,笔者体会到小学数学学习习惯的养成并不是孤立的,而应该与数学知识的教学融合一体。在数学基础知识的教学中按内容和阶段不断强化学生的数学学习习惯,能够使学生在获得知识的同时,数学学习习惯也得到不断的提升和发展。因此课堂教学绝不应只停留在向学生介绍数学活动的结果上,而应当从教学内容出发培养学生形成多方面的数学学习习惯。

2. 良好的数学学习习惯的培养应该从多重维度切入

良好学习习惯的培养应当是多层面的,就本

节课而言，在课堂教学中对学生数学学习习惯培养的着眼点是口算训练的课堂行为习惯、竖式计算的书写习惯和良好的解题习惯，随着学生年龄的增长和年级的升高，课堂中还有更多需要教师引导和培养的数学学习习惯，如：善于主动质疑的学习习惯、手脑结合注重实践的学习习惯、合作性学习习惯等。

3. 学生良好数学学习习惯的养成和培养应该持之以恒

良好的学习习惯是一种良好的非智力因素，是学生必备的素质，是学生学好数学的最基本保障，只有坚持不懈地对学生进行良好数学学习习惯的培养，才能孕育出大批具有良好数学素质的人才。习惯成自然，当教师指导学生养成良好的数学学习习惯后，不但对他们今后的学习有益，而且对学生的终生发展有益。

参考文献：

[1] 中华人民共和国教育部.义务教育数学课程标准(2011 年版)[S].北京：北京师范大学出版社，2012.

[2] 教育部基础教育课程教材专家工作委员会.义务教育数学课程标准解读(2011 年版)[M].北京：北京师范大学出版社，2012.

[3] 杨晶.关于低年级小学生学习习惯的培养[J].数学学习与研究，2013，(24).

[4] 覃玲.浅谈新课程背景下小学数学学习习惯的培养[J].数学学习与研究，2011，(18).

[5] 张海平.小学数学学习习惯培养漫谈[J].未来英才，2015，(12).

[6] 李新彦.小学数学学习习惯的培养[J].杂文月刊(教育世界)，2015，(5).

Analysis of the Cultivation of Mathematics Learning Habits of Junior Students

CHEN Yuhua

(Shanghai Yifu Primary school of Xuhui District, Shanghai 200231)

Abstract: Good mathematics learning habits can make the students' mathematics learning benefit for life. The paper based on three teaching fragments of "two digit subtraction" lesson of first grade, discussed the cultivation of classroom habits of mental arithmetic, the cultivation of writing habits of vertical calculation, and the penetration and training of problem-solving habits. The research results show that the cultivation of students' mathematics learning habits should be integrated with the teaching of mathematics knowledge; the cultivation of mathematics learning habits should be carried out from multiple dimensions; the cultivation and training of good mathematics learning habits of students should be sustained.

Key words: mathematics learning habits, mental training, vertical calculation, problem-solving habits

《现代基础教育研究》
第 20 卷，2015 年 12 月　(Research of Modern Basic Education)　Vol.20，Dec. 2015

多维语境翻译的教学实践

曹　铭

(上海市延安中学，上海 200336)

摘　要： 文章依托作者高中英语教学课堂实践，以问题探究思想在英语翻译教学上的影响为研究基础，围绕教师在英语教学中的主导地位和学生在英语学习中的主体地位，探索问题探究在作用于翻译这一载体后对于英语课堂教学的各个方面可能产生的影响。

关键词： 高中英语；翻译教学；问题探究；语境设置

一、基于现实语境的翻译实践价值

教育部于 2003 年 4 月研制的《普通高中英语课程标准》对学生的语言技能要求提出了“能做简单书面翻译”、“能做一般的生活翻译”、“能做非专业性笔头翻译”等与翻译教学相关的内容。翻译作为联系不同文化、不同语言的重要桥梁，同时又是主要的形成性技能(Productive Skill)，在英语的教与学中占据着重要的地位。在教学过程中，应用性和实践性是英语作为语言学科所不同于其他学科的特性。从这一学科本质来看，势必要求教学过程中的真实语境，即对于现实问题的适切性。

反观高中英语教学，翻译教学的地位却显微妙。考试主导下，翻译主要作为词汇和语法知识的巩固手段，以语用为依托的练习已经成为了一个基本的模式，而教材中也缺乏系统的翻译素材，缺乏真实语言环境。在我们的课堂中，翻译往往被作为一项单一的“技能”，主要通过“示范、练习、核对、订正”的操作流程比较机械的进行，教师控制意志较强。学生的主体地位，即其运用翻译来解决语言相关问题，联系生活实践的能力往往被忽略。因此，我们需要将探究现实问题作为语境，鼓励学生依据特定的目标，在教师的协助下，感知问题、提出问题、分析问题、解决问题。教师则通过巧设课堂问题，组织引导性的方案。这样才能不仅体现出学生在感知语言时的参与性，更能将英语学习中的跨语言(Cross－linguistic)、跨文化(Cross－cultural)和跨社会(Cross－social)的实践价值充分地体现出来。

二、教师维度下基于现实语境的翻译教学

由于在建构过程中知识的不对等，对于一个相对窄量的课堂，必然存在着教师主导的必要。但这样并不等同于学生只能够被动地、毫无选择地接受教师所传授的知识。恰恰相反，在英语翻译课堂教学实践中，教师合理地利用问题预设的激励机制、问题组的辅助作用以及对比问题的归纳作用，学生的主观能动性将会得到最大程度的激发。

1. 现实问题主导下课堂语境生成模式的改变

作者简介：曹　铭，上海市人，上海市延安中学一级教师，主要从事中学英语教学研究。

综观大多数的英语课，无论是词汇、句型还是语法的传授，大多采取从“概念讲解”到“例句示范”的方法。而教师所选用的例句大多是受到普遍认可的语法理论书籍或者是权威词典上的例句。这些句子固然有其规范和通识性，但由于书籍尤其是字典的修正具有很强的滞后问题，难免缺乏时效、不太贴近生活。比如关于词汇“Full”，《新英汉词典》(上海译文出版社)上对于其的形容词性第一中文释义为“充满的”，并配有词组搭配“be full of”，其例句为“The tourist is full of excitement.”这样的例句当然准确无误，可是学生不禁会充满疑惑地想：“Why is the tourist? full of excitement?”因为这样的“经典例句”与学生毫无关联。

英语教育专家 Stevick 和 Burt 都向我们指出，语境的有效必须是让相关主体觉得关联的。那么结合问题探究思想的例句生成则能达成该理想效果。比如上述词汇我们就可以通过以下方法呈现：

We have just learned "full" and the structure "be full of". Now students, just look around the class. (马上过圣诞了，教室里到处是节日的装饰。)*As the Christmas is drawing near, the class room is full of decorations.* (利用现存的环境，给出合理的例句)

Then, what do you feel about the festival?

(学生可以给出各种形容词汇) *e.g. Excited*

How do we say in English：在一个充满圣诞装饰物的教室里，我充满了激动的心情？

(*In a class full of decorations, I am full of excitement.*)

在这样的一个教学过程中，学生会对于“翻译”与现实生活相关的信息而自主形成的语境(例句)留下更深刻的印象，从而强化对于词汇的理解。

上述例证还是往往现于高一、高二学年段，即学生对于词汇进行首度接触的过程之中。在此阶段中，由于词汇的词性和语用需附着于语篇，故而是否使用“临场翻译生成”的方法来进行课堂教学的推进，可能还未必具有很强的直观性。但是对于处于复习阶段的高三英语教学，情况可能会截然不同。综合复习阶段的词汇教学，往往会围绕着“词根”(Root)对该内涵所涉及的所有相关词汇作比较综合的复习。由于时间短，信息量大，若没有“有意义的语境”(Meaningful Context)和与学习者的关联度(Get Related)，该学习势必导致不可接受的遗忘率。

通过比较我们可以把传统教学方式与问题探究式教学之间的不同归结如下：

表1　传统方式与问题探究教学对比表

分类 / 教学方式	参与主体	呈现形式	关联性	记忆效果
传统方式	教师主导，学生被动参与	教师根据预设的教学步骤，给出事先组织好的例句	例句可出自权威素材，但内容比较生硬，与学生生活关联度低	需要后续的大量练习和复习
问题探究	教师和学生作为平等主体参与整个“范例”的生成过程	例句由学生在现场由翻译的形式呈现，具有更高的灵活性	由于课堂提问的过程一般围绕生活话题，学生会感受到很高的相关性	容易让学生产生“个体化”记忆，后续维持时间长

在引导学生进行与词汇相关的翻译练习的过程中，教师巧用“问题链”，自始至终把握学生的关注，极大程度地激活了教学对象的思维，达到了教学目的的优化效果。

2. 现实问题主导下翻译对于语法教学型态的改变

纵观历史上的语法教学，多种不同的方法曾被使用，翻译法(Grammar－Translation)、直接法(Direct Method)、视听法(Audio－linguicism)、交际法(Communicative Language Teaching)、任务型教学(Task－based Learning)等则是其中被广泛接受的方法。

这些手段一般基于演绎法，是所谓的显性语法教学(Jeremy Harmer，1989)。而在新时期的英语教学中，我们则更多地运用到了隐性语法教学的方法。在这一方法中，学生将在活动中体验、感悟和重复那些含有新语法知识的语言材料,利用归纳法来掌握语言现象。在这方面,问题探究指导下的翻译教学就具有了实践的价值。

(1)教师巧妙设置翻译素材,引导学生全面地掌握语法语用

作为一种成熟的语言体系,英语较之汉语具有更加注重结构、强调形式逻辑的特点。这使得教师在进行显性教学时,面临着一个过于庞大的内容范畴,使得学生的学习效率大大降低。教师以往使用单向选择的练习方式来巩固,但语境的局限性却是无法忽略的问题。此时,翻译教学针对性强的特点就可以利用"问题域",围绕着同一个语法主题来帮助学生自行地归纳总结和强化相关语言知识的学习。

其一,对于具有很强对比特点的语法知识,教师可以给出短小的、包含相应语法知识的幽默生动的语篇,指导学生进行中文翻译,从而使学生作为活动的主题归纳出语法点。

比如在进行情态动词相关知识"have to, must"的教学的时候,执教教师给出以下语篇:

Most of us know quite well that we must(1) obey the traffic regulations. Very few should think that they must(2) break a red light. But sometimes challenges rise when you find there's no one testing you. At the crossing, it's wise for one to know "I must(3) stop when seeing a red light or a police officer." It will be lucky even if you have to(4) stop when stopped by that policeman. If not, chances are that you have to(5) stop when run over by a heavily－loaded van.

在指导学生进行英英或英汉的翻译时,我们会比较容易得出"must"表示"主观上认为有责任有义务"(例证(1),(3)),而"have to"表示"主观上不认同,但由于外界环境而不得不"(例证(4),(5))的结论。进而,我们还能帮助学生体会"must"(例证(1))表达"执拗的,偏执的非要做某事不可"的意思。

其二,句子翻译在设置题目时具有"半命题"的特征,有利于通过教师"变换车道",从而使得某些语法知识的多种表现方式得到综合复习。

比如关于使用连词"until"来表述时间状语从句时就有一些要点:用"…until…"时,左侧的动词需要使用"状态动词","…not…until…"时需要使用瞬间动词;而后者在表达形式上又可以分成普通、倒装和强调三个版本。如果直接进行例句示范则会数量较大而且不易重点突出,使用翻译就可以以下列句子呈现:

组一:1.我一直等到比赛结束才离开。(until)/ 2.我一直等到比赛结束才离开。(not… until)

组二:1. 我一直等到比赛结束才离开。(not…until)/2. 我一直等到比赛结束才离开。(Not…)/ 3. 我一直等到比赛结束才离开。(It was… until)

这里的 5 个翻译实际上采用完全一样的中文(教学中有的教师为了"答案的精确"而将组一的句子 2 改成:"我直到比赛结束都不离开",对此笔者持保留意见),但由于制题者巧妙地设置了不同的"提示",一起翻译时,规模效应会很好地让学生自主归纳出完整的语言结构。

(2)利用翻译的方法,帮助学生发现并规范常见的语法问题

翻译法曾经是语法教学的一个主要手段。教师往往在完成语法规则的解释后,给出中英对照的句式来进行演绎,这从一个侧面说明语法知识与翻译准确具有相关性。

首先,教师可以把握住学生在翻译中的错误和随后的纠错,即通过发现问题和解决问题的过程对于知识点进行强化。如教师在翻译联系中设置了以下句子:约翰逊的父亲曾在煤矿工作,他知道黑暗可能会给人带来怎样的影响。(定语从句)学生 A 给出下面的答案:Johnson's father who used to work in a coal mine, knows what effect darkness may have on a man.教师随后引导学生:我们此前学习过限定和非限定定语从句,后者的存在对名词带来修饰的作用,而并非使名词明确。换而言之,当名词本身已经"独一"时,我们会使用非限定性定语从句。那么这位学生的句子有什么缺点呢?

A:We should say "Johnson's father, who used to work in a coal mine, knows what effect darkness may have on a man." 也就是使用非限定定语从句。

T:Why?

A:One has but one father.

随后教师可以进一步提问:*I have got two brothers: one also a teacher, the other an office clerk. What will I say if I want to express*,“我在教书的那个哥哥最近去北京旅游了。”

分析上述过程,学生在翻译、辨误、修改和再翻译的过程中,完成了发现问题和解决问题的一整套学习,体现了问题探究对于学生在自主归纳语法规则时的价值。

其次,巧妙地利用“错误句型”的悖论和荒谬,“放大”问题,可以使学生认识自身的问题、规避问题从而强化正确结构的记忆。

比如在“动词非谓语”知识点的学习过程中,“主语错位”就是学生在表达上常常遇到的问题。

句 1:*Seeing that moving picture, my eyes were filled with tears.*

句 2:*Seen from the moon, we may feel amazed at the beautiful blue planet we live on.*

实践中,上述两个句子在第一印象中,往往不易引起学生的注意。此时教师如果让学生进行“英译中”的活动,问题就会放大:句 1:我的眼睛看到那幅感人画面,充满了泪水。(看见的主语当是“我”)句 2:我们被(别人)从月球上看见时,会因为生活在这样一个美丽的蓝色星球上而感到惊叹。(被看见的显然是地球)

进而,教师还可以鼓励学生搜集和分析相关的问题,整理自己在书面表达中的同类错误,从而规范相应的语法表达。

三、学生维度利用问题引导自主翻译学习

翻译对于一个将英语作为第二语言(ESL)进行学习的学生,在其对于目标语言最主要的接触途径为阅读时,具有不可替代的作用。笔者将其理解为,学生在读到英语语篇时,在意识中有一个调动语言知识(词汇、语法、句法)和现有知识(本国文化、生活经验)从而将目标语言转化为母语的过程。从广义上讲这一过程都可以理解为“翻译”。如果学生能够利用好翻译这项技能,诊断自身存在的问题,并借以解决相关的挑战,那么翻译的语用就能得到最大的体现。

1. 以翻译的方法来解决阅读理解中的困惑

高中英语考试改革以来,阅读板块的比重不断地得以增强,阅读的“生活化”日益凸显。笔者作为一线教师,发现在限时阅读过程中(尤以考试为主),学生发生的阅读理解的偏差往往来自于无法正确理解文章中的关键句子,或是句子中的个体表达。而教师在指导学生提高这一方面能力的时候所投入的力量是有所欠缺的。

比如 2014 年高考英语上海卷语篇 C 设置了以下题目:

75. *We can infer from the experiment at the Be Another lab that____________.*

A. our feelings are related to our bodily experience

B. we can learn to take control of other people's bodies

C. participants will live more passionately after the experiment

D. The Machine to Be Another can help people change their sexes

文中有以下表达:

The idea is that once you've “put yourself in another's shoes” you're less likely to think ill of them, because your brain has internalized the feeling of being that person.

“*Put yourself in another shoes*”本来是“换位思考”的意思,但是根据上下文我们会将它翻译成当我们的“身体感受过成为另一种人”的“感觉”后我们会减少对他们的偏见,因为我们已经对他(的处境)感同身受。因而,我们就能容易地得出正确答案为 *A* 的结论。

对于学生来说,翻译的方法为其提供了一种有效的学习模式,即在出现阅读理解偏差的时候以题干

中的核心文字为线索,在文中找到相关语句,通过翻译来判断引发理解问题的文字。针对该文字,学生可以利用工具书,寻找网络资源,咨询教师,从而解答问题。

2. 以翻译的方法来为写作设置台阶,梳理结构

写作作为书面表达中综合性最强的部分,事实上也是学生最薄弱的板块。这里固然有文化差异、实践匮乏等无法解决的问题,但是学生在训练模式上的无系统性无疑是主要的原因之一。学生在执笔之时不可将问题简单地归结为"不会写",如果中文能表达完整的思想在英语时遇到了障碍,试着进行"翻译",很多问题就会解决。

问题一:无法拓宽思路。高中英语写作中论述文占了相当的比重,而让学生无从下手的其实还有"无法将问题转化成多个角度的答案的能力欠缺"这一点。在此处,我们可以使用设问(问题探究)、作答、翻译的方法。

比如主题为"*Control the number of private cars.*"学生首先可以自问:"*Why shall we control private cars?*"具体到"*In which aspects, does the increasing number of private cars do harm?*"在多数情况下学生会有一个中文拓展思维的过程,可能会想到"身体健康"、"道路安全"、"大气污染"、"生活方式"以及"能源消耗"等方面。此时学生可以尝试将这些内容翻译成英语。因为这个翻译的过程其实就是检验个体学生是否对这一特定角度具备了足够的词汇、句型、语法表达的准备。相应的,学生可以选择较有把握的切入点展开。然后,把选择的"点"用母语拓展开,然后选择最合理的句式"翻译"成目标语言。这样做可以使英语语言技能尚未达到很高层次的学生找到一个中间的"台阶",也能够使得每一段的主题句更加规范。

问题二:语言模式单一。即便是有了很好的"构思",依旧有很多学生的习作受困于词汇和语言的问题。学生自身可以归纳一下自己常用的句型和词汇,对其进行分析,应该不难发现问题之所在。

这里以词汇为例,"翻译"的精确性往往是很多学生作文的软肋。比如表达"看"这样一个概念,很多学生一概机械地翻译成"*look*"。但事实上,高中阶段至少学习过"*look, observe, watch, stare, glare, gaze, glance, glimpse, peek, peep*"等不下 10 个各有所指的词汇。通过不断的学习,选择精确的词汇来"翻译"心中的中文,学生将有效地提升作品的水准。此外,学生还可以学习探究如何借用一些翻译中常用技巧来表达文义。"转译"和"意译"就是常见的方法。比如要表达"我觉得很难和你进行交流。"与其竭力去进行直译,我们就可以选择翻译成:

I see a huge wall between us. 或者 *I feel that I am from the Mars while you are from the earth.*

灵活的运用翻译的方法可以帮助学生定位自己在书面表达上的主要问题,同时又为这些问题的解决提供了一些可能的解决途径。

3. 在翻译过程中探究文化,激发学习的动机

在学习英语的过程中,学生所接触的并非仅是客观的词汇和相对稳定的语法,还有目标语言所涉及的文化、社会、政治、经济等背景。学生在进行翻译练习的过程中如遇到语言本身以外的翻译障碍,在寻求教师的帮助和进行问题探索学习后,不仅可以加强书面表达的能力,更能够拓展语言学习的外延,加大英语作为一门学科的张力,从而使学生保持英语学习的热情。

比如,学生在翻译"那天下午暴雨如注"的时候,有相当比例的人会纠结于"如注"二字。这句话比较合理的表达为:"*It's raining cats and dogs.*"学生通过相关书籍和网络资源(*VOA special English* "*Words and Their Stories*"),可以得到一些关于这一表达存在的词源:比较被广泛接受的有"屋顶理论"和"下水道理论"。研究证明,当理论知识被赋予足够的背景和历史沿革后,其可读性会大大增强,从而激发学习者更加持久的探索兴趣。

而在进行问题探究的过程中,英语学习者必定会使用到更多的目标语言,搜索翻译中"疑问手"的文化背景信息时,学生将会接触更多的语言语料。若学生咨询目标语言的使用者,其口语技能也将得到正向强化。

问题探究与其说是一种具体的教学手段或者是学习方法，不如将其更贴切地理解成为是指导的原则。问题探究无论是在发现问题的过程中，还是在设置问题链、问题领的进程中，抑或是在指导学生解决问题的各个环节中，都是建立在"实践"的基础上的，也唯有"实践"才能为学生提供真正的语言应用的土壤，使得学生的英语学习有足够的真实性和"代入感"。于此一点，翻译作为目标语言与母语间构建练习的必然通道，为教师在英语的教与学的各个环节上都提供了问题探究的可能。

参考文献：

[1] 王岳庭.双向反馈教学法[*M*]. 郑州：河南教育出版社，1996.

[2] 介为一.中国高中英语教学 30 年历史概述[*J*].英语教师，2009，(1).

[3] 胡文仲.文化与交际[*M*]. 北京：外语教育与研究出版社，1994.

[4] 人民教育出版社，等.新高中英语教与学[*M*]. 北京：人民教育出版社，2006.

[5] *Teaching Language*: *From Grammar to Grammaring*. *Diane Larren*－*Freeman Heinle ELT* 2003.

[6] 中华人民共和国教育部.普通高中英语课程标准[*S*].北京：人民教育出版社，2003.

[7] 沃尔夫拉姆，威尔斯.翻译学——问题与六法[*M*].祝钰，译.北京：中国对外翻译出版公司，1984.

[8] *Griff Griffiths* & *Kathy Keohane*. *Personalizing Language Learning*[*M*]. 北京：外语教育与研究出版社，2009.

Teaching Practices on Multidimensional Context

CAO Ming

(Shanghai Yan'an High School, Shanghai 200336)

Abstract: Based on the field practice of high－school English class, the thesis herein lays the focus on the influence of "Problem－based" research on the teaching and learning of translation. The article follows the flow of the leading roles in the teaching of translation of the teachers and the core status of students in learning. All the materials are woven into place concentrated on the value of "Problem－based" approach when merged with the procedures of translation.

Key words: high school English, translation teaching, exploring problems, context setting

高中英语阅读教学中摘要写作的尝试

周　淼

（上海市川沙中学，上海 201200）

摘　要： 高中英语教学中的阅读教学有着举足轻重的地位，近几年上海高考卷中对考生阅读能力的考查也灵活多变，而学生往往无法准确把握作者的意图并找出正确的答案或者自己组织正确的语言回答问题。文章中作者在阅读教学中引入了写作摘要的技巧训练，进行了一系列的尝试。

关键词： 阅读教学；摘要写作；合作学习

自从 1985 年上海高考单独命题以来，高考英语上海卷根据教育改革发展的形势和需要，不断地改进完善，作为一名英语教师，笔者有着这样的感受：现在的英语试卷题型越来越灵活，在总体上注重对考生的能力和素质的考察，增加了能力型和应用型试题，注重考查考生分析问题和解决问题的能力。高中英语阅读在英语教学中有着举足轻重的地位，而笔者现在教的学生在阅读方面的能力是比较弱的，特别是遇到一些需要理解作者意图并能组织语言来阐述对内容的理解的时候，比如说"What does the writer want to tell us in the second paragraph"或者"What is the meaning of the underlined sentence"或者"What is the main idea of the passage?"时，学生往往会把自己的主观想法带入解题中，从而出现失误，而且他们在应对阅读题型中的"简短回答"这一题型时，也无法抓住文中的答案，从而用准确客观的语言来回答问题。究竟如何才能改变学生谈阅读色变的境况？怎么做才能提高学生在这方面的能力？这其实都是要求学生先真正了解作品的内容，并且用自己的语言能准确地表达出来。不少语言教师（Arapoff，1975；Rivers，1968；Rivers and Temperly，1978；Slager，1975）都认为，评估学生对一篇文章或作品的了解程度的好方法之一就是让他们写摘要。其道理是显而易见的——摘要写得好的必要条件，是学生必须真正了解作品的内容。如此一来，教师即可达到要学生读完指定的作品以及把它读懂的目的。在本文中，笔者进行了一系列的尝试，试图让学生学会写摘要的本领，并且同时能增强他们的阅读能力和培养他们对英语作品的阅读兴趣。

一、摘要撰写教学法的内涵与价值

写作教科书常以不同的文字和不同的方式来界定"摘要"的意义，但这些定义的实质内容却差异不大。比如，Wohl（1985）将摘要定义为：用远比普通沟通时要少的文字来报告一份资料的内容。其方法是，找出该资料的主旨或主要概念。因此有必要删除一些细节或用更精简的文字来表达，但基本的内容不可舍弃。亦即，所有的主要概念都要保留下来，而且不可将原文的旨意作任何改变；摘要应忠实地反映原来的资料内容，但不需要把细节或例子放进去。Frank（1990）的定义就很简洁有力：摘要就是用自己的话很简短地将一篇文字的主旨加以陈述。

作者简介：周　淼，上海市人，上海市川沙中学一级教师，主要从事高中英语教学研究。

摘要写作应遵循哪些规则？笔者综合了几位教科书的作者(Bander,1983,pp.129—130;Barnet,Berman,and Burto,1988,p.70)的看法,列举如下:从事例中归纳出概念;只写主要概念;用自己的话写;不夸大陈述;不作不完整的陈述;不加入个人看法;如果要超过两句话,加入适当的转折词;时态要一致。

可见,摘要写作是一种综合性的学习活动,它不仅仅是语言技能的单向输入,同时也要求学习者综合性地输出所学。词汇、语法、阅读等各项教学要求都能在摘要写作中得到充分的、综合的体现。摘要写作教学中,学生实际上对所学的词汇和语法知识有一个全面的自测过程。同样的,学生对原文的遣词造句、谋篇布局也会有更深理解,从而提高阅读能力。同时,它的教学要求又有别于传统的写作教学,要学生用自己的语言再现原文的风貌,赋予学生一定的自由表达空间,使摘要写作在阅读和写作教学之间架起桥梁,起到了过渡作用,降低了学习的难度,不失为一种行之有效的教学形式。

二、在理论支持下的一系列尝试

目前,并没有列举具体例子的教科书来讲述怎样让高中生学会写一篇短文。比如,有一些教科书(Bander, pp.129—130;Barnet, Berman, and Burto, pp.69—70),所介绍的摘要写作法是,先提供一篇短文及它的摘要,然后列举出摘要写作所应遵守的规则。其中并未解释该摘要是如何得来的,以及它的内容怎样符合了这些规则的要求,因此,学习者必须靠自己去领悟其中的奥秘并发展摘要写作的能力。笔者在教学中尝试了一些方法,摸索着怎样让高中生能抓住文章主旨,并且能用准确的语句表达出来。以下将依序详加介绍。

1. 让学生了解并熟悉应该如何进行摘要写作,把他们分成小组来练习,教师适时加入

首先,教师向学生口述下面的小故事,并要他们听完后用一句话加以概述。

Every day after work, a man called John always arrives home on time as is demanded by his wife. Though unwilling, he presents to her his salary intact every month and receives an allowance from her, the amount of which is entirely decided by her. On top of that, he always lets his wife have her own way in everything.

摘要训练以此开头的原因是,这是个有趣的故事并且其主角的行为模式非常明显,所以学生会感兴趣,并能比较容易地写出它的摘要:"The man is afraid of his wife."如果学生第一次写摘要的尝试即能成功,他们的信心也就比较容易建立起来。当然,如果他们仍有写不出摘要句的困难,这样教师需要写出自己的答案。

陈述完毕如何写摘要的例子后,本人发给学生一篇短文,以及一份前面提到的撰写摘要的规则。笔者要求学生把这篇短文用一句话写出摘要,而且写出来的句子要符合规则的要求。笔者把学生分成6人一组,并要求他们把写出的摘要抄在黑板上。

把学生分成小组来完成这项任务,有两点益处:一是学生在学习一项新的而且比较困难的技能时,会害怕,不太敢尝试,唯恐表现不好。但是如果他们有几个合作伙伴,那么就算表现不好也不是个人行为,因此会更有胆量去完成任务;二是他们可以互相帮助来完成任务。规则之一就是要用自己的话来写。因此,学生在撰写摘要的时候,必须把他们所拥有的所有知识应用上去。有的学生英语基础较差,但基础较好的学生可以弥补前者的不足。因此,学生做分组练习可以让他们互相学习。

在学生开始阅读文章、撰写摘要之前,笔者还要求他们必须遵循下列的步骤,而且以后撰写摘要时也要如此。

(1)用超于平常的速度,先将文章从头到尾读一遍,对文章的主旨大意有大概的认识,如遇不认识的单词暂时猜测其含义。

(2)再用较缓的速度读一遍文章,对其内容有更清楚的了解,同时如果想到任何词句能帮助撰写摘要的可以顺手写下来。

(3)接下来撰写摘要,有必要时可回看文章。

(4)写完摘要后,检查是否已把文章的主要概念包含进去,是否都是用自己的言语表述的,以及其中是否有不完整的或夸大的陈述,或者是包含了个人的看法。并对此再次进行修改。

学生分组做练习的时候，教师都会要求他们在限定的时间内完成，然后将他们的摘要写在黑板上。最开始的时候，学生写的句子中，多多少少都有违反摘要写作规则的地方，也会存在一些语法或用词上的错误，而且他们往往无法用适当的同汇表达摘要中的关键字，但是用中文就可以。笔者会一一指出其中的错误，并和他们分享教师写的摘要句，大家共同讨论最佳答案。

2. 选择合适的作品，以渐进的方式让学生写摘要

在整个学期中，学生完成了《高中英语阅读(第二册下)》中 Unit 13 Marie Curie，Unit 15 Sherlock Holmes，Unit 19 Nelson Mandela，Unit 21，Music，以及 Unit 22 Jane Eyre 等文章的摘要写作。每篇文章的摘要控制在 50 字以内。这些文章的选择，是按照它们的长度和难度来安排的，学生就依照这个次序来写摘要。之所以这样安排，是因为这样比较容易让学生克服畏难的情绪，能够循序渐进，将较长较难的文章主旨归纳出来。而且，教师所选的文章，都是比较有意义或有启发性的，也是自己喜欢阅读的；这样一来，学生阅读文章时才可能产生同感，也可以增进学生对自我、他人、社会和世界的了解。

3. 让学生回家阅读长篇文章并写摘要，然后在课堂上共同讨论，并分享文章读后感

仅仅凭借一两堂课的训练，不可能迅速提高学生写摘要的能力，所以笔者有意识地每隔一段时间就布置一些课后阅读作业给学生并要求他们写出摘要，然后在课堂上讨论并分享读后感。

笔者曾经要求学生利用一星期的课余时间去阅读《The Million Pound Note》，虽然文章篇幅较长，但是部分学生也曾读过节选的中文片段，所以大部分学生还是能完成这项任务的。

上课时，笔者先将这个故事分成 4 个部分：(1)亨利遇到两兄弟前；(2)打了一个赌；(3)发现支票后；(4)归还支票。学生分成了小组，每组 4 人，笔者要求每组学生合作将这 4 个部分分别用一句或两句话写出其摘要。虽然他们都在家读过这篇故事了，而且也写了摘要了，但仍要求他们在动手之前，将这个故事快速地再读一遍以加深其印象。而且也正因为他们已读过、写过，现在再读再写也比较容易了。

学生完成他们的任务后，要求他们轮流上台把 4 个摘要写在黑板上。也就是，第一组写第一部分的摘要，接着上台的第二组写第二部分的摘要，以此类推。学生写完后，教师就和学生一起逐一讨论这几句话的妥当性。然后再把写的比较完整的故事摘要分享给学生：

An impoverished American sailor is fortunate enough to be passing the house of two rich gentlemen who has conceived the crazy idea of distributing a note worth one million pounds. The sailor finds that whenever he tries to use the note to buy something, people treat him as if he is a King and let him have whatever he likes for free. Ultimately, the money proves to be more troublesome than it is worth when it almost costs him his dignity and the woman he loves.

这次的教学，主要是用来教学生在写一篇较长的摘要时，句子和句子中间应加上适当的连接词或转折语，来建立句子的连贯性和整体性。此外，学生在家里都已经写过这篇作品的摘要，如今又有机会和同伴合写一遍，并有了教师的对照，由此他们对长篇文章的主旨大意的掌握以及表达有了更深刻的理解。这样也为他们在阅读中正确理解作者想表达的意图并能用自己合适的语言表达打下了一定的基础。

4. 把学生写的摘要批改完后在课堂上和学生交流，并把学生分成小组进行讨论

学生每次写的摘要，笔者都会认真批改。如果学生的摘要中有拼写错误、用词不当、标点符号或语法错误、表述不清、不合逻辑、不重要的细节、直接引用原文的语句、个人的看法、夸大的陈述或者不完整的陈述，笔者就在上面分别表示相关的修改符号。再次上课时，把批改过的摘要发还给学生并要求他们进行相应的修改。然后再拿来批改。如果他们的修改还是不正确或者他们有不知道如何修改的地方，这些问题会被集中到课堂上让学生共同讨论。

笔者会在学生的作业中挑出一些有不同错误的句子，在电脑上打印出来，然后把学生分组，让他们共同找出每句句子中的错误。这些句子并未标识任何修改符号，所以他们事先都不知道哪里有错误。经过这样的过程，学生逐渐地不再犯类

似的错误，如此坚持一学期下来，他们能够更准确地抓住文章的大意，并能用自己的语言表达出来。

学生曾经看过有关于美国总统林肯的一篇短文，他们第一次写出的摘要如下：

a. Although Lincoln met many troubles, his spirits has encouraged a lot of people.

b. Lincoln, once a jobless and unlucky man, encouraged many people all over the world.

c. He was unlucky in his life, but finally he was respected by many people in the world.

d. Lincoln was not always smooth in his life but his final success still inspired many frustrated people.

经过讨论修改后，学生的第二次摘要如下：

a. Although Lincoln had a hard life, his determination became an inspiration for a lot of people.

b. Lincoln, once a poor, jobless man, has inspired many people all over the world.

c. He had to overcome many obstacles in his life, but in the end he became an internationally respected figure.

d. Lincoln's life was not always smooth, but his final success still inspired many frustrated people.

从这些句子可以看出，他们已经不再把个人的看法放入摘要里，并能够找出自己所写的句子中存在的语法问题并改正。

一个学期的尝试下来，笔者感觉这种方式不仅对学生的阅读能力有所提高，也相应地提高了学生的写作水平。当课堂讨论某些句子的时候，学生会很热烈地参与讨论，学生对着阅读材料不再退缩，甚至也不害怕写作文了。有些学生觉得，大量的阅读对于他们词汇量的扩充和其他的文化知识的提升都有很大的帮助。多数学生在面对询问作者意图的问题以及在做“简短回答”这样的习题时，能比较准确地把握作者想表达的意图并能用自己的语言表达出来。

参考文献：

[1] Bander, R.G. American English Rhetoric[M]. New York: Holt, Rincheart and Winston, 1983.

[2] Barnet, S., M. Berman, and W. Burto. Literature for Composition [M]. Boston, MA: Scott, Foresman and Company, 1988.

[3] Frank, M. Writing as Thinking: A Guided Process Approach[M]. Englewood Cliff, NJ: Prentice Hall, 1990.

[4] Rivers, W. M. Teaching Foreign－Language Skills[M]. Chicago: The University of Chicago Press, 1968.

[5] Rivers, W. M. and M. S. Temperly. A Practical Guide to the Teaching of English [M]. New York: Oxford University Press, 1978.

[6] Slager, W. Classroom Techniques for Controlling Compositions[J]. English Teaching Forum, Vol. XIII, Nos, 1975, 3 & 4, 221－226.

[7] Wohl, M, Techniques for Writing: Composition, revised edition[M]. San Francisco, CA: Harper & Row, 1985.

[8] 黄关福. 中级英语测试指导——高考英语上海卷试题汇析(2014 版)[M].上海：复旦大学出版社，2014.

An Attempt to Teach Precis Writing in Reading

ZHOU Miao

(Shanghai Chuansha High School, Shanghai 201200)

Abstract: Reading teaching plays an important role in high school English teaching. In recent years, the reading examination questions in Shanghai English college entrance examination are tricky and flexible so that students can't find correct answers or write answers in their own language as a result of failing to grasp the true intention of the author. In this thesis I explore various channels in training précis writing in reading teaching.

Key words: reading teaching, précis writing, co－op study

试论实验教学中学生化学素养的培养

周丽华

（上海市徐汇区中国中学，上海 200031）

摘　要：《高中化学课程标准》明确把培养和发展学生的科学素养作为核心目标，化学是一门以实验为基础的自然学科，提高实验中的化学素养是必然趋势。中学实验涉及实验目的的达成，实验方案的设计、评价、反思以及绿色环保化学的理念等。因而文章通过对实验教学进行分析和研究，提出提高化学素养的方法和要领。旨在帮助学生形成化学概念，理解和巩固化学知识，培养学生观察、分析、操作等多项能力，具备化学意识和化学研究的科学精神。文章采用的研究方法是实践法、归纳比较法、案例探究法等，旨在比较分析化学素养在实验教学中的表现和作用，选取典型化学实验进行探究，设计教学方案，探究化学素养提高的可行性。

关键词： 化学素养；课堂实验；拓展实验；科学知识；化学意识；化学精神

一、问题的提出

1. 背景现状分析

现代社会对创新人才的需求越来越大。创新人才首先要具备优秀的科学素养。我国公民的科学素养是亟待提高的，而科学素养的提高最关键的途径便是教育。新《高中化学课程标准》提出“高中化学课程是科学教育的重要组成部分，它对提高学生的科学素养、促进学生全面发展有着不可替代的作用”[1]的理念，化学课程的编排主旨是要把学生科学素养的培养和发展作为核心价值来体现。过去，课堂教学目标只是落实在知识点上，而现在更是落实在方法和观念上。不同的学科有自身的学科特点和学习方式，学生接受知识的过程也不同，因而科学素养的培养方法和手段是不同的。化学是一门以实验为基础的自然学科，通过实验探究物质微观的内在联系，思维方式由宏观到微观，由形象到抽象，用可行的实验研究不可见的微观世界，讲究实事求是，所以教学应该以实验为中心来开展，但是，仍然有很多教师忽视实验，漠视实验教学中化学素养的培养。传统教学又比较严谨，追求知识的系统性，常常要求学生按部就班的观察实验和做实验，希望学生照搬照演，强调模仿。久而久之，学生的主动性得不到施展，学生很难将化学知识内化，化学素养得不到提高。因此，提高化学实验中的化学素养就成了当务之急，如何在实验教学中提高学生的化学素养是本文的研究主题。

2. 实验中化学素养培养的意义

对于实验这个板块，大多数学生是处于“一看就头疼”的境遇。也有相当一部分学生即使掌握了考试技巧，但是考试一过，便把所学的内容抛之九霄云外，成为“考试型”学生。这些情况并不符合我们的

作者简介：周丽华，江苏苏州人，上海市徐汇区中国中学一级教师，主要从事化学教育研究。

教学目标，也不符合我们国家对所需人才的要求。我们对创新型人才的需求是当务之急，当今世界综合国力的竞争依靠的是科技实力的竞争和人才素质的竞争。著名无机化学家、化学教育家戴安邦曾说过："为贯彻全面的化学教育，化学教学既要传授化学知识和技术，更需训练科学方法和思维，还应培养科学精神和品德。化学实验课是实施全面化学教育的最有效的教学形式。"[2]这段话极大地肯定了实验教学在化学课程中的地位和作用。

的确，实验教学在中学化学教学中起着十分重要的作用。它可以通过具体的物质变化来帮助学生理解微观的不可见的微粒间的作用。很多纯理论的分析和辨析，可以通过实验来探究和验证，从而帮助学生更好地掌握化学概念，加深对概念的理解，理解和巩固化学知识点。通过实验，可以很好地培养学生实事求是的作风，可以激发学生求学的兴趣，继而无论是通过演示实验也好，还是学生实验也好，都能促进观察能力、操作能力、安全意识，卫生习惯的养成。在中学化学的实验教学中，教师在传授化学实验知识、技能的同时，进行实验教学的辅助，能激发学生的学习兴趣，培养严谨的科学态度，熏陶高尚的科学精神，从而提高化学素养。

二、化学素养概论

1. 什么是素养

从字面上解释，"素"的原意是"本色"、"本来的"、"原有的"意思；而"养"的原意则是"培植"、"教育"、"熏陶"、"培养"的意思。那么"素养"，就是所谓的"平日的修养"、"经常修习涵养"。笔者认为素养应该包括很多方面，如道德素养，科学素养，人文素养等，我国要建设成为富强的社会主义国家，要发展经济，首要任务是提高人才的素养，人才素养中最重要的一个方面便是科学素养，科学素养就是人们在科学领域中所具有的涵养。而科学素养的建设和提高又是主要依赖我们的教育事业，它的主要途径是学科教育。

化学是一门自然科学，它是以实验为基础的科学学科。《上海市中学化学课程标准》不仅增加了实验的数量，而且丰富了实验的种类，对中学化学实验提出了新的要求。化学实验是化学学科最大特点，也科学探究的基本方法，是理论转化为实践的渠道，也最能考查学生的能力水平。戴安邦教授说："化学实验教学是实施全面教育的最有效教学形式。"[3]通过在化学实验教学中培养和提高化学素养，不仅可以增强学生对化学知识的理解，又能增强学生的操作技能，促进学生的全面发展，从而真正实现对人才的培养。

2. 什么是化学素养

(1)化学知识

在中学阶段学校开设的化学课程中，学生要能达到课程标准的要求，对所学的化学知识能够理解，掌握和运用。化学知识包括三个方面，一是理论知识，二是操作技巧，三是科学方法和能力。例如，有关元素性质，学生不仅要能正确书写化学方程式，还要能理解反应的原理，能够触类旁通，举一反三，理解掌握同族元素性质的共性和递变性。在实验训练中，要具备实验学科的基本功，如能进行物质检验、混合物分离提纯，对重量法、体积法、滴定法等定量实验的操作，做到规范、有序、安全。在学习过程中，学生需要掌握科学的方法，拥有严密的逻辑思维能力和思辨能力。这个版块是化学素养的中间部分，通过化学知识来培养发展化学素养。

(2)化学意识

在化学实验过程中，要通过明确实验目的、设计实验方案，来让学生有目的的观察，从而逐步养成细致入微、全面的观察习惯。通过激发学习的兴趣，体会化学的奥妙，养成主动思考、善于捕捉问题的习惯,学会主动探究,强化实践,并且能时常反思,逐步积淀,从而具备较好的化学科学行为和习惯。

当学生具备较好的化学科学行为和习惯后,应该学会尝试自觉运用化学方法解决一些实际问题,体验用实验来研究化学的过程和方法,感受化学对个人和社会所作出的贡献,为社会进步、经济发展带来的巨大推动力量;感受化学的美好从而对化学产生浓烈的兴趣,拥有学习化学的热情和激情,有想学好化学的欲望,不仅在学科上,更是在生活中关注化学,探索化学。爱因斯坦认为:科学创造需要人类特殊的热情,同信仰宗教的人或谈恋爱的人的精神状态相类似——激情不断;从事科学研究完全出于一种不可抑制的想要探索大自然奥秘的欲望,别无其他动机。

(3)化学精神

在教学过程中,学生逐渐建立起严谨端正的科学态度,高尚积极的情感与正确进取的价值观。诸如"毁容案"、"投毒案"、"食品添加剂、"环境污染"等问题让人谈"化学"色变,学生理应树立起正确的世界观、人生观和价值观。以真善美的精神对待自然、社会和自我,通过化学知识的学习、实验操作的训练、化学思维的培养、化学过程和方法的体验,形成正确的三观,认识"化学使人更美好",表现出严肃认真、客观公正、实事求是、尊重事实、坚持真理、独立思考、敢于创新、修正错误等精神气质,能有想改善社会的想法和欲望,拥有对未来美好的憧憬。

化学素养要得以培养和发展,离不开这三个方面。其中,化学知识是化学素养的重要基础结构,只有拥有系统的化学知识体系才能把握住物质的本质内因,体会事物的对立统一的矛盾性,进而进一步对事物思索和思辨,改进和创新。同时,共同吸收理论知识与实验技能,内化为本,才有可能进一步形成化学科研能力,具备一套较系统的科学研究方法,为科学精神奠定重要基础。化学意识是化学素养的外围,只要有想学好化学的想法,有探索化学世界的欲望和激情,才能在挫折和坎坷中逆流而上,施展才智去挑战,才能在过程中体会化学的美好和精妙,确立高尚的人格特质。德国古典哲学大师黑格尔曾经指出:"要是没有热情,世界上任何伟大的事业都不会成功。"化学精神是化学素养的核心,化学教育的宗旨就是要培养学生具有严肃认真、客观公正、实事求是、尊重事实、坚持真理、独立思考、敢于创新、修正错误等精神气质与人格特质,不断地熏陶浸润学生的创新意识、创新能力、创新精神,培养出高学历、高素养、高能力的新一代人才,成为当代社会所需要的栋梁。

3. 实验教学中的化学素养的表现

(1)在实验中形成良好的科学方法

在实验教学过程中,学生不仅要明确实验目的、理解实验步骤和实验条件的控制、学会实验仪器的使用、正确描述实验现象及其解释,而且还要通过实验的分析,能反思实验目的、理解实验结果,能够养成从新的角度来思考实验设计的习惯,并能对设计的实验进行审视、寻找不足以及提出改进意见,从而形成和发展科学方法和创新意识。良好的科学方法意识应该具备以下几点:①为了达到实验目的,能自行设计科学合理的实验方案;②依据实验方案的设计,能正确选择所需仪器,并规范组装成实验装置,从而进行有序、规范、安全的实验操作。③对实验现象能全面准确地观察,实事求是地记录。即使实验失败,也能从中反思、重审,重新设计合理方案。④实验结果处理中,能合理运用实验数据和材料,从中导出分析和结论,撰写实验报告。

(2)建立实验兴趣,促进化学意识

实验教学的特点就是让学生感悟和感受物质变化,对所知的知识点能够加强理解,加以巩固灵活运用。在牢固的化学知识基础上,再对实验技能加以操练,从而具备扎实的实验基本技能能力。然后逐渐主动用实验方法解决化学问题,实验兴趣是促进这方面提高的动力。有了兴趣,才有可能主动探索化学世界,主动使用实验方法解决问题,从而拥有广博的知识,学有所攻,学有所长;拥有稳定持久的兴趣,便有坚强的意志和屡做屡败、屡败屡做的勇气,对实验活动有成功的信心。

(3)具有高尚的科研精神

在实验活动中,有良好的作风和道德情操,有责任心,追求实事求是,不浮夸,不瞎编乱造实验数据;有美感,追求和谐和整洁;能自觉自控,按照实验目标自我约束行为,指导学习过程;有顽强拼搏的精神,不怕失败,不怕坎坷,不达目的,决不罢休;能谦虚,勤奋,不骄不躁,拥有一颗高尚的心。

三、实证研究——实验中化学素养培养的方法和手段

1. 创造实验环境,在环境中学会探究方法,体会合作意识,解决教学内容的难点和重点

教师要仔细分析教材,深挖教材,在教材中去寻找可以通过实验教学来提高课堂效率的内容,尤其是教学内容上学生学起来感到困难、不易接受的知识点,不能仅仅局限于教材本身所设计的若干实验。加强学生实验探究设计的练习度,经常多次在课堂中实施探究,逐步使学生具有化学实验探究设计的能力,在探究中体会合作学习、互帮互助的快乐,不让学生感到遭遇挫折的孤独和无助;激发学生的兴趣,赋予学生创新的灵感,让学生在实验中去经历、感受,领悟科学过程,发展学生的科研能力,促进学生化学素养的发展。

案例分析:

在《氢氧化铝的性质》教学中,在学习完氢氧化铝的两性、铝盐和偏铝酸盐的性质后,要求学生理解和掌握氢氧化铝的制备方法。有哪几种方案?每种方案的优缺点如何?这是一个难点。因而,笔者将此内容转化为了课堂实验的探究——假设——实验探究——得出结论。

事先准备好实验试剂和仪器:$AlCl_3$溶液、$NH_3 \cdot H_2O$溶液、NaOH溶液、HCl溶液及吸管若干,试管若干。根据氢氧化铝的电离平衡,让学生思考如何利用平衡移动来制得大量氢氧化铝。学生纷纷各抒己见,推理假设,设计实验方案,并进行实验探究,验证假设,得出结论。在本节课最后,有学生提出是否可以让平衡全部往中间移动,利用铝盐和偏铝酸盐来制取氢氧化铝,一开始很多学生对此采取质疑态度的,但经过实验探究后,被学生一致认可。这一堂课对学生的教育作用很大,通过实验能充分调动学生的学习积极性,提高了观察能力、分析能力和归纳能力。学生的参与度是比较高的,当一位学生在做实验时感到迷惑时,其他学生能够一起协助他,合作学习中的团队精神得以提升。这样不仅使学生们牢固地掌握了氢氧化铝的实验室制法,而且也培养了学生分析能力、解决问题的能力,使学生学会了做实验讲道理的研究性学习的方法。

2. 通过实验探究树立学生对立统一的思想,培养学生关心社会和人类发展的精神

在高一《溶解过程中的能量变化》这节课中,物质变化中的能量变化对于每位学生都不陌生,而本节内容却是要求从本质内涵中去了解引起变化的微观原因。在溶解过程中存在着两个相反过程,如何让学生体会这两种过程是同时存在的,这个问题的解决以往大都是通过教师的讲解、学生阅读书本的方式去掌握,而一些没有理解本质内涵的学生只能通过死记硬背来完成学习任务。笔者在这节课中希望学生不仅能理解这个溶解过程,更能领会化学的精神要领,体会矛盾的对立统一面是处处都存在的。

笔者的设计思想是以学生为主体,调动全体学生积极参与实验,利用已有的知识结构和生活常识,去发现问题,找到矛盾,解决矛盾。整个过程让学生自主地参与,全程知识在实验和思考辨析中获得,创造愉快的环境,鼓励学生勇于表达自己的想法和疑惑。设计问题的衔接和提出,尽可能使每位学生在自己原有的基础上和已解决的问题上有所发展。不断创设矛盾,激发他们强烈的求知欲和好奇心。设计问题情境,使学生在自主实验、积极思考和相互讨论中自己发现问题、分析问题和解决问题。学生在这一系列活动中,体验着"实践→认知→激发矛盾再实践→再认知→解决问题→应用"的科学探究的乐趣,学生对溶解中能量变化的认识由浅入深、由表及里,自主形成相关概念,思维得到锻炼和升华。通过

扩散吸热、水合放热，树立起矛盾对立统一性认识，形成辩证思维，具有用化学的眼光看世界的意识，拥有化学使生活更美好的体验。

笔者对该教学内容的编排分为两种，一种是体现上述设计思想的教案(试验教案)，另一种为没有实验探究过程的教案(普通教案)。同时把 4 个班级两两分组，甲组进行试验教案授课，乙组学生进行普通教案授课。

试验教案教学流程如表 1 所示：

表 1　试验教案教学流程

教学环节	教师预设活动	学生预设活动	设计意图
创设情景导入新课	演示：盛水烧杯＋毛玻片，往水中加 NH_4Cl，毛玻片和烧杯粘住了。		激发学生探索奥秘的兴趣，引出课题。
学生实验探究	对常见的物质溶解过程中能量变化进行研究。	学生分组实验；汇总实验数据。	通过亲身实验获得溶解时的热效应的感性认识，体会实事求是的科学精神，增强实验操作能力的训练及合作能力的培养。
对实验现象进行推测和反思	1. 演示实验：$KMnO_4$ 固体的溶解。 2. 提供信息：白色的无水 $CuSO_4$ 粉末溶于水形成蓝色溶液；蓝色 $CoCl_2$ 溶于水形成粉红色溶液。	观察。思考、讨论、回答。	1. 透化学的基本思想：宏观的事物改变必然是由微观粒子的变化引起的。 2. 通过宏观鲜艳的颜色范围的变化，让学生充分感知微粒的扩散，减少学生抽象思维的难度。
归纳与解释	演示动画：NaCl 溶于水的微观变化。	1. 溶解时存在的过程。 2. 解释 NaCl、NaOH、NH_4Cl 溶解时的热效应。	建立宏观与微观的联系。给学生思辩的空间，从分析到综合，培养学生辨证思维能力。
应用	解释制作冰袋的原理； 根据有关数据讨论制作冰袋的原料选择。	根据信息，采集有关数据。计算，并得出结论。	体现教学理念，使学生关注化学与生活的联系，培养学生创新意识。体会到化学的魅力之一在于应用学过的知识提高我们的生活质量。
布置作业	常用的便携式调温用品还有冰宝贴、暖宝宝等。搜集并阅读说明书，比较其原理的差异，写出调查报告。		回归生活，让学生在自主学习中体验化学的意义，并为溶解结晶及原电池的学习作好铺垫。

普通教案教学流程如表 2 所示：

表 2　普通教案教学流程

教学环节	教师活动	学生活动
新课导入	演示：$KMnO_4$溶于水	溶解过程有微粒扩散
不同物质溶于水的能量变化	演示：NaOH NH_4Cl NaCl 溶解	感知溶液温度分别是升高、降低和基本不变
溶解过程分析		阅读书本信息，分析归纳上述实验现象的微观原因
总结	1. 辨析：NaOH 溶于水温度升高是因为存在水合放热？ 2. 溶液中溶质存在的微粒形式	课堂练习

课后,从两组学生中抽取了3~4位进行了访谈。访谈的目的是为了反馈教学效果,分析哪种教学方式更为学生所接受,并能使学生的化学素养得到提高。

访谈结果如下:

表3　访谈结果

访谈内容	甲组(试验教案)	乙组(普通教案)
本节课中觉得最有趣的是什么?	制作冰袋,微观过程的动画演示	三个物质溶于水的实验
通过这节课你还想了解哪些方面?	还有哪些东西可以用高中化学方法制作出来?	还有哪些物质溶于水后温度上升?降低?
实验中,你周围的同伴们如何变现?	大家都很积极,一起讨论,还彼此质疑	他们都很仔细地在观察,上课很认真

从访谈中可以看出,乙组学生只是完成了化学知识的教学要求,而甲组学生已经明显对溶解这个知识点产生了好奇心,进而产生了希望继续探究下去的想法,还想获悉在生活中更多的化学用途,可见他们更希望通过化学学习来解决更多的实际问题。甲组学生还能通过相互讨论和质疑,感受到化学的辩证统一面。

3. 以实践强化体验,改理论分析为实验探究,进行有目的观察,提高实验探索能力

高一教材中有一节课是关于《原电池》的教学,“原电池的形成条件”是这节课的重点,而教材中没有相应的实验,如果仅靠组织学生进行空泛的讨论,想要得出这些条件是非常困难的,学生会觉得不知所措,知识也不能很快被掌握。于是,我们对这节课进行了这样一些设计并落实到了课堂上。

(1)可通过让学生亲自动手做探索性实验,得出结论

化学中很多知识点的落实都需要运用抽象思维去理解掌握,若是既要掌握化学知识又要体会化学方法,从而提升科学精神,那么让学生亲自进行实验探究往往能达到事半功倍的效果。实验的现象是生动鲜明的,学生大都对这些变化充满了好奇和惊喜,演示实验尤其如此,但是坐在后排的学生往往会倍感失落,如若把一些演示实验改为学生实验,让他们亲自动手探索(教师不要害怕仪器的损坏,不要担心试剂的浪费),那么,会让学生倍感生动有趣,且学生在实验中会充满激情,充满目的性,更具有挑战性和创新性。这样做,能够增强他们的主观参与性和积极性,让他们不自觉地从“要我学”转变为“我要学”。

(2)实验的方案由学生自行制订

学生对自己亲自设计方案并实施的实验,操作起来能更精确,观察更有目的性,求知的欲望更强烈。学生在解决实验问题时会积极主动地回忆是否碰到过类似的问题,能否用先前的方法来解决新问题。这样能让他们懂得如何思考和解决实际问题,同时也能使学生在潜移默化中学会“发现问题”、“解决问题”的科学方法和科学精神。这对他们日后进入更高层次学府的深造和今后进入社会所从事的工作、研究以及生活都是有益的,能够锻炼他们的独立思考能力及工作能力。

(3)实验之后,让他们在热烈的气氛中各抒已见,使学生从中相互启迪、相互补充、得出结论

组织学生讨论,鼓励学生间争论。讨论可以改善学生的交往能力、表达能力,讨论可以训练学生进行思维交流,在争辩中激发思维火花,提高思维的深刻性。大家一同参与讨论可以间接培养学生的团队精神。学生进行探索性实验后,在分析实验结果时自然会产生疑问:相似的材料,相同方式的组装为什么会存在许多不同的现象,这些现象之间的联系是什么,规律又是什么,这些宏观现象与看不见的微观粒子的运动有什么关系等。通过交流,同样可让每位学生各自掌握的知识转变为全班集体共享,而且通过交流后,这些知识能被学生长久保存卜来,学习的能力也会得以提高。

(4)最后通过一些趣味家庭小实验、学生节目表演,使这一知识点运用到实际生活中,使学生牢牢掌握

当学生理解了原电池的形成条件后,笔者就提出这样一个问题:“如果家里手电筒没电了,你能不能

自己制作一个电池呢?”笔者给了他们一些材料让他们选择,有各种各样的水果、电线,几枚铜丝和铁钉。学生如果掌握的话,就能很快搭好一个微型电池装置。结果所有学生都搭正确了,只是不同水果产生的电流也有大有小,让他们明白当知识落实到实际时,我们还必须根据具体情况作具体分析。

接着进一步联系实际,笔者给他们看了猪首、牛首、虎首、猴首 4 张圆明园国宝图片以及江南古镇的铜锁图片,提问:同样是以铜为原料,为何前者熠熠生辉,而后者布满铜锈?

最后,笔者设立了“请你当医生”这个主题,学生观看班中学生表演的节目之后,开展讨论,为同伴治病。

这样几个运用涉及到生活、历史及医疗这三个方面。可以让学生明白课本上的知识不仅不是毫无用处,而且还是相当有趣,用途相当广泛。这样,学生就愿意学好,希望学好,越学越有兴趣。

(5)数据分析

在授课时,笔者将 4 个班级分成两组进行了试验,一组按照上述教案实施教学,称为实验组,另一组使用传统讲授课形式进行教学,称为平行组,并设计作业以反映教学效果。

两组学生的得分率如表 4 所示:

表 4　两组学生的得分率

题号	1	2	3	4	5	6	7
实验组	0.925	0.975	0.975	0.875	0.825	0.900	0.775
平行组	0.950	0.950	0.900	0.775	0.750	0.775	0.525

从数据中可以看出,两组学生前三题没有存在很大的差异,得分率都比较高,而实验组后四道题得分率明显高于平行组,且总体上可以看到实验组的得分率普遍高于平行组。由这个结果,我们分析得出,平行班前三题得分率较高也只是大脑记忆对知识点的简单反馈,而学生并没有真正理解甚至不会运用,不能用化学知识去解决一些实际问题。

因而,改变教学手段,落实实验教学,精心设计实验,化演示实验为学生探究实验,化理论分析为实验探究,让学生有目的、有方法地去做,可以培养学生勇于探索和创新的科学精神,可以提高学生的化学素养。如果教师只强调结果,忽视过程,偏重于理论,偏重于验证性实验,忽视实验的探索功能,将会不利于学生接受科学方法的熏陶和训练,不利于学生化学素养的提高。

4. 拓展课程中培养学生的化学素养

(1)课程设计理念

学校渗透环境教育已将近 30 年,开设了以环保为主题的各门学科拓展课程,其中有环保化学社团。以高一、高二学生参与为主,社团活动内容主要以环保为主题,主要涉及低碳、节能、水质监测、固体废弃物的处理等与人们生活有关的方方面面,进行以知识、意识、技能、态度为目标的综合性素质教育,不仅增强学生的化学意识,提高学生运用化学方法的自觉性和能力,又学以致用,巩固强化了书本知识。

(2)化学素养在拓展实验教学中的体现

①形成完整的科学方法,体验研究合作的过程

通过参与这次课题研究,学生们具有较好的人际交往能力,可以合作承担或独立完成调查、取样、记录等任务。在这阶段里,学生们需要相互合作,把自己研究的成果互相展示和交流,并要将成果撰写成论文形式,形成一套完整的科研方法。

②巩固化学知识,内化知识,强化化学意识

结合化学是一门实验科学的特点,让学生多参与社会实践,在实践中巩固知识并学到技能。在研究过程中涉及到一些知识点是课本中学习过的,能使他们更加牢固掌握和深入理解,融会贯通。让学生知

道化学就在我们身边，当前的环境污染问题是可以解决的，化学与当今社会生活、实际生产密切相关，从而激发学生去努力探询，用知识、智慧和行动保护环境、造福社会，增强使命感。

③形成正确的价值观，建立良好的社会关系

在调查过程中，讲究实事求是的严谨作风，踏实的学习态度，培养了他们的科学精神，增强了学生的环保意识，唤起学生主动保护地球的意识，由关心环境继而升华到主动关心他人、关心社会的爱国主义情操，使学生主动融入到和谐的社会关系中，形成正确的人生观和价值观。在整个研究过程中，学生的综合素质和综合能力有了更大的提高。

④数据处理

研究组对参与拓展课程的学生的学习状况进行了跟踪调查，记录了整个学习过程中化学必修课的成绩情况，数据如表 5 所示：

表 5　参与拓展课程的学生化学必修课成绩

班级	姓名	原始排前率(%)	跟踪排前率(%)								
			1	2	3	4	5	6	7	8	9
1 班	A	27.8	27.1	25.6	62.5	31.0	23.2	20.7	21.7	16.3	17.2
1 班	B	33.3	37.5	44.3	27.8	25.0	27.8	26.4	25.0	19.4	16.7
2 班	C	51.3	44.3	43.8	47.8	40.9	40.3	36.9	35.5	30.1	34.9
2 班	D	26.4	25.0	27.8	26.4	33.3	22.2	25.0	34.5	33.0	23.7
2 班	E	16.7	19.7	22.2	10.8	12.8	14.3	14.8	4.9	11.3	9.4
2 班	F	97.2	93.6	98.5	99.0	93.0	90.2	93.0	92.6	89.2	88.7
3 班	G	44.4	27.6	38.4	36.9	31.0	26.6	30.1	33.9	28.1	29.6
4 班	H	61.1	54.7	59.6	66.5	61.6	50.7	54.2	49.3	45.3	48.3
4 班	I	62.5	52.2	49.3	54.2	48.8	34.5	32.0	32.5	28.1	16.7
4 班	J	40.4	32.0	45.3	54.2	53.2	48.8	45.3	47.8	42.4	38.9
5 班	K	73.6	68.1	64.1	60.1	91.7	55.7	44.8	52.2	49.8	54.7
5 班	L	13.9	8.4	5.4	0.5	4.9	6.4	3.5	2.8	3.9	2.9
6 班	M	19.4	26.6	29.6	34.9	33.5	1.5	27.1	16.8	25.1	30.5

排前率：指学生成绩的名次占学生总人数的百分比。

根据每位学生的 9 次成绩的排前率绘制折线图，如图 1 所示。从图像中可以看出，除 M 学生成绩出现退步外，其余学生都呈现进步状态，I 学生进步最为明显。由此可以到，通过自主的实验探究和验证，学生主动建构起有意义的知识体系，已经初步形成科学的学习方法，能主动运用化学知识解决一些实际问题，能进行表达、反思、交流、评价，具备一定的科学精神，能体验科学探究之路的艰辛，能感受战胜困难、不畏挫折的快乐，从而带动了学生对化学的兴趣，为成为真正的化学人才作了很好的铺垫。

四、总结和反思

1. 总结

化学素养的提高存在多种教学途径，要选择有利于学生能力（观察、分析、归纳、演绎等）发展的方法，使学生将知识感悟、理解和内化，能活学活用，学以致用，能在实际生活中使用，将课本知识升华为自身的知识结构和化学基本素养，具有解决问题的科学能力。作为教师，我们要充分发挥自己的优势和长处，挖掘一切可利用的资源，对资源进行加工和创新，从学生主体出发，以学生为本，了解共性和综合个

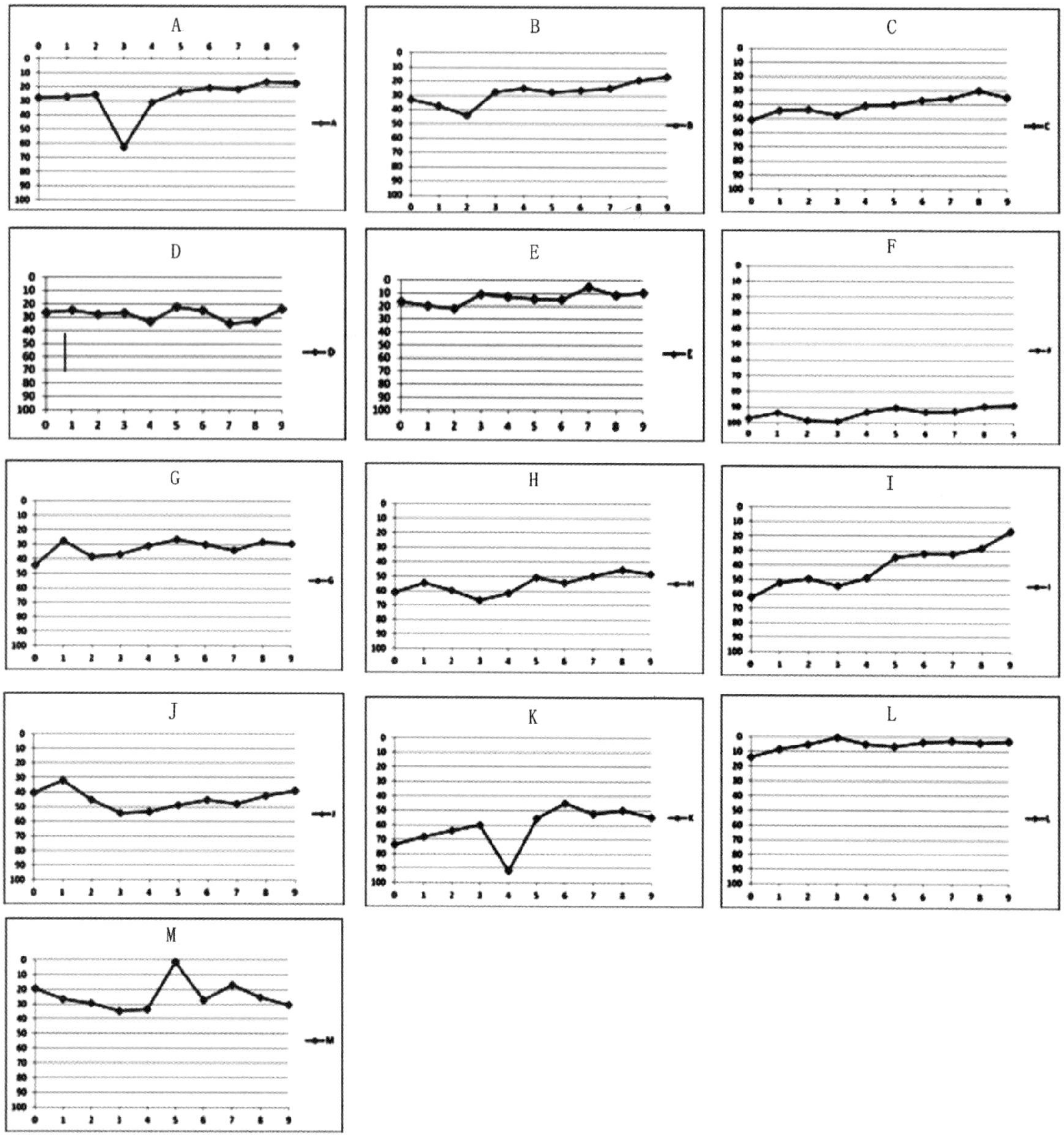

图 1 根据排前率绘制的折线图

体差异性，积极充分地调动学生兴趣，让学生感受化学知识给自己带来的成就感。

2. 反思

在上述几个方面，我们进行了不同层次的研究工作，去寻找适合提高化学素养的教学方法。当然，在案例的实施过程中，也遇到了一些问题。如在拓展课程中，学生提出的有些问题在涉及到具体实施方案时很难操作，脱离了在学校实验条件下的实践可行性。例如，有些学生提出了要研究全球臭氧破坏情况。在既要否决这类很难实践的课题，又要不打击学生的研究积极性时，很难做到两者兼顾。由于客观条件的限制，有些数据和资料当时并没有及时保存下来，以致失去了有效说服力，只能根据学生的学习成绩作片面的了解和评估。

参考文献：

[1] 中华人民共和国教育部.普通高中化学课程标准(实验)[S].北京：人民教育出版社，2003.

[2] 戴安邦.全面的化学教育和实验室教学[J].大学化学，1989，(1).

[3] 戴安邦.实验教学是实施全面化学教育的有效形式[J].实验室研究与探索，1994，(3).

The Study of Improving the Students' Quality in Experiment Teaching

ZHOU Lihua

(Zhong Guo High School of Shanghai, Shanghai 200031)

Abstract: It is listed explicitly in the "High School Chemistry Curriculum Criteria" that cultivating and developing students' scientific literacy is the key objective. As chemistry is a natural science based on experiments, it is inevitable to enhance the chemical literacy in experiments. Whichever type the experiment belongs to, they all involve reaching goals, designing experimental plans, making comments, reflecting and enhancing concepts of environmental protection. Therefore, this thesis offers the methods and gist of enhancing chemical literacy by means of analyzing and studying experiment teaching in such fields and it aims at helping students from chemical concepts, understand and consolidate knowledge about chemistry, develop the ability to observe, analyze and operate, possess awareness of chemistry and a scientific spirit. The research methods used in this thesis include practice, summary, compare and contrast, case study, conducting chemical experiments in different types of class, collecting students' feedback, summarizing examination questions about the common knowledge, comparing and analyzing the performance and effect of chemical literacy in experiment teaching, studying typical experiments, designing teaching plan and exploring the feasibility of enhancing chemical literacy.

Key words: chemical literacy, in－class experiment, extended experiment, scientific knowledge, Chemical comsciousness, Chemical spirit

《现代基础教育研究》
第 20 卷，2015 年 12 月　(Research of Modern Basic Education)　Vol.20，Dec. 2015

微型课程的探究与实践
——以高中化学“食醋中总酸含量的测定实验”为例

李　瑾

（上海市第三女子中学，上海 200050）

摘　要： 定量实验对学生的化学思维能力、综合分析能力、动手操作能力等都有较高的要求。但由于教学时间有限，在常规教学中不允许过多地插入拓展的内容。而且，许多实验教学内容的拓展都有其独立性，不同的学生学习基础也有所差异，如果能将一个大的内容分成一个个小的拓展课题（实验微课）组合成系列，供学生选修，就可以实现实验教学内容的拓展，适合学生自主地探究、实验和提高学习兴趣。文章以食醋中总酸含量的测定为例，针对该实验设计了三个微课并进行拓展与延伸。微课程从一定程度上拓宽了课堂的时空，将学习化学从课堂内延伸到课堂外。

关键词： 定量试验；食醋中总算含量的测定；微课程

一、研究背景

定量实验是物质分析的一个重要内容。在高二教材和高三拓展教材中，定量实验作为独立的章节呈现在教师和学生面前，它对学生的化学思维能力、综合分析能力、动手操作能力等都有较高的要求。因此，定量实验一直是化学实验教学中的难点。

上海高二化学教材中，学生在学习了中和滴定的基本原理，进行过实际操作，并已经初步掌握中和滴定的简单计算，会进行简单误差分析的基础上，需要做这样一道题：运用中和滴定的原理设计一个实验方案，用标准氢氧化钠溶液测定家用食醋的浓度。资料提供：食醋中含有醋酸，化学式为 CH_3COOH，是一元弱酸。提示：强碱滴定弱酸，滴定终点的 pH 大于 7，但仍可用酚酞做指示剂。[1] 苏教版高三化学实验化学专题六中也将该实验作为一个专题来研究。虽然学生已经能够比较熟练地进行操作和简单计算，可是面对这样的命题依旧无所适从，不知道该如何下手，笔者认为这个问题值得思考与研究。

清华大学宋心琦教授曾说过，一项化学实验，不论是演示实验、教学实验还是科学探究性实验，都可以归纳为三部分：一是作为实验对象的物质体系（若目的在于探究化学变化过程，也可以称作化学体系）；二是适当的仪器装置和必要的安全措施；三是合理的实验步骤和规范的操作技术。三者不可或缺，但是从学科教育的角度来评价，应当认为它们的重要性是不等同的，而是依次递减的。笔者认为，宋教授所言的化学体系应该是指对化学原理的理解，只有深刻理解了原理，才能选择适当的仪器与实验

作者简介：李　瑾，上海市人，上海市第三女子中学一级教师，主要从事高中化学教学研究。

步骤。

而现在的化学实验教学中，因为实验体系来自教材或教参，使得教师实施时往往把注意力放在第二、第三方面，化学体系选择反而成为次要甚至被忽略，于是除去通过实验能够加深对某个实验现象的印象外，学生受到的教育仅仅侧重于对所用仪器装置的认识和基本操作训练过程中受到的科学作风培育。[2]

比如在中和滴定实验的教学中，教师可能会把较多的精力用于纠正学生的操作是否规范、会不会误差分析、会不会计算，往往忽略了原理的分析。而且学生们操作的时候用的都是教师已经配好的药品、试剂，只是模仿、重复，很少有自己的思考。操作技能虽有所提高，可思维品质缺乏显著提升。因此碰到生活中实实在在的醋的时候，就乱了阵脚，不知道该如何处理。加之中和滴定在工业生产中有着非常重要的应用，笔者认为这样的研究对于学生今后的发展很有意义。

二、微型课程设计思路

1. 微课一：对课题的理解与指示剂的选择

上海教材中原题的要求是“测醋酸的浓度”，但是生活中食醋的标签中标明的都是总酸含量(以醋酸计，g/L)。什么是总酸含量？为什么标签上是这样注明的？学生们通过阅读和查找资料不难发现食醋中含醋酸(CH3COOH)3%～5%(质量/体积)，此外还有少量乳酸等有机酸弱酸。用 NaOH 溶液滴定时，实际测出的是总酸量，即食品中所有酸性成分的总量。它包括未离解的酸和已离解的酸，而分析结果通常用含量最多的醋酸来表示。因此在苏教版高中化学教材中，课题为《醋酸中总酸含量的测定》，笔者认为这样是比较合适，更为科学和严谨的。

同时取消了原题的资料提供和提示。(原题的资料提供和提示是，“资料提供：食醋中含有醋酸，化学式为 CH_3COOH，是一元弱酸。提示：强碱滴定弱酸，滴定终点的 pH 大于 7，但仍可用酚酞做指示剂。”)这样处理的目的是，学生学习中和滴定的时候，使用的试剂都是强酸强碱，从原理上选择甲基橙或者酚酞都可以，而选择指示剂时比较强调的是，颜色的变化如何有利于人观察，因而碱滴酸时常选择酚酞，原理讲得比较少。直接告知学生的话，学生们就失去了一次独立思考的机会。经过对反应原理的分析和查阅资料，学生们发现恰好完全反应的时候，溶液中的溶质是醋酸钠，溶液呈碱性，因此选择酚酞是比较合适的，用甲基橙的话误差会很大。这个问题是学生力所能及的，可以解决的，笔者觉得就应该放手让他们思考。这种“互动过程”有助于学生们不断深化对物质世界的认识，对化学的陌生感也会逐渐消失。

2. 微课二：对标准液浓度的选择

整个实验中，使学生们觉得无所适从的另一个重要原因是教师提供了好几种浓度的氢氧化钠溶液，学生们不知道该如何选择。

这样设计的原因在于日常的教学中，实验教学的教育功能定位不够全面，例如把实验的教育功能主要归之于培养动手能力和验证原理或某个规律。学生们完成实验的目的，似乎只是为了验证某个原理或规律，而验证性实验一定会把注意力集中于结论或结果，对于过程的思考时常被忽略。只有关注过程，才能通过实验进一步明确科学原理和结论只有在确定的实验条件下才一定是确定的，从而真正体验到什么是科学。在该实验中，学生们大多寻求经验，在以往的实验报告中发现，标准液的浓度大多为 0.1000mol/L，学生们自然也选定了这个浓度。而此时几种不同浓度的氢氧化钠溶液摆在面前，他们必然会想应该选哪一种，为什么平时都选这个浓度？

此时教师再给学生们滴定的突跃范围以及不同的浓度到达滴定终点时所带来的误差，她们很快就理解了。常规的教学中，滴定的突跃范围时常是一个难点，大多是教师领着学生计算多滴一滴或少滴一滴时溶液 pH 计算结果，学生并不是很理解为什么要算，甚至有些学校干脆将这个内容规避不讲，但是这样会使学生对于中和滴定的准确性产生质疑,时常会有学生问,指示剂的变色范围在 8～10(以酚酞为例),并不在 7,为什么教师会说中和滴定很精准,而现在这样处理最大的一个好处是,由原来教师的"我要完成这个教学任务"转变为学生的"我想学这个知识"。学生的主动性得以充分地发挥,教学自然变得更有效。

3. 微课三:对待测液的处理

提高实验教学质量的关键在于提升对科学实验重要性的认识。中和滴定作为一个定量实验,在工业生产上有着广泛的应用。真正模仿技术人员测定的过程,比起单纯地操作更能激发学生的思维,也更能深化其对科学精神的认识。

学生们很少能主动想到对待测液进行处理,因为没有这个经验,以往的实验课上标准液、待测液都已经放在实验桌上,只要取用就可以了。这时候,教师如果直接告诉学生需要稀释,显得很突兀,同时也不利于学生思考,即使学生有这样的疑问,这种思考也是非常被动的。这时候可以这样处理:放手让学生亲自实践,学生自然会从最初的模仿,直接取 20.00mL 醋直接进行滴定,但是她们很快会发现问题实验的结果令人很惊讶,原来按照原来的浓度消耗的标准液的体积将远远超过一根滴定管的容量,那么怎么处理?有人提出少取点标准液,因为有了刚才对标准液浓度的选择,马上有人质疑可能实验带来的误差较大,计算也比较麻烦,很快有学生会提出,可以对标准液进行稀释。那么如何稀释?稀释几倍?稀释倍数少,需要消耗的碱很多,稀释太多倍,消耗的碱很少是否可以?这样一个个难题就在学生们的讨论中迎刃而解。最后是学生实验,亲手检测,得出结论。这样处理的好处是,学生由简单地重复前人的成果、验证实验的正确性,转变为通过自己的思考对实验进行思考、改进,这样才能持续地产生科学教育和激励创新的动力。

很多教师可能会质疑这样会耗费太多的课时,但是整个科学发展史实际上是由千千万万个科学实验集成的。学生们只有通过亲身实践,才能真正理解许多操作的意图,也才有可能在今后的学习中有所创新,笔者想这就是人们常说的"操作技能是可以模仿的,而创新能力是无法模仿的"。

三、拓展与延伸

1. 实验方案的设计与评价

教材中将这节内容放在中和滴定部分,因此大多数学生自然只想到用中和滴定的方法,这说明我们平时的教学时常会无意间造成学生的思维定势。其实,中和滴定对于本课题是否是最佳的方案?有没有其他的方法?这个结论应该是由学生自己经过思考得出,而非教师直接告知,变成记忆性的结论。长此以往,一旦遇到新情景,学生们往往不知道该如何处理。所以,教师应该适时创造机会,让学生发散思维,培养良好的思维品质。从不同角度去反思实验设计、筛选实验方案,有利于学生在表达与交流过程中增强对科学探究的理解。可引导学生在实验方案中设计实验药品、装置的选择以及实验方案的评价等问题,让学生感悟到"如何想?怎样做?"这样才能使其发展探究能力,巩固实验数据处理方法,能培育科学素养,促进学生反思学习活动,获取自主学习的方法。

同时,作为化学教师也有义务将一些新科技、新技术介绍给学生,开拓学生的眼界。比如本实验也可以采用电导滴定法。电导滴定法是根据滴定过程中被滴定溶液电导的变化来确定滴定终点的一种容量分析方法。电解质溶液的电导取决于溶液中离子的种类和离子的浓度。在电导滴定中,由于溶液中离子的种类和浓度发生了变化,因而电导也发生了变化,据此可以确定滴定终点。

食醋中的酸主要是乙酸。用氢氧化钠滴定食醋,滴定开始时,部分高摩尔电导的氢离子被中和,溶液的电导略有下降。随后,由于形成了乙酸－乙酸钠缓冲溶液,氢离子浓度受到控制,随着摩尔电导较小的钠离子浓度逐渐增加,在化学计量点以前,溶液的电导开始缓慢上升。在接近化学计量点时,由于乙酸的水解,转折点不太明显。化学计量点以后,高摩尔电导的氢氧根离子浓度逐渐增大,溶液的电导迅速上升。作两条电导上升直线的近似延长线，其延长线的交点即为化学计量点。

电导法的主要优点就是判断滴定终点比较准确。指示剂法用的是人眼来判断滴定终点，误差较大；而电导滴定法是根据滴定过程中被滴定溶液电导的变化来确定滴定终点的一种容量分析方法，它用仪器来滴定，并用作图法来确定食醋的含量，误差小。

2. 利用手持技术测定食醋中的总酸量

手持技术是一种应用最先进的实用技术和教育理念、集数据采集与分析于一体的实验系统。将手持技术应用于研究性学习，既体现了新一轮基础教育改革的思想和理念，又符合学生学习的认知规律。该系统能采集的理科数据包括电流、电压、光强度、温度、力、气压、磁场、音量、距离、Ph、溶解氧、电导率、多种离子的浓度、相对湿度、心电图、光强度等。手持技术最突出的特点有以下几点：便携；数据采集器和传感器都比较小，在手掌上就可以操作，可采集多种数据，故形象地称为手持技术仪器。其便携性可让师生能随时随地进行定量的探究活动，并将实验的过程及结果储存。[3]

中学阶段主要采用酸碱指示剂来确定滴定终点，但学生常因指示剂的选取不当或过早估计终点等问题而造成较大的实验误差。利用 pH 传感器和手持技术，研究酸碱中和滴定过程中 pH 值的变化趋势，从而准确判断出滴定终点，代替了传统的指示剂判断滴定终点的方法。手持技术的优点使其可以更广泛地应用于中学化学实验中。例如根据上面的酸碱滴定实验，我们可以设计实验来同时滴定强酸与弱酸或者同时滴定强碱与弱碱，用所得的图表可以清晰准确地表示出这两种酸碱性不同的物质的区别。

化学实验教学现代化能让学生生动地感受、体验现代化学和现代化学实验在泛分子水平上开展的微观探究、深入化学过程探究、强化理论指导作用以及研究的跨学科性等重要特点。基于传感器的传感实验可以促进化学实验教学的现代化，让学生感受现代气息，帮助学生了解现代化学，减少学生对传统化学实验麻烦以及恐惧的认识，增强学生学习化学的兴趣，提高学生的学习水平，因而应该适当地提倡和推广。当然，一般说来，它更适宜在研究型课程和拓展型课程中使用，不太适宜在基础型课程中使用。它在教师演示实验中使用的机会可能比学生实验多一些。关于传感实验的研究有待于进一步拓展和深入。其他过程和操作的现代化装备也需要研究。

3. 由误差分析引起对标准液浓度的思考

对于中和滴定的传统的误差分析，主要集中在操作的过程中引发的种种误差。而研究的过程中，学生们想到 NaOH 在称量过程中会不可避免地吸收空气中的二氧化碳，使得配制的 NaOH 溶液浓度比真实值偏高，最终使实验测定结果偏高。如何使实验结果更精准，学生们自主查阅了资料。

经过查阅资料，学生们了解到 NaOH 易吸潮，易吸收空气中的 CO_2 而影响其纯度，因此在配制的时候就应用间接法配制。为了配制不含 CO_{32-} 的 NaOH 标准溶液，通常先将 NaOH 配成标准溶液，不溶的 Na_2CO_3 沉于底部，取上层清液稀释成所需配制的浓度。标定碱标准溶液的基准物质有邻苯二甲酸氢钾(KHP)、草酸($H_2C_2O_4\cdot 2H_2O$)等，[4]但最常用的是邻苯二甲酸氢钾，这种基准物容易用重结晶法制得纯品，不含结晶水，不吸潮，容易保存，其式量大于草酸，标定时由于称量而造成的误差也很小，是一种良好的基准物。邻苯二甲酸氢钾与 NaOH 的反应如图 1 所示：

图 1　邻苯二甲酸氢钾与 NaOH 的反应

化学计量点时，溶液的 pH 为 9.1，可选用酚酞作指示剂。

四、实践与反思

1. 给学生自主学习的空间

高中化学教学的内容多、时间紧，很多教师会争分夺秒地“讲”，但很多时候我们也发现，并不是教师讲得越多，学生们就学得越多或越好。因为对于学习者而言，知识有一个自主构建的过程，学生不是接受知识的“容器”，这个过程中需要学生对已有的知识进行梳理和整合，需要将新旧知识加以联系、分析，进而进行判断重组，得出自己的结论。这些都需要时间与空间，而且是不能仅靠教师清晰的讲解替代的。

而经过学生自主思考、自行琢磨，讨论“打造”的结论，学生会印象深刻，知识也容易迁移。笔者作过这样的调查，高二的两个班级(微课程班和传统授课班)在学习过中和滴定的知识后，用下题进行检测比较。

题目(部分)：

将试剂初步提纯后，准确测定其中 $Ba(OH)_2 \cdot 8H_2O$ 的含量。实验如下：

(1)配制 250ml 约 0.1mol·L−1Ba(OH)2 溶液：准确称取 w 克试样，置于烧杯中，加适量蒸馏水，___1.1___，将溶液转入___1.2___，洗涤，定容，摇匀。

(2)滴定：准确量取 25.00ml 所配制 $Ba(OH)_2$ 溶液于锥形瓶中，滴加指示剂，将___2.1___(填“0.0200”、“0.1000”、“0.1980”或“0.5000”)$mol \cdot L^{-1}$ 盐酸装入 50ml 酸式滴定管，滴定至终点，记录数据。重复滴定 2 次。平均消耗盐酸 Vml。计算 $Ba(OH)_2 \cdot 8H_2O$ 的质量分数＝___2.2___只列出算式，不做运算)。

检测结果如下：

表 1　高二两个班级的试题检测结果比较

	1.1 得分(共 2 分)	1.2 得分(共 2 分)	2.1 得分(共 2 分)	2.2 得分(共 2 分)
高二 3 班(选用微课程)	1.65	1.52	1.78	1.21
高二 5 班(传统授课)	1.63	1.53	0.89	1.19

通过研究不难发现，通过微课程研究的学生，会理解浓度的大小所带来的问题，会对实验的结果进行预判断。除了关注理论之外，研究的过程中，他们也了解了仪器的特点，能够较好地完成；而传统授课的班级对于“0.1000”、“0.1980”或“0.5000”这三个答案不能很好地分析，失分较多。

2. 拓展学习的形式与内容，做到因材施教

课堂教学的时间毕竟是有限的，不可能每节课、每个内容都完全放手让学生自由研究，而且每位学生的基础以及他对知识的理解及学习的欲望是不同的。有些内容是要求每一位学生都要掌握的，而有的内容或许课程标准中没有要求，但部分学生有兴趣、想了解，笔者觉得作为教师也有这样的责任保护好学生学习的积极性，并尽可能地创造条件让他们学习。

由于教学时间有限，在常规实验课上和非实验课上都不允许过多地涉猎拓展的教学内容。而且，许多实验教学内容的拓展都有其独立性，不同的学生学习基础也有差异。如果能将一个大的内容分成一个个小的拓展课题(实验微课)组合成系列，供学生选修，就可以实现实验教学内容的拓展，适合学生自主地探究、实验和提高学习兴趣。[5]

微课程就是这样一个平台，在本案例中，教师预设了三个微课程引发学生思考，其实就是对于基础掌握的知识加以拓展与延伸部分的三个内容，就是针对部分对化学有兴趣的学生在课后对该实验进行的再思考与再开发。而微课程从一定程度上拓宽了课堂的时空，使化学学习从课堂内延伸到课堂外。

化学实验教学方法不但需要“回归探究”，更需要创新、改革和超越。在对学生经验基础和有关心理

展开研究的基础上,设置若干微实验系列;改革实验教学方法,引导学生参与实验设计,增强学生对实验方案的理解,发展学生的实验思维和创新能力;尝试建立实验教室[6]等,都是化学实验教学方法现代化的重要举措和内容,应该深入研究、广泛实行。同时,还需要在实验教学制度、实验教材以及实验教学研究方法的改进、创新和发展等方面全面和深入地作出努力。

参考文献:

[1] 陈基福.新思路辅导与训练:化学(高中二年级第一学期)[M].上海:上海科学技术出版社,2015.

[2] 宋心琦.再谈中学化学实验教学改革(上)——在《化学教学》"中学化学实验教学高级研修班"上的讲话[J].化学教学, 2013,(3).

[3] 吴俊明.关于实验教学现代化的几个问题(下)[J].化学教学,2013,(11).

[4] 郭晓航.分析化学[M].郑州:郑州大学出版社,2004,(8).

[5] 熊枝金.高中化学实验微型课程开发的策略及初步实践[J].化学教学,2014,(5).

[6] 吴俊明.发展化学实验教学研究需要大智慧[J].化学教学,2013,(2).

An Exploration into Mini—lessons in High School Chemistry Teaching

——Take the Experiment on the Determination of Total Acid Content in Vinegar as an Example

LI Jin

(Shanghai No.3 Girls' Middle School, Shanghai 200050)

Abstract: Students are supposed to develop advanced thinking, analytical and hands — on skills so as to do quantitative experiments while learning chemistry. But since time is quite limited, teachers may find it hard to help them practice the skills with supplementary contents. Many contents are different from one another and students' capabilities also vary. If they can be divided and dealt with in a series of mini—lessons for students to take, that will be more adaptive. Students can enjoy more freedom for independent learning and exploration, which may further arouse their interest in the subject. The paper involves three mini—lessons designed for the experiment on the determination of total acid content in vinegar, based on which more is discussed about extensive and after—class learning. To some extent, mini—lessons are extension of classroom teaching.

Key words: quantitative experiment, the determination of total acid content in vinegar, mini—lesson

信息科技学科中的教学细节研究

何　卿

（上海市延安中学，上海 200336）

摘　要： 教学细节是构成课堂的基本单位。关注教学细节是提高教师教学水平、提高学生学习效率的有效途径之一。细节既可静态预设，又可在课堂中动态生成，而在课后及时对课堂细节进行反思也能提高细节效用。文章从备课、课堂教学和课后反思三个过程展开，结合高中信息科技学科中的教学案例介绍了细节的把握方法。

关键词： 教学细节；预设；生成；反思；信息科技

与传统教学过于强调知识和结论不同，现代教学更加关注学生的学习过程，因而教师们也更加重视教学过程中的细节问题。人们常说："一滴水能折射太阳的光芒"，教学细节决定着课堂效率，反映了学生的学习质量、教师的教学水准，也能折射出教师的教学思想。

信息科技学科与传统学科相比，教学环境、教学方式都存在较大的差异，具有明显的学科特征，侧重于实践，因而信息教师往往更关注学生实践能力、操作技能的提高，而容易忽略教学中的细节问题，导致教学效果与预设有差距。那么，信息科技教师应从哪些方面去关注教学细节，并在教学中把握细节，从而提升课堂教学有效性，以下是笔者的一些思考。

一、信息课堂中的教学细节研究

1. 学科教学细节研究及意义

所谓教学细节，其实就是构成教学行为的最小单位，是教师在教学过程中围绕教学所产生的一系列连续不断的具体行为。信息学科中的教学细节可以是教师和学生之间的一段互动对话、一个问题、一段操作或是一次学生活动环节。它在特定的教学环境下，具有独立的教学价值和意义。

重视教学细节，对信息科技学科具有多方面的意义：一是能处理好知识传授与能力培养的关系，培养学生的独立性和自主性，引导学生通过主动探究去解决问题，有助于学生在数字化学习过程中构建计算思维、信息意识，从而培养信息素养；二是能使教师关注学生个体差异，尊重学生的人格，从因材施教或分层教学角度思考，围绕学生的最近发展区实施教学，使每位学生都得到合理的发展；三是可以构建和谐、民主、平等的师生关系，在互动、沟通、影响、补充中建立师生交往、共同发展的互动的教学关系。

2. 信息课堂中需要关注的教学细节

信息学科在教学环境、教学方式等方面虽然有别于传统学科，但课堂中的教学细节依然是需要教师

作者简介：何　卿，江西南昌人，上海市延安中学一级教师，主要从事信息科技学科教学研究。

去关注的。因为关注细节是提高教师自身教学水平、提高学生学习效率的一个有效途径。

有些教学细节是相对稳定的并且适用于各个学科的，需要教师经常关注并作为教学基本功进行修炼，而有些细节是信息学科所特有的，需要信息教师去观察、留意。除了稳定的细节，也有些细节是课堂中动态生成的，需要教师具备及时捕捉、正确处理的能力。由于教学细节数量繁多，不能逐一剖析，但有些教学细节具有共性，值得分析和研究。根据信息学科特点，可以挖掘并归纳出以下一些信息教师需要注意的细节问题：

表1　信息学科教学细节归纳表

阶段	细节	原因/作用
备课	教材分析	教师要重视课程标准和考试大纲的指导作用，明确课程在学科体系中的地位和作用，以及与其他知识节点的逻辑关系，使教学计划具备有整体意识。
	学情分析	教师需要注意了解学生的认知情况，以便在教学中做到因材施教，贴近学生的最近发展区，使每位学生最大程度上获得提高。活动的设计、教学的开展是建立在学情分析之上的，不了解学情往往会导致教学预设和生成之间有较大差距。
	提问的设计	课堂教学离不开提问，问答的有效性影响课堂教学质量，因此，在备课中必须明确：问什么、何时提问、提问的对象层次。避免许多信息课堂中经常出现的随机、低效的提问。
课堂教学	导入和过渡	信息课堂普遍存在一个现象：教师的教学过程简单直接，往往是从一个操作转移到另一个操作，忽视了课程的整体连贯性。因此，导入和过渡也是信息教师需要注意的重要细节。譬如：注意结合教学内容，采用合适的导入方式或创设情境，激发学生兴趣，以便收到更好的教学效果；注意教学环节之间的过渡，在两个教学环节或两个知识点间搭设桥梁，使教学更加自然流畅。
	关注学生的知识理解	技术的学习不是最终目的，教学不要满足学生“知其然”，更要他们“知其所以然”。信息教师尤其需要关注学生的思维发展，关注学生的知识理解，培养学生的信息素养，从而以学促教，改善教学。
	操作的规范化	此细节主要是关注教师、学生使用计算机的操作流程规范化问题，以避免不规范的操作带来的系列问题：譬如杂乱的资源管理器、保存文件的路径随意化、程序设计中变量未定义引发的错误、程序代码格式混乱导致程序可读性差等问题。 本细节是信息课堂特有的细节问题，需要教师加以重视，因为规范化操作对促进学生养成良好的操作习惯、在点滴细节中培养学生信息素养有着重要作用。

课堂是由多方位的细节构成的，需要教师关注的细节还有许多。教学细节对提升信息科技课堂的效率有着重要作用，细节也体现了教师的素养。一节成功的课需要教师具有过硬的基本功，能处理好教学中的细枝末节。因此，教师要重视细节的效用，关注常规细节，也要学会把握细节的预设和发展，使预设和生成达到和谐一致。总之，虽然教学细节看似简单、平常，但平常中却蕴涵智慧，简单中孕育着思想，值得教师们去细细琢磨。

二、把握细节的一般途径：从预设、生成到反思

当教师意识到教学细节的重要作用后，随之而来的焦点便是如何来把握细节。既然课堂上出现的精彩教学细节有些是在课堂中即时生成的，也有在课前精心预设的，那么信息科技教师不妨从教学细节的预设、生成以及反思三个方面来把握信息课堂中的教学细节，从而提高教学有效性。

1. 备课时注重细节预设

凡事预则立，不预则废。教学有预设的一面，精彩的课堂也来源于教师精心的课前准备。信息科技学科特色之一是学生实践活动较多，这就要求信息教师备课时不仅要做好常规的教学设计，而且在设计教学和活动方案时要对每一个细节进行认真的思考：给学生创设怎样的学习、活动情景；探究活动应该怎样进行；在每一个环节里，如何提问、如何引导、预期回答又是什么，等。

提前对教学过程中一些细节进行预设，能帮助信息科技教师在课堂教学中取得更好的教学效果。但如何有效地进行细节预设，不妨先从以下两个方面来处理。

(1)预演教学活动细节

案例 1:《利用网络 DIY 虚拟配置一台电脑》一课的教学预设

表 2　《利用网络 DIY 虚拟配置一台电脑》教学预设

情况说明	以《利用网络 DIY 虚拟配置一台电脑》为例。这是一堂以学生活动为主的探究型课程。教师事先设计了学习任务单，并收集好了常用的一些 DIY 电子商务网站，譬如京东自助装机，太平洋电脑网等，教学环境准备比较充分，机房的网速也很流畅。但在学生活动进行时却出现了问题——有部分学生配置成了豪华版电脑，导致教学效果大打折扣，偏离了教学目标。
问题分析	教师在备课时忽视了一个重要内容——在活动设计中和教学引导中没有明确对所配电脑的用途、使用对象进行讨论，也没有提出电脑配置要符合"性价比"，缺乏对学情的分析，导致活动设计有明显缺陷。

教育专家杨再隋教授说过："忽视细节的教育实践是抽象的、粗疏的、迷茫的实践。"需知教师的"教"是为学生的"学"服务的。教师的任务是帮助学生利用学习环境，自主建构，实现知识、能力、方法、情感、价值观等多方面的发展。教学预设不仅要细磨教材、大纲，更要结合学情对教学过程进行预设分析。本案例的授课教师受到教学经验限制，没有意识到高中生考虑问题时会受到知识面、实践能力、环境因素等影响。等到预设与实际教学过程之间出现了较大的偏差时，教师才意识到活动设计的细节缺陷就当时已晚了。

其实，如果教师在备课时能像电影导演一样把教学情节在脑海中预演一遍：思索教学活动展开时学生有怎样的反应、学生的活动结果会是怎样的等情景，充分预判教学情景就可以避免很多教学设计缺陷的产生。这些都需要教师在备课时重视学情，判断分析教学内容是否符合本学段学生的认知程度、教学各环节的展开是否围绕学生的最近发展区；同时，教师对关键环节的指导是否准备充分，也决定着学生活动的有效进行。具体而言，我们可以通过以下图 1 对活动进行较为简洁的预设：

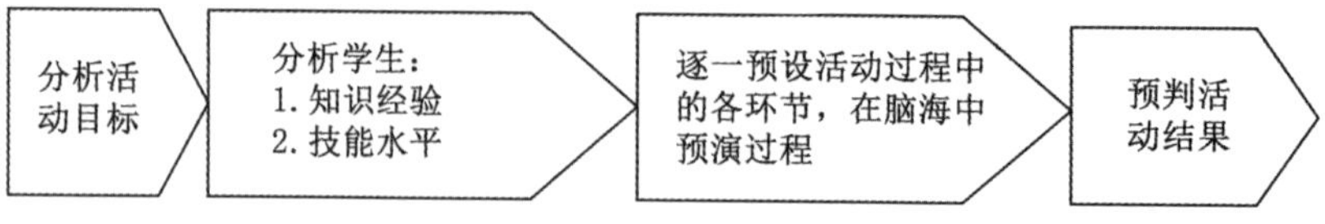

图 1　信息科技课活动细节预设步骤

当教师仔细分析活动设计和活动过程，完成活动结果预判后，不妨再细细琢磨一下活动结果与活动过程有什么直接关系，是否会有其他活动结果产生，又有什么因素可能对活动过程和结果产生影响等。当完成一个从过程到结果，又从结果回到过程的反复推敲分析后，许多教学细节问题的预设也就同步完成了。总之，对教学过程多作假设、模拟情境、估计情况，才能使预设更具有深度和广度，教师才能从容不迫，胸有成竹。

（2）细化课堂问题

课堂提问是教学活动中常用的重要教学形式之一。好的问题能“一石激起千层浪”，引发学生讨论、激发学生探究问题的兴趣。因此，在备课时就应当反复推敲、精心设计课堂问题，细化每一个课堂问题对学生的影响和作用。

按问题思考水平的高低来汇总课堂上常见的问题形式，通常可分成如下三类，即记忆性问题、思考性问题、探索性问题。

表3　课堂常见问题形式表

问题类型	作用	适用环节
记忆性问题	复习所学的知识，防止遗忘，但思考水平较低	复习引入、小结回顾
思考性问题	需要学生通过对已有的知识进行加工而获得问题的答案，能把学生的思维引向深层	新课环节、提高环节
探索性问题	激发想象、联想和创造力。对提高学生的学习能力有较大帮助	通常用在编程、实验、自主学习等活动中

如果信息教师在课堂中能游刃有余地用好这三种问题设问，课堂有效性无疑将有所提高。同时，这三种类型的提问都应该满足指向明确、符合学生认知程度这一条件。比如教师们经常提问“什么是具有冯·诺依曼体系结构特征的计算机？”这一问题属于记忆性问题，但这个问题却常常将学生问住，问题指向不够明确，不如问清楚“具有冯·诺依曼体系结构特征的计算机是由哪5个逻辑部件构成？”又如《信息压缩》一课在课堂导入时提问“信息是否可以压缩？”可以换成“信息为什么可以被压缩”，后者属于思考性问题，更具有开放性，更能启发学生思考，激发学习兴趣。

当然，好的问题也要获得理想的回答才能体现问题的价值。面对教师提问，学生会有哪些可能的回答？对学生的这些回答，教师又应怎样评价？教师又该怎样处理意想不到的情景？对这些问题也应该做到预设。

因此，只有当教师在备课时做到了对细节的思考，才能在课堂上用有备而至的行动从容不迫地、智慧地面对学生，在课堂中创造出一个个精彩纷呈的亮点，体现信息学科价值。

2. 课堂中捕捉细节片段

教学细节的静态设计体现了教师的专业素养，恰当、灵活地运用动态生成的教学细节则体现了教师的教学智慧与能力。前苏联著名教育家苏霍姆林斯基说过：“教育的技巧并不在于能预见到课堂所有细节，而在于根据当时的具体情况，捕捉一些有价值的细节，巧妙地在学生不知不觉之中作出相应的调整和变动。”课堂教学不是教师按照预设的教学方案机械、僵化地传授知识的线性过程，而应是根据学生学习的实际需要，不断调整和动态发展的过程。

譬如：在学生活动或课堂讨论中，经常会出现一些备课时被教师遗漏的内容，如果教师能及时捕捉这些细节，让它成为一种生成性的教学资源，那课堂就会更精彩有效。来看案例2中的细节所反映的问题：

案例2：《程序设计》模块中的求班级平均分问题

表 4 《程序设计》模块中的求班级平均分问题

情况说明	《程序设计》是信息科技学科的选学模块之一,求班级平均分问题是该模块中的一道典型例题。 在用 VB 代码来表示平均分(即数学公式“总分除以人数”)时,教师通常会作如下设定: 累加器:设定变量 SUM 作为累加器,累计学生分数,当累加过程完成,SUM 中存放的数值结果即为总分; 计数器:设定变量 I 作为计数器,每统计一位学生分数,计数器值发生变化,计数增加 1 个,即执行语句 I=I+1; 而当学生编写代码来求解平均分,在写输出结果时往往会直接输出 SUM/I(即 SUM 除以 I),认为 SUM/I 就是平均分。这对不对呢?
问题分析	上述情况反映了一个细节问题——学生并不理解变量初值对结果的影响。初学者常常将计数器变量的终值等同于实际人数,忽略了计数器初值的设置。一般来说,如果计数器初值未进行赋值,会被默认为 0,但某些情况下,计数器的初值未必为 0。计数器初值为 0 还是其他值,对程序结果有很大的影响: 若计数器 I 初值为 0,平均分为 SUM/I; 若计数器 I 初值为 1,平均分为 SUM/(I-1)。 实际上计数器的变化次数才与学生人数相等。不仅计数器的初值要加以设置,累加器 SUM 的初值也应当设置好(一般累加器初值都应置 0)。

教师在课堂上捕捉到此类问题时,若能透过细节看到反映出的问题,及时提出变量初值的影响,引发学生对计数器的初值、步长、终值等各种情况分类讨论,思考计数器的本质,将计数器、累加器等变量讲透,课堂有效性无疑将大为提高。

课堂教学中也会出现很多教师意想不到的内容,甚至是不够正确的比较尴尬的问题。很多时候,教师在课堂上往往会忽视这样的细节,一个劲地奔向自己的教学目标,而有时这种错误恰恰是一种很难得的教学资源,这就要求教师在教学中善于点拨、引导学生的偏差,巧妙地挖掘其中的“问题”资源,也能把它变成很好的教学资源。

还是以前面所说的《利用网络 DIY 虚拟配置一台电脑》课为例,在展示与交流环节,又出现了一些耐人寻味的细节。

案例 3:《利用网络 DIY 虚拟配置一台电脑》中的学生交流

表 5 《利用网络 DIY 虚拟配置一台电脑》中的学生交流

情况说明	在 DIY 电脑的展示交流环节中,有位学生在说明内存配置时,选择了总容量为 4G 的 DDR3 内存条。其他在座学生议论纷纷,有人公开嘲笑:“太小了,怎么不用 8G?”发言学生立即反驳:“我要考虑性价比。我的 32 位 win8 操作系统用 4G 足够了”。
问题分析	显然,这是一位对计算机软、硬件知识有一定了解的学生。计算机硬件也会受到操作系统的制约,常见的 32 位操作系统最多能支持 4G 内存,超出部分则无法发挥作用,需要将操作系统升级。 这位学生的适用选择与大部分学生盲目追求的“土豪”版形成了强烈反差。这时候,教师若能抓住此亮点,适时展开关于“性价比”、硬件效率的讨论,就可以及时把握住课堂教学发展方向,达成教学目标。

教学过程也是师生共同发展的互动过程,教师对于课堂细节的正确处理无疑就是精彩课堂的点睛之笔,是教师教学能力的一种体现。精彩的课堂细节能成为课堂教学的突破口,成为学生的兴奋点,化解疑难的转折点。及时捕捉教学细节,也反映了教师的睿智。当然,教师要掌握好这身“火眼金睛”的本领并不容易,不仅需要在课前好好地研修教材、课程标准等内容,打磨扎实教学基本功,还需要在课堂内

能细致地观察学生的学习动态，这样才能有效利用教学细节，起到教学相长的效果。

3. 注重课后反思，提高细节效用

每堂课后的教学反思是细节储备的宝库。失败的细节能给人以启迪，成功的细节能给人以借鉴。及时分析和反思自己教学中的每一个细节，记录并交流教学细节，也是提高细节效用的有效途径。“教学”不是简单的两个动词组合，“教”与“学”是紧密关联在一起的，教学反思也应该从教与学两方面分别展开：“教”的反思可以包括教学策略是否科学、教学流程、预设是否合理、教学目标是否得以实现等；“学”的反思可以包括学生学习的积极性与参与度、学生的学习方式如自主探究、分组合作有无必要或是否有效，学生课堂学习效果、自我评价是否到位等。

每次反思不一定要面面俱到，若能抓住教学活动中某一细节进行深入剖析、认真思考就已经足矣。

案例4：反思课堂细节——学生共性错误

表6　反思课堂细节——学生共性错误

情况说明	笔者曾经经历过这么一种情况，好几个教学班级普遍出现了一个共性错误——学生在学习冯·诺依曼的存储程序原理时，普遍忽视“控制器中的指令来源”。
原处理方法	其实这种高发性的错误基本在备课时就已预见，采用的原始处理方式是——让学生从错误中学习、教师及时纠正并以讲授法传授知识，随之通过练习巩固。
原始效果	学生在当堂课上基本解决了“控制器中的指令来源”问题。但长期效果不够理想。对知识的掌握程度并不好。
反思	又一次课后，当再次反思这种错误普遍发生的原因时，笔者有了很多思考，是不是只能采用吸取错误这种学习方式呢？还有没其他更好的解决方式？是不是可以让学生在学习新知识时就烙下深刻的初印象呢？传统的讲授法相对枯燥，过多的理论讲解降低了学生的学习兴趣，有什么更加具有吸引力的教学方式可以帮助学生，使他们能敏锐地察觉到控制器指令来源呢？是不是可以利用多媒体手段来吸引学生留意这些细节呢？
改进后的处理	采用新的解决思路来解决问题——“预防在前”并辅助微视频形式进行教学。 原因：虽然学生的学习能力有差距，但可以在教学时多作一些铺垫，通过多种教学方式尤其是多媒体手段（如动画演示、微视频演示等）强调并突出这一知识点，尽量给学生留下深刻的初次印象，预防在前，才能有效减少错误发生率，提高知识的消化度。
现有效果	微视频中的动画应用明显提高了学生的学习兴趣，吸引了他们的关注，学生在课堂上对“控制器中的指令来源”的第一印象就较为深刻。相隔一段时间后的测试情况能有效反馈出来——该届学生对知识点的掌握程度明显好于往届。

诚然，教师的教学经验是在日积月累中不断增长、丰富的，但并非代表时间久了就一定能增长相应的经验，不断的思考是教学经验丰富的源泉之一。如果能持之以恒坚持课后反思，对教师自身进步与专业发展能起到不小的推动作用，而教师在反思之后的教学改进对促进学生学习过程、改善课堂教学有效性方面会有较好的收益。

三、结语

“不积小流，难以成江海”，课堂就是由诸多小细节组成的，细节不一定决定教学的成败，但是细节能反映教学的品质。关注细节是提升教学智慧的必经之路，也是使教学更加合理化、精确化的途径之一。

对于信息教师而言，我们要把握好教学细节，需要做到在备课时以学生为本，反复推敲、预设教学细节；在课堂教学中关注每一个细节的动态生成、关注每一位学生的学习细节，机智地捕捉每一个转瞬即逝的精彩瞬间或是有利于推动学生学习发展的小细节；课后更要及时反思加强对细节处理的思考。而这些本领的增长并非一蹴而就，需要教师不断地充电学习从而提升教学功底。目前教师学习的途径、形式非常丰富，譬如：可以向优秀教师学习，思考并学习他们的教育教学智慧，提升自己的起点和教学品位；可以向书本学习，研究教育教学理论的新著作，读一些教育名著，提高对教育教学工作的认识，及时更新教育理念；也可以通过认真研究课程标准和教材，紧扣教学目标，正确定位教学细节，充分发挥教学细节的实效性。

英特尔创始人之一戈登·摩尔提出的摩尔定律告诉世人，“每隔 18 个月电脑性能便会增加一倍”，这一定律揭示了信息技术进步的速度。作为一门在不断发展中的学科，信息科技学科一直走在课程改革的前沿，教材、教学环境也一直在与时俱进。要提高信息课堂教学的有效性、生成精彩的课堂，就需要我们平时不断从新课程标准的理念出发，关注教学中的每一个细节。

参考文献：

[1] 郑金洲.课堂教学的 50 个细节[M].福州：福建教育出版社，2007.

[2] 上海市教育委员会教学研究室.中小学信息科技学科育人价值研究[M].上海：上海教育音像出版社，2013.

[3] 彭钢.新课程教学现场与教学细节[M].北京：教育科学出版社，2004.

Paying Attention to Details, Improving Effectiveness Degree of Information Technology

HE QING

(Shanghai Yanan High School, Shanghai 200336)

Abstract: Teaching details are the basic unit of the classroom. Attention to teaching details is one of the effective ways to improve the teaching level of teachers and improve students learning efficiency. Details can be static preset, but also dynamically generated in the classroom, and in time to reflect on the details of the classroom after school can also improve the details of the utility. In this paper, lesson planning, classroom and reflection process launched three combined high school Information Technology disciplines teaching case describes the details of the grasp method.

Key words: details, preinstall, produce, rethink , Information Technology

小学高年级写生教学中“线”的实践研究

秦晓怡

(上海市徐汇区逸夫小学，上海 200231)

摘 要： 线条是美术入门的基础，也是美术知识链里不可缺少的重要学习内容。在写生教学中，线条不但可以表现极强的形式美感，而且还能反映出丰富的情感。特别是学生刚开始写生时，要以建立自信为主。文章通过对小学高年级学生写生的实践研究，探究学生的概括能力和对线条的解读能力，让学生了解写生过程中线条的丰富变化与强大的表现力，感受线条的美感，培养学生的观察力和创造力，激发学习美术的兴趣。

关键词： 线条；小学高年级；写生教学；实践

线是美术创作中最基本的造型手段，用线来表现绘画艺术最早可以追溯到岩画时期。岩画是人类早期活动的产物，可以说这种岩画在世界很多地方普遍被发现。中国原始社会运用线条创造出了象形文字，后来线条被应用到了青铜器和陶器上。最能体现线条美的就是中国画了，中国画能表现出线条的韵律、线条的灵动。线条对中国文化具有举足轻重的作用，同时线条也蕴藏着强大的艺术魅力。西方社会对线条也是情有独钟，在许多绘画、雕塑、建筑作品中都有体现。抽象艺术大师康定斯基就著有《康定斯基论点线面》。达芬奇也在其著作《论绘画》中对轮廓和线条的完美曲折、清晰模糊等有清晰的定义。

线条在绘画史上有着重要的地位，达芬奇用线条绘成速写，探索人类身体的奥秘；吴冠中用行云流水的线来展现中国画的魅力。美术中常常用到线条，如何让学生表现美的线条？这是小学阶段的美术教学要解决的问题。因此，在写生教学中线条的研究显得尤为重要。

一、写生教学要先以建立学生自信为基础

在写生教学中，自信心的建立显得非常重要。小学生有自身的年龄发展特点，刚接触到写生的学生在绘画作品中以临摹为主，作品中体现的线条往往是零碎的、不连续的，或是毛糙的重复线。随着年龄的增长，特别是在美术教学内容中接触各类实物的写生，高年级学生对线条的表现也从毛糙慢慢地过渡到追求行云流水、自由流畅。同时对线条的运用也从不自信逐步到充满自信。

写生教学的实践研究，要从美术教育的特点出发，和其他学科不同，美术学科更注重于培养每位学生独立的审美情趣与创造能力。不同的学生画出来的作品也是不同的，对于同一作品的体验和审美感受也是不同的。对于小学高年级的学生来说，教师示范太多反而局限了他们的思维。学生对于同一个写生对象有不同的认知，对写生充满好奇心和新鲜感，能利用一些线条对写生对象进行取舍、变形、装饰，能够将自己感兴趣的特征强烈地表现出来。如果学生总是把自己的精力放在对某种表现形式的模

作者简介：秦晓怡，上海市人，上海市徐汇区逸夫小学一级教师，主要从事小学美术教学研究。

仿上，而不是放在对这种形式的使用上(用这种形式去创造)，他们就会渐渐地对自己的作品丧失自信心和满足感，甚至不知所措。在学生第一次写生结束时，笔者把他们的作品全部展出在大黑板上，让学生进行互评，说说自己觉得最好的作品是哪一幅，理由是什么。学生觉得模仿教师才是好作品，笔者传达的观点是："像"是一种写生风格，班里有 40 几位学生，应该有 40 几种风格。点评一些"另类"的作品要充分挖掘其优点，如构图大胆、富有个性、线条肯定等。第一次的写生课，给学生的感觉就是满载而归，个个心里乐滋滋的："原来我也很有天分哦!" 教师对学生的肯定，将有助于增强他们写生的自信心，提高参与的热情，形成成功自信的健康心理。

小学高年级学生写生的自信心还表现在线条运动的速度上。动作越是熟练，线条就越快且圆滑，他们的自信心越强。正如书法的发展也会呈现出一个由直线发展到曲线、由断笔发展到连笔、由缓慢的书写发展为快速的草书的过程。反之，落笔犹豫，线条多处停顿，就愈表现出学生的不自信。因此，笔者采取了相应手段来提升写生过程的自信心。

第一，先看后画。看懂写生对象，理解后在脑海中形成形象，然后动笔。在四年级第一学期《画画立体物》这个单元中，包括了写生书包、绒毛玩具和跑车等的立体物。学生先观察，把要写生物体解构成不同几何形状以便于理解造型，然后在不同的角度下再进行观察，了解物体空间的变化。理解了所写生物体的造型和透视，用线也就更加肯定和自信。

第二，肯定用线的改错方法，允许多根线重复形象。在最初写生时，我们往往会看到有些学生画一笔擦一笔，画的进度缓慢不说，纸也破损地厉害，极大地影响了作品的效果。遇到这样的情况，教师建议学生别用橡皮，如果认为这根线条位置画得不正确，可以把正确的再画上去，或者"将错就错"，接着画下去，即使外形不太规则，甚至歪歪扭扭，也不难看，因为"稚拙"也是一种美。经过一段时间的调整，学生渐渐减少了线条重复造型，从而摆脱了由于不自信而对橡皮产生依赖心理。

自信心是适应未来需要的创新型人才心理素质的基础，教师在整个写生教学中，应努力维护好学生的自信心，使他们对写生兴趣倍增，从而有利于培养其创新意识、创新精神和创新能力。

二、以线为主的写生教学，敏锐学生观察能力

有些学生开始写生时总是抱怨不会画，教师只要在练习时有意识地循序渐进、由浅入深，就能够让他们积极参与进来。笔者在进行写生线条的课程时，让学生通过回忆、观察，举例说说生活中、自然界中的线。他们很快地描述出树的年轮、柳条、毛线、水的漩涡、电线、蜘蛛网、人的长发、面条、五线谱、铁轨等这些线型的物体。然后笔者再引导他们观察墙角线这类依附于具体形体的线，如操场的边缘、叶子的边沿、门框等。通过说线，学生就会意识到"线"在我们的生活中其实无处不在，它们的造型不同、个性不同，只要注意寻找就能发现。保罗·克里曾说过："一根线条可以成为一幅画中的重要因素之一。它可以有它自己的一种生命、一种表现力，以及它自己的个性特征。"

这个阶段教师不要有太高的要求，小学高年级学生大多会注意对象的细节，让他们把细节精细地表现出来，不要去强求整体比例的精准性，因为学生知觉的水平还不成熟。在进行观察细节写生时，笔者通过以下 4 个方面来练习：

1. 相近物形，不同结构的练习。像生活中的饮料瓶、卫生间洗涤用品的瓶子大多造型相似，但细节方面又有着很多的差异，都值得来比一比、画一画。它们造型简单，在引导学生时要注意观察瓶子之间外形、瓶口的细节变化及瓶身的弧度有哪些不同。

2. 相近物形，不同材质的练习。比如在写生书包时，我们选择不同质地、花纹的书包来写生。虽然它们的造型相似，但材质的不同需要我们通过细节来表现：点的大小变化、不同形式的线条和线的疏密，

包括上面的商标、缝纫线等的细微变化。

3. 同一物形，不同角度观察的要求。画跑车玩具的时候，不同的角度呈现出的造型是不同的，要让学生理解跑车的透视规律，这是写生的前提。在小学三年级《身边的立体物》这课中，学生已经对透视有初步了解，在高年级的教学中可以让学生进一步理解透视。

4. 同一物体，不同光源的写生练习。在写生毛绒玩具时，不同角度的光源呈现出的明暗的变化也是不同的。引导学生用线条表现明暗，并且了解明暗调子的规律。线条可以画出黑白灰的效果，线条排列得越密集，用笔越肯定，调子显得更“黑”；线条越疏，用笔越轻，调子就显得更“白”。

心理学认为良好的观察能力是在实践中通过训练而获得的，学生绘画能力的高低取决于观察力水平的高低。要引导学生留意生活中不同造型形成不同的线，如学校的树、花、建筑、门、窗等，培养学生善于观察的习惯，从而提高学生的写生能力。

丹纳的“模仿说”认为：自然是艺术模仿的对象，由感受对象的形体产生的强烈情感才能形成艺术家笔下创作的源泉。线条与生活的关系始终是相互交融、形影相随，小学生的造型力随时随地受到生活的影响，如房间里的装饰品、家具等。根据小学高年级学生的心理特点，笔者尝试对线条的表现进行了一个实验：选取小学生所熟悉的生活中形状简单的立方体作为绘画对象，统一选用的作画工具是绘图铅笔和铅画纸。通过学生对它们的观察和写生，探究高年级学生对线条的解读能力，以及在画面中表现出来的对线条的提炼和组织能力的差异。为了让学生少受到干预，教师在整个过程中不进行任何示范。

案例1中，先后选取了五年级第二学期中的《方体的成角透视》，写生“三本书的组合”，分三个步骤实施：

(1)教师什么都不说，学生自己画；

(2)指导学生从细节入手观察、写生；

(3)指导学生从整体入手观察、写生。

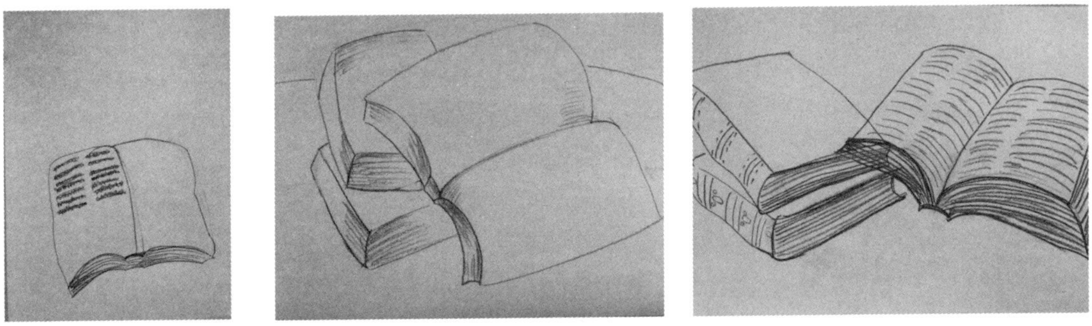

图1 “三本书的组合”学生写生作品

通过这样的实践发现：大多数学生喜欢教师指导他们先画细节最多的面或挑选最醒目的物体开始画，如图1中第一幅作品，因为学生的注意力来自主观选择时的兴趣，是因学生已有的认识、经验、爱好的介入而形成的注意点；而对具有一定理性思维能力的学生，喜欢教师指导从整体到局部的写生方法。由此看出不同高年级学生在同一画面中，视觉的注意力具有主动选择性，这就是阿恩海姆称为的“视觉注意机制”的能动作用。大部分的学生会把复杂的东西看得很概括，淡化细节，线条表现自由、流畅，如图1中第二幅作品。但他们在表现多个前后高低有遮挡关系的物体时，会凭直觉把被遮挡的地方也画出来，这正符合“完形说”的理论，如图1中第三幅作品。而具有一定理性思维能力的学生还应花更多的精力在整体造型上，初步形成空间感，我们有意识地指导他们表现物象的前后、大小、高低关系，细节也不可忽视。在线条的表现上有相当一部分学生不确定性较强，体现为线条的重复和拖沓，说明他们对自己行为的不自信。

让小学高年级学生写生同一物体，无论在观察中怎样向学生介绍有关这一物体的各种属性，在这些学生的头脑中它并不一样，他们的作品当然也就不同。这是因为学生的大脑并不是一面镜子，只能被动地反映出所看见的东西，他们的大脑会按照自己的方式对其所感知的东西进行加工处理，形成自身的理解。同样，学生所画的也是他们所感知的，并经过他们头脑加工和处理过的东西。所以，小学生写生教学过程重在训练观察方法，写生的过程是学生观察、分析、理解、概括的过程，是对绘画对象的体会和研究，以及手、眼、脑的并用，这一过程能使儿童智力得到发展。

三、以线条组织美的实践教学，提升学生综合能力

写生是培养学生观察力、线条表现力的最佳方法，虽然临摹也能提高表现形式、观察力，但临摹与写生的最大差异在于临摹是磨去个性的练习，写生是从源头上感悟线的存在，以鲜活的线条样式激发学生个性的张扬。小学高年级学生在写生前期往往缺乏对对象的仔细、深入的观察，形象具有明显的"样式化"、"概念化"特征。

案例2，上四年级美术教材《我的同学》这个单元的《铅笔速写》这课时，开始教师什么也没说，请一位学生上前表现坐姿，无论是坐在正面的学生，还是坐在其他角度的学生，都画成了正侧面的人物，而且人物的比例和角度、动态、外貌特征都出现了较多的问题。这个过程结束后，这个时候笔者就会运用"基于问题的学习方法"去教学，学生感到了学习的困难，在很多方面产生了问题，但也会获得一定的认知优势。这些学习实践可以作为一个新的学习促发机制，这个过程被称为"有价值的失败"。有证据表明，经过学习任务失败的学生，在接受后续指导后的表现优于那些没有经历过失败的学生和后续指导的学生。此时，教师不急于教会学生怎样去画，关键要引导他们怎样观察，引导学生去发现观察人物坐姿、不同角度所呈现的差异；如何抓住人物外貌特征、发型、五官等。通过师生讨论、交流等形式，学生能注意到人物的比例、角度、动态、外貌特征等，标志着他们开始客观地观察事物，不再凭主观绘画。接着教师利用实物投影进行现场示范，用简练概括的线条写生坐着的人，在添画服装的褶纹和细节时，绘画主要的线条，省略次要的线条。小学生可以看清每个细节，包括用笔的轻重缓急、用线的粗细深浅，更能树立起小学生心目中教师的人格魅力。这个现场示范的过程，可以让小学生对观察到的物象用怎样的线条表现一目了然，逐步培养他们线条组织的能力。这时的学生会意识到其绘画水平已经能够表达认知到的一些事物，线条组织能力有了实质性的进步。

写生最要紧的是寻找合适的写生对象，让小学生有东西可画是作品成功的基本条件，而且对象具有可画性也是成功的关键，就是说景物本身要具有值得一画的价值，反映在画面上应该是好看的。美术教师应引导学生共同开发当地资源，设计与学生生活经验相关的课程，如果有机会可以走出校园，开发更多的写生课程。上海虽然是个现代化的大都市，也有古朴的一面，七宝老街、枫泾古镇等都是写生的对象。水乡的建筑非常注重局部、细节的装饰，线条又有明显变化，尤其以年久失修的老屋最有可画性。零乱的瓦片、剥落裂开的墙壁，在用线时不必拘泥于线条是否挺直，歪歪扭扭的线条最能体现古朴的美感。近景中用密集的短线表现瓦片，适当的地方要留白，使画面更有意境；远近之中琐碎的地方要舍得去掉，线条简练概括，使画面近、中、远景层次分明。当学生感觉到自己将创作出一幅不同凡响的作品时，其投入到创作中的热情是空前高涨的。

对于小学高年段的学生来说，一味地追求画面的写实，这不是艺术发展的方向，艺术的表现形式也可以是多样的。毕加索对儿童画中天真自然的表现十分欣赏，他更愿意探索用孩子的绘画方式去创作。小学生无意识的、无目的的涂鸦是天性的体现，他们所表现的线条是美的、感人的，不单是艺术的美，还是对小学生身上的细致的、真挚的、富有生命力的反映，它是人性自然的美。小学生年龄越小，造型越抽

象、概括。随着年龄增加，他们的观察记忆力增强了，所表现的物象也越复杂，越接近真实。他们用线条表现形象的能力由简单到复杂，这是他们认识发展的自然过程。应引导学生观察生活，熟悉生活，改变造型元素枯燥的、概念式的教学，及时摆脱图式对学生的抑制，打开他们观察世界的窗口，增强他们的自我表现力，提升综合能力，使学生在观察想象与表现的实践中牢固地掌握“线”这一造型元素。

美术学科本身就是“美”的学科，调动人的一切感官，让学生自己在生活中去发现美、感受美、表现美、创造美，是教师一贯的指导思想。教师应顺应学生身心发展，引导他们，帮助他们完善所要表达的感受。

参考文献：

[1] 罗恩菲德.创造与心智的成长[M].长沙：湖南美术出版社，1993.

[2] 阿恩海姆.对美术教学的意见[M].长沙：湖南美术出版社，1993.

[3] 徐建融.美术教育展望[M].上海：华东师范大学出版社，2002.

[4] 王令中.视觉艺术心理[M].北京：人民美术出版社，2005.

[5] 张家素.追求卓越的美术教育生涯[M].上海：上海三联书店出版，2007.

[6] 钱初熹.美术教学理论与方法[M].上海：高等教育出版社，2005.

[7] 道格拉斯・费舍，南希・费雷.带着目的的教与学[M].北京：中国青年出版社，2014.

[8] 潘丽芳.教师实践性知识研究[M].上海：华东师范大学出版社，2014.

On the Practice of Line in the Teaching of Higher Grade of Primary School

QIN Xiaoyi

(Shanghai Yifu Primary School of Xuhui District, Shanghai 200231)

Abstract: The Line is the basis for the introduction of art, but also an important part of the art knowledge chain important learning content. In the teaching of painting, the lines not only can express a very strong form of aesthetic feeling, but also can reflect the rich emotion. In particular, when the student has just started painting, to build confidence. Through the practice of painting the students in the primary school, this paper explores the students' ability of generalization and interpretation of lines, so that students understand the rich and powerful expression of lines in the course of life.

Key words: lines, high grade, sketch teaching, practice

图书在版编目(CIP)数据
现代基础教育研究　第 20 卷/何云峰主编.——上海：
上海教育出版社，2015.12
ISBN 978－7－5444－6799－5

Ⅰ.①现…　Ⅱ.①何…　Ⅲ.①基础教育—研究—中国
Ⅳ.①G639.2

中国版本图书馆 CIP 数据核字(2015)第 317292 号

执行编辑　陆海旸，孙　珏，王中男
责任编辑　耿　坚

现代基础教育研究
何云峰　主编

出版发行　上海师范大学学报期刊杂志社
　　　　　上海世纪出版股份有限公司
　　　　　上海教育出版社
　　　　　易文网 www.ewen.cc
地　　址　上海永福路 123 号
邮　　编　200031
经　　销　各地新华书店
印　　刷　上海师范大学印刷厂
开　　本　890×1240　1/16　印张　13　插页　1
版　　次　2015 年 12 月第 1 版
印　　次　2015 年 12 月第 1 次印刷
书　　号　ISBN 978－7－5444－6799－5/G.5608
定　　价　30.00 元

(如发现质量问题，读者可向工厂调换)

创新实验　教学相长

——上海外国语大学附属大境中学创新实验项目简介

上海外国语大学附属大境中学（以下简称“大境中学”）秉承“引领学生更好发展”的办学理念，践行“大境界、高学养、有特长”的培养目标，坚持育人为本，深化课程改革，强化外语特色，培养创新人才。

姚晓红校长带队参加全国实验教学创新研讨会

1. 依托创新实验室建设，打造创新实验课程

学校把创新实验室建设和课程开发纳入学校发展规划和工作计划，通过“项目制”任务驱动，促进创新实验项目的发展。

化学数字化实验活动展示

学校依托数学、物理、化学和生物等创新实验室的优质资源，着力建设“数字化化学实验”、“物理教具学具的创新设计与制作”、“黑暗中的植物培育”、“生物创新实验”等实验课程，为学生提供多学科创新实践环境，以激发学生的创造性思维和创造性学习能力。

2. 依托科技探索节，打造学生创新展示平台

为促进学生全面发展，学校着力打造了“八大校园文化节”，其中，科技探索节旨在通过“科技讲座、科技创新达人竞赛、专题科技创新、创新作品展示、科技论坛”等丰富多彩的科技创新活动，为学生提供科技创新展示的平台，在全校营造科技创新的氛围。学校学生在科技创新活动中脱颖而出，在2015年荣获上海市青少年“明日科技之星”称号；在2015年上海市青少年科技创意设计评选活动中荣获特等奖。

3. 通过创新项目建设，促进教师专业发展

创新实验项目组的设立、创新实验室的建设和课程开发，也有效地促进了教师的专业成长，让教师有了更加广阔的发展空间，亦对学校科研工作起到了积极的引领作用。

依托实验创新，大境中学在2015年荣获了多个全国性奖项，如在第12届全国化学实验教学创新研讨会上荣获两个一等奖和一个二等奖，在全国第3届中小学实验教学说课活动中荣获一等奖。

物理实验辩论活动剪影

听说领先，学以致用，多语发展，文化理解

——上海师范大学附属外国语中学外语特色介绍

卢森堡师生来校交流学习

上海师范大学附属外国语中学将“中华精神、世界眼光、人文情怀”作为自己的育人目标。学校积极创建外语特色，以系统的课程体系、丰富的活动以及多样的国际交流为依托，强化“听说领先，学以致用，多语发展，文化理解”的特色目标。

1. 系统的课程体系

学校在创建外语特色目标引领下，全面规划课程，以国家课程的校本化实施、学校课程的创新开发、国际课程适当嫁接等方法，丰富完善学校的课程体系。

经过多年的尝试与探索，学校逐步建立起完善的外语教学课程体系，形成了多门特色课程组成的外语特色课程群。在基础型课程中，作为国家课程的英语，学校在校本化实施中强化“听、说功能”，引进《典范英语》和《英语美文》扩大阅读面；同时，继续扩大双语教学，《外教口语会话》、外语角活动强化了学生的口语交际能力；在拓展选修课程中，开设各类第二外语教学，如《法语》、《德语》、《日语》、《西班牙语》等；在文化拓展和研究型课程中，积极探索国际理解教育，开设《英美影视文学》、《中外礼仪》以及《“六一”文化研究课程》等课程。另外，双语和国际课程也在逐步推进。

学生研学团赴澳大利亚学习

2. 丰富的校园活动

学校精心营造有利于学生健康成长的、具有国际文化生态特色的校园，凸显人文精神，体现外语特色，彰显人文关怀。

学校积极通过各种主题月活动、社团活动、电影课程、外语角活动等扎实推进校园文化建设，以丰富而新颖的系列活动如阅读季、文化艺术节、外语节等不断提升学校的文化氛围和外语特色。值得一提的是，学校的外语桥系列活动是主题月活动中的品牌活动之一。学生通过活动加强了语言交流，增进友谊，拓展国际视野。2015年，左岸咖啡吧的开张又成为了校园内一道亮丽的风景线。学生在咖啡吧积极参与外语角活动，在师生交流、生生交流中，进一步提高学生外语应用能力和综合素质，促进学校国际文化的建设。

学生英语交流学习园地：左岸咖啡吧

3. 多样的国际交流

学校采用与境外姊妹校互访交流、学生相互短期留学、夏令营活动等形式，先后组织师生300多人次，分别赴世界多个国家和地区交流。近两年来，学校每年定期组织交流，学生积极参与。

此外，学校重视搭建展示学生才能的平台，注重学生科学创新能力等的培养。学生在国际竞赛中屡次获奖。